Stiftung zum Wohl des Pflegekindes (Hrsg.):

1. Jahrbuch des Pflegekinderwesens

Schwerpunktthema: Traumatisierte Kinder

Stiftung zum Wohl des Pflegekindes (Hrsg.)

1. Jahrbuch des Pflegekinderwesens

Schwerpunktthema: Traumatisierte Kinder

Schulz-Kirchner Verlag

Bibliografische Information der Deutschen Nationalbibliothek
Die Deutsche Nationalbibliothek verzeichnet diese Publikation in der Deutschen Nationalbibliografie; detaillierte bibliografische Daten sind im Internet über http://dnb.ddb.de abrufbar.

6., unveränd. Auflage 2015
5., unveränd. Auflage 2008
4., überarb. Auflage 2006
3., unveränd. Auflage 2002
2., überarb. Auflage 2001
1., Auflage 1998
ISBN 978-3-8248-0390-3
e-ISBN: 978-3-8248-0703-1

Mollweg 2, D-65510 Idstein,
Vertretungsberechtigte Geschäftsführer:
Dr. Ullrich Schulz-Kirchner, Nicole Haberkamm
Druck und Bindung: TZ Verlag & Print GmbH, Bruchwiesenweg 19, 64380 Roßdorf
Printed in Germany

Besuchen Sie uns im Internet: www.schulz-kirchner.de

Der Herausgeber

Die Stiftung zum Wohl des Pflegekindes

Die Verbesserung der Lebenssituation von Pflegekindern ist das Ziel der Stiftung zum Wohl des Pflegekindes. 1992 wurde sie in Holzminden gegründet. Gründer und Vorstände der Stiftung sind Frau Inge und Herr Dr. Ulrich Stiebel, Holzminden.
Die Entwicklung und Sozialisation der Kinder, die ihre Ursprungsfamilie verlassen müssen, ist nicht selbstverständlich gesichert. Sie können einen Neuanfang in Pflegefamilien finden. Die Stiftung möchte mit ihrer Arbeit das öffentliche Interesse für Pflegekinder und ihre besondere Situation wecken.

Die Stiftung hat sich folgende Schwerpunkte gesetzt:

- Fortbildung und Erfahrungsaustausch aller am Pflegekinderwesen Beteiligten
- Förderung von Projekten, Forschung und Praxis, u.a. auch durch den Förderpreis der Stiftung
- Vermittlung der spezifischen Situation von Pflegekindern in Öffentlichkeit und Politik, durch Publikationen und Tagungen

Ansprechen will die Stiftung alle, die in ihrem (Berufs-)Alltag mit dem Pflegekinderwesen befasst sind: Pflegeeltern, Jugendämter und Verbände, Berater und Therapeuten, Justiz und Wissenschaft sowie Politik und Medien.
Dabei wird die Stiftung von Fachleuten aus unterschiedlichsten Disziplinen aus dem gesamten Bundesgebiet gestützt.

Aktuelle Mitglieder des Kuratoriums:
RAin Ingeborg Eisele
Prof. August Huber
Stefan Ottmann
Prof. Dr. Christine Köckeritz
Prof. Dr. Barbara Veit
Vorsitzende:
Prof. Dr. Maud Zitelmann

Vorstand:
Inge und Dr. Ulrich Stiebel
Vorsitzender:
Prof. Dr. jur. Ludwig Salgo

Geschäftsführer:
Michael Greiwe
Stiftung-Pflegekind@gmx.de

Verwaltung:
Renate Braß-Tarrach
Stiftung-Pflegekind@t-online.de

Anschrift:
Stiftung zum Wohl des Pflegekindes
Lupinenweg 33
37603 Holzminden
Telefon: 05531 5155
Telefax: 05531 6783

Auf unserer Homepage **www.stiftung-pflegekind.de** finden Sie unsere Leitsätze, die aktuellen Seminarausschreibungen und Publikationen.

Inhalt

II Aktuelle Themen und Tendenzen im Pflegekinderwesen

Vorwort

Liebe Leserin, lieber Leser,

Sie halten das 1. Jahrbuch des Pflegekinderwesens in Händen. Es ist der Auftakt einer von nun an regelmäßig erscheinenden Reihe, die sich thematisch der Arbeit mit Pflegekindern widmen wird.

Namhafte Fachleute, die in ihrem beruflichen Alltag mit der Lebenssituation von (Pflege-) Kindern befasst sind, haben uns ihr Wissen und ihre Erkenntnisse für dieses Buch zur Verfügung gestellt. Ohne dieses Engagement wäre diese Veröffentlichung nicht zustande gekommen.

Wir sagen allen AutorInnen unseren ausdrücklichen Dank!

Das Jahrbuch ist in 2 Abschnitte gegliedert. Es setzt im 1. Kapitel den Schwerpunkt auf die Problematik traumatisierter Kinder. Dieses Thema ist für das Pflegekinderwesen besonders relevant, weil Dauerpflegekinder in der Regel Kinder sind, die in ihrer Vorgeschichte mehr oder weniger dramatischen traumatisierenden Situationen ausgesetzt waren. Die Erfahrung zeigt, dass allein die „Umplatzierung" dieser Kinder aus der verletzenden Lebenssituation heraus in eine intakte, liebevolle Familie nicht die Lösung ihrer Probleme bewirkt. Sie brauchen nicht nur liebevolle Pflegepersonen, um zu gesunden, lebensfähigen Menschen heranwachsen zu können, sondern auch Erwachsene, die darüber hinaus ihre „schwierigen" Verhaltensweisen verstehen, die um die Auswirkungen von Vernachlässigung, Misshandlung und sexuellem Missbrauch auf ihr (Er-)Leben und Verhalten wissen und Hilfemöglichkeiten für die Verarbeitung der gemachten Erfahrungen kennen.
Die Beiträge dieses 1. Kapitels zeigen Aspekte zu dem Thema der Traumatisierung auf, die sowohl psychologisch als auch sozialarbeiterisch, medizinisch und juristisch relevant sind. Die Besonderheiten der Vermittlung, Begleitung und Beratung traumatisierter Kinder in Pflegefamilien und die enormen Anforderungen an die aufnehmende Familie sind praxisnah dargestellt. Das Buch gibt allen am Pflegekinderwesen Beteiligten notwendiges Wissen an die Hand, traumatisierte Kinder besser zu verstehen und ihren besonderen Belangen angemessener begegnen zu können.

In Kapitel 2 nehmen 7 AutorInnen zu aktuellen Themen und Tendenzen im Pflegekinderwesen Stellung. Dort finden Sie in Kurzdarstellungen neue Konzepte und Überlegungen zu zeitgemäßer Arbeit mit Pflegekindern, die zur Diskussion, Revision und Innovation in der Praxis anregen wollen.
Der Bundesverband der Pflege- und Adoptiveltern e.V. stellt die vielfältigen Angebote seiner Arbeit und der ihm angeschlossenen Verbände vor.

An den Anfang dieses Jahrbuches haben wir den Beitrag einer erwachsenen Pflegetochter gestellt. Sie schildert in eindrucksvoller und erschütternder Weise, was ein traumatisiertes Kind fühlt und wie es darauf angewiesen ist, dass Erwachsene „sich vom Kind an die Hand nehmen lassen“ (Nienstedt/Westermann), um weitere Traumatisierungen zu verhindern und die Verarbeitung des Erlebten zu ermöglichen.

Als Abschluss des Buches finden Sie den Entwurf eines unserer Meinung nach längst überfälligen Kinderschutzgesetzes. In vielen Beiträgen dieses Buches wird beklagt, dass Kinder oft viel zu lange traumatisierenden Erfahrungen ausgesetzt sind mit verheerenden Folgen für ihr Leben. Als ein wesentlicher Grund für diese Tatsache wird das als Eltern- und Familienhilfegesetz angelegte Kinder- und Jugendhilfegesetz gesehen, das der Situation des Kindes nicht genügend Rechnung trägt, sondern in erster Linie Hilfen für die Eltern anbietet.
Es wäre ein deutliches und wünschenswertes Zeichen, wenn der Gesetzgeber sich entschließen könnte, dem KJHG ein explizit auf die Belange von Kindern ausgerichtetes Kinderschutzgesetz zur Seite zu stellen.

Inge Stiebel
Ulrich Stiebel

Teil I

Traumatisierte Kinder

Anne Lehmann

Die Erinnerung an meine Kindheit verfolgt mich noch immer ...

Mich wundert sehr, dass bis jetzt noch niemand auf die Idee gekommen ist, mich nach meinen schlimmen Erfahrungen, die ich im Laufe meiner Kindheit machte, zu befragen. Daher bin ich sehr dankbar, dass mich die Stiftung „Zum Wohl des Pflegekindes“ darum gebeten hat, einen Beitrag dazu zu schreiben. Vielleicht kann dieser Beitrag in der Zukunft dabei helfen, weitere Fehler in dieser Hinsicht zu vermeiden.

Im Alter von 3 Jahren kam ich in eine Pflegefamilie, in der ich die bisher glücklichste Zeit meines Lebens verbrachte und die mir später eine liebevolle Familie sein würde, was mich allerdings noch einen erheblichen und vor allem schrecklichen Umweg gekostet hat: Ich lebte zunächst für ein halbes Jahr bei meiner Oma in der Türkei, bis mich die leibliche Mutter wieder nach Deutschland zurückholte. Mit einem Jahr, an meinem ersten Geburtstag, erkrankte ich an der normalerweise harmlosen Kinderkrankheit Masern, an der ich schließlich erblindete. Von da an wurde ich von einem Krankenhaus in das nächste gereicht, bis ich schließlich für ein Jahr im Sanatorium landete, um mich von einer gerade überstandenen Tuberkuloseerkrankung zu erholen.

All diese Gegebenheiten habe ich aus den Erzählungen einer Krankenschwester des Sanatoriums, denn ich selbst habe an diese Zeit keinerlei Erinnerung. Wie mir diese Krankenschwester später einmal erzählte, sei die leibliche Mutter innerhalb der ganzen Zeit nur ein einziges Mal erschienen, um mich zu besuchen, wobei ich allerdings die ganze Zeit über furchtbar geschrien haben soll. Ansonsten, so die Krankenschwester, habe sich die leibliche Familie überhaupt nicht um mich gekümmert, obwohl sie doch die Krankenhausaufenthalte selbst verschuldet hatte.

Unter Umständen verhielt es sich so, dass meine leiblichen Eltern nicht die Möglichkeit hatten, mich angemessen zu betreuen, dass sie wohl auch zu wenig Ahnung von der Kindererziehung hatten, da sie mich in sehr jungen Jahren bekamen und ich überdies auch noch ihr erstes Kind war. Dennoch hätten sie wenigstens versuchen sollen, die Anweisungen zu befolgen, die ihnen der Arzt mitgab, nachdem ich an Masern erkrankt war. Ich wäre zumindest nicht blind geworden und hätte in mancherlei Hinsicht ein weitaus leichteres Leben, was nicht heißen soll, dass ich mit meinem Leben, wie es ist, nicht zufrieden wäre. Doch steht außer Frage, dass es ein Sehender in vielen Bereichen weitaus leichter hat als ein Blinder. Zudem sind Masern nicht unbedingt eine Krankheit, an der man erblinden muss. Auch wenn beide noch zu jung waren, hätten sie sich wenigstens bei jemandem erkundigen sollen, der selbst schon Kinder gehabt hat und sich von daher mit Kinderkrankheiten ausgekannt hätte. Ansonsten hätte auch die Möglichkeit bestanden, den Arzt häufiger aufzusuchen und um Rat zu fragen oder diesen zu bitten, meine Augen zu tropfen.

Nachdem ich aus dem Sanatorium entlassen wurde und ungefähr vier Wochen in der leiblichen Familie zugebracht hatte, erkrankte die leibliche Mutter an Tuberkulose. So gab sie mich, da das Kinderheim, in das meine leibliche Schwester kam, mich aufgrund meiner Blindheit nicht aufnahm, in die Familie, in der ich heute lebe. Wie gesagt, verbrachte ich dort eine glückliche Zeit und fühlte mich zum ersten Mal in meinem Leben wirklich sicher und geborgen. Dieses ging jedoch nur so lange, bis nach über einem Jahr plötzlich wieder die leibliche Mutter vor der Tür stand, die für mich eine völlig fremde Frau war und mich zurückhaben wollte. Das andere Kind, d.h. die leibliche Schwester, hatte sie schon zu sich geholt. Nun dachte sie aus irgendwelchen unerfindlichen Gründen auf einmal wieder daran, dass sie ja eigentlich noch ein zweites Kind hatte. Wieder begann ich, fürchterlich zu schreien, als ich nur ihre Stimme hörte. Daran war doch wohl hinreichend klar zu erkennen, dass ich nicht mehr zu ihr zurückwollte, sondern mich vollends in meiner Familie eingelebt hatte. Dennoch musste ich wieder zu dieser Familie zurück, da sie das Sorgerecht für mich besaß. So versuchte meine Mutter eine Anbahnung an diese fremde Frau durchzuführen, indem sie jeden Tag für einige Stunden mit mir dorthin fuhr. Schließlich kam ich mit ungefähr vier Jahren wieder in die leibliche Familie zurück und verbrachte dort die schlimmste Zeit meines Lebens, die mir noch immer deutlich in Erinnerung ist und für mich die Hölle auf Erden bedeutete.

Die leibliche Mutter versuchte zunächst noch, bei mir den Eindruck zu erhalten, meine Familie sei immer noch da. Sie setzte mich beispielsweise auf den Topf und wenn ich etwas gemacht hatte, rief sie erfreut: „Betty (das ist der Name der Pflegemutter), komm her und schau dir mal an, wie schön sie das gemacht hat." Die leibliche Mutter hat wohl gehofft, ich würde ihr glauben, da mich meine Familie hin und wieder besuchte. Da ich jedoch irgendwann merkte, dass meine Mutter nicht auf das Rufen hin kam, war mir schon bald klar, dass ich der leiblichen Familie für immer ausgeliefert sein würde und fühlte mich von da an vollkommen haltlos und verloren, worauf ich begann, wieder einzunässen. Dieses wurde stets mit Schlägen und Kniffen bestraft, die mit einer Dusche von abwechselnd heißem und kaltem Wasser fortgesetzt wurden. Da das Einnässen nicht nachließ, baute sie mir das Bett ab und ließ mich auf dem Fußboden schlafen, während die kleinere Schwester in einem richtigen Gitterbett schlief. Am Tage sperrte sie mich im Kinder- oder Badezimmer ein, während sie mit der kleineren Tochter spazieren ging. Ich schrie und weinte, doch keiner antwortete mir, keiner reagierte auf mein Rufen oder kam mir zur Hilfe.

Ich bekam schon bald Alpträume, die sich jeden Abend wiederholten. Wenn ich schließlich laut zu weinen anfing, brachte mir die leibliche Mutter ein Glas Wasser ans Bett und beruhigte mich mit den Worten: „Morgen fahren wir wieder zu Tante Betty", womit sie meine Mutter meinte, die ich noch immer liebte. Sie schien dies zu spüren und verbat mir, sie am Telefon als meine Mutter anzusprechen. Ich sollte auf einmal stattdessen Frau Lehmann zu ihr sagen. Da mein Wille schon hinreichend gebrochen war, folgte ich der Anweisung aus Angst, sonst wieder Schläge zu bekommen oder, noch schlimmer – im Zimmer eingesperrt zu werden. Auch drohte sie mir, wenn ich nicht immer artig sei, käme ich in den Keller, wo sich Löwen und Tiger befänden, die nur darauf warteten, mich auffressen zu können. Da ich ihr glaubte, wagte ich nicht, ihr in irgendeiner Weise zu widersprechen bzw. mich ihr zu widersetzen. Auch habe ich erlebt, wie ein Kind, das bloß etwas unruhig und zappelig war, in den Keller gebracht wurde und dort furchtbar schrie. Ich habe dieses Kind nicht wiedergesehen und glaubte daher noch fester an diese Schreckensgeschichten.

Schließlich hielt es die leibliche Mutter wohl nicht mehr mit mir aus und sagte eines Tages: „Heute kommst du wieder zu Tante Betty." Mich überkam ein Gefühl der grenzenlosen Erleichterung und Freude, doch ich sagte nichts, aus Angst, sie könnte es sich noch mal anders überlegen.

All diese Erinnerungen, die ich noch immer deutlich in mir habe, wirken sich bis heute auf mein Leben aus. Noch immer verspüre ich Angst, wenn ich irgendetwas allein bewältigen soll. Ich bekomme schon lange vorher Panik, wenn ich z.B. einen Weg allein gehen soll. Ich stelle mir mit Schrecken vor, was passieren könnte, wenn ich mich verliefe. Wenn dieses dann wirklich eintritt, überkommt mich ein tiefes und lähmendes Verlassenheitsgefühl. Ich habe das Gefühl, aus dieser Situation nicht allein herauskommen zu können, was in mir Todesängste auslöst, die mich am Nachdenken und Handeln hindern.
Auch wenn ich in der Bahn sitze, habe ich solche Angstgefühle. Die Straßenbahn war stets ein Bestandteil meiner Alpträume, weshalb ich den Geruch und das Geräusch der fahrenden Bahn noch immer negativ in Erinnerung habe. Von dem Tag an, als ich wieder in meiner geliebten Familie war, ließen diese Alpträume allmählich nach, bis sie schließlich ganz aus meinen Nächten verschwanden, sodass ich überwiegend schöne Träume habe.

Ich bin heute in psychotherapeutischer Behandlung, um meine Geschichte aufzuarbeiten und so gegen meine Todesängste in kleineren Schritten anzukommen. Es ist für mich sehr schwierig und bedeutet sehr viel innere Bereitschaft, mir darüber klar zu werden, wo die Hauptprobleme liegen und wie sie verringert bzw. ausgelöscht werden können, falls dieses überhaupt jemals möglich sein wird.

Wenn man bedenkt, dass mir diese Angst und die damit verbundene Behandlung mit großer Wahrscheinlichkeit erspart geblieben wären, hätte man mich in meiner Familie gelassen, so muss man feststellen, dass die Idee der Rückführung unverantwortlich war. Wenn es so klar zu erkennen ist, dass sich das Kind in der neuen Familie schon eingelebt hat, sich dort geborgen fühlt und sich darüber hinaus mit Händen und Füßen wehrt, wieder in die Ursprungsfamilie zurückgehen zu müssen, sollte auf die Gefühle des Kindes gehört werden. Aus mir wäre keine Abiturientin und Jurastudentin geworden, wäre ich in der leiblichen Familie geblieben. Diese Familie hätte sich wahrscheinlich nicht einmal um eine ordentliche Beschulung gekümmert oder mir während der Schulzeit auch nur annähernd geholfen, weil sie es vermutlich auch gar nicht gekonnt hätte.

Ich wäre wahrscheinlich ein gebrochener Mensch geworden, der an nichts so recht seine Freude gefunden hätte. Es ist ein blankes Wunder, dass die leibliche Mutter sich plötzlich umentschieden und mich wieder in meine Familie zurückgebracht hat. Aufgrund meiner Blindheit wurde sie anscheinend nicht mehr mit mir fertig und da mich glücklicherweise kein Kinderheim aufgenommen hatte, blieb ihr wohl keine andere Möglichkeit, als mich wieder dorthin zu bringen, wo sie mich vor einiger Zeit herausgerissen hatte. Insofern kann man sogar sagen, dass meine Blindheit in dieser Situation ein echter Glücksfall gewesen ist, da ich ansonsten wohl im Heim gelandet wäre.

Abschließend möchte ich sagen, dass ich Gott überaus dankbar dafür bin, dass er mir eine so wunderbare Familie geschenkt hat. Gott ist für mich das Wichtigste in meinem Leben geworden, denn nur ihm habe ich es zu verdanken, dass ich trotz des vorangegangenen Leides ein glückliches und erfülltes Leben führen kann. Ich habe Begabungen mitbekommen, die ich nur in meiner Familie entdecken konnte, die in der leiblichen Familie mit Sicherheit gänzlich verkümmert wären. Er hat mein Leben so sehr geprägt, dass ich mir ein Leben ohne ihn gar nicht vorstellen kann und möchte. Früher war es daher auch immer mein Wunsch gewesen, einmal Theologie zu studieren. Ich weiß nicht, wie ich schließlich aufs Jurastudium gekommen bin, doch ich denke, es ist für mich das Richtige, da es mich wirklich interessiert. Ich kann sicher auch als Juristin eine Menge für ihn tun.

Jörg M. Fegert

Die Auswirkungen traumatischer Erfahrungen in der Vorgeschichte von Pflegekindern

1 Einleitung

Im Gegensatz zu vielen Adoptionsentscheidungen, die häufig im Säuglings- oder spätestens Kleinkindalter fallen, sind viele spätere Pflegekinder in ihrer frühen Kindheit einer Fülle von traumatisierenden Faktoren ausgesetzt gewesen. Während den häufig traumatischen Folgen von Kindesmisshandlung und sexuellem Missbrauch allgemein größere Beachtung geschenkt wird, werden die schleichenden Folgen chronischer Vernachlässigung häufig zu lange übersehen und in Kauf genommen. Unklare Kriterien bei der Einschätzung der Gefährdung der kindlichen Lebensumstände führen dazu, dass Kinder bisweilen mehreren Beziehungsabbrüchen in ihren ersten Lebensjahren exponiert werden. Sie wechseln von vernachlässigenden Milieus in versorgende, kehren in die Herkunftsfamilien zurück, bedürfen stationärer Behandlung, um dann wieder in institutionellen Zusammenhängen oder schließlich in Pflegefamilien betreut zu werden. Es ist schnell verständlich, wie aus solch schleichenden Verläufen eine tiefe Bindungsunsicherheit entstehen kann. Die Erwartung, in Beziehungen zu scheitern, die Furcht, dass Hoffnungen wieder enttäuscht werden, wird so nicht zuletzt auch durch halbherzige Interventionen mit geprägt. In die UN-Kinderrechtskonvention haben verschiedene entwicklungspsychologische und entwicklungspsychopathologische Erkenntnisse Eingang gefunden, sodass sich aufgrund der aus den Erfahrungswissenschaften vorliegenden Rechtstatsachen auch Rechtsansprüche von Kindern formulieren lassen. Es wird in Zukunft eine Aufgabe für die helfenden Berufe im Bereich der Sozialarbeit, der psychologischen, sozialpädiatrischen sowie kinder- und jugendneuropsychiatrischen psychotherapeutischen Versorgung sein, spezifische prognostische Kriterien zu entwickeln. In Anlehnung an die in der UN-Kinderrechtskonvention formulierten Konzepte möchte ich einige Bereiche der Versorgung als basic needs von Kindern beschreiben. Dies soll die Tatsache zum Ausdruck bringen, dass diese Kriterien, wenn es hier um eine Gefährdung des Kindeswohls geht, nicht unter dem Aspekt der Optimalität, sondern unter dem Aspekt des noch-Hinreichens diskutiert werden müssen. Das kindliche Bedürfnis nach Liebe und Akzeptanz ist sowohl in der Präambel der UN-Kinderrechtskonvention als auch in den Artikeln 6, 12, 13 und 14 angesprochen. Feindselige Ablehnung durch die Eltern und Zuschreibung einer Sündenbockposition werden auch von der WHO (Weltgesundheitsorganisation) als psychosoziale Faktoren eingeschätzt, die für die Entwicklung von Kindern ein Risiko darstellen. Die Bedürfnisse nach adäquater Ernährung und Versorgung werden z.B. in den Artikeln 26, 27 und Artikel 32 angesprochen. Zentral für die Frage der Traumatisierungsfolgen sind die in den Artikeln 16, 19 und 34 bis 40 erwähnten Bedürfnisse nach Unversehrtheit, nach Schutz vor Gefahren von materieller, emotionaler und sexueller Ausbeutung. Werden diese Grundbedürfnisse nicht respektiert, kann es bei Kleinkindern zu erheblichen Gedeih- und Entwicklungsstörungen kommen, welche sich in schweren emotionalen Problemen und kognitiven Entwicklungsrückständen auswirken. Bei nicht hinreichend beaufsichtigten Kindern steigt die Gefahr häuslicher Unfälle, die Folgeschäden von mangelnder Versorgung und Pflege und mangelnder Aufsicht kumulieren z.T. zu bleibenden Gesundheitsschäden; bei vielen dieser Kinder ist deshalb auch ihr Basisbedürfnis nach hinreichender gesundheitlicher Fürsorge (Artikel 23, 24, 25 und Artikel 33) nicht gewährleistet. Die UN-Kinderrechtskonvention legt einen großen Wert auf die Berücksichtigung emotionaler Bedingungen und sozialer Beziehungen (Artikel 8 bis 11, 20 bis 22). Allerdings muss bedacht werden, dass viele dieser Kinder mit wechselnden Betreuungspersonen und angesichts der Unzuverlässigkeit primärer Beziehungspersonen schon früh dem Risiko ausgesetzt sind, erhebliche Bindungsstörungen zu entwickeln. Ein weiteres Grundbedürfnis von Kindern ist das Bedürfnis nach kognitiver Anregung und Förderung, formuliert in den Rechten auf Wissen und Bildung (Artikel 17, 28 bis 31).

Im Folgenden soll zunächst theoretisch und dann auf der Basis eigener Untersuchungsergebnisse empirisch zu den Auswirkungen früher Traumatisierung Stellung genommen werden.

2 Auswirkungen früher Belastungen

Ernst und v. Luckner (1985) provozierten schon allein durch die Fragestellung ihres Buches: „Stellt die Frühkindheit die Weichen“ und hoben hervor, wie im weiteren Lebensverlauf wesentliche Ereignisse und Beziehungen erhebliche Einflüsse auf die Entwicklung haben können. In einer späteren Arbeit kontrastiert Frau Ernst ein so genanntes Reifungsmodell mit einem Umweltmodell. Sie unterscheidet Autoren, welche die Bedeutung belastender Ereignisse in der Frühkindheit im Vergleich zur späteren Kindheit für die Entstehung psychischer Störungen bei Kindern und Jugendlichen stärker gewichten, von jenen, welche Risiko- und Umweltfaktoren, aber auch protektive Elemente im späteren Verlauf im Vordergrund sehen. Die Bewertung dieser Gegenüberstellung fällt deshalb schwer, weil frühkindliche Belastungen sich ohne Intervention in der Regel im gleichen Sinne später fortsetzen, d.h. ein Kind, das früh vernachlässigt, misshandelt oder sexuell missbraucht wurde, wird in der Regel ohne Intervention in den gleichen Verhältnissen auch weiter misshandelt werden. Andererseits zeigte es sich in der Mannheimer Schülerstudie, dass die medizinischen frühen prae- und perinatalen Risiken bereits im Schulalter gegenüber aktuellen Belastungsfaktoren zurücktreten, sodass die sozialen Umwelteinflüsse an Bedeutung gewinnen. Im Mannheimer Kohortenprojekt erwies sich die Trennung von der Mutter nicht als Risikofaktor für die psychische Entwicklung der Kinder. Ein eindeutiger Risikofaktor aber war die Exposition gegenüber lang andauernden Streitbeziehungen von Eltern. Diese stellt ohne Zweifel eine der größten psychopathologischen Gefährdungen dar. Gute Beziehungen zu einer Pflegeperson haben sich in vielen Studien als protektiver

Faktor erwiesen. Will man nun die Folgen von Fremdunterbringungen, z.B. in Pflegefamilien untersuchen, ist man mit dem Problem konfrontiert, dass Fremdunterbringungen in der Regel mit Risiken verbunden sind, welche schon vor der Trennung sich massiv negativ auf die psychische Entwicklung der Kinder ausgewirkt haben. Bilanzierend kann deshalb festgestellt werden, dass die häufig gefürchteten Trennungseinschnitte insgesamt geringere Bedeutung als die jahrelangen negativen Einwirkungen von Misshandlung, Vernachlässigung, Missbrauch oder der Kombination dieser Belastungen haben. Ein häufiger Pflegestellenwechsel, d.h. die Potenzierung von Trennungserfahrungen muss allerdings auch als ein hohes Risiko auf dem Weg in eine „Scheitererkarriere" betrachtet werden. Sowohl die UN-Kinderrechtskonvention als auch die deutsche Gesetzgebung und Rechtsprechung legen einen deutlichen Akzent auf die Respektierung von kindlichen Bindungen. Dies führte in der Praxis zu bestimmten Tendenzen in Umgangsentscheidungen, welche von den Hauptbetreuungspersonen häufig als starke Belastung erlebt werden. Viele Jugendämter legen bei der Vermittlung in eine Pflegefamilie Wert darauf, dass diese Familie sich auch dazu bereit erklärt, dem Kind Kontakt mit der Herkunftsfamilie zu ermöglichen. Diese Kontaktgebote enden häufig in einer Überforderung aller Beteiligten. Andererseits stellt für „abgegebene", in Pflege gegebene, von ihren leiblichen Eltern getrennte Kinder die Auseinandersetzung mit der Herkunftsfamilie und mit den Ursachen für die Trennung von diesen Wurzeln eine lebenslange Entwicklungsaufgabe dar. Mich irritieren bei den Kontroversen um Umgang und die zentrale Bedeutung der Bindungstheorie häufig die ideologisch verfestigten klaren Positionen. Ich bin weder davon überzeugt, dass Umgang in jedem Fall schlecht ist, noch dass Umgang auf jeden Fall zum Wohl des Kindes - auch gegen alle Beteiligten rein um des Prinzips der Erhaltung früher Bindungen willen - durchgesetzt werden muss. Generelle Aussagen zu dieser Thematik werden häufig den spezifischen Ausgangslagen einzelner Kinder z.B. ihrem Temperament (vgl. Kagan, 1987) nicht gerecht. Moderne entwicklungspsychologische Ansätze wie der passungstheoretische Ansatz (Lerner u. Lerner, 1994) beziehen sich nicht allein auf die Bindungstheorie, sondern stellen als stabilisierender Beziehungsfaktor vor allem auch das „Zusammenpassen" von kindlichen konstitutionellen und Entwicklungsfaktoren und den Einstellungen und Persönlichkeitsstrukturen der Versorgungspersonen fest. Zwar gibt es in der Wissenschaft Kontroversen um die Bindungstheorie (vgl. Perrig-Chiello, 1997), dennoch kann davon ausgegangen werden, dass frühkindliche Bindungserfahrungen lebenslange Bedeutung haben. Dies bedeutet aber gerade, dass Vernachlässigung und Misshandlung zu lebenslangen Störungen des Bindungsverhaltens führen können, welche wiederum bei der Beziehungsgestaltung zu Pflegekindern berücksichtigt werden müssen. Die kognitiven Auswirkungen der Vernachlässigung und der Deprivation wurden schon sehr früh beschrieben (Durfee u. Wolff, 1933, Levi, 1937, Ribbel, 1941). Gerade das Elend der Kriegswaisen führte zur systematischeren Erforschung des Deprivationselends, z.B. Spitz (1945, 1946). Bowlby, der der Bindungsforschung mit seinem Hauptwerk den theoretischen Rahmen gab, beschrieb Formen der Bindungsunsicherheit wie Distanzlosigkeit, Bindungsängstlichkeit (Bowlby, 1969, 1973, 1980, 1988). Seine Schülerin Ainsworth (1978) systematisierte die Theorie und beschrieb in der sog. fremden Situation (strange situation) eine quasi experimentelle Möglichkeit zur Überprüfung der Qualität der Beziehungen. Aufgrund des Verhaltens in dieser Trennungssituation unterschied sie die Kinder in sicher gebundene Kinder (B), unsicher vermeidend gebundene Kinder (A) und unsicher ambivalent gebundene Kinder (C), je nachdem, wie die Kinder sich bei der „Wiedervereinigung" mit primären Versorgungspersonen verhielten. Spätere Forschung zeigte eindeutig, dass unsicher gebundene und deprivierte Kinder häufiger unter Aufmerksamkeitsstörungen leiden. Ihr IQ ist geringer ausgeprägt (Hodges u. Tizard, 1989, u. Vyt, 1993). Demgegenüber wurde bei sicher gebundenen Kindern größere Neugier und größere Leistungsbereitschaft und Ausdauer festgestellt. Mackner et al. (1997) beschrieben einen kumulativen Effekt von Vernachlässigung und Gedeihstörungen für die kognitive Entwicklung. In der Mannheimer Risikokinderstudie (Esser et al., 1995) wurde festgestellt, dass bei hohen organischen Entwicklungsrisiken eine gute Mutter-Kind-Interaktion ein protektiver Faktor ist. Dies bedeutet, dass bestimmte Entwicklungsrisiken auch durch die Beziehungsqualität aufgefangen werden können. Stehen keine hinreichend guten Beziehungen zur Verfügung, wirken sich ohnehin vorhandene Risiken verstärkt aus. Dieser große Einfluss früher Traumatisierungen, Vernachlässigung und Bindungsunsicherheit auf die kognitive Entwicklung führt dazu, dass in der Pflegefamilie die kognitive Förderung der Kinder zum Maßstab für die Qualität der Pflegefamilie zu werden scheint. Förderung und das Aufholen im Entwicklungsbereich ist durch Testverfahren mess- und überprüfbar. Hier kann also eine scheinbar objektive Entwicklungsbilanz erstellt werden. Die Pflegeeltern sehen hier ihre Erfolge oder meinen zu scheitern. Demgegenüber wird eine emotionale Entwicklungsbilanz sehr viel seltener offen wahrgenommen. Dabei sind Emotionen der Gradmesser für die Familienfunktion. Ein Überwiegen positiver Emotionen im Umgang mit dem Kind ist wichtig, um überhaupt ein Interesse an der Interaktion mit dem Kind aufrechtzuerhalten und es in seiner Selbstwertentwicklung zu unterstützen. Gerade bei schwertraumatisierten Kindern führen die massiven Selbstwertdefizite auch zu einer allgemeinen Leistungsängstlichkeit. Deshalb ist die Beachtung der emotionalen Beziehungsqualität eine wesentliche Voraussetzung für das Glücken von Pflegeverhältnissen. Eine negative Emotionsbilanz führt zu elterlicher Überempfindlichkeit, zur Vermeidung des Kontakts mit dem Kind, zu Bestrafungstendenzen, zur Maximierung von Kontrolle aus Angst vor Kontrollverlust und zu einer Einengung auf die eigene Sichtweise, ja schließlich zum Verlust von Empathie in das betreute Kind. Dabei ist Empathie in die Sichtweise des Kindes zentral für die Vorbereitung von Veränderungen. Eine Konzentration auf die Bedürfnisse des Kindes und eine tatsächliche Einfühlung in die Situation des Kindes verstärkt seine Bindungsfähigkeit, die durch die frühe Traumatisierung labilisiert ist. Insofern ist bei jeder angestrebten Verhaltensänderung zuerst zu prüfen, wo beim Kind eine Motivation für dieses Ziel gefunden werden könnte. Pflegeeltern sollten Erziehungsziele, -pläne und -erwartungen offen legen und überprüfen, ob sie überhaupt realistisch sind, denn - wie bei allen anderen Eltern auch - beruhen enttäuschte Erwartungen von Pflegeeltern häufig auf latenten Ideologien und Überzeugungen. Diese inneren Annahmen, was für dieses Kind doch erreicht werden müsste, sind meistens ungnädiger als ausgesprochene Erziehungsziele. Ähnlich radikal können innere Annahmen von Eltern sein, warum

Kinder „Schwierigkeiten“ machen. Dabei werden negativem Verhalten von Kindern häufig bewusst negative Motive unterstellt, während positives Verhalten hingenommen wird, ohne dass hier eine positive Motivation, d.h. das Bestreben des Kindes, es den Eltern recht zu machen, wahrgenommen wird. Auch ein überzogenes Harmoniebedürfnis bzw. Schwierigkeiten im Umgang mit Konflikten, die unweigerlich bei schwertraumatisierten Kindern entstehen, können zu Erziehungsschwierigkeiten führen. Deshalb ist es wichtig, sich in Erinnerung zu führen, dass Konflikte zwischen Eltern und kleinen Kindern völlig normal sind. Dix (1991) fand, dass es 3 ½ bis 15 mal pro Stunde in der Regel zum Konflikt zwischen Eltern und kleinen Kindern kommt. Deshalb müssen Eltern lernen, mit eigenem Ärger, Wut und Frustration umzugehen und diese nur dosiert an Kinder weiterzugeben. Verschiedene Untersuchungen zeigten, dass überzogene ärgerliche und harte elterliche Reaktionen bei traumatisierten Kindern mit Gegenübertragungsphänomenen, also mit dem, was das Verhalten der Kinder in den Emotionen der Eltern auslöste, aber auch mit Stress, Depression und fehlender sozialer Unterstützung zusammenhingen. Hennessy et. al. (1994) konnten zeigen, dass misshandelte Mädchen vor allem mit Furcht, Jungen auch mit Ärger und Wut, auf Videosequenzen reagierten, welche Eltern in einer ärgerlichen Interaktion zeigten. Wir müssen deshalb bei früh traumatisierten Kindern von einer noch höheren Sensibilität in Bezug auf solche Auseinandersetzungen ausgehen.

3 Einige Ergebnisse aus unserer Inanspruchnahmepopulation

Die von mir noch in der Abteilung für Psychiatrie, Neurologie und Psychotherapie des Kindes- und Jugendalters des Virchow-Klinikums der Humboldt-Universität zu Berlin (Leitung: Prof. Dr. U. Lehmkuhl) durchgeführte Analyse in der Inanspruchnahmepopulation der Abteilung (n = 2626) basiert auf der in der Kinder- und Jugendpsychiatrie allgemein verbreiteten multiaxialen Diagnostik nach den Standards der WHO. Hierbei wird die Problemlage des Kindes auf mehreren Beschreibungsachsen erörtert, sodass dann schließlich in einer Gesamtschau Unterstützungsfaktoren, protektive Faktoren, das Wissen um den Verlauf einzelner Problematiken in bestimmten Altersstufen und die multiaxial beschriebene Ausgangssituation des Kindes hinsichtlich des individuellen Förderbedarfs abgewogen werden können. Die 1. Achse beschreibt nach internationalen Konventionen der ICD 10 (Internationale Klassifikation der Erkrankungen durch die WHO) die kinderpsychiatrische Diagnose. In einer 2. Achse werden die bei ehemals deprivierten Pflegekindern so wesentlichen Entwicklungsstörungen im sprachlichen, motorischen Bereich, vor allem aber auch die kombinierten Entwicklungsstörungen, die sich hier häufig antreffen lassen, beschrieben. Eine 3. Achse dient zur Beschreibung des Intelligenzniveaus. Der Tatsache, dass körperliche Grund- und/oder Begleiterkrankungen berücksichtigt werden müssen, trägt Achse 4 Rechnung. Achse 5 beschreibt ebenfalls nach einer Übereinkunft der WHO die Bedeutung psychosozialer Belastungen, während die 6. Achse allgemein den Schweregrad der sozialen Funktionseinschränkung beschreibt. Hier wird also ein Maß für das Zurechtkommen im Alltag, d.h. auch für das Ausmaß des Pflegeaufwandes, definiert. Von den in den Jahren 1992 bis 1996 nach diesen Standards diagnostizierten in Berlin vorgestellten Kindern lebten 79,1 % mit ihrer leiblichen Mutter zusammen. Nur knapp die Hälfte - entsprechend 49 % - lebte auch mit dem Vater zusammen. 2,6 % der Kinder lebten bei Adoptiveltern, 4,8 % bei Pflegeeltern, 2,3 % in Großeltern- oder Verwandtenpflege, 9,9 % der Kinder lebten im Heim. Deutlich wird, dass im Vergleich zum Bevölkerungsquerschnitt in einer hochselegierten Population von psychisch auffälligen Kindern Pflege- und Heimkinder wie auch Adoptivkinder überrepräsentiert sind. Deshalb stellten wir uns die Frage, ob diese Kinder spezifische Störungsbilder zeigen, die vielleicht auch Folgen der frühen Traumatisierungen sein könnten, oder ob sie mit den gleichen Problemen wie die anderen Kinder vorgestellt werden. Insbesondere interessierte uns die Frage, ob bei Pflege- und Adoptivkindern gehäuft klinisch relevante Bindungsstörungen, wie sie in der ICD 10 von der WHO definiert werden, auftreten.

Reaktive Bindungsstörung des Kindesalters:

Diese Störung tritt bei Kleinkindern und jungen Kindern auf und ist durch anhaltende Auffälligkeiten im Muster der sozialen Beziehungen des Kindes charakterisiert. Sie sind von einer emotionalen Störung begleitet und reagieren auf Wechsel in den Milieuverhältnissen. Häufig kommen Furchtsamkeit und Übervorsichtigkeit, die auf Zuspruch nicht ansprechen, vor; sowie gegen sich selbst und andere gerichtete Aggressionen und Unglücklichsein. In einigen Fällen tritt eine Wachstumsverzögerung auf. Das Syndrom ist wahrscheinlich direkte Folge ausgeprägter elterlicher Vernachlässigung, Missbrauch oder schwerer Misshandlung. Die Existenz dieses Verhaltensmusters ist allgemein bekannt und akzeptiert. Es besteht jedoch weiterhin Unsicherheit bezüglich der anzuwendenden diagnostischen Kriterien, der Grenzen des Syndroms und darüber, ob es sich um eine nosologische Einheit handelt. Dennoch wird diese Kategorie wegen ihrer Bedeutung für das Gesundheitswesen hier aufgenommen, weil es keinen Zweifel darüber gibt, dass sie existiert (trotz Uneinigkeit über die präzise Definition) und weil das Verhaltensmuster erwiesenermaßen nicht die Kriterien anderer diagnostischer Kategorien erfüllt.

Diagnostische Leitlinien: Das Hauptmerkmal ist ein abnormes Beziehungsmuster zu Betreuungspersonen, das sich vor dem Alter von fünf Jahren entwickelt, mit mangelnder Anpassung, die bei unauffälligen Kindern meist nicht gesehen wird. Es dauert an, ändert sich jedoch bei ausreichend deutlichem Wechsel im Betreuungsmuster.

Diese stark ausgeprägten frühen Bindungsstörungen sind in der allgemeinen Inanspruchnahmeklientel eher selten. Von den Kindern, die bei ihrer leiblichen Mutter lebten, zeigten nur 0,14 % eine solche Bindungsstörung, 2,9 % der Kinder, die bei Adoptiveltern aufwuchsen, litten unter Bindungsstörungen, aber 26,4 % der Kinder in Pflegefamilien, 8,8 % der Kinder in Großeltern- oder Verwandtenpflege und 12,7 % der (im Durchschnitt älteren und deshalb unterproportional mit dieser Diagnose des Kindesalters versehenen) Heimkindern zeigten das volle Bild einer schweren frühen Bindungsstörung. Die in der ICD 10 ausführlich geschilderten und hier wiedergegebenen Symptome stellen eine häufige Folge früher Depressionen und damit eine große Herausforderung gerade an Pflegefamilien dar. In einer Teilpopulation von insgesamt 1490 Jungen und 849 Mädchen, bei denen eindeutige Angaben über Misshandlungs- und Missbrauchsvorgeschichte sowie Vernachlässigungsvorgeschichte vorlagen, un-

tersuchten wir die Folgen früher Traumatisierung. In dieser Teilstichprobe der Berliner Inanspruchnahmepopulation waren n = 172 (20,3 %) der Mädchen und 90 Jungen (6 %) sexuell missbraucht worden. Die Missbrauchsdefinition erfolgte nach den allgemein anerkannten Kriterien der WHO, berücksichtigt wurde hier nur nach diesen Kriterien sicherer Missbrauch mit Berührung oder Penetration. Univariate statistische Vergleiche zeigten einige hochsignifikante Unterschiede zwischen den sexuell missbrauchten und nicht missbrauchten Kindern in unserer Inanspruchnahmepopulation. So lebten signifikant mehr missbrauchte Kinder nur noch mit einem biologischen Elternteil oder gar nicht mehr bei den leiblichen Eltern. Offensichtlich führt das Trauma sexueller Missbrauch relativ häufig zu einer Herausnahme. Während der Anteil der nicht bei ihren Eltern lebenden Kinder bei den nicht missbrauchten Mädchen bei 18 % lag, lebten z.B. 32 % der missbrauchten Mädchen in einem Heim oder einer Pflegefamilie. Hochsignifikant sind auch die Unterschiede in Bezug auf die Belastung mit Misshandlungen und Vernachlässigungen. 47 % der missbrauchten Mädchen versus 19,5 % der nicht missbrauchten erlebten in ihrer Vorgeschichte inadäquate Aufsicht durch die Eltern und eine Erziehung, die nur unzureichende Erfahrung vermittelte. Misshandelt wurden 37,2 % versus 7,1 %. Die Ergebnisse bei den Jungen deuten die gleiche Tendenz an. So wurden 32 % der missbrauchten Jungen auch körperlich misshandelt versus 9,5 % in der übrigen Inanspruchnahmepopulation.
Durch diese statistischen Analysen wird deutlich, dass die isolierte Betrachtung einzelner frühkindlicher Traumata häufig in die Irre führt, weil Kombinationen von Belastungen die Regel, nicht die Ausnahme darstellen. Während im juristischen Diskurs, z.B. bei Sorgerechtsentscheidungen, bestimmte herausragende Misshandlungs- oder Missbrauchsereignisse wie einmalige Übertretungen behandelt werden, muss man in der entwicklungspsychopathologischen Realität davon ausgehen, dass in der Regel nur die Spitze eines Eisbergs justitiabel wird und dass eine Fülle von Belastungen vor Gericht unter der Oberfläche verborgen bleibt. Durch 2 logistische Regressionsgleichungen überprüften wir, ob diese in den univariaten Vergleichen signifikanten Variablen auch in einem multivariaten Modell ihre Aussagekraft behalten. Dabei konnten wir die kumulativen Belastungen durch einzelne Traumata im Sinne von erhöhten Risiken ausdrücken. Der statistische Begriff für diese Risikobeschreibung „odds-ratio" ist der englischen Pferdewette entlehnt, wobei die odds das Chancenverhältnis der gesetzten Pferde ausdrücken. Da es hier nicht um Gewinnchancen, sondern um Belastungen geht, muss allerdings hier von Risiken gesprochen werden. Sexuell missbrauchte Mädchen hatten ein fast 8fach so hohes Risiko in ihrer Vorgeschichte auch körperlich misshandelt worden zu sein. Dieses Risiko unterscheidet sich hochsignifikant von der allgemeinen Inanspruchnahmepopulation. Ebenfalls hochsignifikant ist das Vernachlässigungskriterium einer Erziehung, die unzureichende Erfahrungen vermittelt in einer fast 3½fachen odds-ratio. Ähnliche Verhältnisse ergab die Regressionsgleichung für die Jungen mit einem 6fach erhöhten Risiko für kombinierte körperliche Misshandlungen und dem noch signifikanten Zusammenhang (knapp 3fach erhöhtes Risiko) für Vernachlässigung. Verschiedene Verhaltenschecklisten sollten vor einigen Jahren vor allem die Diagnostik sexuell missbrauchter Kinder erleichtern. Hierbei wurden für einen Kinder- und Jugendpsychiater in erschreckender Weise sehr

verbreitete unspezifische kinderpsychiatrische Symptome zu sog. Hinweiszeichen. In der Zwischenzeit gibt es kein Krankheitsbild, kein Symptom, welches nicht im Zusammenhang mit sexuellem Missbrauch beschrieben worden wäre. Dies erstaunt auch nicht angesichts der Häufigkeit des Trauma, allerdings muss dringend vor einer Spekulation in Bezug auf die Spezifität solcher Verhaltensweisen, d.h. in Bezug auf ihren Hinweischarakter gewarnt werden. Wir untersuchten in derselben Population, ob sich aufgrund statistischer Analysen signifikante Unterschiede zwischen missbrauchten und nicht missbrauchten Kindern in Bezug auf klar definierte psychopathologische Phänomene finden ließen. Wir fanden bei den durch Missbrauch traumatisierten Mädchen hochsignifikant mehr selbstverletzendes Verhalten, 16,9 % versus 8,7 %, während sich hier bei den Jungen kein signifikanter Unterschied zeigte. Missbrauchte Mädchen waren hochsignifikant häufiger suizidal, 14 % versus 7,2 %. Auch bei den Jungen war dieser Unterschied noch signifikant, 7,8 % versus 3,7 %, allerdings nur auf dem 0,05%-Niveau. Sexuell missbrauchte Mädchen wurden von den psychiatrischen Untersuchern hochsignifikant häufiger als distanzlos beschrieben, 23,3 % versus 13,4 %. Sie äußerten hochsignifikant häufiger massive Schuldgefühle, 28,5 % versus 16,5 %. Bei den Jungen war dieser Unterschied ebenfalls schwächer ausgeprägt, 21,1 % versus 13,1 %, aber immer noch auf dem 0,05 %-Niveau signifikant. Deutlich häufiger als andere Jungen in der Inanspruchnahmepopulation, 18,9 % versus 6,4 %, wurden die sexuell missbrauchten Jungen als affektarm beschrieben, während dies überhaupt nicht für die Mädchen zutraf. Hier scheinen sich also psychopathologisch geschlechtsspezifische Merkmale auffinden zu lassen. Das in der Literatur häufig global beschriebene sexualisierte Verhalten macht auch in unserer Population einen hochsignifikanten Unterschied aus. Fasst man alle Formen des sexualisierten Verhaltens zusammen, zeigten 30,2 % der missbrauchten Mädchen und 38,9 % der missbrauchten Jungen sexualisiertes Verhalten und unterschieden sich in diesem Bereich am deutlichsten von den nicht missbrauchten, aber ebenfalls psychisch auffälligen Vergleichspatienten aus der Inanspruchnahmepopulation mit 5,6 % bzw. 2,1 %. Ein sexualisiertes Verhalten, welches sich in aggressiven sexuellen Handlungen gegenüber Gleichaltrigen auswirkte, fanden wir bei über 12 % der missbrauchten Mädchen und bei fast ¼ der missbrauchten Jungen. Auch das sexuelle sich zur Schau stellen, war bei diesen Kindern sehr viel häufiger als in der Vergleichspopulation anzutreffen, 18,9 % versus 2,4 % bei den Mädchen, 15,9 % versus 0,5 % bei den Jungen. Eine hypersexualisierte Sprache mit ständiger Verwendung von provozierenden sexuellen Begriffen und einem ausgeprägten sexuellen Wortschatz fanden wir bei 12,6 % der missbrauchten Mädchen versus 1,3 % in der sonstigen Inanspruchnahmepopulation und bei 22,2 % der missbrauchten Jungen versus 0,4 % in der sonstigen Inanspruchnahmepopulation. Insgesamt gingen die Kliniker bei 11,7 % der missbrauchten Mädchen und 10 % der missbrauchten Jungen von einer abnormen, offensichtlich durch den Missbrauch gestörten Sexualentwicklung aus. Alle diese Unterschiede waren hochsignifikant und erlangten durch ihre Bestätigung in den Regressionsrechnungen auch eine gewisse kausale Dignität. Allerdings muss festgestellt werden, dass diese statistische Häufung immer noch nicht ausreicht, von einer Spezifität zu sprechen. Die beschriebenen psychopathologischen Phänomene sind deshalb wichtige Hinweiszeichen, aber sie sind kein Beweis dafür, dass ein Kind sexuell missbraucht wurde. Vielmehr kann man aus dieser statistischen Analyse der Psychopathologie traumatisierter Kinder sehen, wie unterschiedlich Kinder auf Traumata reagieren können. Ganz allgemein kann formuliert werden, dass die Reaktion auf bestimmte Traumata abhängig von den Vorbedingungen vor Eintreten des Traumas ist. Dieses bedeutet, dass gut entwickelte, sicher gebundene Kinder ein ähnlich ausgeprägtes Trauma anders erleben und verarbeiten als Kinder, welche durch multiple andere Belastungsfaktoren oft gar nicht dazu in der Lage sind, das Erlebte einzuordnen und vom übrigen Erleben abzugrenzen. Bestimmte Verhaltensfolgen sind eher altersspezifisch und nicht traumaspezifisch. Spezifische Effekte des sexuellen Missbrauchs liegen vor allem im Bereich des sexualisierten Verhaltens, wobei hier dieser unspezifische Begriff am besten zu vermeiden ist und im Sinne einer deskriptiven Psychopathologie einzelne Phänomene präzise beschrieben werden sollten.

4 Möglichkeiten und Grenzen

Was kann bei solchen schwierigen Ausgangsbedingungen in Pflegefamilien oder gerade auch in spezialisierten Sonderpflegeverhältnissen erreicht werden?
Eine jüngst erschienene Arbeit von Reddy und Pfeiffer (1997) versuchte mit den Methoden der Metaanalyse einzelner publizierter Untersuchungen Antwort auf diese Frage zu geben. Zuerst mussten die Autoren resigniert feststellen, dass fast alle von ihnen recherchierten Untersuchungen zu starke methodische Mängel aufwiesen, dass die üblichen statistischen Methoden zum Vergleich von Effektstärken nicht zur Verfügung standen. Sie entwickelten deshalb ein grobes Einschätzungsmaß und kamen zu folgenden Ergebnissen:
Aus der Auswertung von 18 Studien zu Sonderpflegeverhältnissen im anglo-amerikanischen Bereich kamen sie zu dem Schluss, dass hinsichtlich der Stabilität der Unterbringung Pflegeverhältnisse positiv zu bewerten sind, da 14 Studien eindeutig positive Ergebnisse berichteten und in keiner Studie wirklich negative Ergebnisse berichtet wurden. Dies bedeutet, dass die Aufnahme traumatisierter, schwer belasteter Kinder in eine Pflegefamilie zu einer Stabilisierung ihres Beziehungsgefüges geführt hat. Auch Verhaltensstörungen schienen sich mehrheitlich gebessert zu haben. Hier waren nur 11 Studien auswertbar. In 6 der 11 Studien zeigten sich Verhaltensverbesserungen. Deutlich positiv war der Zuerwerb sozialer Fertigkeiten, während die Einschätzung zum Selbstwert der Kinder zum emotionalen Befinden eher kritisch zu bewerten sind. Bei diesen Kriterien der emotionalen Anpassung scheinen die früher schwer belasteten Kinder auch in ihren Pflegeverhältnissen noch lange unter Selbstwertproblemen und emotionalen Problemen zu leiden.
Welche Hilfen und Unterstützungen erhielten die Pflegeeltern für ihre schwierige Arbeit? 22 % der Pflegefamilien hatten Vorbereitungsmaßnahmen erhalten. 27 % wurden während der Inpflegenahme betreut, 60 % nahmen an Selbsthilfegruppen für Pflegeeltern teil, wobei im Mittel für diese Maßnahmen 20 Stunden zu veranschlagen sind. Von geringeren Prozentsätzen wurden Psychotherapie 11 %, Familientherapie 8 % und Gruppentherapie 4 % in Anspruch genommen. Eine jüngst veröffentlichte

Untersuchung zum Verhalten adoptierter Jugendlicher von Howe (1997) gibt ebenfalls wesentliche Anhaltspunkte dafür, dass sich die traumatischen Belastungen in der Kindheit negativ im entwicklungspsychologischen Sinne auswirken. Der Autor verglich 122 als Baby adoptierte Kinder mit spätadoptierten Kindern, wobei er diese in 2 Gruppen unterschied: 20 spätadoptierte Kinder mit guten Startbedingungen, d.h. Kinder, die unter fürsorglichen Verhältnissen aufwachsen durften und dann durch plötzliche Ereignisse wie Verkehrsunfälle beide Elternteile verloren und im durchschnittlichen Alter von 8 Jahren zur Adoption kamen, und eine Gruppe von spätadoptierten Kindern mit schlechten Startbedingungen, mit multiplen Traumatisierungen 69 Kinder, welche im durchschnittlichen Alter von 4 bis 5 Jahren nach multiplen Traumatisierungen zur Adoption freigegeben wurden. Bei der Nachuntersuchung im jugendlichen Alter (12 bis 17 Jahre) fanden sich in dieser Gruppe die meisten Jugendlichen mit selbstverletzendem Verhalten, Lügen (34,8 %), Schulverweise (18,8 %) Weglaufen (20,3 %), Drogen und Alkoholkonsum (10,1 %) und Diebstähle zu Hause (32 %) kamen signifikant häufiger in dieser Gruppe vor. Man kann deshalb davon ausgehen, dass Pflegekinder in der Regel eine Risikopopulation darstellen. Selbst frühadoptierte Kinder hatten in verschiedenen Studien ein gering höheres Risiko, Verhaltensauffälligkeiten zu zeigen als Kinder in der Herkunftsfamilie, aber die höchsten Risiken zeigen Kinder, welche über längere Zeit den belastenden Traumatisierungen ausgesetzt waren. Insofern erklärt sich die höhere Inanspruchnahmerate professioneller Hilfe. Verschiedene Untersuchungen zeigten, dass Scheitererverläufe und Abbruchraten (10 bis 50 %) mit dem Vermittlungsalter zunehmen (Barth und Berry, 1988, Borland et al., 1991, Rushton et al., 1995). Auch das gemeinsame Aufwachsen mit leiblichen Kindern der Adoptiv- oder Pflegeeltern führte zu höheren Abbruchraten. In der Studie von Howe (1997) zeigten die Adoptivkinder, die mit leiblichen Geschwistern aufwuchsen, mit 40 % signifikant mehr psychische Probleme als die Vergleichsgruppe (14 %). Aus dieser Fülle von Daten wird deutlich, auf welch schwere und verantwortungsvolle Aufgabe sich Pflegeeltern bei der Inpflegenahme von Kindern einlassen. Dies muss aber für diese Gesellschaft auch bedeuten, dass man sie bei dieser schweren Aufgabe nicht allein lassen darf. Pflegeeltern, die verantwortungsvoll und sensibel genug sind, Überlastungen bei sich wahrzunehmen, dürfen nicht an bürokratischen Hindernissen abprallen. Es ist unverantwortlich, wenn Jugendämter Beratungsbedarf von Pflegeeltern als Scheitern oder Missglücken der Maßnahme umdefinieren und nicht alle zur Verfügung stehenden Hilfen zur Unterstützung der Pflegeeltern einsetzen. In vielen Großstädten haben sich Selbsthilfegruppen und Foren zum Austausch etabliert. Die Stiftung „Zum Wohl des Pflegekindes“ stellt ein solches Forum dar. Pflegeeltern haben in der Zwischenzeit aber auch schon den Weg ins Internet gefunden. Unter den Kürzeln www. Pflegeeltern. com können z.B. vielfältige Informationen zum Thema und auch spezifische Literatur abgefragt werden. Der Ruf nach Unterstützung, die Vernetzung und der Austausch müssen als Stärke und als Chance begriffen werden, denn die Vereinzelung und der emotionale Rückzug angesichts der erzieherischen Probleme müssen häufig als Vorboten des Scheiterns angesehen werden.

5 Schluss

Ganz zum Abschluss soll noch einmal klar festgestellt werden, dass Erziehung in einer Pflegefamilie einen höheren erzieherischen Aufwand darstellt und dass für diese Kinder auch allein schon aufgrund ihrer Vorgeschichte ein höheres Risiko besteht, psychische Auffälligkeiten zu entwickeln. Alle genannten Prozentzahlen und statistisch signifikanten Zusammenhänge müssen aber auch aus der Perspektive der jeweils nicht betroffenen Kinder betrachtet werden. Dabei wird deutlich, dass Pflegekinder zwar erheblich höhere Risiken als eine kinderpsychiatrische Vergleichspopulation aufweisen, viele Kinder entwickeln sich aber im Vergleich zur Vorsituation bei einer späteren Bilanzierung positiv und in Richtung auf eine höhere Stabilität der Lebensverhältnisse. Wenn es dabei auch noch gelingt, diesen häufig schwerst gekränkten Kindern ein Gefühl des Selbstwerts zu vermitteln, dann können Pflegeverhältnisse als ein Gewinn für die Kinder, die Familien, die sich ihrer annehmen, und für die Gesellschaft angesehen werden.

Literatur

Ainsworth, M.D., Blehar, M.C., Waters, W., Wall, S. (1978). Patterns of attachement. New York, Hillsdale: Lawrence Erlbaum Associates.

Barth, R.P., Berry, M. (1988). Adoption and disruption: Rates, risks and responses. New York: Aldine de Gruyter.

Borland, M., O'Hara, G., Triseliotis, J. (1991). Placement outcomes for children with special needs. Adoption and Fostering, 15, 18-28.

Bowlby, J. (1969). Attachment and loss: Attachment. New York: Basic Books.

Bowlby, J. (1973). Attachment and loss: Separation, anxiety and anger. New York: Basic Books.

Bowlby, J. (1980). Attachment and loss. Vol. 3. Loss. New York: Basic Books.

Bowlby, J. (1988). A secure base. Clinical applications of attachment theory. London, UK: Routledge.

Dix, T. (1991). The affective organization of parenting: Adaptive and maladaptive processes. Psychological Bulletin, Vol. 110, 1, 3-25.

Durfee, H., Wolff, K. (1933). Anstaltspflege und Entwicklung im 1. Lebensjahr. Zeitschrift für Kinderforschung, 42.

Ernst, C., v. Luckner, N. (1985). Stellt die Frühkindheit die Weichen? Stuttgart: Enke.

Esser, G., Laucht, M., Schmidt, M.H. (1995). Die Auswirkung psychosozialer Risiken für die Kindesentwicklung. In: D.Karch (Hrsg.), Risikofaktoren der kinderlichen Entwicklung (17-22), Darmstadt: Steinkopff.

Fratter, J., Rowe, J., Sapsford, D., Thoburn, J. (1991). Permanent family placement: A decade of experience. London: BAAF.

Groze, V., Rosenthal, J.A. (1993). Attachment theory and the adoption of children with special needs. Social Work Research & Abstracts, Vol. 29, 2.

Heinemann, C. (1994). Neuentscheidungstherapie bei Pflege-, Adoptiv- und Heimkindern mit Scheiterer-Verläufen. Prax. Kinderpsychol.Kinderpsychiat. 43, 130-137.

Hennessy, K.D., Rabideau, G.J., Cicchetti, D., Cummings, E.M. (1994). Responses of physically abused and nonabused children to different forms of interadult anger. Child Development, 65, 815-828.

Hodges, J., Tizard, B. (1989). IQ and behvavioural adjustment of ex-institutional adolescents. Journal of Child Psychology and Psychiatry, 30, 53-75.
Howe, D. (1997). Parent-reported problems in 211 adopted children: Some risk and protective factors. J. Child. Psychol. Psychiat. Vol. 38, 4, 401-411.
Kagan, J. (1987). Die Natur des Kindes. München: Piper.
Lerner, J.V., Lerner, M.R. (1994). Explorations of the goodness-of-fit model in early adolescence. In: W.B.Carey & S.C.McDevitt (Eds.), Prevention and early intervention (161-169). New Vork: Brunner/Mazel.
Levy, D. (1937). Primary affect hunger. American Journal of Psychiatry, 94, 643-652.
Mackner, L.M., Starr, R.H., Black, M.M. (1997). The cumulative effect of neglect and failure to thrive on cognitive functioning. Child Abuse & Neglect, Vol. 21, 7, 691-700.
Perrig-Chiello, P. (1997). Über die lebenslange Bedeutung frühkindlicher Bindungserfahrung. Kindheit und Entwicklung 6, 153-160.
Quinton, D., Rushton, A., Dance, C., Mayes, D. (1997). Contact between children places away from home and their birth parents: Research issues and evidence. Clinical Child Psychology & Psychiatry, Vol, 2 (3), 393-413.
Reddy, L.A., Pfeiffer, S.I. (1997). Effectiveness of Treatment Foster Care With Children and Adolescents: A Review of Qutcome Studies. J. Am. Acad. Child Adolesc. Psychiatry, 36 (5): 581-588.
Ribble, M.A. (1941). Disorganizing factors of infant personality. In: S.S.Tomkins (Ed.), Contemporary psychology. Harvard: Harvard University Press.
Rushton, A., Treseder, J., Quinton, D. (1995). An eight-year prospective study of older boys placed in permanent substitute families: A research note. Journal of Child Psychology and Psychiatry, 36, 687-696.
Spitz, R.A. (1945). Hospitalism. Psychoanalytical Study of the Child, 1, 53-74.
Spitz, R.A. (1946). Anaclitic depression. Psychoanalytical Study of the Child, 2, 313-342.
Vyt, A. (1993). Das Tonband-Modell und das transaktionale Modell für die Erklärung früher psychischer Entwicklung. In: H.G.Petzold (Hrsg.), Frühe Schädigungen - späte Folgen? (111-157). Paderborn: Junfermann.
Weltgesundheitsorganisation (WHO) (1980). International Classification of Impairments, Disabilities and Handicaps. Geneva.

„Welche Lage ist kläglicher als diese;
in nichts sich selbst zu gehören...“

Etienne de la Boétie, 1548

Arnim Westermann

Zur psychologischen Diagnostik der Kindesmisshandlung: Über die Todesangst des misshandelten Kindes[1]

Bei der psychologischen Diagnostik der Kindesmisshandlung geht es nicht darum, dass der Psychologe wie ein Kriminalist einen Straftatbestand feststellt und einem bestimmten Täter in einem Strafverfahren eine bestimmte Tat nachweist. Aber manchmal ist ein kriminalistisches Gespür auch sehr nützlich.

Heike[2], ein fünfjähriges Mädchen, hat mehr als die Hälfte ihres bisherigen Lebens in Kliniken verbracht: Zwölfmal wurde sie mit Knochenbrüchen, Hämatomen, Verbrennungen und Vernachlässigungssymptomen ins Krankenhaus gebracht, wo sie sich rasch körperlich und psychisch erholte. Elfmal wurde sie den Eltern zurückgegeben, um schon nach kurzer Zeit in erneut desolatem und verletztem Zustand wieder aufgenommen zu werden. Drei Ermittlungsverfahren wegen Kindesmisshandlung wurden eingestellt, weil man den verleugnenden Erklärungen der Eltern glaubte bzw. weil ihnen eine Misshandlung im strafrechtlichen Sinne nicht eindeutig nachgewiesen werden konnte. Auch viele Ärzte trugen zu dem langen Leidensweg des Kindes bei, indem sie sich ebenfalls verleugnend und bagatellisierend verhielten und mit der Theorie einer möglichen Glasknochenkrankheit die Eltern entlasteten und den richtigen Verdacht anderer Kollegen in Frage stellten.

Erst als das Kind fünf Jahre alt ist, wird es so erheblich verletzt, dass am Tatbestand der Misshandlung niemand mehr vorbeisehen kann. Selbst jetzt wird ein Verfahren nicht eingeleitet, weil nicht zu klären ist, welches der Familienmitglieder, die alle wiederum die Misshandlung verleugnen, der Täter ist. Das Kind wird zunächst im Heim, dann in einer Pflegefamilie untergebracht, in deren Schutz es dann sagen kann: »Meine böse Mama hat mich totgemacht.« Und auch in der psychologischen Untersuchung zeigt uns das Kind, als es bei uns im Badezimmer eine Zeitschrift mit einem furchteinflößenden Japaner auf dem Titelbild sieht und darin den Täter erkennt, wie es von der Mutter gefesselt und gequält wurde. Auch wenn wir dem Kind glauben, scheint die Mutter aber als Täterin nicht in Frage zu kommen, weil sie zur Zeit der

1 Vortrag Holzminden, 9. Tag des Kindeswohls: 3. November 1997.
2 vgl. Nienstedt, Westermann 1989, S. 304.

letzten Verletzung im Krankenhaus war. Daraufhin fragen wir in der Klinik nach und erfahren, dass sich die Mutter genau an diesem Tag von der Klinik beurlauben ließ, was im Stationsbuch festgehalten war.

In Sorgerechtsfragen, wo die Frage, ob ein Kind von den Eltern misshandelt wurde, oft von entscheidender Bedeutung ist, haben wir es grundsätzlich mit einer anderen Aufgabe zu tun, die Wegener so beschreibt:

„Eine wesentliche Aufgabe des Gutachtens für die Sorgerechts- und Besuchsregelung liegt in der Aufklärung der Art und Weise, in welcher ein Kind das Eltern-Kind-System erlebt, das durch Persönlichkeitsmerkmale der drei Partner, durch das Erziehungsverhalten der Elternteile und durch deren Einstellung zum Kind geprägt werden... Dabei kommt es jedoch keineswegs in erster Linie auf die Feststellung objektiver Verhaltensweisen an, sondern auf deren subjektive Bedeutung für das Kind" (Wegener, 1992, S. 145).

Das aber heißt, dass es darum geht, wie ein Kind sich in der Welt, in der Beziehung zu Vater und Mutter als Kind erlebt. Das ist aber nicht durch Beobachtung des kindlichen und elterlichen Verhaltens feststellbar, sondern nur dadurch, dass man einen Zugang zur inneren Welt des Kindes gewinnt und versucht, ein Kind zu verstehen.

1 Wie man einen Zugang zur inneren Welt des Kindes gewinnt

Wenn man ein Kind verstehen will, gewinnt man einmal einen Zugang zu seiner inneren Welt in seiner Geschichte, indem man sich seine Erfahrungen und Erlebnisse versucht vorzustellen.[3] Dies ist natürlich nur möglich, wenn man sich die Bedürfnisse, Wünsche und Erwartungen des Kindes vergegenwärtigt und sich nicht scheut, sich auf die Ängste und Ohnmachtsgefühle, auf Wut und Aggression einzulassen.

Aber vor allem muss man sich auf das, was das Kind auf verschiedene Weise mitteilt, einlassen, zuhören und antworten. Es reicht nicht, passiv zuzuhören oder zuzusehen, man muss auch antworten, weil derjenige, der nicht auch antwortet, sich „jenseits von Wahrheit und Lüge" stellt und keine Verantwortung übernimmt[4]. Die meisten Menschen teilen einem schließlich etwas von sich und ihrer Welt mit, wenn sie einen interessierten, antwortenden Zuhörer, Zuschauer oder Mitspieler haben. Wenn ein Kind seinen Puppen die Köpfe abreißt oder düstere Ungeheuer malt, dann erzählt es uns etwas von einer gefährlichen Welt. Wenn ein Kind von Hexen, Menschenfressern und Räubern in seinen Träumen erzählt, teilt es etwas von dem mit, was es in Angst

---

3 vgl. Westermann: Kinder verstehen, Vortrag Holzminden, 7. Tag des Kindeswohls, 27.10.95

4 „Verstehen heißt antworten. Jedoch in der nämlichen Sprache, in der man angeredet wurde. Diese Sprache spricht hier nicht durch Worte, sondern durch Gesichtsbewegungen, Tics ..." (Bodenheimer 1986, Fragen kann krank machen, sagen kann gesund machen, S. 34-37).

und Schrecken versetzt und dem es nicht einmal durch Flucht entkommen kann. Oder wenn ein Kind mit einem erwachsenen Menschen im Rollenspiel zum aggressiven Verfolger oder ängstlich Verfolgten wird, erfahren wir etwas von seinen Beziehungserfahrungen. Eine Mutter oder ein Vater, die nur ein Interesse daran haben, dass die schönen Puppen nicht kaputt gemacht werden, oder die nur ein Interesse haben, das Kind vor seinen Angstträumen zu bewahren, indem sie es rasch zu sich ins Bett holen, oder die sich nur wünschen, dass ihre Beziehung nicht durch Aggression oder Angst geprägt wird, lassen sich nicht darauf ein, was das Kind ihnen erzählen will. Aber dann finden sie keinen Zugang zur inneren Welt des Kindes.

Wenn ein Psychologe ein Kind kennen lernen will, etwas von seiner inneren Welt erfahren will, dann muss er sich auch auf das einlassen, was ihm das Kind - ganz ähnlich wie im Alltag - erzählen will. Der Unterschied zum Alltag besteht nur darin, dass wir in sehr kurzer Zeit etwas über das Kind und von ihm erfahren wollen und darum in bestimmter Weise, mit psychologischen Untersuchungsmethoden das Kind locken, uns von seiner inneren Welt zu erzählen. Manche Psychologen interessieren sich nur oder vor allem für das Verhalten des Kindes, weil es ihnen objektiver erscheint, sie interessieren sich für die Verhaltenssymptome, aber wollen sich nicht auf eine, vielleicht auch nur flüchtige, durch Wünsche oder Ängste geprägte Beziehung einlassen. Natürlich ist auch das Verhalten wichtig, sind Symptome interessant und erzählen etwas über das Kind, seine Entwicklung und sein Erleben. Aber über das, was wir unmittelbar am Verhalten beobachten, können wir uns auch schrecklich täuschen. Das kennt jeder, der weiß, dass er lügen kann. Und meistens belügen Menschen nicht einen anderen, sondern sich selbst.

Und selbstverständlich muss ein Psychologe, um ein Kind zu verstehen, auch einen Zugang zu seiner Geschichte finden. Darum sind bei der Untersuchung drei Schritte zu machen:

1. Bevor ein Kind zu uns zur Untersuchung kommt, die etwa zwei bis drei Stunden dauert, verschaffen wir uns einen Einblick in seine Lebensgeschichte durch die bei einem Jugendamt oder einer Vermittlungsstelle vorliegenden Aktennotizen, Heimberichte, Gerichtsbeschlüsse u.s.w. Wir versuchen, die Lebensgeschichte zu rekonstruieren, indem wir, was leider nur von wenigen Sozialarbeitern getan wird, einen tabellarischen Lebenslauf erstellen, der alle wichtigen Daten und Ereignisse enthält.

2. Dann machen wir vor der Untersuchung des Kindes mit denjenigen, bei denen das Kind lebt, seien es die leiblichen Eltern, die Heimerzieher oder Pflege- und Adoptiveltern, ein ausführliches Anamnesegespräch, in dem wir uns über die aktuellen Probleme und über die Entwicklung des Kindes erkundigen.

3. Und wenn dann das Kind zu uns gebracht wird, kommt es zu uns, weil wir vorher mit den Eltern oder Heimerziehern über das Kind geredet haben und es nun selbst kennen lernen wollen. Wir schicken in der Regel die Eltern, wie verabredet, für an-

derthalb Stunden weg, damit sich das Kind auf uns und die Situation bei uns einlassen kann. Es kommt zu einem Mann und einer Frau, die da wohnen, wo sie arbeiten und auf Kinderbesuch eingerichtet sind. Da gibt es kein besonderes Spielzimmer, keinen Toberaum, aber eine gewöhnliche Wohnung - und einen Kater, der manchmal hereinschaut oder gerade wegläuft, wenn das Kind ins Arbeitszimmer kommt. Manchmal schaut sich ein Kind neugierig um, manchmal setzt es sich an den Schreibtisch, als erwarte es, dass wir mit ihm wie mit einem Erwachsenen reden, manchmal steht es stumm da, erwartet, dass wir sagen, was es machen soll. Das tun wir schließlich auch, weil wir ja in kurzer Zeit viel erfahren wollen. Aber zunächst nimmt das Kind eine abwartende Haltung wahr, die es einem Kind auch erlaubt, hierhin oder dorthin zu gehen, von diesem oder jenem zu reden. Manchmal reden wir auch über Psychologie, wenn wir dem Kind sagen wollen, wer wir sind. Wir reden über die Seele und sagen dann schließlich dem Kind, dass es nun einmal sehen kann, was Psychologen tun. Gewöhnlich fangen wir mit dem Sceno-Test an.

1.1 Wie ein misshandeltes Kind sich in der Welt erlebt

Wie jede Kreatur weiß auch ein noch so kleines Kind, was ihm schadet und was gefährlich ist. Natürlich weiß auch jede Mutter und jeder Kinderarzt, dass manches, was um seiner Gesundheit willen getan werden muss, dem Kind wie eine bedrohliche Gefahr erscheinen und Angst machen muss. Und diese Angst wird umso größer sein, wenn das, was getan werden muss, auch von der Mutter als Bedrohung erlebt wird. Die Gefahr, die ein Kind wahrnimmt, hängt auch davon ab, wie eine Mutter die Gefühle des Kindes wahrnimmt und wie sie auf diese Gefühle antwortet. Das Kind braucht einen mütterlichen Spiegel für seine Gefühle. Es braucht Übereinstimmung, die die Andersartigkeit des anderen respektiert. Nicht mit einem anderen Menschen dialogisch übereinzustimmen, ist für das Kind eine Gefahr. Rudolf Bilz (1956) hat als eine menschliche Grundangst die Angst, verloren zu gehen, als Disgregationsangst beschrieben, die durch Ruf und Echo, Frage und Antwort begrenzt und im Spiel (Jakob, wo bist du?) eingeübt wird.

Ein kleines Kind, das noch nicht über eine Zeitperspektive verfügt, und das von den Eltern stundenlang allein gelassen wird, ist seinen Erregungen durch Hunger und Einsamkeit hilflos ausgeliefert. So ein Kind, das sich die Seele aus dem Leib schreit und kein Echo und keine Antwort findet, ist ein Kind in schierer Verzweiflung. „Jeder hat das verzweifelte, leere und öde tönende Schreien von Kindern im Ohr, das Einsamkeit und ungestilltes Verlangen ausdrückt," schreibt Arno Gruen (1993). Er fährt fort: „Aber wir verschließen uns, weil es hieße, unser eigenes untolerierbares Leiden von damals wieder zu erleben. Und so stellen wir uns sogar gegen das Kind ... Aber für das Kind ist es gleichbedeutend mit dem Tod" (S. 19). Das allein gelassene Kind, das dieser Verzweiflung ausgeliefert ist, der es nicht entkommen kann, ist nicht, wie man verleugnend sagt, ein „vernachlässigtes", sondern ein misshandeltes Kind. Es lebt in einer unendlich gefährlichen Welt, ohne dass es in die Arme und den Schutz eines anderen Menschen, der seine Erregungen stillen könnte, fliehen kann. Die Disgregationsangst wird zur konkreten Todesangst.

Das von einem Vater oder einer Mutter mit Zorn und Wut oder kaltem Kalkül verdroschene Kind ist, ohne dass es dieser Bedrohung entkommen könnte, seinen Ängsten und Ohnmachtsgefühlen schutzlos ausgeliefert. Die prügelnde Mutter, die für das kleine Kind Repräsentantin der ganzen Welt ist, stürzt das diesen Gefahren ohnmächtig ausgelieferte Kind in eine lebensbedrohliche, gefährliche Welt, in der es keinen Schutz findet. Die ganze Welt verdüstert sich, die ganze Welt wird zu einer Welt voller Gefahren. Das ist die Lage des geschlagenen Kindes. Und diese Lage muss man berücksichtigen, wenn von Kindesmisshandlung die Rede ist.

1.2 Definition Kindesmisshandlung

Eine Definition der Kindesmisshandlung als einer Form von körperlicher Gewalt, die zu bestimmten körperlichen Schäden und Verletzungen führt - seien es Verbrennungen, Knochenbrüche oder Hämatome -, scheint präzise und genau zu sein. Aber Verletzungsspuren treten nicht immer auf und sind nicht immer nachzuweisen, wie z.B. bei sexuellem Missbrauch oder der vollständigen Isolierung durch langes Einsperren. Oder die Spuren sind nicht mehr nachzuweisen, weil die Misshandlung längere Zeit zurückliegt. Deswegen wird zwischen der körperlichen und seelischen Misshandlung unterschieden. Diese Unterscheidung führt aber zur Unklarheit und schließlich zur Verleugnung der Kindesmisshandlung. Denn jede körperliche Misshandlung ist zugleich immer auch eine seelische.

Auch eine Definition, die Kindesmisshandlung als Gewalt gegen das Kind versteht, führt zur Verleugnung, weil sie zu weit und zu ungenau ist. Denn die Ohrfeige und der Stubenarrest sind ebenso wie der sexuelle Missbrauch oder die Vernachlässigung, oder die Prügel mit einem Besenstiel, oder die zu enge und laute Wohnung, oder der Kampf der geschiedenen Eltern um das Kind, Gewalt gegenüber dem Kind. Dass Eltern gegenüber ihren Kindern Macht und Gewalt besitzen und ausüben, ist kein brauchbares Kriterium für die Abgrenzung von manchmal notwendiger oder rücksichtsloser Gewalt und Misshandlung. Dies wird dann klar, wenn es um die praktische Frage geht, in welchem Fall die Gesellschaft gegenüber dem Kind eine Schutzfunktion wahrzunehmen hat und aufgrund seines Wächteramtes berechtigt und verpflichtet ist, in die Beziehung von Eltern und Kindern einzugreifen.

Erst wenn die Kindesmisshandlung mit den Augen des Kindes und nicht aus der Perspektive von Eltern gesehen wird, wird sie realistisch gesehen werden können. Dann werden verschiedene Formen von Gewalt und Rücksichtslosigkeit von Kindesmisshandlungen unterschieden werden können. Rücksichtslose elterliche Gewalt wird verschieden erlebt: als Versagung, Ungerechtigkeit, Lieblosigkeit, ängstliche Einschüchterung oder mörderische Bedrohung.

Deswegen haben wir einen engen psychologischen Begriff der Kindesmisshandlung vorgeschlagen (1989), der weder auf die körperlichen Verletzungen fixiert ist, noch die Kindesmisshandlung als beliebig definierbare Gewalt verharmlost: Eine Kindesmisshandlung ist eine Bedrohung mit Vernichtung.

Eine Kindesmisshandlung liegt dann vor, wenn das Kind von seinen Eltern, zu denen es bei Gefahr und Angst Schutz suchend fliehen müsste, überwältigt wird, sodass es sie nicht nur als Schutzobjekte verliert, sondern auch mörderisch-überwältigend erleben muss[5]. Alle misshandelten Kinder erleben ihre Eltern als Mörder, als Menschen, die in ihrer Wut oder Gleichgültigkeit das Kind vernichten können, indem sie es einsperren und hungern lassen oder schlagen. Das Kind wird von einer mörderischen Wut und Aggression überwältigt oder - wie im Fall des sexuellen Missbrauchs - seiner Kindheit beraubt und mit Prügeln und Totschlag bedroht, wenn es nicht schweigt.

Ein 11-jähriger, sexuell misshandelter Junge, mit dem wir gegen Ende der Therapie darüber reden, welchen Ängsten er ausgesetzt war, und direkt fragen, ob er gedacht habe, dass er getötet werden könnte, antwortet geradezu empört und sagt: „Ich war tot!“ Er spricht genauso wie das fünfjährige Mädchen, das sagte: „Meine böse Mama hat mich totgemacht.“

Wenn ein Kind z.B. von der Mutter grün und blau geschlagen wird, wenn sie hocherregt in blinder Wut auf das Kind einschlägt, weil es nicht mit dem Schreien aufhört, während der Vater es nicht beschützt und weggeht, oder wenn ein Kind vom Vater mit der Drohung, es fallen zu lassen, aus dem Fenster des dritten Stockes gehalten wird, wenn die Mutter nicht das tut, was er von ihr verlangt, dann erlebt das Kind seine Eltern als Mörder, und es hat in seiner Todesangst keinen Menschen mehr, zu dem es fliehen könnte; es ist dann vollkommen schutzlos.

Dieses Erleben gehört zur psychischen Realität des misshandelten Kindes. Es wird von Alexander Mitscherlich (1960) so beschrieben: »Wer viel Gelegenheit hat, mit Menschen über ihre Kindheit zu sprechen, macht eine sonderbare Beobachtung. Er hört oft von Schilderungen, wie grausam der Vater kleine Vergehen zu strafen pflegte; oft haben diese Szenen, die der Erwachsene aus seiner Kindheit erinnert, geradezu den Charakter brutaler Exekutionen. Das Strafritual ist sicher keine Seltenheit. In der

---

5 vgl. Blech, J.: Fahndung im Hospital. Englische Ärzte überführen prügelnde Eltern mit versteckter Kamera. Bei uns ist das verboten. DIE ZEIT Nr. 48, 21. November, S. 53, 1997. Der Artikel stützt sich auf den Artikel von David P. Southall: „Versteckte Videoaufnahmen von lebensbedrohlicher Kindesmißhandlung: Lehrstunden für den Schutz von Kindern“ Pediatrics Band 100 (1997) S. 735. An der University of Keele wurden zwischen 1986 und 1994 39 Kleinkinder und deren Eltern heimlich gefilmt bei denen der Verdacht auf Kindesmisshandlung bestand. In 33 Fällen kam es vor laufender Kamera zur Gewalt. „Die Videobilder räumen auch mit dem häufig gehörten Einwand auf, Eltern würden durch ein quengelndes oder schreiendes Kind zur Gewalt provoziert. Meistens versuchten die Elternteile das Kind zu ersticken, während es schlief oder ruhig im Bettchen lag“.

Ohnmacht seiner Lage empfindet es das Kind als überwältigendes Erlebnis seiner Schande, seiner Schuld, die ihm die Liebe und den Schutz der Eltern geraubt haben. Der strafende Elternteil - ist es die Mutter, so trifft dies das kleine Kind noch unmittelbarer - bekommt im ungehemmten Zuschlagen eine unmenschliche, dämonische Gestalt und Gewalt. Erfährt man dies von Kindern selbst und spricht dann mit den Eltern, so könnte man meinen, die Sache sähe auch jenseits der Beschönigungsversuche viel harmloser aus. Aber hier trügt der Augenschein. Man muss nämlich wissen, dass das Kind sich nicht in die Welt des Erwachsenen einfühlen kann. Dazu fehlt ihm die Erfahrung. Nur der Erwachsene kann sich, wenn auch meist mühsam, in die Erlebniswelt des Kindes zurückversetzen. Das Kind kennt die Überlegungen, die Welt des Erwachsenen noch nicht, es erlebt unmittelbare Situationen, das ungleiche Kräfteverhältnis, das tatsächlich, wie die Extremfälle zeigen, zu einer Tötung des Schwachen führen kann. In der brutalen Strafprozedur hat es ungemilderte Todesangst, von der sich die wütenden, strafenden Eltern keine Rechenschaft ablegen. Sie pflegen zu sagen: Sie hätten es nicht so gemeint. Was sie meinen, ist für das Kind, das einem Erwachsenen begegnet, der „außer sich" ist, unerkennbar. Für das Kind zählt nur der Zustand des Außer-sich-Seins. Und der erweckt Angst. Todesangst, die noch dadurch zum äußersten sich steigert, weil für das Kind jetzt ja die natürliche Fluchtbahn in der Gefahr, der Schoß der Mutter, der Schutz des Vaters, verlegt ist« (ebd., 264).

Erst wenn man dieses Erleben des Kindes berücksichtigt und dem Umstand Rechnung trägt, dass in diesen Fällen die Eltern-Kind-Beziehung eine Täter-Opfer-Beziehung ist, die allen Erinnerungen und Vorstellungen von Eltern-Kind-Beziehungen zu widersprechen scheint, wird man die Kindesmisshandlung realistisch sehen können. Aber die Idealisierung der eigenen Eltern schlägt nur zu leicht um in die Idealisierung als Eltern, die sich dann mit anderen Eltern solidarisieren. Dieser Verlust kritischer Einsicht in Eltern-Kind-Beziehungen als Täter-Opfer-Beziehungen wird unübersehbar, wenn die Hilfe in Fällen von Kindesmisshandlung in erster Linie den Eltern, nicht aber dem Kind gilt.

Aber wir müssen lernen, auch wenn es allen Idealisierungen von Eltern-Kind-Beziehungen widerspricht, Eltern-Kind-Beziehungen auch als Täter- Opfer- Beziehungen zu sehen. Allen Idealisierungen der Eltern-Kind-Beziehungen widersprechend, wie man sie z.B. in Kinderbüchern sehen kann, erschien 1996, ausgezeichnet mit dem Deutschen Jugendbuchpreis, das Märchen „Die Menschenfresserin" von Valerie Dayre, illustriert von Wolf Erlbruch. Das ist die Geschichte von einer Mutter, die ihr eigenes Kind frisst und dann jammert: „Einen Kleinen. Gebt mir einen Kleinen zum Liebhaben. Man hat mir meinen genommen... Einen Kleinen, einen ganz kleinen... Zum Lieben, ohne ihn zu essen, haucht sie hinterher, denn die Worte sind wie der Wind und das Meer".

Sollte man einer solchen Mutter, die so jammert, nicht helfen? Lieben nicht alle misshandelten Kinder auch ihre misshandelnden Eltern, wie man es ständig hören kann?

Ein 17-jähriger Jugendlicher, der mit 4;7 Jahren in die Pflegefamilie kam, war ein Kind mit motorischen Störungen und sprachlichen Retardierungen gewesen, das in den frühen Eltern-Kind-Beziehungen keine hinreichende Annahme und Bestätigung erfahren hat, sondern von einer erziehungsunfähigen Mutter abhängig war, die gar nicht in der Lage war, sich in ein Kind einzufühlen, nicht sehen konnte, was ein Kind braucht, sodass das Kind keinen Einfluss auf einen anderen Menschen gewinnen konnte. Die orale Gier, die lange aufrechterhalten blieb, weist auf frühe bedrohliche Mangelerfahrungen hin, die ein Kind dadurch zu bewältigen versucht, dass es die Vorstellung entwickelt, dass es selbst für die Erfüllung seiner Bedürfnisse sorgen muss. Die Erzählung des älteren Bruders über Misshandlungen durch den Vater, Mord und Selbstmorddrohungen und Körperverletzungen der Eltern weisen auf bedrohliche, aggressive Beziehungen hin. Jahrelang wiederholte Angstträume und die Angst des Kindes vor Dunkelheit weisen darauf hin, dass der jetzt 17-jährige ein misshandeltes Kind ist. Eine Kindesmisshandlung ist eine Bedrohung mit Vernichtung und ist mit Todesängsten verbunden. Diese frühen traumatischen Erfahrungen erscheinen jetzt bei dem Jugendlichen wie eine sehr ferne Erfahrung. Er erzählt (zu CAT 7) eine geradezu poetisch verdichtete Geschichte, in der diese Ängste, die ihn lange verfolgt haben, zum Ausdruck kommen:

„Eine Kannibalenfrau hat Hunger auf ein frisches, kleines Kind. Das Wasser kocht. Jetzt denkt sich die Frau, jetzt fehlt nur noch das Kind. Jetzt versucht sie das Kind zu greifen. Doch das Kind ist flinker, kleiner, schneller, entwischt ihr, rennt weg. Plötzlich wacht das Kind auf und merkt: Alles war nur ein Traum. (Hatte es Angst?) Ja klar, hatte Angst um sein Leben, wollte ja nicht gegessen werden von der Frau. (Hatte es Todesangst?) Ja, denk ich mir". Diese Geschichte ähnelt der Geschichte von der Menschenfresserin von Valerie Dayre. Aber so, wie der Jugendliche diese Geschichte erzählt, ist es die Geschichte eines misshandelten Kindes, das dieser Todesangst entkommen ist.

Natürlich haben sich die Misshandlungen nicht so zugetragen, wie sie in der Erzählung eines solchen Alptraums zum Ausdruck kommen. Aber man weiß, dass traumatische Erfahrungen zu Alpträumen führen (Schredl, Palmer 1997). Lenore Terr (1979,1981, 1983 a zit. nach Schredl, Palmer, 1997) hat 25 Kinder nach dem Kidnapping ihres Schulbusses untersucht: Direkt nach dem Ereignis trat gehäuft pavor nocturnus bei 13 Kindern auf, die Alpträume danach waren exakte Wiederholungen des Traumas. Mit der Zeit jedoch veränderte sich der Inhalt, die Träume wurden seltener, aber die Angst in den Träumen blieb genauso intensiv. Insgesamt 24 der 25 untersuchten Kinder litten an pavor nocturnus und / oder Alpträumen. Auch 4 bis 5 Jahre später stellte Terr (1983 a) fest, dass die Kinder noch unter dem schrecklichen Ereignis litten. Ihr fiel der große Anteil (n = 14) von Kindern auf, die Träume vom eigenen Tod berichteten. Terr deutet das als Folge des Erlebens der völligen Ohnmacht durch die Angst vor den Waffen der Kidnapper (S. 47).

1.3 In die böse Welt des Kindes gehen

Bei einer Fortbildungsveranstaltung für Pflegeeltern und Sozialarbeiter im Pflegekinderdienst sagte eine Sozialarbeiterin, dass es so böse Menschen, wie wir sie schilderten, doch nicht gebe. Und so dürfe man auch nicht von den Eltern reden. Wenn wir von misshandelnden Eltern reden, von Eltern, die ihre Kinder vernachlässigen und ablehnen, die ihre Kinder schlagen, dann meinen manche, das sei eine Übertreibung und folglich nicht ernst zu nehmen. So denken viele: Politiker, Sozialarbeiter und auch viele Pflegeeltern. Aber wir reden nicht von allen Eltern, sondern von ganz bestimmten Müttern und Vätern und von deren Kindern, die gezwungen sind, sich einer bedrohlichen Welt anzupassen, um zu überleben. Eine Pflegemutter sagte, nachdem sie die leibliche Mutter kennen gelernt hatte, dass sie es bedauerte, die Mutter kennen gelernt zu haben, weil sie Hass erleben würde. Und das sei doch sicher auch nicht gut für ihr Pflegekind. Aber ohne Hass, ohne Aggression sagte ich ihr, könnte sie sich nicht in das Kind einfühlen und auch seinen Hass wahrnehmen und verstehen.

Es fällt uns sehr schwer, uns auf eine so böse Welt, aus der das vernachlässigte oder misshandelte Kind kommt, einzulassen. Aber wenn wir uns nicht auf diese Gefühle einlassen, werden wir ein Kind nicht verstehen können, werden wir seinen Hass, seinen Zorn, seine Wut nicht begreifen. Wer sich angesichts einer sich über Jahre hinziehenden von Bemühungen sozialpädagogischer Familienhilfe begleiteten Rücksichtslosigkeit nicht empören kann, sondern meint Verständnis haben zu müssen, und sich ein Urteil über einen anderen Menschen verbietet, der wird das Kind mit seiner Empörung allein lassen. Denn das Kind wird sich nicht unserer verleugnenden Sicht der Welt anschließen. Aber es wird allein sein. Und das heißt, dass es nicht von den Menschen verstanden wird, die ihm am nächsten sind. Nicht verstanden zu werden, das ist viel schlimmer, als wenn ein Kind den zornigen Affekt seiner Pflegemutter oder Zurückweisungen aufgrund seines Verhaltens erlebt. Nicht verstanden zu werden heißt, dass man allein ist, dass man aus der Welt der anderen gefallen ist. Und das ist für ein Kind eine elementare Bedrohung seines Lebens, gegen die es sich zur Wehr setzen muss, koste es was es wolle. Dann benimmt es sich so, wie es seiner inneren Welt entspricht: Es benimmt sich verrückt, es sucht gerade Beziehungen, die seiner inneren Welt ähnlich sind: Es sucht Kontakt zu Menschen, zu anderen Kindern, die verwahrlost sind, die sich voller Wut und Aggression von anderen distanzieren, die nicht mehr von Erwachsenen erreicht werden; oder es sucht und findet Kontakt zu Menschen, die auf der Straße leben, betrunken sind wie die eigenen leiblichen Eltern. Ohne ein Mindestmaß an Übereinstimmung von innerer Welt und äußerer Realität werden wir verrückt und fallen aus der Welt der anderen. Wie auch immer Eltern oder Erzieher mit einem Kind umgehen, für das Kind ist nicht nur wichtig, dass es anständig behandelt wird, dass es zu essen hat, Kleidung, Spielzeug und Spielraum und Menschen hat, die Rücksicht nehmen und versuchen, es dem Kind gut zu machen. Von elementarer Bedeutung für das Kind ist, ob es verstanden wird. Die gute, behütende Welt der Eltern allein nützt ihm nicht, die schmerzlichen Erinnerungen bleiben (Nienstedt, Westermann 1994).[6] Auf diese müssen wir uns einlassen und sie als Realität respektieren.

2 Die Pippi-Langstrumpf-Fantasie: Das Kind, das kein Kind mehr sein will

Manche Kinder, auch schon sehr kleine Kinder, sind in der Lage, sich den Gehorsam und Rücksicht fordernden Eltern gehorsam anzupassen. Dann kann u. U. schon ein kleines Kind sehr genau die Absichten, Wünsche, Stimmungen und Gefühle der Eltern wahrnehmen. Ein kleines dreijähriges Mädchen geht auf Zehenspitzen durch die Wohnung, die Eltern erzählen stolz, dass es nirgendwo drangehe, es bringe dem Vater, wenn er nach Hause kommt, die Zeitung und den Aschenbecher. Das Kind nimmt eine geradezu progressive Entwicklung, entwickelt Fähigkeiten eines größeren Kindes: Es kann sich den Wünschen und Erwartungen der Eltern geradezu perfekt anpassen. Aber es darf kein Kind sein und es braucht scheinbar auch gar keine Eltern mehr.

Immer wieder machen wir die Beobachtung bei Kindern, die rücksichtslosen, vernachlässigenden oder misshandelnden Eltern ausgeliefert waren, dass sie eine scheinbare Elternunabhängigkeit, eine Pseudoautonomie entwickeln. Aufgrund unserer Untersuchungsbefunde nennen wir diese Selbstvorstellungen und Fantasien, die das Kind von sich in Beziehungen zu anderen hat, die Pippi-Langstrumpf-Fantasie. Von Pippi Langstrumpf erzählt Astrid Lindgren (1987, S.8): „Die Mutter war gestorben, als Pippi noch ein ganz kleines Ding war, das in der Wiege lag und furchtbar schrie, daß es niemand in ihrer Nähe aushalten konnte. Pippi glaubte, daß ihre Mutter nun oben im Himmel sei und durch ein kleines Loch auf ihr Kind herunterschaue, und Pippi winkte oft zu ihr hinauf und sagte: „Hab keine Angst um mich! Ich komm schon zurecht!“ . Pippi Langstrumpf war ein kleines Baby, das keine mütterliche Annahme und Bestätigung erfuhr und gleichwohl die Eltern idealisiert, aber gleichzeitig vollkommen elternunabhängig ist in der „Villa Kunterbunt“. Und wenn man ein Kind ist, das keine Eltern hat, wenn ein Kind keine befriedigende Abhängigkeit erfährt, dann bleibt schließlich dieses Kind immer ein Kind, es wird kein erwachsener Mensch. Denn erwachsen wird man nur, wenn man sich aus kindlichen Abhängigkeitsbeziehungen befreit. Pippi Langstrumpf bleibt ein ewiges Kind, wie manche anderen auch. Am Schluß des Buches heißt es: „Dort war Pippi. Sie würde immer da sein. Es war wunderbar, daran zu denken. Die Jahre würden vergehen, aber Pippi und Thomas und Annika würden nicht groß werden“ (S.389). Ich denke, Annika und Thomas werden schon groß werden, weil sie wieder nach Hause zu ihren Eltern gehen. Aber Pippi bleibt ein Kind, weil sie keine Eltern hat, von denen sie sich ablösen muss. Sie bleibt das ewige Kind.

---

6 vgl. Nienstedt, Westermann: Die schmerzlichen Erinnerungen bleiben. In: „Sozialmagazin“ Die Zeitschrift für soziale Arbeit, Heft 7 - 8, 19. Jg. Juli - August 1994, S. 46 - 54.

Solche Vorstellungen von sich selbst haben natürlich viele Kinder. „Pippi Langstrumpf" ist ein beliebtes Buch, weil die meisten Kinder sich auch manchmal von den Eltern verlassen vorkommen und ganz alleine sind. Und dann ist es ein Trost, wenn man sich mit einem Kind wie Pippi Langstrumpf identifizieren kann. Das ist wie ein Spiel, aber kein bitterer Ernst. Dann schwärmt ein Mädchen von Sommersprossen und roten Zöpfen. Aber so, mit solchen Vorstellungen kommt kein Kind zu uns. Und wir erfahren etwas von solchen Vorstellungen und Fantasien auch nur auf indirekte Weise, wie z.B. beim Scenotest.

2.1 Der Sceno-Test

Etwas verächtlich wird der Sceno-Test in der ärztlichen Gebührenordnung (GOÄ) neben Fragebogentests als ein „orientierender" Test bezeichnet, als habe er keinen Wert[7]. Vielleicht gehen ja Ärzte, die selbstverständlich auch das Fach Psychologie beherrschen, mit diesem Test so um. Manche Psychologen und Pädagogen tun es genauso, sie sagen z.B., dass das Kind mit dem in einem Kasten klar geordneten Material, 16 Menschenfiguren, Tieren, Möbeln, Bauklötzen, Bäumen usf., spielen könne. Auf diese Weise macht man den Test kaputt. Der Sceno-Test, der 1938 von Gerhild von Staabs (1964) entwickelt wurde, gehört zu den kostbarsten Untersuchungs- und Testverfahren, die die Psychologie für die Untersuchung von Kindern hat. Aber ein Testverfahren, das unprofessionell angewandt wird, verliert seinen Wert. Richtig angewandt, erschließt er wesentliche Aspekte der kindlichen Welt. Das Kind wird aufgefordert, etwas zu bauen. Und wenn es damit fertig ist, wird es, nachdem wir ein Foto gemacht haben, aufgefordert, zu erzählen, was es gebaut hat. Manche Kinder sagen dann, weil sie verstehen, was es bedeutet: „Meine Welt", als wäre es ganz selbstverständlich, dass sich die Welt durch das erschließt, was man in ihr tut. Manche Kinder sagen: „einen Zoo, mit Besuchern", andere sagen sehr direkt: „Meine Familie". Denn darum geht es: Das Kind baut etwas, was für sein Selbstverständnis in der Beziehung zu anderen, zu Vater und Mutter von Bedeutung ist. Und dann erkundigen wir uns ganz genau, wer dieses oder dieser sein könnte, wer der Mann auf dem Stuhl sein könnte, was da die Frau gerade macht, oder woher das Krokodil käme, ob es ein Mann-Krokodil, eine Frau-Krokodil oder ein Kind-Krokodil wäre. Schließlich fragen wir das Kind: Wer wärst du da? Manchmal ist das schon auf den ersten Blick klar, wenn ein 10- jähriges Mädchen, das einen kleinen Bruder hat, neben einen Mann ein Mädchen stellt und der Mutterfigur ein Baby auf den Schoß setzt. Aber oft ist es auch überraschend, z.B. wenn das Mädchen sagt, die Frau mit dem Baby auf dem Schoß, das sei es selbst.

7 Nach der GOÄ wird der Sceno-Test mit 12,76 DM bezahlt, weniger als ein 10-Minuten-Haarschnitt mit Glatzenrabatt!

2.2 Umkehrreaktion, Pseudoautonomie

So ähnlich war es auch bei Claudia (11;4). Sie hat in den fast 4 Jahren seit Aufnahme in die Pflegefamilie noch keine neuen Eltern-Kind-Beziehungen entwickelt. Sie ist noch nicht das Kind der neuen Eltern geworden. Dass die Integration in die Pflegefamilie noch nicht gelungen ist, hat verschiedene Gründe: 1. die besonderen traumatischen Erfahrungen in der Ursprungsfamilie. Die Mutter war Alkoholikerin, sie betrachtete ihr Kind wie ihr Eigentum, wie eine Puppe, mit der sie machen konnte, was sie wollte, und wenn es ihr gerade einfiel, sperrte sie das Kind stundenlang auf dem Balkon aus. Und obwohl man bei diesem Kind, wie auch schon bei den älteren Geschwistern, das Elend sieht, nimmt man das Kind nicht dieser erziehungsunfähigen Mutter weg, sondern gibt es zur Großmutter mütterlicherseits, und das Kind kommt so vom Regen in die Traufe. 2. Erst als die Mutter stirbt, als das Kind 7;7 Jahre alt ist, erfolgt die viel zu späte Herausnahme aus der Ursprungsfamilie und die Vermittlung des Kindes von der Ursprungsfamilie direkt in die Pflegefamilie, aber auch dann bleiben Kontakte zu den Großeltern bzw. der Großmutter aufrechterhalten. Mit 11;4 kommt sie dann zu uns zur Untersuchung.

Claudia ist noch nicht das Kind der neuen Eltern (Pflegeeltern) geworden. Sie hat nicht die Pflegeeltern zu ihren Eltern machen können. Die Integrationsprozesse sind in der ersten Anpassungs- bzw. der zweiten Phase des Integrationsprozesses, der Wiederholung der früheren Erfahrungen in der Übertragungsbeziehung, stecken geblieben. Claudia versteht und begreift sich nicht wie ein Kind in Eltern-Kind-Beziehungen, sondern wie ein Kind, das sich gar nicht erst auf elterliche Abhängigkeitsbeziehungen einlässt: Wie ein elternunabhängiges Kind, das gar keine Eltern mehr braucht[8].

Im Sceno-Test stellt sie sich als erwachsene Frau, als die 25-jährige Bäuerin auf einem Bauernhof mit einem Hund und einer Kuh im Stall dar. Das ist die Pippi-Langstrumpf-Fantasie eines Kindes, das sich vor der Abhängigkeit von Eltern aus berechtigten Gründen fürchtet und darum eigentlich mit Eltern nichts mehr zu tun haben will. Sie würde allein in dem Haus leben, so wie Pippi Langstrumpf, „die hatte auch zwei Freunde“.

Aber sie ist nicht vollständig abgelöst und unabhängig. Denn wenn die Tiere verzauberte Menschen wären, dann wäre der Hund der Papa und das Kälbchen die Mutter, die sie jetzt hat, also die Pflegeeltern. Die so nur angedeutete Beziehung von Claudia

8 So sieht sich auch ein anderes Mädchen (6;4), das über keine sicheren Objektbeziehungen verfügt. Es nimmt sich als ein Kind wahr, das sich nicht auf eine mütterliche oder väterliche Beziehung verlassen kann. Eltern als Schutzobjekte gibt es für es nicht (Düss 1), und folglich ist es wie ein elternloses Kind, das selbst schon erwachsen sein müsste: Es wünscht sich - um nicht tatsächlich ganz allein zu sein - ein Pferd, einen Hund und ein paar Hühner, mit denen es allein in einem Haus wohnen würde. Und dann wäre es schon eine 100jährige Erwachsene (Düss 11).

zu den Pflegeeltern ist dann aber nichts anderes als eine Rollenumkehr: Sie, Claudia, ist in der Rolle des Erwachsenen, und die Pflegemutter in der Rolle des Kindes (das Kälbchen), so wie es bei vielen von den Eltern misshandelten, vernachlässigten Kindern und vor allem bei Kindern vorkommt, deren Eltern Alkoholiker sind. Das Kind wird groß und die Eltern klein. Das Kind sorgt sich um die Eltern, wie eine erwachsene Person um die Kinder. Das bedeutet aber, dass in einer solchen Eltern-Kind-Beziehung ein Kind gar nicht ein Kind sein kann. Es hat seine Kindheit verloren. Man hat ihm in Rücksicht auf die Mutter und Großmutter seine Kindheit geraubt. Aber wenn ein Kind nicht ein Kind sein kann, dann kann es auch nicht ein elternunabhängiger erwachsener Mensch werden, der sich als Jugendlicher aus den kindlichen Abhängigkeitsbeziehungen befreit.

Solche Kinder entwickeln eine Pseudoautonomie, eine scheinbare Elternunabhängigkeit, die zu einer präpubertären Ablösung von Eltern oder Ersatzeltern führt. Dann träumt ein Kind nur davon, und glaubt auch daran, dass es nur noch einen Partner zu finden braucht, um erwachsen zu sein. Claudia wünscht sich (Düss[9] 11) ein Pferd, einen Mann und neun Kinder. Ohne sich Eltern zugehörig zu fühlen, mit denen sie sich auch identifizieren kann, kann sie sich nicht wie eine Jugendliche von den Eltern abstoßen, sich aggressiv von den Eltern distanzieren. Sie kann sich nur scheinbar, wie durch Zauberei, elternunabhängig machen, als wäre sie die Prinzessin, die nur noch auf den Prinzen zu warten braucht. In dem Spiel „Verzauberte Familie“ (VF) sagt sie: Sie wäre gern eine Prinzessin. Und als Prinzessin wäre sie auch nicht mehr von Eltern abhängig.

Hinter dieser scheinbaren Elternunabhängigkeit und Pseudoautonomie verbirgt sich die Angst vor Eltern. Denn die leibliche Mutter würde sie in eine Hexe und den Partner der Mutter in eine Rakete, die sie auf den Mond schießen könnte, verzaubern, und wenn der wiederkommen würde, würde sie ihn treten, boxen und schlagen und so ihre Wut rauslassen.

Claudia sieht nach wie vor die neuen Eltern durch die Brille ihrer Erfahrungen und verwechselt sie, d.h. sie stellt Übertragungsbeziehungen her, die durch die frühen traumatischen Erfahrungen geprägt sind. Und darum muss sie sich elternunabhängig machen, sodass sie sich eigentlich wie eine Jugendliche wahrnimmt und erlebt. Die „schönste“ der 10 TAT/CAT- Geschichten sei die Geschichte zu CAT 3. In dieser erzählt sie wie eine Jugendliche, die von einem berühmten Fußballstar schwärmt und sich vorstellt, dass sie seine Freundin sei und ihn heiraten und fünf Kinder haben werde. Zu TAT 2 erzählt sie in ähnlicher Weise von einer 22-jährigen Jugendlichen, die gegen den Widerstand der eifersüchtigen Mutter heiratet und 3 Kinder kriegt. Zu TAT 3 BM erzählt sie von einer 35-jährigen Frau, die sich in einen schön aussehenden Jungen verliebt, mit dem sie dann schon 5 Jahre zusammen ist und 5 Kinder hat.

---

9 Düss-Fabeln, Fabelmethode von Louisa Düss (1976).

Folglich ist Claudia ein Kind, das für sich selber sorgen muss. Das hat sie schon von frühester Kindheit an tun müssen. Darum klaut sie Süßigkeiten und Nahrungsmittel. Ihre Mutter, erzählt sie uns, habe immer viel getrunken, habe sich zu Hause eingeschlossen und getrunken ... habe eine Flasche mit rotem Deckel gehabt, habe sie heimlich aufs Klo mitgenommen, jeden Tag habe sie 5 Flaschen Bier getrunken und 3 bis 5 von den kleinen Schnapsflaschen (Flachmann). Die Mutter, habe sie gedacht, sei ganz schön bescheuert. Und ihr Freund, zu dem sie Papa gesagt habe, der habe auch genauso viel getrunken. Der habe sie auch geschlagen, „eine drüber gezogen, weil sie Papa gesagt habe..." Und dann sagt sie empört: „Eigentlich hätte mich meine Mutter beschützen müssen vor dem Mann. Und die hat mir mit 6 Jahren noch kleine Gläschen-Nahrung gegeben!"

Diese Deprivationserfahrungen, d.h. die Erfahrung, dass eine Mutter nicht merkt, was ein Kind braucht, die das Kind nicht realistisch und einfühlend annimmt, machen die Pseudounabhängigkeit verständlich. Das versteht Claudia auch, als wir es ihr erklären. Sie sagt dann: „Ich hab mir früher auch schon immer gewünscht, mein eigenes Leben zu leben." Deswegen konnte sie kein Kind sein, und sie denkt, „die Zeit müsste schneller vergehen" bis sie erwachsen ist.

Aber von ihrer Angst ist nichts zu sehen, wenn sie sich groß und elternunabhängig macht. Die ungeheuren Ängste und Ohnmachtsgefühle werden abgewehrt. Im Vordergrund steht die Angstabwehr durch Überanpassung, erhöhte Gehorsamsbereitschaft, Größenfantasien und Pseudounabhängigkeit. Das ist oft so, dass die bedrohliche Angst vor Nähe, die Angst vor Eltern, die ein Kind hindert, sich auf neue, befriedigende Beziehungen einzulassen, weder vom Kind, noch von den Pflegeeltern wahrgenommen wird.

Aufgrund dieser Deprivationserfahrungen (Ablehnung, Vernachlässigung usf.) muss Claudia auch gegenüber der Pflegemutter sehr misstrauisch sein, muss auch erwarten, dass diese Eltern sie gar nicht richtig wahrnehmen und merken, was sie braucht (vgl. CAT 4). Aber dann bleiben auch die frühen Ängste unbewältigt: Die Ängste sind ganz unspezifisch wie die Angst vor einem Gewitter (Düss 5), wie bei einem Menschen, der in einer feindlichen Welt lebt, in der es alle möglichen Gefahren gibt, bei denen man umkommen kann, wie bei der Angst, von einem Monster geklaut und gefressen zu werden (Düss 11). Zu CAT 5 erzählt sie von Kindern, die ohne elterliche Schutzobjekte sind, ohnmächtig furchtbaren Todesängsten ausgeliefert. Sie erzählt von zwei Kindern, die merken, dass die Eltern nicht mehr da sind und „ganz laut schreien, dass die ganze Nachbarschaft es hörte... die ganze Stadt vor der Tür stand. Denn die Kinder hatten Angst, weil die Eltern nicht da waren, dass einer kommen würde, der sie entführt und die Kinder vielleicht getötet hätte mit einem Messer oder einer Pistole."

3 Das Kind im Klo: Das Gefühl, ein Scheißkind zu sein

Wieweit Eltern in der Lage sind, ein Kind anzunehmen, sich in die Bedürfnisse und Ängste eines Kindes einzufühlen und seine Fähigkeiten realistisch einzuschätzen, wird vor allem dann deutlich, wenn sich das Kind nicht so verhält, wie es den elterlichen Erwartungen entspricht. In der frühen Kindheit gibt es vor allem zwei kritische Verhaltensweisen, die Ablehnung und Aggression mobilisieren: das Schreien des kleinen Kindes und die noch nicht entwickelte Kontrolle der Ausscheidungen.

Wenn Eltern in Verkennung der kindlichen Fähigkeiten erwarten, was man vielleicht auch von ihnen erwartet hat, als sie kleine Kinder waren, dass ein Kind mit dem Schreien sofort aufhört, wenn es die Eltern befehlen, das Kind aber nicht aufhört zu schreien, werden sie wütend. Sie können das Schreien nicht ertragen, weil es sie an ihre eigenen abgewehrten Ohnmachtsgefühle erinnert. Das Schreien des Kindes wird als Kritik und Herabsetzung der Eltern durch das Kind, als narzisstische Kränkung erlebt, als würden sie von ihren eigenen Eltern ausgeschimpft. Und diese narzisstische Kränkung mobilisiert „narzisstische Wut" (Kohut).

Das andere Verhalten des Kindes, das nicht mit den elterlichen Erwartungen übereinstimmt und Wut und Aggression mobilisiert, ist das Einnässen. Viele Eltern erwarten, kaum dass ein kleines Kind sitzen kann, dass es auf einem Topf sitzen und seine Ausscheidungen kontrollieren kann, wie es von den Eltern erwartet wurde[10]. Aber das kann ein kleines Kind, das noch nicht einmal „Ich" sagen kann, nicht. Es pinkelt ins Bett, in die Windeln oder in die Hose. Und dann werden einem Kind die nassen Windeln um die Ohren geschlagen oder es bleibt in Kot und Urin liegen. Die Eltern erleben das Verhalten des Kindes, das ihren Erwartungen und Forderungen nicht entspricht, als böses ungehorsames Kind, das zu Recht bestraft werden muss: Es wird geschlagen, eingesperrt, in kaltes Wasser gesteckt. Den dadurch erzeugten Ängsten und Ohnmachtsgefühlen versucht ein Kind dadurch zu entkommen, dass es die elterliche Sicht teilt und übernimmt. Das ist die Identifikation mit dem Aggressor.

Das Kind merkt: Nicht mit den Erwartungen der Eltern übereinzustimmen ist eine existenzielle Gefahr. Ohne Übereinstimmung ist es so, als fiele es aus der Welt, als würde es verloren gehen. Aber da das Kind den Eltern ausgeliefert und total von ihnen abhängig ist, muss es diese Gefahr abwehren. Es übernimmt selbst Schuld und Verantwortung für das ablehnende, wütend aggressive Verhalten der Eltern. Das hat zur Folge, dass es sich selbst als ein unmögliches, wertloses Kind, als ein Scheißkind erlebt. Das Kind sieht sich so, wie es von den Eltern gesehen wird. Nur so kann es die Illusion bewahren, in Übereinstimmung mit den Eltern zu sein, als wäre es selbst für den Ärger und die Wut der Eltern verantwortlich.

---

10 vgl. W. Metzger: Erziehung zur Reinlichkeit..., 1961: Ein Kind ist dann in der Lage, seine Ausscheidungen selbst zu kontrollieren, wenn es selbständig und sicher laufen und Ich sagen kann.

Woher wissen wir etwas von diesem Erleben? Auf welche Weise erzählt uns ein Kind etwas von diesen Erfahrungen, sodass wir die Zusammenhänge von Angst und Angstabwehr verstehen lernen? Wir müssen uns mit der inneren Welt des Kindes vertraut machen: Mit seiner Angst und mit den Überlebensstrategien, die für das Kind notwendig waren oder immer noch notwendig sind.

3.1 Der TAT und CAT

Unsere innere Welt erschließt sich uns durch unsere Wünsche und Befürchtungen, die in unseren Vorstellungen und Fantasien zum Ausdruck kommen. Ungehindert durch die Begrenzungen der Realität oder unzensiert durch die verpflichtenden Normen und Werte, die unser Handeln durch Ge- und Verbote einschränken, erzählen uns unsere Fantasien etwas davon, wie wir uns in der Welt sehen und uns mit ihr auseinander setzen.

Einen Zugang zu diesen Vorstellungen und Fantasien findet der Psychologe durch die Anwendung so genannter projektiver Untersuchungsverfahren, zu denen man den Thematischen Apperzeptionstest[11] (TAT) zählt. Der TAT wurde von Henry A. Murray 1938 als eine Explorationshilfe entwickelt, um Patienten zu helfen, unbemerkt das zur Sprache zu bringen, was sie sonst nicht mitteilen konnten, indem er ihnen eine Reihe Bilder vorlegte und sie aufforderte, dazu Geschichten zu erzählen (Revers 1973, Rauchfleisch 1989). Indem der Erzähler sich mit einer der in dramatischen oder alltäglichen Szenen dargestellten Personen identifiziert, erzählt er etwas über sich, wie er sich in der Welt erlebt und sich mit dieser Welt auseinander setzt. Neben einigen Bildern des TAT verwenden wir bei der Untersuchung von Kindern Bilder des von Bellak 1956[12] (Bellak und Bellak 1956) entwickelten Kinder-Apperzeptionstests (CAT). Dabei handelt es sich um 10 Schwarz-Weiß-Bilder mehr oder weniger alltäglicher kindlicher Szenen.

3.2 Das Kind im Klo, CAT 10

Auf dem Bild CAT 10 sieht man eine Badezimmerszene. Eine erwachsene Person hat ein Kind bäuchlings auf dem Schoß. Es stellt also eine Szene dar, die ein Kind an Erfahrungen erinnert, die mit einem Klo, mit Forderungen bei der Reinlichkeitserziehung und elterlichem Verhalten zusammenhängen. Es ist vielleicht nicht überraschend, dass von den Kindern, die zu uns zur Untersuchung kommen, selten Geschichten erzählt werden, in denen eine Mutter oder ein Vater mit dem Kind und seinen Autonomiebestrebungen respektvoll und rücksichtsvoll umgehen.

---

11 Rauchfleisch, U.: Der Thematische Apperzeptionstest (TAT) in Diagnostik und Therapie. Eine psychoanalytische Interpretationsmethode. Enke, Stuttgart 1989.

12 Bellak, L. u. Bellak, S. S.: Der Kinder-Apperzeptionstest (CAT). Göttingen 1956.

Und wenn man weiß und berücksichtigt, dass aggressive Überwältigungen und Misshandlungen an bestimmten Orten und in ganz spezifischen Situationen gehäuft auftreten, etwa wenn es um die Kontrolle der Ausscheidungen, um eine verfrühte Reinlichkeitserziehung, um die Entwicklung von Autonomie in Beziehungen geht, ist es nicht überraschend, dass mit einer Badezimmerszene immer wieder Todesängste verknüpft werden, weil ein Kind meist an bestimmten Orten, aber nicht auf dem Marktplatz misshandelt wird. Immer wieder hören wir bei dem Bild CAT 10 Geschichten von einem Kind, das im Badezimmer umgebracht wird.

Tab. 1 Nach einer zufälligen Auszählung von 50 Geschichten zu CAT 10 ergibt sich folgende Themenhäufigkeit:

Thema	**Anzahl**	**%**
Konflikt zwischen Gehorsam und Autonomie	1	2
Aggressive Distanzierung des Kindes von der Mutter	3	6
Unbestimmte Angst, auf die Toilette zu gehen	5	10
Todesangst	7	14
Gehorsam und Anpassung an die elterlichen Forderungen	13	26
Aggression und aggressive Überwältigung	21	42
	50	100

Bei den CAT-10-Geschichten, wo der Tod des Kindes thematisch ist, gibt es hinsichtlich der mörderischen Bedrohung große Übereinstimmungen und Unterschiede, die mit der Art der Angstabwehr zusammenhängen. Denn die durch die aggressive Überwältigung entstandenen Angst- und Ohnmachtserfahrungen in Eltern-Kind-Beziehungen müssen vom Kind abgewehrt werden. Das Kind kann diese existenziellen Ängste oft erst dann zulassen, wenn es in neuen Beziehungen das Gefühl haben kann geschützt zu sein. Manchmal tritt in der Erzählung die von der Mutter oder dem Vater ausgehende mörderische Bedrohung ganz unverhüllt hervor. Manchmal steht die Angstabwehr im Vordergrund.

Beispiele:

1. Das Kind, das von der Mutter mit dem Kot identifiziert wird[13], erlebt sich selbst wie ein Dreck, der weggeschmissen wird.
Ein 10;2 Jahre alter Junge, der mit 2;8 in eine Pflegefamilie gekommen ist, erzählt: „Die Mutter putzt das Kind den Po ab. Aber die Mutter weiß nicht womit. Sie nimmt einfach das Handtuch und putzt den Kind den Po ab. Und steckt Kind mit dem Kopf in die Toilette. Aus Versehen. Dann drückt sie ab. Aus Versehen. Das Kind wird ganz

13 vgl. de Mause, L.: Hört ihr die Kinder weinen. Eine psychogenetische Geschichte der Kindheit. Frankfurt, 1977.

nass und weint. Dann wirft sie es weg, und das Kind ist tot. Die Mutter macht sich keine Sorgen um das Kind. Sie geht zum Vater und sagt: Das Kind ist tot. Ich hab es weggeworfen.“

2. Das seine Autonomie verteidigende Kind unterliegt mit schrecklichen Angst- und Ohnmachtsgefühlen der mütterlichen Gewalt.
Ein 4;7-jähriger, misshandelter Junge erzählt: „Die Frau wollte, dass das Kind auf der Toilette Pipi macht. Das Kind wollte nicht. Dann packte die das Kind und schubst es auf die Toilette. Dann hält die es fest. Und wenn es das nicht will, klatscht sie dem Kind auf den Popo. Das schreit ganz doll und weint. Dann tut die (Frau) dem Kind ein Tuch um den Mund und dann erwürgte sie das Kind. Dann hatte die dem noch mal auf den Popo geklatscht und in die Toilette geschmissen und dann abgezogen.“

3. Das Kind übernimmt Schuld und Verantwortung für die mütterliche Überwältigung.
Ein 7;10 Jahre altes Mädchen, das mit 1;1 in die Pflegefamilie gekommen ist, erzählt: Das Kind wollte gerade aufs Klo gehen. Die Mutti hat das Kind grad gewickelt. Dann kriegt es eine auf den Po, weil es gezappelt hat. Dann weint es. Dann hat die Mutter das Kind angezogen, ins Klo gesteckt und abgezogen. Die Mutter war ganz traurig, weil sie das gemacht hat, weil das Kind geweint hat. Es sollte ruhig sein.

4. Das Kind versucht, sich der überwältigenden Mutter anzupassen und wehrt Angst und Ohnmachtsgefühle durch die Identifikation mit dem Aggressor ab.
Ein 8;8-jähriger Junge erzählt: „Die Mutter bringt ihn aufs Klo und haut ihn den Hintern, weil er nicht will. Dann hat der Junge gesagt, ich muss aufs Klo. Dann geht der Junge selbst aufs Klo. War 3 Jahre alt. (Der Junge dachte) dass die Mutter ihn ganz feste den Hintern voll haut, die Mutter will ihm weh tun. (Der Junge?) wollte der Mama auch den Hintern voll hauen. Das Kind schafft es auch, der Mutter den Hintern voll zu hauen. Dann haut die Mutter so feste, dass das Kind die Mutter tot machen will. Das Kind schafft es nicht, die Mutter tot zu machen, weil die Mutter immer dran bleibt, ihn den Hintern zu versohlen.“

Diese Beispiele zeigen die existenzielle Bedrohung, der ein misshandeltes Kind ausgeliefert ist. Es wäre aber ein schrecklicher Irrtum, wenn man die Geschichte zu CAT 10 als Test verstehen würde, mit der man die Frage beantworten kann, ob ein Kind misshandelt worden ist oder nicht. Diese Frage lässt sich nicht aufgrund einer Geschichte beantworten. Ein Kind erzählt für gewöhnlich 10 TAT- bzw. CAT-Geschichten. Die mit traumatischen Erfahrungen verbundenen Bedürfnisse, Gefühle, Affekte und Angstabwehrformen kommen in verschiedenen Fantasien und Geschichten zum Ausdruck. Aber es reicht zur Diagnose auch nicht ein Test bzw. Untersuchungsverfahren. „Ein Test ist kein Test“ lautet ein psychologischer Grundsatz.

Aber es gibt auch Fälle, die eine regelrechte Untersuchung mit diesen Verfahren nicht zulassen, wie z.B. bei einem in hohem Maße mit dem Aggressor identifizierten agierenden Kind. Wir haben ein solches Kind unter dem Titel „Das agierende Kind" beschrieben[14]. Denn die Identifikation mit dem Aggressor ist der wichtigste Abwehrmechanismus gegen die unerträglichsten Ängste, sozusagen die schärfste Waffe, die aber auch einen schrecklich hohen Preis hat, dass ein Mensch kaum mehr weiß, wer er selbst ist. Diese schweren Störungen der Entwicklung des Selbst, bei der ein Mensch schließlich nicht mehr weiß, wer er selbst ist, sondern nur, wer er in den Augen der anderen ist, hat Ferenczi, der die Identifikation mit dem Aggressor entdeckt hat, bereits 1932 als Folge sexuellen Missbrauchs so beschrieben:

„Schwer zu erraten ist das Benehmen und das Fühlen von Kindern nach solcher Gewalttätigkeit. Ihr erster Impuls wäre: Ablehnung, Haß, Ekel, kraftvolle Abwehr. „Nein, nein, das will ich nicht, das ist mir zu stark, das tut mir weh. Laß mich", dies oder ähnliches wäre die unmittelbare Reaktion, wäre sie nicht durch eine ungeheure Angst paralysiert. Die Kinder fühlen sich körperlich und moralisch hilflos, ihre Persönlichkeit ist noch so wenig konsolidiert, um auch nur in Gedanken protestieren zu können, die überwältigende Kraft und Autorität des Erwachsenen macht sie stumm, ja beraubt sie oft der Sinne. Doch dieselbe Angst, wenn sie einen Höhepunkt erreicht, zwingt sie automatisch, sich dem Willen des Angreifers unterzuordnen, jede seiner Wunschregungen zu erraten und zu befolgen, sich selbst ganz vergessend, sich mit dem Angreifer vollauf zu identifizieren." (S.324)[15]

Im Jahr 1548 schrieb ein 18-jähriger junger Mann, Etienne de la Boétie, ein Pamphlet über die Freiheit, „Discours de la servitude volontaire", „Von der freiwilligen Knechtschaft". Er geht in dieser kurzen, 43 Seiten umfassenden Schrift der Frage nach, wie es kommt, dass sich Menschen, selbst um den Preis der Freiheit, einem Herrscher unterwerfen. Er fand eine psychologische Antwort, die sehr genau an den Text von Ferenczi erinnert, in dem er 1932 die Identifikation mit dem Aggressor beschrieb. Über die, die sich dem Herrscher unterwerfen, schreibt Boétie:

„Sie müssen nicht nur tun, was er will, sie müssen denken, was er will, und müssen oft, um ihn zufrieden zu stellen, sogar seinen Gedanken zuvorkommen. Es genügt nicht, daß sie ihm gehorsam sind; sie müssen ihm gefällig sein; sie müssen sich in seinen Diensten zerreißen und plagen und kaputt machen; sie müssen in seinen Vergnügen vergnügt sein, immer ihren Geschmack für seinen aufgeben, müssen ihrem Temperament Zwang antun und ihre Natur verleugnen, sie müssen auf seine Worte, seine Stimme, seine Winke, seine Augen achten; Augen, Füße, Hände, alles muß auf der Lauer liegen, um seine Launen zu erforschen und seine Gedanken zu erraten... Welche Lage ist kläglicher als diese; in nichts sich selbst zu gehören..."(S. 41).

---

14 Nienstedt, Westermann 1989, S. 120.

15 Diese vollständige Überanpassung und angstabwehrende Identifikation, die dazu führt, daß ein Kind kein eigenes, kindliches Selbst entwickeln kann, ist vielfach als charakteristische Folge von Mißhandlungserfahrungen beschrieben worden (vgl. z. B. Herman, 1994; Zenz, 1979).

So gehört auch das misshandelte Kind nicht sich selbst. Es wird als Opfer zu einem Teil des Täters, gefangen in der Unterwerfung und durch Angst gebunden in der Identifikation mit dem Täter.

Literatur

Bellak, L., Bellak, S. S.: Der Kinder-Apperzeptionstest (CAT). Göttingen 1956.

Bilz, R.: Die Kuckucksterz. Eine anthropologische Studie. In: Viktor von Weizsäcker. Arzt im Irrsal der Zeit. Hg. von P. Vogel, S. 96-119. Göttingen, 1956.

Blech, J.: Fahndung im Hospital. Englische Ärzte überführen prügelnde Eltern mit versteckter Kamera. Bei uns ist das verboten. DIE ZEIT Nr. 48, 21. November, S. 53, 1997.

Bodenheimer, A. R.: Fragen kann krank machen, sagen kann gesund machen. Psychologie Heute 13, Heft 2, S. 34-37, 1986.

Boétie de la, E.: Knechtschaft. Originalausgabe „Discours de la servitude volontaire". Neuausgabe der Übersetzung von Gustav Landauer: Von der freiwilligen Knechtschaft. Verlag Klemm & Oelschläger, Münster 1991.

Dayre, V. , Erlbruch, W.: Die Menschenfresserin. Peter Hammer Verlag, Wuppertal 1996.

Ferenczi, S.: Sprachverwirrungen zwischen den Erwachsenen und dem Kind. (1932), Bausteine der Psychoanalyse. Bd. 3 Ullstein, Berlin, 1984.

Gruen, A.: Falsche Götter. Über Liebe, Haß und die Schwierigkeit des Friedens. Econ-Verlag, Düsseldorf, 1991, dtv. 1993.

Herman, J. L.: Die Narben der Gewalt. Traumatische Erfahrungen verstehen und überwinden (1992). Kindler, München, 1994.

Lindgren, A.: Pippi Langstrumpf. Stockholm 1945, Oetinger, Hamburg 1987.

Metzger, W.: Erziehung zur Reinlichkeit bei kleinen und größeren Kindern. Don Bosco Verlag 1961.

Mitscherlich, A.: Der Reflex reicht nicht aus. Grundzüge einer Sozialpsychologie (1960). GS VII, 264-274, Suhrkamp, Frankfurt, 1983.

Nienstedt, M., Westermann, A.: Pflegekinder. Psychologische Beiträge zur Sozialisation von Kindern in Ersatzfamilien. Votum, Münster, 1989, 4. Aufl. 1995.

Nienstedt, M., Westermann, A.: Die schmerzlichen Erinnerungen bleiben. Sozialmagazin Heft 7-8, 19. Jg. 1994, S.46-54.

Rauchfleisch, U.: Der Thematische Apperzeptionstest (TAT) in Diagnostik und Therapie. Eine psychoanalytische Interpretationsmethode. Enke, Stuttgart, 1989.

Revers, W. J.: Der thematische Apperzeptionstest (TAT). Huber, Bern, 1958.

Schredl, M., Pallmer, R.: Alpträume von Kindern. Praxis. Kinderpsychol. Kinderpsychiat. 46, S. 36-56, 1997 Southall, D. P., Plunkett, M.C.B., Banks, M. W., Falkov, A. F., Samuels, M. P.:

Covert Video Recordings of Life-threatening Child-Abuse: Lessons for Child Protection. Pediatrics 100, S. 735-759, 1997.

Staabs, G.: Der Scenotest. Huber, Bern, 1964.

Terr, L.: Too scared to cry: Psychic trauma in childhood. Basic Books, New York 1990.

Wegener, H.: Einführung in die Forensische Psychologie. Wiss. Buchgesellschaft, Darmstadt, 1992, 2. Aufl.

Zenz, G.: Kindesmißhandlung und Kindesrechte. Erfahrungswissen, Normstruktur und Entscheidungsrationalität. Suhrkamp, Frankfurt, 1979.

Monika Nienstedt

Zur Verarbeitung traumatischer Erfahrungen: Einfühlendes Verstehen im Umgang mit Anpassung, Übertragung und Regression[1]

1 Traumatische Erfahrungen und kindliches Verhalten – ein Fallbeispiel

David, zum Zeitpunkt der Untersuchung 7 Jahre alt, lebt seit 6 Jahren in einer Adoptivfamilie. Über seine Vorgeschichte ist nicht viel, aber doch Bemerkenswertes bekannt: Die leibliche Mutter ist nach kurzer, schwerer Krankheit gestorben, als David 11 Monate alt war. Sie habe viel getrunken und habe vor ihrem Tod Wahnideen gehabt. Sie habe mehrere Partnerbeziehungen gleichzeitig gehabt. Der Mann, der als leiblicher Vater Davids angenommen wird, sei wegen sexuellen, gewalttätigen Missbrauchs einer Minderjährigen verurteilt worden und hätte zzt. des Todes der Mutter im Gefängnis gesessen.

David war, als er unmittelbar nach dem Tod der Mutter in die jetzige Familie aufgenommen wurde, ein stark retardiertes, schmächtiges Kind auf dem Niveau eines etwa 5 Monate alten Säuglings. Anfangs sei er ganz problemlos und pflegeleicht gewesen. Nur Blickkontakt hätte er - wie auch heute noch - nicht aufnehmen und aushalten können. Aber dann sei eine extreme, bis heute anhaltende Unruhe aufgetreten, ein ständiges In-Aktion-Sein, ein ständiges Reden mit lauter Stimme und eine große Ablenkbarkeit. Ruhig und ausdauernd könne David nur sein, wenn er alleine in seinem Zimmer wäre. Dann könnte er sich, auch über Stunden, konzentriert beschäftigen. Als kleines Kind wäre er am liebsten immer in seinem Zimmer geblieben. Sobald jemand reinkam, ihn aus dem Bett hob, sei er unruhig gewesen und habe geschrien.

David sei motorisch sehr ungeschickt und renne aufgrund seiner Wahrnehmungsstörungen überall vor. Er sei z. B. bei Geräuschen und plötzlichen Ereignissen sehr schreckhaft. Andererseits sei er unängstlich und nehme Gefahren nicht wahr. Er habe deshalb auch schon viele Unfälle gehabt und habe sich selbst verletzt. So hat er z. B. Sekundenkleber geschluckt und eine Zigarette gegessen, er sei vor ein Auto gelaufen und habe sich selbst das Trommelfell durchstochen. Er selbst nimmt das scheinbar gar nicht wahr und reagiert - allenfalls nach einem kurzen Aufschrei - ganz stoisch und schmerzunempfindlich. Aber er wolle immer wieder von den Unfällen, und wie er ins Krankenhaus gekommen ist, erzählt bekommen und höre dem fasziniert zu.

Trotz seiner Unruhe sei David bei allen beliebt, weil er ein freundliches, manchmal

1 Vortrag 7. Tag des Kindeswohls der Bundesakademie für das Pflegekinderwesen am 27.10.95 in Holzminden.

kasperndes, eigentlich immer gut gelauntes Kind sei. Er sei anspruchslos und mit allem zufrieden. Bei Versagungen schreie er kurz und heftig auf und stampfe mit dem Fuß, aber im nächsten Moment sei es schon wieder vergessen. Er habe eine gute Beziehung zu allen Familienmitgliedern. Er habe aber nie gefremdelt, und gehe auch heute noch distanzlos auf jeden zu, ohne sich auf eine intensivere Beziehung einlassen zu können, weil ihn ständig neue Reize ablenken würden. So hätte er es auch nie länger als einen kurzen Moment auf dem Schoß oder Arm ausgehalten. Das Schlimmste sei für ihn, wenn man ihn fest halte, was wegen seines Agierens häufiger sein müsse. Dann wehre er sich heftig, schlage um sich und trete und beiße.

David ist in verschiedenen Universitätskliniken untersucht worden. Die Diagnose Hyperaktivität, Wahrnehmungsstörungen und eine Minderbegabung mit einem weit unterdurchschnittlichen IQ infolge einer leichten Alkoholembryopathie erlebten die Eltern als hilfreich, weil sie so eine Erklärung für Davids vielfältige Auffälligkeiten als organisch bedingtes Syndrom fanden, sodass sie sie besser aushalten und annehmen konnten. Und sie waren nicht mehr so ohnmächtig. Sie konnten etwas tun, indem sie mit großer Zuverlässigkeit von klein auf durch logopädische und motopädische Behandlungen seine Fähigkeiten zu verbessern suchten, und durch die medikamentöse Behandlung mit Retalin das Agieren des Kindes, seine große Unruhe, so mildern konnten, dass es erträglicher war und er dann auch lernoffener war.

Aber zugleich verstellt die Diagnose die Einfühlung in das Kind, die genaue Wahrnehmung seiner Gefühle und den Zugang zu seiner inneren Welt. Sein Verhalten blieb ein unverständliches Handeln, das nur eingedämmt, kanalisiert und modifiziert werden, aber nicht als etwas begriffen werden konnte, was gute Gründe hat - als ein sinnvoller, verstehbarer Ausdruck seines Selbsterlebens in Beziehungen, das aus den frühen Erfahrungen des Kindes, die es in spezifischer Weise verarbeitet hat, resultiert.
Als David zu uns zur Untersuchung gebracht wird, begegnet uns ein Kind, das distanzlos und scheinbar unängstlich, freundlich lächelnd auf uns zugeht und problemlos, ohne Abschied von der Mutter, alleine bei uns bleibt. Er wuselt zunächst überall herum und erkundet in raschen Aktionen die Umgebung.

Aber auf den ersten Blick fallen uns die Augen des Kindes auf, die sehr verschleiert und im Gegensatz zu seiner sonstigen Mimik dunkel, zutiefst traurig, misstrauisch und fliehend wirken. David kann uns, wie es die Eltern schon beschrieben haben, kaum einen Augenblick direkt ansehen. Aber wir spüren deutlich, dass sein Blick nur scheinbar abgelenkt wird. Es sind nicht die anderen Reize, die seine Augen auf sich ziehen, sondern es sind wir, deren Nähe und Blick er nicht aushält, und vor denen er (wie ein kleiner Säugling, der sich von unangenehmen Reizen nur mit dem Kopf abwenden kann) blickabwendend und nur peripher guckend flieht.

Und es fällt auf, dass David bei der Untersuchung überraschend ruhig, konzentriert und - beim Sceno-Test - motorisch gut gesteuert mitmacht. Den Rosenzweig-Test, der aus kleinen Bildergeschichten mit Sprechblasen besteht, wo einer etwas zum dargestellten

Kind sagt und man sich ausdenken muss, was das Kind wohl antwortet, bewältigt er mühelos, was ein 7-jähriges Kind mit einem weit unterdurchschnittlichen IQ so nicht könnte. Wir haben es immer wieder erlebt, dass bei den projektiven Tests - wie auch im Spiel -, wenn das Kind einen Zugang zu seinen eigenen inneren Vorstellungen gewinnt und die Abwehr, die viel Kraft kostet und die Ichfähigkeiten blockiert, gemildert wird, Fähigkeiten sichtbar werden, über die das Kind sonst nicht verfügt.

Die Untersuchungsbefunde deuten unübersehbar auf frühe, schwere Überwältigungserfahrungen hin. In den projektiven Tests (Sceno, CAT, DÜSS) dominieren vollständig mit Vernichtungs- und Todesängsten verbundene Vorstellungen. Das Kind ist einer völlig unachtsamen, unkontrolliert agierenden und aggressiv-überwältigenden Mutter, der beängstigenden Aggression zwischen Erwachsenen, einem prügelnden, auch betrunkenen Vater schutzlos ausgeliefert. Auch auf beängstigende sexuelle Erfahrungen geben die Untersuchungsbefunde Hinweise, die sich später, in der Therapie, konkretisieren.

So erzählt David (zusammengefasst) z. B. zu CAT 1: Die Kinder mögen nichts essen, die Mutter sagt: Ihr müsst verhungern. Dann sind die tot. Die Kinder wollen nichts essen, weil sie lieber tot sein wollen. Zu CAT 4: Das Kind stürzt mit dem Fahrrad. Die Mutter merkt das überhaupt nicht. Das Kind wird vom Auto völlig plattgefahren. Dann ist es tot. CAT 7: Das Kind versucht, sich vor dem Mann, dem Dracula, in Sicherheit zu bringen. Aber es gibt kein Entrinnen. Dann wird das Kind von Dracula verschluckt. CAT 10: Die Mutter ist ärgerlich auf das Kind. Die steckt das Kind ins Klo und zieht ab. Dann wird das Kind weggespült. Und dann ist das Kind tot. DÜSS 5: Das Kind hat Angst vor seinem Papa. Dass der haut. Der ist dann ganz wild und wirft alles um.

Im Sceno-Test baut David eine Ansammlung von Menschen, von Erwachsenen und Kindern, wobei er die Erwachsenenfiguren zunächst als Kinder verkennt, d. h. sie klein macht, indem er sie als Junge oder Mädchen bezeichnet. Alle starren auf die Kuh, die eine verzauberte Mutter (die frühere Mutter) ist. Aber keiner achtet auf das Baby (auf ihn). Die Kuh ist ganz wütend. Die rennt überall rum, schmeißt alles um, wirft das Baby aus dem Stuhl, nimmt es auf die Hörner und spießt es auf. Und da ist auch noch ein Krokodil (der frühere Vater oder Großvater). Das beißt die Kuh und dann kämpfen die. Dann setzt sich der Opa auf die Kuh und reitet auf ihr und lacht irre dabei. Dann reiten die ins Gefängnis. Dann prügeln sich zwei Männer, dann eine Mutter und ein Vater. Dann wird das Baby wieder aufgespießt. Das kommt ins Krankenhaus. Das ist verletzt am Bauch und am Po. Das hat der eine Mann gemacht. Dann stürzt sich die Kuh wieder auf das Baby. Da wird das Baby ganz stark. Das kann den Tisch stemmen. D. h. David wehrt durch kompensatorische Größenfantasien die Überwältigungsangst ab, so wie er später, gefragt, wer er im Sceno sein könnte, zunächst sagt, er wäre einer der Männer. Und als wir sagen, dann wäre er ja schon ganz groß, sagt er mit Nachdruck: „Ich bin ja auch schon so groß.“

Zwischen den Tests und am Ende inszeniert David Kampfspiele, Spiele von Macht und Ohnmacht, von Überwältigung und Bann, von Angriff und Flucht. Immer wieder rollt er ein großes Nilpferd, das ein Mann und eine Frau sein könnte, auf sich drauf. Er sagt: „David im Bett." Er liegt ganz stoisch-still da, während das Kind „vertrampelt" und aufgefressen wird. Dabei presst David beide Hände schützend auf seinen Penis. Dann verzaubert er sich in einen Riesen, in Batman, der das Nilpferd mit Boxhandschuhen verdrischt. - Hier sieht man die Angst abwehrende Identifikation mit dem Aggressor. Dann flüchtet er unter den Tisch und liegt ganz still da. Dann ruft er aus seinem Versteck unter dem Tisch: „Hier bin ich, Blödmann!" und kämpft erneut mit ihm. Dazwischen greift er uns mit einem Krokodil an und will uns Arme und Beine abbeißen. Dann werden wir verboxt, und David prügelt wild auf uns ein. Dann soll ich das Nilpferd sein und mich auf David stürzen. („Jetzt wärst du wohl das Nilpferd", sagt er). Aber gleich wird er wieder ganz groß und stark und haut mich um. Dann flüchtet er wieder unter den Tisch und liegt unbeweglich da. „Ich wäre weggeritten, und du hättest mich nicht mehr gesehen", flüstert er.

Dann spielt er mit einem Krankenwagen. Mit dem fährt er das Sceno-Baby ins Krankenhaus. Er sagt: „Das Baby hätte sich gewünscht, dass ein Krankenwagen kommt. Das hätte Schmerzen am Po und am Bauch." Und dabei erzählt er, wie er selbst Sekundenkleber getrunken hat und ins Krankenhaus gekommen ist. Ich sage: 'Ich glaube, du musst herausfinden, ob du jetzt gerettet wirst.' David nickt.

Abschließend malt David uns ein Bild: Einen Menschen ohne Arme, durchzogen von Strichen, und vom Bauch bis runter zum Fuß voller Blut. David sagt, gefragt, was er malt: „Mich. Skelett mal ich. Das sind meine ganzen Knochen. Da werden die geschleift. Mit 'ner Schleifmaschine."

Im Lichte dieser Untersuchungsbefunde muss die große Unruhe des Kindes als Angst abwehrendes Agieren verstanden werden. Das Kind ist ständig in einer hohen Erregung - ähnlich wie es Herman (1994, S. 56 ff.) unter Verweis auf vielfältige Untersuchungen an schwer traumatisierten Erwachsenen als charakteristisch für eine posttraumatische Belastungsstörung beschreibt: „Das normale Grundniveau wacher, aber entspannter Aufmerksamkeit fehlt. Bei ihnen ist das Grundniveau ein Zustand erhöhter Erregung. Ihr Körper ist immer in Alarmbereitschaft und auf eine Gefahr vorbereitet. Sie reagieren außerdem extrem schreckhaft auf unerwartete und vor allem auf spezifische Reize, die mit dem traumatischen Ereignis in Verbindung stehen." -,wie es bei David bei Geräuschen und plötzlichen, unkalkulierbaren Ereignissen der Fall ist, und vor allem, wenn er fest gehalten wird, was er offenbar wie eine Überwältigung erlebt. Denn die Untersuchungsbefunde zeigen, wie bedrohlich für ihn Abhängigkeitsbeziehungen waren und sind.

Die motorische Unruhe, das Reagieren auf jeden Reiz und das unentwegte Reden - wie manche Kinder pausenlos Fragen stellen, die sie sich selbst beantworten können -

scheinen uns noch eine zweite Funktion zu haben: Es treibt - wie rhythmische Bewegungen bei der Meditation, oder wie die Jactatio, so wie sie Müller-Braunschweig (1975) versteht - die Gedanken aus dem Kopf, verscheucht die angstauslösenden, Ohnmachtsgefühle erzeugenden und Wut mobilisierenden Vorstellungen, die an menschliche Nähe und familiale Abhängigkeitsbeziehungen gebunden sind, sodass er in ihnen existieren kann.

Zunehmend mehr werden auch solche Zusammenhänge gesehen. So schreibt beispielsweise Berger in einem Themenheft der Zeitschrift „Kinderanalyse" zum hyperkinetischen Syndrom (Heft 2, 1993) unter Verweis auf Winnicotts Konzept zur manischen Abwehr: Es gebe „dazu Anlaß, bei hyperkinetischen Kindern mit schweren Aufmerksamkeitsstörungen, die den Eindruck machen, nicht denken und nachdenken zu dürfen, als sei die Verwendung ihrer potentiellen intellektuellen und reflexiven Möglichkeiten mit der Erfahrung von Bedrohung verbunden, traumatisierende Erfahrungen in Betracht zu ziehen". (S. 146)

David kommt zu uns zur Therapie. Er nutzt uns und die Situation sehr aktiv. Nach etwa einem Jahr ist von der Unruhe in vielen Stunden nichts mehr zu sehen. Seine Augen sind klar und sein Blick nicht mehr fliehend. Nur wenn ihn etwas sehr beunruhigt oder er sich bestimmten, noch nicht zu bewältigenden Vorstellungen nähert, kehrt die alte Symptomatik, wenn auch deutlich gemildert, zurück.

Die Haltung, die hier - beim therapeutischen Umgang mit einem früh traumatisierten Kind - hilfreich ist und schließlich Heilung ermöglicht, nämlich die, nicht primär das Kind verändern zu wollen, sondern einfühlend zu verstehen, was in ihm vor sich geht, wie es sich und uns erlebt, was es sich wünscht, und was es befürchtet, sodass mein Erleben von ihm dazu beitragen kann, dass es sich selbst besser versteht und dann auch verändern kann, ist eine Haltung, die alle Menschen - Kinder, Jugendliche und Erwachsene - als befriedigend erleben, und die Erziehung und Beziehungen leichter, statt komplizierter macht. Vor allem aber ist es eine Haltung, die gerade auch dann, wenn ein Kind mit verletzenden Erfahrungen in eine Ersatzfamilie integriert wird, die Chance des Gelingens dieses neuen Kapitels seiner Lebensgeschichte erhöht.

Schon der Psychoanalytiker Winnicott beschrieb 1950 in einem Vortrag mit dem Thema „Das deprivierte Kind - und wie es für den Verlust seiner Familie entschädigt werden kann" das hohe therapeutische Potenzial einer Ersatzfamilie, in der das Kind, wenn man sich nur von ihm an die Hand nehmen lässt, seine eigene Heilung betreibt. Auch der Amerikaner Kadushin stellte 1970 in seiner Arbeit über die Adoption älterer, misshandelter Kinder fest, dass es in einem hohen Prozentsatz gelingen kann, dass ein Kind in der helfenden und annehmenden Beziehung zu Ersatzeltern, die in der Lage sind, sich einfühlend-verstehend auf das Kind einzulassen, schließlich ein gesundes Kind dieser Eltern werden kann.

2 Anpassung, Übertragung und Regression im Integrationsprozess

Wir haben die Bedingungen hierfür und den quasi therapeutischen Prozess eines Kindes in der Ersatzfamilie untersucht und in unserer Integrationstheorie als einen in drei charakteristischen Fasen ablaufenden Prozess beschrieben (vgl. Nienstedt u. Westermann, 1989). Er folgt den gleichen Schritten und Wegen, die ein Kind in Gang setzt, wenn wir mit ihm einzeltherapeutisch arbeiten. Ich benutze daher manche Beispiele aus unserer therapeutischen Arbeit, weil die darin zum Ausdruck kommenden Probleme und Reaktionsformen der Kinder und Haltungen unsererseits sich in ihrer Struktur nicht von dem unterscheiden, was in Pflege- und Adoptivfamilien zu beobachten ist und sich als hilfreiche Haltung erwiesen hat.

Wir haben die drei Phasen (1) Anpassung und Annahme, (2) die Wiederholung früherer Beziehungsformen in der Übertragungsbeziehung und (3) die Entwicklung persönlicher Beziehungen durch regressive Beziehungsformen genannt. Mit großem Interesse habe ich das Buch der amerikanischen Psychiaterin Judith Herman „Die Narben der Gewalt. Traumatische Erfahrungen verstehen und überwinden“ (1994) gelesen, das in eindrucksvoller Weise die Forschungsergebnisse über die durch frühe Kindheitstraumen oder spätere traumatische Erfahrungen wie Kriegserlebnisse oder Folter schwer verletzten Erwachsene und über Menschen mit tief greifenden Persönlichkeitsstörungen analysiert, und den therapeutischen Prozess ebenfalls in drei Phasen beschreibt: (1) Die Wiederherstellung von Sicherheit, (2) Erinnern und Trauern und (3) Wiederanknüpfung. Inhaltlich zeigen sich hohe Übereinstimmungen mit den von uns beschriebenen Phasen, den zu beobachtenden Phänomenen und ihrem Verständnis, sowie den primär wichtigen Haltungen und Einstellungen, die für den Heilungsprozess nützlich und notwendig sind.

2.1 Anpassung und Annahme

Zu Beginn der Therapie - wie auch in der ersten Zeit in der Pflegefamilie - verhält sich das Kind meist in hohem Maße angepasst. Und man ahnt kaum etwas von seinen Schwierigkeiten und Problemen. Pflegeeltern, wenn sie darauf nicht vorbereitet sind oder sich genau so ein Kind wünschen, haben dann leicht das Gefühl, dass das Kind doch ganz in Ordnung ist, dass es schon nach kurzer Zeit ihr Kind geworden ist.

Diese Überanpassung, in der das Kind oft genau erspürt (und darin sind gerade misshandelte Kinder große Experten), was die Eltern und Therapeuten von ihnen erwarten, ist ja zum einen nichts Ungewöhnliches. Wir alle konzentrieren uns angesichts einer neuen Situation zunächst ganz auf die Orientierung in ihr. Aber beim traumatisierten Kind ist doch die durch die Überanpassung abgewehrte Angst und Unsicherheit, die der Motor der Anpassung ist, unendlich viel größer. Das Kind hat ja vielfach die Erfahrung gemacht und ist durch sie geprägt, dass familiale, persönliche Abhängigkeitsbeziehungen durch Versagungen, Enttäuschungen und das Nicht-wahrnehmen-

Können der kindlichen Bedürfnisse bestimmt wird; dass die elterlichen Wünsche und Bedürfnisse dominieren; dass das Kind kaum einen Einfluss auf den Menschen hat, von dem es abhängig ist.
Die wichtigste und ganz vorrangige Erfahrung, die das Kind nun - in der Beziehung zu Ersatzeltern wie auch zum Therapeuten - machen muss, ist die, dass es nun einen Menschen hat, auf den es Einfluss hat und der es nicht beherrschen und bestimmen will; einen Menschen, der sich vom Kind und seinen Bedürfnissen und Gefühlen leiten lässt statt von den eigenen Bedürfnissen und Vorstellungen von dem, was er denkt, was gut für das Kind ist.

Darum sind auch alle wohl gemeinten erzieherischen oder therapeutischen Maßnahmen, die auf die Korrektur von „gestörtem Verhalten" und die Verbesserung einzelner Fähigkeiten abstellen, ein „fördernder" Umgang mit dem Kind am Anfang der Integration meist nicht nur nicht hilfreich, sondern schädlich für das Kind, weil sie nur wieder als Beherrschtwerden erlebt werden, und weil sie die Selbstüberzeugung des Kindes bestätigen, nicht in Ordnung zu sein.

Die von uns (Nienstedt u. Westermann, 1989, S. 51 ff.) beschriebene Haltung des Sich-vom-Kind-an-die-Hand-nehmen-Lassens ist - wie es auch von anderen, z. B. von Herman (1994, S. 183 ff.) betont wird - die grundlegendste Voraussetzung für den Beginn und den ganzen weiteren Prozess, denn nur so kann das Kind Sicherheit gewinnen, seine Angst vor Abhängigkeitsbeziehungen mildern und Hoffnung schöpfen, dass es auch befriedigend sein kann, sich auf nahe, persönliche Beziehungen einzulassen. Und nur so kann es beginnen, sein eigenes Selbst zu entdecken und zu entwickeln.

Eigentlich ist es ganz einfach - ähnlich einer Haltung, die von Winnicott (1958) als primäre Mütterlichkeit beschrieben wurde. Wie eine Mutter in der Beziehung zum kleinen Säugling sind wir darauf konzentriert, mit aufmerksamem Interesse wahrzunehmen, was das Kind tut, zu erraten, was in ihm vor sich gehen könnte, und bemüht, es einfühlend zu verstehen. Wir sind bereit, uns in einen von ihm in Gang gesetzten Dialog verwickeln zu lassen. Auch wenn das Kind erst einmal nichts mit mir tut, ist das in Ordnung, und es wird seine guten Gründe haben. Auch dieses Kind wird eine wichtige Erfahrung machen: Dass ich es nicht beherrschen will; dass ich davon ausgehe, dass es weiß, was gut für es ist; dass ich es respektiere.
Manche Kinder sind anfangs sehr höflich und freundlich. Manche beschäftigen sich zunächst mit ganz gewöhnlichen Sachen. Sie malen schöne oder auch schablonenhafte Bilder, gucken sich Bücher an, wollen Schach spielen, fahren mit Autos hin und her, oder sitzen einfach nur da und warten ab, was wir wohl mit ihnen machen oder von ihnen erwarten. Wir lassen uns auf das ein, was das Kind tut, oder sprechen hier und da aus, was wohl im Kind vor sich geht. Zum Beispiel sagt einer von uns zum anderen - wir benutzen oft die Technik des Am-Kind-vorbei-Redens, damit das Kind gar nicht Stellung nehmen muss -: „Der Fritz muss erst mal herausfinden, was wir wohl für Leute sind" - wenn er uns abwartend beäugt. Oder wir sagen: „Ach, Liese muss

noch ganz vorsichtig sein. Ich glaube, sie ist noch sehr misstrauisch - oder sie hat noch große Angst vor mir" - wenn das Ausdrucksverhalten des Kindes dies vermuten lässt. Manche Kinder regredieren, um ihre Angst abzuwehren. Sie machen sich klein, verwandeln sich z. B. in einen kleinen Hund, der gestreichelt werden will. Und wir lassen uns in befriedigender Weise darauf ein und verstehen, dass das Kind so - unbewusst gesteuert, eine „Beißhemmung" auslöst: Einem so kleinen Wesen tut man nichts. Und indem wir uns einfach entsprechend den von ihm ausgesandten Signalen verhalten, kann das Kind eine wichtige, Angst reduzierende Erfahrung mit uns machen.

Manche Kinder sind so misstrauisch und voller Angst, dass sie gleich fliehen oder sich kaum auf uns einlassen können. Dann braucht man vor allem viel Geduld. So haben wir mit einem 12-jährigen Mädchen gearbeitet, das lange Zeit alles Mögliche machte: malen, Ballspiele inszenieren, uns auseinander dividieren, weil sie einen Mann nicht ertragen konnte, vorsichtige Attacken starten usf. Aber sie sprach nicht mit uns. Nur am Ende der Stunde sagte sie immer mit klarer Stimme: „Auf Wiedersehn." Ein anderes Kind kam monatelang immer wieder reingestürzt, rannte wie ein Wiesel die Treppe herauf und war verschwunden. Es versteckte sich und verharrte so still, dass man es tatsächlich kaum wahrnahm. Wir gingen durch die Räume, immer wieder an seinem Versteck vorbei, und sprachen bewundernd aus, dass sich das Kind ja ganz unsichtbar machen könne. Dass es manchmal für ein Kind ganz wichtig sei, sich so verstecken zu können. Dass ihm so nichts passieren kann. Dass es gut wäre, wenn das ein ganz kleines Kind auch schon könne. Dass wir ihm vielleicht sehr unheimlich sind. Zunehmend häufiger durchbrach es seine Flucht, um z. B. etwas zu bauen, und dann verschwand es wieder.

Das Überraschende ist, dass auch für diese Kinder die Stunden sehr wichtig waren und sie gerne kamen, weil sie wahrnehmen, und es offenbar für sie eine sehr bedeutsame Erfahrung ist, dass wir sie respektieren. Dass wir ihnen für das, was sie tun, gute Gründe unterstellen, die einen Sinn haben und grundsätzlich verstehbar sind, auch wenn wir und das Kind selbst sie noch nicht genau verstehen. Und dass wir uns von ihnen steuern lassen. Dadurch macht man sich einem Kind attraktiv und bahnt die Herstellung einer guten Beziehung: Indem man ihm Zeit und sich selbst zur Verfügung stellt und sich um ein möglichst genaues einfühlendes Verständnis bemüht - nicht durch vielfältige Unternehmungen und materielle Verwöhnung.

Sich vom Kind an die Hand nehmen lassen nach dem Grundsatz: Alle Wünsche und Bedürfnisse sind erlaubt, und alle Ängste und ihre Abwehr, und alle Affekte wie Wut und Aggression sind berechtigt, bedeutet nicht, dass man sich nicht auch abgrenzt, ein sicherer Erwachsener bleibt mit einem klaren Urteil über wirklich Schädliches und Unvernünftiges, vor dem das Kind geschützt werden muss. So lassen wir uns nicht auf alles ein und lassen nicht alles zu. Nicht alle Wünsche sind zu verwirklichen, aber der Wunsch selbst ist immer verstehbar und berechtigt. Alle Fantasien sind erlaubt. Und so ist es auch mit den Affekten, auch wenn man manchmal dem Kind helfen muss, seine schädigenden Handlungen zu steuern - durch direkte Appelle („Nein, nein, das nicht! Oh nein, nicht so doll! Ich weiß, am liebsten würdest du gerne, aber leider ...") - wie bei einem kleinen Kind, das man unmittelbar steuern muss, statt moralisierend mit ihm zu reden oder gar mit Strafen zu drohen.

2.2 Die Wiederholung traumatischer Erfahrungen in der Übertragungsbeziehung

Wenn das Kind Sicherheit in der neuen Situation gewonnen hat und seine Ängste ein Stück weit reduziert sind, wird es die Überanpassung oder die angstvolle Flucht aufgeben. Und dann beginnt es, manchmal sehr plötzlich, manchmal erst in kleinen Signalen, die Beziehung zu uns wie die zu den Ersatzeltern als Übertragungsbeziehungen zu nutzen (vgl. Nienstedt u. Westermann, 1989, S. 67 ff.). In ihr wie auch auf der Fantasieebene im Spiel werden Schritt um Schritt die frühen Erfahrungen und Beziehungsformen und die daran gebundenen Gefühle wieder lebendig. Das Erlebte wird wiederholt, wird im Hier und Jetzt reinszeniert, und die abgewehrten, weil vielfach enttäuschten Wünsche und nicht zugelassene Affekte werden wiederentdeckt, sodass, wie es Herman (1994, S. 177) formuliert, „die emotionalen Reaktionen des Opfers auf die Ereignisse in der Vergangenheit als normal und richtig anerkannt werden" können, und das Kind sich so schließlich als im Kern gesund und in Ordnung, weil verstehbar, erleben kann.

So entwickelt beispielsweise ein in der frühen Kindheit schwer vernachlässigtes Kind eine große orale Gier. Aber es traut uns nicht, obwohl wir bereit sind, es gut zu versorgen. Es weiß, wo bei uns die Kekse und Bonbons liegen. Aber es sperrt uns aus und klaut sie heimlich, und legt überall hinter den Büchern im Regal Depots an. Wir werden dann dem Kind nicht sagen, dass es das doch nicht braucht, weil wir ihm jederzeit geben werden, was es braucht. Statt dessen sagen wir vielleicht – sodass das Kind es hört – „Oh, der Fritz hat so großen Hunger, aber er traut uns nicht. Wie gut, dass er weiß, wo was zu essen ist. Und wenn man sich Vorräte anlegt, kann man sich zur Not immer selbst versorgen."

Oder ein Kind fordert zwar etwas zu essen von mir, weist dann aber verachtend ab, was ich ihm gebe, obwohl ich mich sehr bemüht habe, ihm gute Nahrung zu geben, ja seine Lieblingsspeise, die es sonst so gerne mochte. Die Verführung ist groß, dann gekränkt über mich und meine Bemühungen zu reden, dem Kind vor Augen zu führen, wie unberechtigt seine Vorwürfe sind. Aber es würde dann wieder nur in seinem Gefühl bestärkt, dass es eine Mutter hat, die das Kind und seine Gefühle nicht begreift. Und es würde in seinem negativen Selbsterleben bestätigt, das die meisten traumatisierten Kinder entwickelt haben - dass es ein Kind ist, das offenbar ein bisschen verrückt ist. Statt dessen werde ich nicht nachlassen, mich in Wirklichkeit zu bemühen, mich möglichst befriedigend zu verhalten, d. h. dem Kind weiter gute Nahrung zur Verfügung zu stellen, damit es gerade in den Bereichen, in denen es zuvor so hoch enttäuscht, gekränkt oder verängstigt worden ist, gegenteilige, korrigierende Erfahrungen machen kann. Aber gleichzeitig kann ich mich mit seinem Erleben verbünden und ihm z. B. - mit seinen Gefühlen mitschwingend, sie aufnehmend - sagen: „Bah, Scheiß-Nahrung. So eine enttäuschende Mutter! Schlimm ist das für ein Kind, wenn es schlechte Nahrung kriegt und die Mutter nicht merkt, was es braucht!"

Oft nähert sich das Kind zunächst im Spiel und in der Übertragungsbeziehung in einer Rollenumkehr den traumatischen Erfahrungen und seinen eigenen Ängsten und Ohnmachtsgefühlen. Da ist das Kind im Spiel die fauchende, wütende, prügelnde Mutter, und ich ducke mich und flüchte und schreie: „Aua, aua." Das Kind fesselt mich, wie es selbst an den Stuhl gefesselt worden ist, oder drückt mir ein Kissen ins Gesicht und will mich ersticken. Dann spüre ich etwas von der ungeheuren Angst und Ohnmacht des Kindes, von seiner Todesangst. Ich versuche, mich zu wehren und kann es doch nicht, weil ein kleines Kind sich nicht wehren kann. Und ich spüre etwas von der großen Wut, die das macht, oder kann sie mir doch vorstellen. Und ich beschimpfe vielleicht das Kind als doofe Mutter. Und ich sage vielleicht auch, dass die Wut für ein Kind bei so einer Mutter viel zu gefährlich ist. Dass es in Wirklichkeit gar nicht so schimpfen kann. Oder ich sage ihm, dass ein so behandeltes Kind schließlich meint, es sei selbst schuld und ein ganz schlechtes, böses Kind, weil es nicht sehen darf, dass die Mutter das Kind nicht begreift und sich nicht steuern kann und gar keine Mutter sein kann.

So erfährt das Kind nicht nur etwas über sich, sondern auch über mich. Es erfährt, dass ich etwas von solchen Müttern und ihren Kindern verstehe, und wie ich ein solches mütterliches Verhalten beurteile. Und dann kann es sich schließlich auch auf seine Angst und Ohnmacht einlassen, indem es mich nun zur enttäuschenden oder überwältigenden Mutter macht, weil es schon ahnt, dass ihm in Wirklichkeit durch mich nichts Schlimmes passieren wird, und ich es mit seiner Angst und Ohnmacht und Wut halte.

So werden die inneren Bilder der traumatischen Erfahrungen, die im Spiel und in der Übertragungsbeziehung zu Ersatzeltern oder zu uns als Therapeuten wiederbelebt werden, wieder mit Gefühlen verknüpft und als nicht verrückt, sondern als berechtigt und verstehbar angenommen.

Wichtig ist es, die Übertragungsbeziehung im Hier und Jetzt wirklich anzunehmen, statt sie - durch einen direkten Verweis auf die früheren Eltern - rasch auflösen zu wollen. Das Herstellen einer raschen, direkten Verbindung zu dem, was das Kind früher erlebt hat, ist eine große Verführung, weil es so schwer ist, gerade negative Übertragungen anzunehmen. Es auszuhalten, dass das Kind -, dem ich doch wünsche, dass es ihm gut geht, zu dem ich mir selbst auch eine gute Beziehung wünsche -, dass dieses Kind Angst vor mir hat, dass es mich als äußerst enttäuschend erlebt, dass es so schrecklich wütend auf mich ist, oder dass es sich selbst so unglücklich, ohnmächtig, verletzt und wertlos fühlt.

Aber gerade das Wiederbeleben dieser Gefühle in einer annehmenden und diese Gefühle aushaltenden und widerspiegelnden Beziehung ist das Heilsame und ermöglicht ihre Verarbeitung. Denn die inneren Bilder und schrecklichen Gefühle werden ja gerade dadurch für das Kind erträglich und annehmbar, dass sie sich nun gegen einen Menschen richten, bei dem das Kind wahrnimmt, dass sie tatsächlich nicht vernichtend werden - weder für das Kind, noch für das Elternobjekt. Und sie können allmählich gerade in dieser Beziehung durch die guten Erfahrungen, die das Kind macht, gemildert werden. Schritt um Schritt macht das Kind selbst die Entdeckung, dass die Ersatzeltern oder der Therapeut in Wirklichkeit schützend und befriedigend sind, und die berechtigten Vorstellungen und Gefühle, etwas mit einer anderen Realität, den früheren Eltern zu tun haben (vgl. auch Winnicott, 1988, S. 233). Und es beginnt selbst, die zuvor so oft zu beobachtende Idealisierung der leiblichen Eltern aufzugeben und den Zusammenhang zwischen seinen Gefühlen und Erwartungen und den früheren Erfahrungen wiederherzustellen, das eigentliche Objekt seiner Enttäuschung, seiner Angst und seines Hasses wiederzuentdecken und sich zu erinnern.

Aber auch dann ist man allzu schnell geneigt, dem Kind die Berechtigung seiner angstvollen, schmerzhaften oder aggressionsbesetzten Erinnerungen und Vorstellungen auszureden, nicht bei ihm und seiner inneren Wirklichkeit zu sein, sondern ihm die äußere Realität zu erklären. Um es ihm und uns gut zu machen, es mit sich und der Welt zu versöhnen, sucht man auf direktem Weg, seine Angst und Wut zu mildern, oder ihm Distanz und Versöhnung zu ermöglichen, indem man es zu überzeugen versucht, dass doch alles nicht so schlimm war, oder dass es ihm doch jetzt gut geht und ihm nichts mehr passieren kann.

Ein vom Vater überwältigtes Kind, das den Vater als übermächtig und bedrohlich erlebt hat, fürchtet sich immer wieder vor Räubern und Einbrechern. Am Abend prüft es zigmal, ob die Haustür auch abgeschlossen und alle Roll-Läden an den Fenstern heruntergelassen und verriegelt sind. Schließlich kann es sagen, dass es Angst hat, der Vater könnte kommen und in das Haus der Pflegeeltern eindringen. Immer wieder fragt es die Eltern: „Was macht ihr, wenn er vor der Tür steht?" Die Eltern sagen: „Wir schicken ihn wieder weg." Das Kind: „Aber wenn er nicht geht? Wenn er einen Fuß zwischen die Tür stellt?" Die Eltern: „Dann schreien wir ihn an und stoßen ihn raus." Das Kind: „Aber wenn er mit einem Beil die Tür einschlägt?" Die Eltern: „Das wird er nicht wagen, weil er weiß, dass er das nicht darf und dafür bestraft würde. Wir könnten die Polizei rufen." Das Kind aber lässt sich nicht beruhigen. Immer wieder stellt es die gleichen Fragen und denkt sich neue Varianten aus, wie der Vater versucht, die Pflegeeltern zu entmachten, die sich wiederum immer neue Varianten ausdenken, wie sie sich als stärker erweisen. Über Monate geht das so. Warum glaubt das Kind den Eltern nicht, dass sie es beschützen können? Warum können sie das Kind davon nicht überzeugen?

Indem die Pflegeeltern sich nur mit Strategien zur Abwehr des Vaters beschäftigen, um dem Kind ein Gefühl der Sicherheit zu geben, verleugnen sie die vom Kind erlebte

Macht und Gefährlichkeit des Vaters. Und so muss das Kind denken, dass die Eltern das Kind gar nicht wirksam schützen können, weil sie den Vater maßlos unterschätzen. Erst als die Eltern sich darauf einlassen, die Macht des Vaters ins Auge zu fassen, indem sie das Kind fragen, was er denn tun würde, und das Kind sagt, dass er alle töten würde, und die Eltern einfühlend anerkennen, dass der Vater dann für das Kind ganz schrecklich gefährlich ist, endet das unermüdliche Fragen des Kindes, und es kann nun den Eltern glauben, dass der Vater gar nicht weiß, wo die Familie wohnt, und dass man sich wirksam vor ihm schützen kann, selbst wenn er käme (vgl. Nienstedt u. Westermann, 1994).

Gerade das Anerkennen und Aushalten schmerzlicher, unangenehmer Gefühle und Vorstellungen mildert sie und ermöglicht schließlich eine realistische Verarbeitung und kritische Distanzierung, sodass die zuvor schmerzlichen und vielfach abgewehrten Erfahrungen und Gefühle zu einer Erinnerung an eine abgeschlossene Vergangenheit werden können (vgl. auch Eliacheff, 1994, S. 185 f.).

Zunächst spricht das Kind von seinen leiblichen Eltern vielleicht mit berechtigter Wut, Hass und Anklage, indem es z. B. sagt: Wenn ich dem Vater oder der Mutter noch mal begegne, dann bring ich die um. Und schließlich mit der Distanz zu Erfahrungen, die einmal zu ihm, zu seiner Geschichte gehörten, die das Kind aber heute nicht mehr bestimmen. Und dann kann es sich, wenn alles gut geht, auch dafür interessieren, wie die Eltern so geworden sind wie sie sind. Und das ermöglicht dann schließlich auch ein Stück Versöhnung, bei dem die Pflegeeltern dem Kind helfen können, wenn sie selbst ein annehmendes Verständnis für die leiblichen Eltern und ihre Sozialisationsgeschichte haben.

Dann kann ein Jugendlicher schließlich vielleicht über seine aufgrund einer psychotischen Erkrankung erziehungsunfähige Mutter, mit der er bis zum Alter von 7 Jahren zusammengelebt hat, sagen „arme, unglückliche Frau", ohne sich ihr verpflichtet zu fühlen und sie weiter mit Hass zu verfolgen. Ganz entsprechend schreibt Herman (1994): „Ist der Prozeß des Trauerns über den traumatischen Vorfall abgeschlossen, dann stellt das Opfer unter Umständen überrascht fest, daß ihm der Täter inzwischen gleichgültig geworden ist und ihn sein Schicksal nicht mehr kümmert. Vielleicht spürt er sogar Mitleid mit ihm, aber dieses befreite Gefühl ist nicht mit Vergebung gleichzusetzen." (S. 269)

2.3 Regression

Wenn ein Kind seine traumatischen Erfahrungen so weit verarbeitet und seine negativen Gefühle Eltern gegenüber so weit bewältigt und revidiert hat, dass es sich auf angstfreie Nähe zu den Ersatzeltern oder zum Therapeuten einlassen kann, wird das Kind - nun nicht mehr mit Angst abwehrender Funktion, sondern in vergnüglicher Weise - regredieren. Es wird noch einmal wie ein ganz kleines Kind Wünsche und

Bedürfnisse entwickeln, die, wenn sie einfühlend verstanden und angenommen werden, zur Entwicklung wirklich neuer positiver Objektbeziehungen und eines gesunden Selbst in Beziehungen führen. Das Kind durchläuft - wenn auch immer nur partiell und im Wechsel mit altersspezifischem Verhalten - noch einmal, und nun mit neuem Ausgang, die charakteristischen Stufen frühkindlicher Entwicklung und gewinnt so Urvertrauen, eine wachsende Autonomie und die Fähigkeit zu differenzierten Rollenbeziehungen.

Das Faszinierende ist, dass die Regression oft in einer Form erfolgt, die dem Verhalten des ganz kleinen Kindes, seinen Bedürfnissen und Gefühlen, seinen Ausdrucks- und Bewegungsmustern nahezu perfekt entspricht. Da liegt beispielsweise ein 14-jähriges Mädchen in der Wiege. Es schreit „Hunger, Hunger!" - vielleicht gar noch in Babysprache. Und es kann gar nicht warten - wie ein Baby, das Bedürfnisse nicht aufschieben kann. Dann laufe ich los, halte gleichzeitig ein akustisches Band zum Kind: „Ja, ja, gleich, gleich, oh, das Kind kann gar nicht warten, schnell, schnell - da ist die Mama, mein Babylein -Hm, schmeckt das gut - oh, jetzt freut sich das Kind ..." D. h., ich sage nicht dem Kind - ach, jetzt spielst du Baby. Nein, es ist in dem Moment mein Baby, das bemuttert werden will und von mir den Ausgleich aller Spannungen erwartet. Und dann wird das Kind ein bisschen größer. Es fängt an zu krabbeln und fällt immer wieder um - und ich bewundere es und tröste es wie ein Kind, das laufen lernt. Und dann wird es noch einmal ein trotzendes Kind - mit dem gleichen Ausdrucksverhalten. Und ich werde dann - wie in der Zeit der frühen Autonomieentwicklung, des frühkindlichen Trotzes - darauf achten, dass ich Forderungen und Fremdbestimmung nur auf wesentliche Anlässe beschränke, und gelassen abwarten, bis der Trotzanfall vorbei ist usf.

Im Umgang mit der Regression, wie auch mit der Überanpassung und der Übertragungsbeziehung wird es immer wieder passieren, dass mir die Einfühlung in das Kind nicht gelingt, dass ich falschen Hypothesen folge, dass ich mal ungeduldig bin oder nicht so befriedigend, wie ich es sein möchte. Manchmal sitzt man da - und so geht es uns auch - und versteht ein Kind nicht. Man weiß nicht, was es gerade inszeniert und was es sich wünscht. Aber das macht nichts. Denn ein Kind nimmt sehr genau Haltungen wahr. Es nimmt die Bereitschaft wahr, es möglichst gut zu verstehen und möglichst befriedigend zu sein. Und das wird schließlich wirksam.

Literatur

Berger, M.: Und die Mutter blickte stumm auf dem ganzen Tisch herum.Anmerkungen zur Diskussion über das hyperkinetische Syndrom. Kinderanalyse 1, 131-147, 1993.

Eliacheff, C.: Das Kind, das eine Katze sein wollte. Psychoanalytische Arbeit mit Säuglingen und Kleinkindern. Kunstmann, München 1994.

Herman, J.L.: Die Narben der Gewalt. Traumatische Erfahrungen verstehen und überwinden (1992). Kindler, München 1994.

Kadushin, A.: Adopting Older Children. Columbia Univ. Press, New York/London1970.

Müller-Braunschweig, H: Die Wirkung der frühen Erfahrung. Das erste Lebensjahr und seine Bedeutung für die psychische Entwicklung. Klett, Stuttgart 1975.

Nienstedt, M.,Westermann, A.: Pflegekinder. Psychologische Beiträge zur Sozialisation von Kindern in Ersatzfamilien. Votum, Münster 1989, 4. Aufl. 1995.

Nienstedt, M., Westermann, A.: Die schmerzlichen Erinnerungen bleiben. Sozialmagazin Heft7-8, 19. Jg. 1994, S. 46-54.

Winnicott, D.W.: Primäre Mütterlichkeit. (1958) In: Kutter u. Roskamp (Hrsg.): Psychologie des Ich. Wiss. Buchges., Darmstadt 1974, S. 231-238.

Winnicott, D.W.: Das deprivierte Kind – und wie es für den Verlust seiner Familie entschädigt werden kann. (1950) In: Winnicott, D.W.; Aggression, Versagen der Umwelt und antisoziale Tendenz. Klett-Cotta, Stuttgart 1988, S. 220-242.

Hermann Scheuerer-Englisch

Auswirkungen traumatischer Erfahrungen auf das Bindungs- und Beziehungsverhalten

1 Einleitung

Zum Stichtag vom 1.01.1995 wurden in der Bundesrepublik (West) 116.079 Kinder und Jugendliche bis zum 21. Lebensjahr in erzieherischen Hilfen außerhalb des Elternhauses betreut (Landschaftsverband Württemberg-Hohenzollern, 1996). Die staatliche Jugendhilfe bietet für Erziehungsberechtigte und Kinder Hilfen an, „wenn eine dem Wohl des Kindes oder Jugendlichen entsprechende Erziehung nicht gewährleistet ist und die Hilfe für seine Entwicklung geeignet und notwendig ist" (§ 27, Sozialgesetzbuch (SGB) VIII) oder eine seelische Behinderung droht oder dokumentiert (§ 35a SGB VIII) ist. Viele dieser Kinder und Jugendlichen leben z.T. jahrelang unter extrem belastenden familiären Umständen, bis eine Herausnahme aus der Familie erfolgt. Es ist auffallend, dass in den offiziellen Jugendhilfestatistiken traumatische Erfahrungen der Kinder und Jugendlichen und deren Reaktionen bislang nicht erfasst werden, obwohl solche Erfahrungen die kindliche Entwicklung und seine Selbstorganisation im körperlichen, kognitiven, emotionalen und sozialen Bereich besonders nachhaltig bedrohen. Experten aus Forschung und Praxis weisen zudem darauf hin, dass eine Traumatisierung umso gravierendere Folgen hat, je früher sie stattfindet und je länger sie andauert (Nienstedt & Westermann, 1995; Schepker, 1997; van der Kolk, 1998; Fegert, in diesem Band). Die Hilfen zur Erziehung müssten demnach bereits sehr früh ansetzen, um schwerere Entwicklungsstörungen zu mildern bzw. zu verhindern. Traumatische Erfahrungen während der ersten drei Lebensjahre sind dabei diagnostisch fast nur im Kontext der Fürsorgebeziehungen zu den Bindungspersonen des Kindes zu erfassen, wobei diese Bezugspersonen häufig selbst die traumatischen Erfahrungen vermitteln. Bindungs- und Beziehungsstörungen als Folge traumatischer Erfahrungen sind daher wesentliche Indikatoren für spätere Entwicklungsstörungen und Verhaltensauffälligkeiten und treten in der Regel in Verbindung mit anderen psychosozialen Problemen und Risikofaktoren auf (zusammenfassend: Zeanah, Boris & Scheeringa, 1997). Eine Untersuchung zur Fremdunterbringung von Kindern unter drei Jahren in Bereitschaftspflegestellen in Nürnberg (Blüml, 1995) ergab, dass die Mehrzahl von über 80 % aus Multiproblemfamilien stammt, die bereits vor der Unterbringung Kontakt zum Jugendamt hatten. Die Hauptgründe für die Unterbringung waren Krankheit der Eltern (auch Suchterkrankungen), Vernachlässigung, Überlegungen zur Adoptionsfreigabe und Überforderung der Eltern. Seltener waren Misshandlung, sexueller Missbrauch oder offene Ablehnung durch die Eltern genannt, allerdings sind solche Hintergründe auch schwerer zu erfassen und unterliegen der gesellschaftlichen Tabuisierung nicht selten auch durch die betroffenen Fachleute (Nienstedt & Westermann, 1995). In einer

ähnlichen Untersuchung in Brandenburg zur Heimunterbringung von Kleinkindern hatten 62% der Eltern das Kind vernachlässigt, 28% waren alkoholkrank, 15% hatten das Kind einfach verlassen und bei 30% war die Mutter schwer krank (Hedervari, 1996). Hier wird indirekt deutlich, dass ein großer Teil der Kinder vermutlich traumatischen Erfahrungen ausgesetzt war, unabhängig davon, dass die Trennung von der Bindungsperson bei einer Fremdunterbringung ebenfalls traumatisch erlebt werden kann, wenn es keine gleitenden Übergänge oder eine angemessene Betreuung des Kindes gibt (Scheuerer-Englisch & Unzner, 1997). Die Abgrenzung, wann wirklich eine Beziehungserfahrung traumatisierend für das Kind ist und zu einem traumatisierten psychischen Zustand im Sinne einer Belastungsstörung führt, oder die Erfahrung zwar negativ, aber nicht traumatisierend ist, ist schwer zu treffen.
Der vorliegende Beitrag will den Blick auf mögliche traumatische Erfahrungen und deren Folgen für das Bindungs- und Beziehungsverhalten der Kinder lenken, um vor allem die kindliche Perspektive und das kindliche Erleben nach Traumatisierungen besser verstehen zu können. Ein solches besseres Verständnis kann auch den Umgang mit diesen Kindern im Rahmen der Erziehungshilfen in Heim und Pflegefamilie erleichtern.

2 Traumatische Erfahrungen bei Kindern – Definition und allgemeine Befunde

Berücksichtigt man verschiedene neuere Definitionen von traumatischen Erfahrungen bei Kindern (van der Kolk, 1998; Schepker, 1997; Nienstedt und Westermann, 1995; Fegert, in diesem Band), dann fällt auf, dass sie vor allem aus der Erfahrung und Perspektive der betroffenen Kinder erfolgen. Dies stellt zu früheren Definitionen, z.B. von Gewalt gegen Kindern (Engfer, 1989; Petri, 1989), eine wesentliche Veränderung dar. Folgende Merkmale sind zur Bestimmung traumatischer Erfahrungen wesentlich:

Es handelt sich um eine einmalige oder fortdauernde Erfahrung,

- *die zu einer psychischen Verletzung führt,*
- *die für das Kind überwältigend und mit seinen psychischen und physischen Möglichkeiten nicht kontrollierbar ist,*
- *die Todesangst und Angst vor Vernichtung des physischen oder psychischen Selbst auslöst,*
- *und bei der das Kind in der Situation auf niemanden zurückgreifen kann, bei dem es Schutz oder Hilfe erfährt.*

Eine Berücksichtigung aller Elemente dieser Definition kann dazu beitragen, den Begriff des Traumas und der Traumatisierung nicht inflationär und undifferenziert zu gebrauchen, sondern sorgfältig von anderen nichtgelingenden oder unangemessenen Erziehungs- und Beziehungshaltungen innerhalb der familiären Beziehungen abzugrenzen.
Kinder, die im Rahmen der Jugendhilfe Unterstützung brauchen, erleben in der Regel traumatische Erfahrungen im Rahmen ihrer Familienbeziehungen. Es handelt

sich dabei weniger um traumatische Einzelereignisse, sondern um längerdauernde traumatische Beziehungsmuster mit den anwesenden Bezugspersonen. Folgende Erfahrungen können nach Vorliegen der genannten Definitionsmerkmale traumatische Erfahrungen sein:

- Kindesmisshandlung durch verbale oder physische Attacken
- Sexueller Kindesmissbrauch
- Extreme Verwahrlosung und emotionale Vernachlässigung oder Zurückweisung
- Traumatische Trennungen und der Verlust von Bindungspersonen, traumatische Konflikte der Eltern (tätliche Auseinandersetzungen und Bedrohungen im Beisein des Kindes)
- Überwältigende Einzelerfahrungen, die dem Kind selbst oder einer nahe stehenden Person widerfahren (Unfall, Überfall, Suizid, Mord)
- Narzisstische Ausbeutung des Kindes in extremen Formen
- Psychische Erkrankung wichtiger Bezugspersonen, wodurch die wesentlichen Elternfunktionen von Schutz und Unterstützung für das Kind nicht gelingen.

2.1 Zwei Beispiele

Der sechsjährige Stefan wurde nach einem Hinweis aus der Nachbarschaft vom Jugendamt in einer Pflegefamilie untergebracht. Er lebte bis dahin bei seiner Mutter und deren Lebensgefährten und wurde massiv körperlich misshandelt. Der Mutter wurde in einem vormundschaftgerichtlichen Verfahren zunächst das Aufenthaltsbestimmungsrecht entzogen. Sie gab Stefan nach der Wegnahme zur Adoption frei. Mutter und Lebensgefährte waren nach einem Wechsel von den neuen in die alten Bundesländer arbeitslos und bewohnten zusammen mit dem Kind ein Zimmer in einem Übergangsheim. Nach Berichten von Augenzeugen und später vom Kind selbst, wurde Stefan von der Mutter und deren Lebensgefährten häufig geschlagen, schon bei kleinsten Anlässen. Alkoholkonsum und heftige Auseinandersetzungen der Erwachsenen (Eifersucht, wechselnde Partner) waren an der Tagesordnung. Stefan erlebte alles hautnah mit. Einmal wurde die Mutter von dem Lebensgefährten mit dem Messer bedroht, und Stefan griff ein, indem er sich an das Bein des Mannes klammerte, um ihn von der schreienden Mutter wegzuziehen. Er wurde selbst zum häufigen Thema der Auseinandersetzungen und durfte keine eigenen Bedürfnisse äußern. Der Mann zwang ihn, stundenlang reglos im Bett liegen zu bleiben, ohne einen Ton von sich zu geben. Weiter wurde bekannt, dass er Stefan zwang, neben ihm zu stehen und ihm über eine Stunde den Aschenbecher zu halten. Ein Schutz vonseiten der Mutter erfolgte nicht. Aufgrund der medizinischen Gutachten über Hämatome und Misshandlungsfolgen bei Stefan wurde der Lebensgefährte zu eineinhalb Jahren Gefängnis verurteilt, die Mutter erhielt eine Bewährungsstrafe.

Der siebenjährige Jens wurde durch seinen Vater von der Mutter weggeholt, nachdem er von dieser nicht mehr versorgt wurde, und immer wieder in der Wohnung alleine gelassen wurde. Die Mutter hat massive Alkoholprobleme und war mit Jens häufig umgezogen und mit der Erziehung völlig überfordert. Der Mutter wurde das Sorgerecht entzogen und auf den Vater übertragen. Jens kam in die Kinder- und Jugendpsychiatrie, nachdem er extreme Verhaltensauffälligkeiten im schulischen, sozialen und sexuellen Bereich aufwies, sodass die Schule die pädagogische Verantwortung nicht mehr übernehmen wollte. Anschließend kam er zum Vater. Die Eltern hatten sich getrennt, als Jens ein halbes Jahr alt war. Der Mutter war das Sorgerecht zugesprochen worden, obwohl sie schon vor Geburt des Kindes Probleme mit dem Alkohol hatte, die aber im familiären Rahmen tabuisiert wurden. Das Alkoholproblem war auch der Grund für die Trennung. Jens hatte erst ab dem dritten Lebensjahr wieder Kontakt zum Vater, aber er erlebte dadurch keinen Schutz, da er sich dort nur selten aufhielt. Außerdem verheimlichte er das Problem der Mutter, hielt in der elterlichen Auseinandersetzung zur vermeintlich schwächeren Mutter und versuchte seinerseits der Mutter zu helfen. Er sammelte die leeren Flaschen in der Wohnung ein, versuchte die Mutter vom Alkoholkonsum abzuhalten, erlebte aber immer wieder, dass sie im Rausch keine Selbstkontrolle mehr hatte, depressive Reaktionen zeigte, häufige Partnerwechsel und problematische Partner hatte, und sich selbstgefährdend verhielt (Suizidgedanken, betrunken Auto fahren). Häufig ging die Mutter einfach weg und ließ ihn allein zurück. Er erlebte auch bei den Großeltern mütterlicherseits, von denen er mitbetreut wurde, traumatische Situationen, z.B. den Schlaganfall des geliebten Opas, der in der Folge gelähmt ist, und dem er Gesellschaft leistete. Das mütterliche Familiensystem ist chaotisch verstrickt, die Großmutter deckt das Alkoholproblem der Tochter, allerdings kam es zu häufigen massiven Auseinandersetzungen, bei denen Jens anwesend war, und wechselnd Partei für die Mutter oder die Oma ergriff. Er erlebte keine verlässliche Tagesstruktur und keine angemessene Förderung im emotionalen und kognitiven Bereich.

Beide Kinder wurden bereits im Kleinstkindalter traumatischen Erfahrungen und Beziehungsstrukturen ausgesetzt. Beide hatten in den Überforderungssituationen keine weitere Bezugsperson zur Verfügung, zu der sie flüchten konnten.

3 Allgemeine Folgen traumatischer Erfahrungen

Traumatische Erfahrungen haben elementare Auswirkungen auf die gesamte Entwicklung des Kindes in seiner geistigen, körperlichen und gefühlsmäßigen Selbstorganisation (van der Kolk, 1998, Nienstedt & Westermann, 1995; Petri, 1989, Schepker 1997).

Sie können eine posttraumatische Belastungsstörung mit lang dauernden Folgen auslösen. Diese umfasst das Wiedererleben und zwanghafte Wiederinszenieren der traumatischen Erfahrungen (plötzliche unabweisbare Gedanken, Fantasien, Alpträume, Erinnerungen, Gefühle), die plötzlich auftreten und z.T. durch Schlüsselreize ausgelöst werden. Weiter ist eine Vermeidung der traumatischen Situationen und Gefühle auf allen Ebenen zu beobachten, z.B. durch Weggehen in Trancezustände, Entfremdung vom Körper und von Empfindungen, durch Vergessen und Flucht in Fantasievorstellungen und schließlich Vermeidung durch Verschiebung auf unklare körperliche Symptome, Störverhalten in der Schule zur Abwehr von unangenehmen Gefühlen, Ausagieren von Spannungszuständen etc. Ein letztes Merkmal der posttraumatischen Belastungsstörung ist schließlich eine allgemeine vegetative Übererregbarkeit, die sich in Schlafstörungen, Labilität und heftigen Gefühlsschwankungen, Wutausbrüchen, Konzentrationsstörungen, motorischer Unruhe und übertriebenen Schreckreaktionen äußern kann.

Van der Kolk weist darauf hin, dass durch traumatische Erfahrungen bei Kindern die Gehirnentwicklung und gesamte Steuerung der Gefühle und Handlungen beeinträchtigt wird. Die durch traumatische Beziehungsstrukturen in ihrer Entwicklung allein gelassenen Kinder konnten nicht lernen, Stress-Situationen oder bedrohliche Reize in Ruhe wahrzunehmen und angemessen darauf zu reagieren, sondern versuchen eine wahrgenommene Spannung durch vorschnelles Handeln aufzulösen. Van der Kolk u.a. (1996) konnten deutliche Zusammenhänge zwischen Alter, Dauer des Traumas und diesen Problemen nachweisen: „Je jünger jemand zum Zeitpunkt der Traumatisierung ist und je länger das Trauma dauert, umso höher ist die Wahrscheinlichkeit, daß die betreffende Person langfristige Probleme bei der Regulation von Wut, Angst und sexuellen Impulsen hat“ (Van der Kolk, 1998, S. 25).

Schepker (1997) berichtet, dass Kinder gefährdeter erscheinen, eine posttraumatische Belastungsstörung zu entwickeln als Erwachsene, und dass sie eine größere Zahl von Symptomen vor allem auch im Bindungs- und Beziehungsbereich (Trennungsangststörungen, regressive Symptombildungen) zeigen. Untersuchungen zu Folgen von Kindesmisshandlung zeigen eine Fülle von kindlichen Verhaltensauffälligkeiten im Gefühlsbereich, der Schule, bei Beziehungen zu Gleichaltrigen und im Verhalten in Beziehungen (Kempe & Kempe, 1980). Diese Verhaltensauffälligkeiten stehen bei der Wahrnehmung des Kindes in der Regel im Vordergrund, da sie die Förderung und den pädagogischen Umgang in Kindergarten, Schule, Hort, Heim oder Pflegefamilie erschweren und als Störung in der Beziehung und als entwicklungsgefährdend für das Kind erlebt werden.

Stefan war bei der Aufnahme in die Pflegefamilie extrem ruhig. Er war überangepasst und passiv. Die Pflegeeltern stellten Schreckreaktionen (Zusammenzucken) bei schnellen Bewegungen fest. Stefan war am ganzen Körper verspannt, der Rücken war steif wie ein Brett. Es dauerte ein halbes Jahr, bis diese Spannung verschwunden war. Stefan war entwicklungsverzögert in allen Bereichen (Sprachentwicklung, Sauberkeit, Motorik, etc.). Nachts schrie er im Schlaf und reagierte auf Berührung panisch. Es stellte sich heraus, dass er normalen Schulanforderungen nicht gewachsen war und umfassende Förderung in allen Bereichen benötigte. Er wollte nicht in die Schule gehen. Stefan berichtete dann von unklaren Herzschmerzen, bekam abends Hitzeanfälle und wurde häufig krank.

Jens zeigte zum Zeitpunkt des Wechsels zum Vater und in den folgenden Wochen folgende Verhaltensweisen: Er zerstörte in der Schule Möbel, indem er Nägel hineinschlug, fiel durch ständige Raufereien in der Pause auf, sammelte Messer und brachte sie in die Schule mit, bedrohte andere Kinder. Allgemein war Jens impulsiv und handelte spontan ohne Rücksicht auf Folgen. Es wurde beobachtet, dass er sich Gegenstände in den Anus steckte und andere Kinder dazu zu animieren versuchte. Bei Anspannung schlug er gelegentlich seinen Kopf an die Wand oder zeigte auch Ess-Störungen (zu viel essen und wieder erbrechen). In der Schule war er leicht ablenkbar, konnte sich nicht länger als 20 Minuten konzentrieren, war unverbindlich und verweigerte Arbeitsaufträge. Er beschimpfte die Lehrkraft. Die Schule sah sich nicht mehr in der Lage, die Verantwortung zu übernehmen. Zu Hause lehnte er den Vater ab, forderte, zur Mutter zurückzukommen und war sehr aggressiv. Er konnte nicht einschlafen und war sehr unruhig.

Auch wenn die offensichtlichen Auffälligkeiten im Vordergrund wahrgenommen werden, besteht Einigkeit unter den Fachleuten, dass die eigentliche Beeinträchtigung von Kindern durch traumatische Erfahrungen im Bereich der Zerstörung des Vertrauens zu erwachsenen Bezugspersonen zu sehen ist, in der daraus resultierenden verzerrten Realitätswahrnehmung von Beziehungen, von sich und der Welt und der ebenfalls daraus erwachsenden Störung der emotionalen Organisation. Darauf soll nun im zweiten Teil eingegangen werden.

4 Ergebnisse der Bindungsforschung und Folgen traumatischer Erfahrungen für das Bindungs- und Beziehungsverhalten von Kindern: Unsicherheit, Misstrauen und Desorganisation

Die Bindungsforschung (Überblicksdarstellungen in: Bowlby, 1995; Grossmann u.a., 1989; Spangler & Zimmermann, 1995; Scheuerer-Englisch & Zimmermann, 1997) konnte zeigen, dass Kinder von Geburt an existenziell auf stabile, verlässliche und verfügbare Bezugspersonen angewiesen sind, zu denen sie bereits im ersten Lebensjahr eine Bindungsbeziehung aufbauen. Diese Bindungsbeziehung hat die Aufgabe, dem Kind in Situationen von Gefahr, Belastung und Überforderung Sicherheit und Vertrauen zu geben. Die Bindungsperson bildet die sichere Basis für das Kind beim Erkunden von Neuem und der Meisterung der Objektwelt. Die Bindungsbeziehung und die Bindungsperson stellt dabei für das Kind Regulationsmechanismen von außen bereit, wenn es selber noch nicht in der Lage ist, mit Stress und Belastungen allein fertig zu werden. Die Bindungsbeziehungen zu wenigen stabil anwesenden Bezugspersonen entwickeln sich in Phasen hin zu einer „zielkorrigierten Partnerschaft" (am Ende des 3. Lebensjahres), bei der das Kind zunehmend eigene Pläne und Ziele in die Beziehung einbringt, und dabei die Erfahrungen mit der jeweiligen Bindungsperson bereits in seine Erwartungen und Pläne integriert. Die Entwicklung des kindlichen Selbst und der Bindungsbeziehung sind dabei eng verknüpft, da das kleine Kind noch wesentlich in Abhängigkeit von den Erfahrungen mit den Bezugspersonen den Zugang zur Welt und der Selbstorganisation gestaltet (Scheuerer-Englisch & Zimmermann, 1997). Je feinfühliger, verlässlicher und unterstützender die Bindungspersonen mit dem Kind umgehen, desto wahrscheinlicher wird sich zwischen Elternteil und Kind eine sichere Bindungsbeziehung entwickeln und das Kind Vertrauen in Beziehungen, die Umwelt und zu sich selbst entwickeln.

Die Erfahrungen im Rahmen der Bindungsbeziehungen werden vom Kind internalisiert und bilden als „innere Arbeitsmodelle" eine wesentliche Grundlage für seine psychische Organisation und die Handlungsgrundlage für das Kind im Umgang mit seinen Gefühlen, dem Verhalten in Beziehungen bei emotionaler Belastung, dem Aufbau eigener Beziehungen und der Entwicklung von Selbstwertgefühl und Kompetenz. Die Bindungsforschung konnte zeigen, dass zwischen Bezugspersonen und Kindern sichere und unsichere Bindungsqualitäten entstehen und die Erfahrungen im Rahmen der Bindungsbeziehungen sowie die gebildeten inneren Modelle die gesamte weitere sozioemotionale Entwicklung des Kindes in den genannten Bereichen beeinflussen. Die folgende Tabelle zeigt Unterschiede von Kindern mit einem sicheren Modell und mit unsicheren Modellen in unterschiedlichen Entwicklungsbereichen:

Bereiche Bindungsmodell	Kommunikation von Gefühlen	Umgang mit emotionaler Belastung	eigenständiger Beziehungsaufbau	Selbstkonzept – Selbstwertgefühl
sicher	Direkte und offene Kommunikation; Zugang zu den eigenen Gefühlen	Beziehungsorientiert; Hilfe kann zugelassen werden	gelingend bei guter Integration; realistische soziale Wahrnehmung	realistisches und positives Selbstbild
unsicher-vermeidend	Wenig oder keine Kommunikation von Gefühlen; eingeschränkter Zugang dazu	Beziehungsvermeidende Grundhaltung bei Belastung; Selbstbezogenheit bei Problemen	Probleme beim Aufbau und der Gestaltung eigener Beziehungen; verzerrte Wahrnehmung	rigides positiv idealisiertes oder negatives Selbstbild
unsicher-ambivalent	Übersteigerter Gefühlsausdruck	anklammernd und hilflos	nicht gelingende Anpassung, mißtrauisch	negatives Selbstbild; Erwartung von Misserfolg

Tabelle 1: Bindungs(organisations-)modelle und kindliche Entwicklungsbereiche (Auszug Scheuerer-Englisch, 1997, S. 44)

Im Rahmen der normalen Bindungsentwicklung bildet das Kind Strategien aus, um unter Belastungssituationen die größtmögliche Nähe zur Bezugsperson herzustellen und Unterstützung zu bekommen. Im Rahmen sicherer Bindungsbeziehungen kann das Kind seine Bedürfnisse und Gefühle offen kommunizieren und bekommt Trost und Rückhalt. Ist es ausreichend sicher, kann es sich wieder der Erkundung von Neuem und seinen eigenen Entwicklungsbedürfnissen zuwenden.
Erlebt das Kind, dass mit seinen Signalen und Bedürfnissen weniger feinfühlig umgegangen wird und die offene Äußerung von unangenehmen Gefühlen oder von Nähebedürfnissen bei der Bindungsperson eher zu Ablehnung führt, entwickelt das Kind eine unsicher-vermeidende Strategie, bei der es nur indirekt Nähe sucht, direkten

Gefühlsausdruck und direkte Nähewünsche vermeidet. Dadurch kann es aber ausreichend Nähe zur Bezugsperson erhalten, um nicht in seiner Organisation zusammenzubrechen. Ein Trost im Rahmen der Beziehung findet aber direkt nicht statt.
Kann das Kind nicht einschätzen, wann die Bezugsperson verfügbar und feinfühlig reagiert, entwickelt das Kind eine unsicher-ambivalente Strategie, bei der es in belastenden Situationen durch Weinen, Anklammern und Ärgerausdruck die Bindungsperson in der Nähe behält und eine Trennung nicht zulässt.
Die beiden letztgenannten unsicheren Bindungsqualitäten und Verhaltensstrategien stellen für sich allein noch keinen Risikofaktor für die kindliche Entwicklung dar, allerdings sind Kinder mit diesen Bindungsmodellen bei zusätzlichen Krisen (z.B. Trennung und Verlust von Bezugspersonen, familiären Konflikten, Belastungen im sozialen Umfeld) eher gefährdet, eine ungünstige sozio-emotionale Entwicklung zu nehmen, als sicher gebundene Kinder (Suess, 1997). Unsicher gebundene Kinder haben zudem eher Schwierigkeiten beim Aufbau eigener Beziehungen zu Gleichaltrigen und beim Aufbau eines positiven und realistischen Selbstbildes.
Traumatische Erfahrungen im Rahmen von Bindungsbeziehungen stellen nun vor dem Hintergrund der Bindungstheorie einen besonderen Risikofaktor für die kindliche Entwicklung dar, da sie in die gesamte Selbstentwicklung des Kindes eingreifen und die Regulation der inneren Zustände mit Hilfe der Bindungsperson nicht möglich ist. Je kleiner das Kind dabei ist, desto gravierender dürfte der Einfluss auf die kindliche Entwicklung sein. Das wesentliche Charakteristikum in traumatisierenden Beziehungen ist, dass die Bindungsperson nicht die Quelle von Sicherheit und Vertrauen, sondern entweder selber der Auslöser von Furcht, Horror, Hilflosigkeit, Bedrohung oder Überforderung ist, oder für das Kind nicht als Bezugsperson verfügbar und erreichbar ist, z.B. wenn die Bindungsperson selber Opfer eines Traumas ist (z.B. vom Vater/Mann geschlagen wird), oder die Bindungsperson das Kind allein lässt.
Damit wird das Kind, das durch die traumatische Erfahrung überwältigt ist und die Situation mit eigenen Ressourcen nicht kontrollieren kann, völlig allein gelassen. Es ist in seinen Bindungsbedürfnissen nach Zuwendung, Schutz, Ermutigung und Halt depriviert und kann nicht auf die Bindungsperson als Quelle der Sicherheit zurückgreifen. Dadurch kann es bei niemandem Zuflucht suchen. Kinder unter drei Jahren können in der Regel aufgrund ihrer persönlichen Fähigkeiten auch noch keine Personen außerhalb der Familie aufsuchen, die sie beschützen könnten. Die Kinder sind dadurch gezwungen, sich an eine nicht veränderbare, in höchstem Maße bedrohliche Beziehungswelt anzupassen, die eigenen überwältigenden Gefühlsreaktionen (Todesangst, Hilflosigkeit) zu kontrollieren und trotzdem sich auf die Personen, die es misshandeln, bedrohen oder vernachlässigen „zu beziehen". Klinisch arbeitende Fachleute beschreiben als Folgen dieser Situation schwere Beeinträchtigungen in der Ich-Entwicklung und Beziehungsfähigkeit: Verleugnung der bedrohlichen Gefühle, Idealisierung der angstauslösenden Person, zwanghafte Anpassung und Unterwerfung in der Beziehung, fehlende emotionale Kommunikation und Unterdrückung von Eigeninitiative, Selbstbestrafung und Autoaggression, und tiefes Misstrauen gegenüber Beziehungen (Bentovim, 1995; Herman, 1993; Nienstedt & Westermann, 1995).

Auch im Rahmen der Bindungsforschung wird seit ca. zehn Jahren intensiver untersucht, welche Folgen im Bindungsverhalten direkt beobachtbar sind, wenn die Bindungsperson selbst der Auslöser von Furcht beim Kind ist und die Funktion der Bindungsbeziehung nicht erfüllt werden kann.
Bei der Untersuchung der Bindungsqualitäten und -muster in normalen Stichproben am Ende des ersten Lebensjahres fielen zunächst Kinder auf, die in ihren Bindungsstrategien nicht eindeutig einer der drei identifizierten Bindungsqualitäten (sicher, unsicher-vermeidend, unsicher-ambivalent, vgl. Tab. 1) zugeordnet werden konnten. Diese Kinder zeigten bei der Wiedervereinigung mit der Bindungsperson Anzeichen von Desorganisation im Verhalten oder direkte Anzeichen von Furcht. Sie waren verlangsamt in den Bewegungen, zeigten widersprüchliche oder unterbrochene Verhaltensabläufe in der Hinbewegung zu den Eltern, hatten Stereotypien oder „eingefrorene" Verhaltensweisen und wirkten in ihren Strategien von Nähe damit widersprüchlich und desorganisiert. Kinder mit diesen Merkmalen wurden einer neuen Bindungsgruppe, einem „desorganisierten Bindungsstatus" zugeordnet (Main & Solomon, 1990). Ainsworth & Eichberg (1991) konnten zeigen, dass die Desorganisation bei diesen Kleinkindern mit einer nichtverarbeiteten Trauer der Bindungsperson über einen Verlust wichtiger Personen in der eigenen Kindheit zusammenhängt. Main & Hesse (1990) stellten als Erklärung dieser und eigener Ergebnisse die Hypothese auf, dass unverarbeitete Trauer oder traumatische Erfahrungen der Bindungsperson in der eigenen Kindheit zu einem traumatisierten mentalen Status führen und sich diese Personen gegenüber dem eigenen Kind subtil ängstigend verhalten oder selbst geängstigt sind und das Kind in seiner Bindungsstrategie irritieren. Weiter gingen sie davon aus, dass Misshandlung, Missbrauch und andere ängstigende Beziehungserfahrungen beim Kind zu Desorganisation führen müssten. Eine zusammenfassende Untersuchung an zwei deutschen Nicht-Risiko-Stichproben (Spangler u.a., 1996) konnte aber zeigen, dass auch die Verhaltensorganisation des Neugeborenen, v.a. seine Fähigkeit, Gefühls- und Erregungszustände zu steuern, eine Desorganisation der Bindung am Ende des ersten Lebensjahres voraussagt. Der Anteil an desorganisierten Bindungsstrategien in der frühen Kindheit liegt in Normalstichproben bei 10-15 % (van Ijzendoorn & Bakermans, 1996).
In unterschiedlichen klinischen Studien konnte inzwischen nachgewiesen werden, dass traumatische Erfahrungen des Kindes in der Bindungsbeziehung zur Mutter in einem hohen Ausmaß zu Desorganisation in den Bindungsbeziehungen führen: Lyons-Ruth und Mitarbeiter (1990) verglichen in einer Studie Hochrisikofamilien ohne Behandlung mit hochbelasteten Familien mit Behandlung und einer Kontrollgruppe. In den Risikofamilien war entweder eine Misshandlung des Kindes durch die Mutter amtlich dokumentiert, oder die Mutter war bereits in stationärer psychiatrischer Behandlung oder litt an einer aktuellen Depression. Die Bindungsqualitäten zwischen Kind und Elternteil wurden im Alter des Kindes von 18 Monaten erhoben, bei der Behandlungsgruppe zusätzlich mit 12 Monaten. In der unbehandelten Risikogruppe (mit allen drei Risikofaktoren) waren 60% der Bindungen unsicher-desorganisiert im Vergleich zu 29% in der behandelten Gruppe und 28% in der Kontrollgruppe. Die dokumentierte Kindesmisshandlung stellte sich dabei als besonders negativer Risi-

kofaktor heraus: Die Bindungsmuster misshandelter Kinder waren mit 12 Monaten unsicher/desorganisiert und blieben es auch trotz Behandlung der Familie. Mit 18 Monaten war der Prozentsatz unsicher/desorganisierter Bindungen 66%.
Carlson und Mitarbeiter (1989) fanden in einer Stichprobe von 22 misshandelten Kindern im Alter von 11-16 Monaten sogar 81,8% desorganisierter Bindungsqualitäten zur Mutter.
Weitere Bindungsstudien konnten enge Zusammenhänge zwischen Misshandlung und der Entwicklung von unsicheren Bindungsmustern im Allgemeinen nachweisen: In einem längsschnittlichen Vergleich von 65 misshandelten Vorschulkindern mit 60 nicht misshandelten Kindern (Cicchetti & Barnett, 1991) ergab sich, dass in der Gruppe der misshandelten Kinder zu drei verschiedenen Messzeitpunkten hochsignifikant geringere Anteile an sicheren Bindungsqualitäten (von 20,5 bis 30,6 %) beobachtet wurden als bei den Kontrollkindern ohne Misshandlung (65 bis 71,1% sicher). In der Misshandlungsgruppe nahm der Anteil der sicheren Bindungsqualitäten mit dem Alter sogar weiter ab. Eine signifikante Rolle desorganisierter und ambivalenter Bindungsmuster bei misshandelten Kindern konnten sie nur bei dem Untersuchungszeitpunkt im Alter von 30 Monaten feststellen (36,4% bei Misshandlung versus 15% in der Kontrollgruppe). Crittenden (1985) fand bei den von Müttern misshandelten Kleinkindern ebenfalls hohe Anteile unsicherer Bindungsqualitäten: Bei Missbrauch konnte sie dabei eher unsicher-ambivalente Muster, bei Vernachlässigung deutlich häufiger unsicher-vermeidende Bindungsqualitäten nachweisen. Die belasteten Kinder zeigten im Spiel problematischere Verhaltensweisen, sie waren weniger kooperativ, passiv und schwieriger zu handhaben als nicht misshandelte Kinder.
Die bisherigen Studien belegen damit einen engen Zusammenhang zwischen Misshandlungen und anderen traumatischen Beziehungserfahrungen von Kindern mit ihren Bindungspersonen und einer damit einhergehenden massiven Störung der Bindungsorganisation, v.a. einer Desorganisation oder klarer Formen unsicherer Bindungsqualitäten. Während Letztere in Normalstichproben noch keinen Risikofaktor darstellen, ist davon auszugehen, dass unsichere Bindungsqualitäten bei belastenden familiären Umständen schon zu weiteren Entwicklungsstörungen führen, da diese Belastungen in der Beziehung nicht offen kommuniziert und verarbeitet werden können. Die Bindungsorganisation im Kleinkindalter stellt eine wesentliche Entwicklungsaufgabe dar und ist die Voraussetzung für die weitere Entwicklung in anderen Bereichen, so der sozialen Wahrnehmung und dem Aufbau eigener Beziehungen zu Gleichaltrigen und der Entwicklung von Selbstwertgefühl und Kompetenz (Sroufe & Rutter, 1984). Eine Störung in diesem Bereich vor dem Hintergrund traumatischer Erfahrungen stellt somit einen entscheidenden Risikofaktor für die kindliche Entwicklung dar.

Die bisherigen Studien haben nicht wirklich kontrollieren können, ob für die Kinder in der verletzenden Situation oder Beziehung tatsächlich keine andere Bezugsperson verfügbar war, zu der sie flüchten konnten oder mit der sie solche Erfahrungen verarbeiten konnten. Die tatsächlich erlebte Todesangst ist ein weiteres schwer zu erfassendes Kriterium, das neben dem Fehlen einer Schutzperson dazu führen dürfte, dass aus einer traumatischen Erfahrung tatsächlich eine schwer wiegende Belastungsstörung wird und die Bindung tief greifend desorganisiert wird. Aus diesem Grund sind die Bindungsstudien in ihren Ergebnissen zu Traumafolgen nicht noch eindeutiger als bisher und kann traumatisierendes Elternverhalten sowie dessen Folgen in diesen Studien noch nicht deutlich genug von unangenehmem oder beeinträchtigendem sonstigen Elternverhalten abgegrenzt werden. Es ist allerdings davon auszugehen, dass Kinder, die nach der eingangs vorgestellten Definition tatsächlich traumatisiert werden, keinerlei Vertrauen in enge emotionale Beziehungen aufbauen können. Sie müssen sich stattdessen von der Bindungsperson abwenden, sind entweder in Vermeidung oder ambivalenter Verstrickung gefangen und gezwungen, das Trauma alleine zu verarbeiten. Sie versuchen, psychisch zu überleben, sind aber in ihren elementaren Bindungsbedürfnissen depriviert. Häufig haben sie keinen Bezug mehr zu ihren eigenen Gefühlen, können sie nicht kommunizieren und entwickeln eine misstrauische Selbstbezogenheit, soweit es um die eigenen Bedürfnisse geht. In der Regel fehlen ihnen Worte und Symbole, mit denen sie ihre Gefühle ausdrücken und Erfahrungen reflektieren können. Dabei ist es unklar, ob dies nicht auch bereits auf neurophysiologische Veränderungen als Folge der Misshandlung zurückzuführen ist (van der Kolk, 1998).

5 Folgen traumatischer Erfahrungen und Desorganisation der Bindung jenseits des Kleinkindalters: Kontrollstrategien, Rollenumkehr und aggressiv-externalisierende Verhaltensweisen

Untersuchungen zur Stabilität von Bindungsmustern vom ersten zum sechsten Lebensjahr konnten nachweisen, dass desorganisierte Bindungsstrategien der Einjährigen im sechsten Lebensjahr eng verbunden waren mit kontrollierenden Bindungsmustern gegenüber der Bezugsperson (Main & Solomon, 1988; Wartner u.a., 1994). Dabei verhielten sich die Kinder entweder bestrafend kontrollierend, indem sie dem Elternteil unterschwellig mit Ärger begegneten, ihm Antworten verweigerten oder zurückwiesen, oder sie waren fürsorglich im Umgang mit ihrer Bezugsperson, boten Spielzeug an, sorgten sich um das Wohlergehen des Erwachsenen und übernahmen in der fremden Umgebung die Verantwortung. Die Kinder zeigten insgesamt viel Anspannung im Umgang mit der Bindungsperson und bizarre Verhaltensweisen. Das kontrollierende Bindungsverhalten kann als Versuch - insbesondere von traumatisierten Kindern – verstanden werden, in einer völlig verunsichernden Beziehungssituation mit ihren wachsenden kognitiven Fähigkeiten die Kontrolle zu übernehmen, da die Bezugspersonen selbst ängstigend oder geängstigt sind. Klinische Fachleute haben bereits früher darauf hingewiesen, dass Kinder im familiären Beziehungsgefüge auch bei vernachlässigenden, misshandelnden oder ausbeuterischen Bezugspersonen bereit sind, Rollen und Aufträge zu erfüllen, um die emotionalen Bedürfnisse der Eltern zu erfüllen, z.B. als Konfliktlöser, Sündenbock, Bündnispartner oder Elternersatzfigur. Dieses Phänomen, das im Erscheinungsbild den desorganisiert-kontrollierenden Verhaltensmustern ähnlich ist, wurde in der Literatur als Rollenumkehr oder Parentifizierung beschrieben und stellt ebenfalls ein problematisches Beziehungsmuster dar (Richter, 1985; Boszormenyi-Nagy & Spark, 1981). Die eigenen Bindungsbedürfnisse können in solchen Beziehungsstrukturen nicht gelebt werden und die Kinder verlieren die eigenen Entwicklungsziele aus den Augen. Das Wohlergehen der Bindungsperson und das eigene „Überleben" in extremen Beziehungsstrukturen stehen im Mittelpunkt des Denkens und Erlebens beim Kind. So kommt es häufig zu Folgeproblemen bei der Erfüllung eigener Entwicklungsaufgaben, z.B. der Leistungserbringung in der Schule oder der Verbindlichkeit von Regeln (die Wahrheit sagen, Unterscheidung „mein-dein" etc.) oder gelingendem Spiel (Terr, 1991). Boszormenyi-Nagy geht davon aus, dass die Kinder aufgrund unerfüllter eigener Bedürfnisse eine „negative Anspruchsberechtigung" aufbauen, sie gehen unbewusst davon aus, dass ihnen die Erwachsenen (Eltern und Gesellschaft) noch die ihnen zustehende fürsorgliche Behandlung als Kind schuldig geblieben sind, die sie mit ihrer Verweigerungshaltung verdeckt einfordern. Rollenumkehrmuster und die beschriebenen verwandten kontrollierenden Beziehungshaltungen der Kinder kann man sehr häufig bei Kindern jenseits des dritten Lebensjahres, die fremduntergebracht werden, beobachten. Die Erfahrung zeigt, dass auch nach einer Herausnahme des Kindes aus traumatisierenden Beziehungen die entsprechenden Rollen- und Bindungsmuster beibehalten werden.

Der sechsjährige Stefan war nach dem Wechsel in die Pflegefamilie zunächst passiv und angepasst, er ließ Körperkontakt zu, wurde aber von sich aus wenig aktiv. Die Pflegemutter sagt: „Wie eine Puppe." Nach dieser Phase von ca. 6 Monaten meldeten sich die Pflegeeltern in der Erziehungsberatungsstelle an, weil sie sich gegenüber Stefan immer hilfloser fühlten. Stefan sei absolut verschlossen, rede überhaupt nicht über die Vergangenheit. Das erste halbe Jahr habe er nie geweint, auch nicht bei Verletzungen. Ratschläge nehme er überhaupt keine an, er müsse alles selbst erfahren. Hier sei er stur und behaupte auch offensichtlich falsche Dinge beharrlich weiter. Zur Pflegemutter sage er „Mami", der Pflegevater sei sein Freund, den er mit Vornamen anrede. Er gehorche überhaupt nicht, wolle alle „austricksen" und gehe einfach, wenn ihm etwas nicht passe. Er habe die Tendenz, auch in die Nachbarschaft auszuweichen und zeige wenig Verbindlichkeit. Er suche sich überall das Beste aus. Insgesamt sei eine starke Anspruchshaltung von Stefan festzustellen. Die Pflegemutter kommandiere er herum. Gleichzeitig zeigte Stefan große Bindungsängstlichkeit, wollte nicht allein im Zimmer schlafen, sondern bei den Pflegeeltern im Schlafzimmer und fragte häufig: „Ihr tut mich doch nicht verlassen, oder?"
In der Spieltherapie war Stefan anfangs extrem vermeidend, er redete nicht über sich, über Gefühle oder familiäre Themen, spielte anfangs allein mit dem Rücken zum Therapeuten und „äußerte" sich ausschließlich symbolisch über das Spiel. Bei Begrüßung und Verabschiedung vermied er Blickkontakt. Seine vorsichtige, selbstbezogene Haltung gab er auch über Jahre hinweg nicht ganz auf.
Jens wird vom Vater kurz nach dem Wechsel von der Mutter bzw. nach der Rückkehr aus der Kinder- und Jugendpsychiatrie in der Beratungsstelle vorgestellt. Im Erstgespräch redet Jens wie ein Erwachsener. Er ist loyal gegenüber seiner Mutter und erklärt, dass er so viele Probleme machen würde, bis er wieder zur Mutter zurückkäme. Als der Vater vom Alkoholproblem der Mutter erzählt, wird Jens wütend: „Jetzt hast du das auch verraten. Ist doch klar, dass sie wieder trinken muss, wenn der Bub nicht

da ist." Jens tritt gegenüber dem Vater und in der Beratung wie ein Erwachsener auf, verwendet offensichtlich Formulierungen der Mutter und ist massiv parentifiziert. Er akzeptiert vonseiten des Vaters zunächst keine Grenzen im Rahmen der Erziehung und spielt Vater, Stiefmutter und eigene Mutter gegenseitig aus. Er bekommt jähzornige Ausbrüche, oft wegen scheinbarer Kleinigkeiten und beschimpft den Vater mit Kraftausdrücken. Er zieht sich bei Trotz zurück und redet mit niemandem. Der Vater findet ihn nach Auseinandersetzungen häufig im Bett. Jens hat Essattacken oder erbricht nach Auseinandersetzungen, was der Vater als „Strafe" oder Druckmittel empfindet. Über sich, Gefühle oder Probleme redet Jens nicht, er zeigt auch keine Empfindlichkeiten bei Verletzungen, obwohl er tollpatschig ist und sich häufig weh tut. Er kann schlecht abschätzen, wann er etwas tut, was ihm weh tun könnte. Obwohl er nach außen gegen die Tagesstruktur und Ordnung beim Vater opponiert, wird er nach und nach in der Schule konzentrierter, die anfangs berichteten Auffälligkeiten in der Schule normalisieren sich nach ca. 8 Wochen auf ein akzeptierbares Maß. Innerhalb der Familie bleibt es aber v.a. in der Frage der Grenzen und beim Hausaufgaben machen schwierig.
In der Spieltherapie bleibt Jens über ein Jahr ambivalent, indem er immer äußert, dass er nicht mehr kommen wolle, über „diese Psychologen" schimpft, gleichzeitig aber mit immer größerem Spaß, v.a. beim Sandspiel, mitmacht.

Desorganisierte und extrem verunsichernde Bindungserfahrungen werden vom Kind auch in neue Beziehungen transformiert und hängen mit Problemen und - insbesondere externalisierenden - Verhaltensauffälligkeiten im weiteren sozialen Umfeld von Kindergarten und Schule zusammen.
Eine Untersuchung (George & Main, 1979) an misshandelten Vorschulkindern im Vergleich zu nicht misshandelten im Hinblick auf ihr Beziehungsverhalten gegenüber Erzieherinnen und Gleichaltrigen im Heim spiegelt die unsicheren und desorganisierten Bindungsmuster dieser Kinder wieder: So entzogen sich die misshandelten Kinder positiven Annäherungen der Erzieherinnen oder zeigten rasche Wechsel von Nähe und Vermeidung als Reaktion. Wenn sie selber Nähe wollten, zeigten alle misshandelten Kinder Annäherungs-Vermeidungs-Konflikte (keines aus der Kontrollgruppe). Die misshandelten Kinder waren aggressiver gegenüber den anderen Kindern, z. T. auch gegenüber den Erzieherinnen. Dabei waren sie eher feindselig und griffen ein anderes Kind scheinbar „ohne Grund" an oder freuten sich, andere leiden zu sehen. Bowlby (1995) vermutet dahinter einen Zwang, eigene erlebte Gewalt zu wiederholen. Traumatisierte Kinder nutzen auch die Spieltherapie aktiv, um solche Erfahrungen spielerisch immer wieder auszudrücken.
Studien zu den längsschnittlichen Folgen früher Bindungsdesorganisation weisen in dieselbe Richtung: Von untersuchten Kindern, die sich in Kindergarten und Schule eher feindselig-aggressiv gegenüber Gleichaltrigen verhielten, waren 71% als Kleinkinder unsicher-desorganisiert in ihren Bindungsbeziehungen (Lyons-Ruth u.a., 1993). Von den LehrerInnen als externalisierend und aggressiv auffällig wahrgenommene Kinder waren sogar zu 83% desorganisiert gebunden (Lyons-Ruth, 1996). Solomon und MitarbeiterInnen (1995) konnten ebenfalls nachweisen, dass desorganisiert-kontrollierend gebundene sechsjährige Kinder ein stärker feindselig aggressives Verhalten und mehr

zerstörende Verhaltensauffälligkeiten zu Hause und in der Schule aufwiesen. Diese Befunde decken sich mit Untersuchungsergebnissen, die bei Kindesmisshandlung Störungen und Auffälligkeiten in der Schule und Probleme mit Gleichaltrigen gefunden haben (Kempe & Kempe, 1980).

Die folgende Tabelle ergänzt zusammenfassend noch einmal im Überblick den möglichen Zusammenhang von Desorganisation der Bindungsstruktur bei traumatischen Erfahrungen und deren längsschnittliche Folgen:

Bereiche Bindungsmodell	Kommunikation von Gefühlen	Umgang mit emotionaler Belastung	eigenständiger Beziehungsaufbau	Selbstkonzept – Selbstwertgefühl
Desorganisierter Status bei traumtischen Erfahrungen mit Bindungsperson(en)	Mit Trauma verbundene Gefühle müssen in der Familieninteraktion verdeckt oder abgewehrt werden; Anspannung und Irritationen; In der Regel vermeidende Grundhaltung, d.h. Gefühle werden nicht kommuniziert bzw. nur verzerrt kommuniziert	Bindungsperson ist häufig Quelle von Furcht, soll aber Vertrauensperson sein: Annäherungs-/Vermeidungskonflikt, Rollenumkehr in der Beziehung zur Bindungsperson; z.T. extreme Selbstbezogenheit und Abgrenzung von möglicher Hilfe oder Ambivalenz	Beziehungen sind misstrauischer Natur; vorsichtige oder kontrollierende Begegnungen; aggressive Impulse und Wiederholen erfahrener Gewaltmuster; Probleme mit Gleichaltrigen Verhaltensauffälligkeiten; bizarres Verhalten	negativ, gering; Kind fühlt sich abgelehnt und nicht liebenswert; nach außen eher idealisiertes Selbstkonzept, wahres Gefühl wird nicht zugelassen

Tabelle 2: Desorganisierte Bindungsstruktur und längsschnittliche Bezüge

Traumatisierte Kinder sind in ihrem Beziehungserleben und -verhalten, ihrer Gefühlsorganisation und ihren aus dem Trauma resultierenden Bewältigungsversuchen „Überlebende“, deren Beziehungswelt noch keine Ordnung erfahren hat. Bei der Regulation ihrer Gefühle und Bedürfnisse haben sie häufig keine Struktur von außen durch verlässliche und feinfühlige Bezugspersonen erhalten. Sie sind zutiefst einsam und misstrauisch und in ihren Bedürfnissen depriviert. Viele scheinbar unverständliche Handlungen, Äußerungen und Auffälligkeiten sind bei Kenntnis der genauen Geschichte verständliche Anpassungsversuche an eine furchtbare, unverständliche Wirklichkeit.

6 Anmerkungen zum Umgang mit traumatisierten Kindern im Rahmen der Pflegebeziehung und Jugendhilfe

Ein traumatisiertes und desorganisiertes Kind braucht zunächst Sicherheit und mindestens eine stabile Bezugsperson, die aufgrund ihres Verhaltens dem Kind das Vertrauen gibt, dass es tatsächlich vor erneuten traumatischen Erfahrungen geschützt wird. Das Herstellen von Sicherheit vor der traumatischen Situation und der Erlangung der Kontrolle ist das erste und ein wesentliches Element von Traumatherapie (Herman, 1993, Van der Kolk, 1998, Bentovim, 1995). Im Rahmen der Jugendhilfe stellt die Fremdunterbringung, z.B. in einer Pflegefamilie, diese Sicherheit zunächst her.

Pflegekinder bauen Bindungsbeziehungen zu den Pflegeeltern auf, allerdings wirken die unsicheren Bindungsmuster und die Desorganisation aus den bestehenden Beziehungen in den neuen Beziehungen zunächst weiter. So zeigen die Kinder die beschriebenen Probleme von Nähe und Distanz, massive Vermeidung in der Beziehung oder Rollenumkehr und wollen die Beziehungen kontrollieren, vor allem wenn es Konflikte gibt oder in der Erziehung Regeln gesetzt werden müssen. Ein Teil der Kinder hat Probleme, sich überhaupt auf eine Bindung einzulassen (Scheuerer-Englisch, 1997). Der normale Bindungsaufbau wird dadurch erheblich erschwert und für beide Seiten ambivalent. Das Kind vermischt zudem in der Übertragungsbeziehung zu den Pflegeeltern Gefühle aus der erlebten traumatisierenden Beziehung zu den leiblichen Eltern mit den aktuellen Gefühlen. So kann das Kind die Pflegeeltern bei Auseinandersetzungen schnell als übermächtig erleben oder Wut auf die leiblichen Eltern auf die Pflegeeltern richten. Dennoch zeigt die Erfahrung, dass traumatisierte Kinder die neu gewonnene Sicherheit genießen und dass sie zunächst schnelle Entwicklungsfortschritte zeigen. Sie sind froh, aus der unerträglichen Situation entkommen zu sein. Nach einer Anfangsphase des Vertrauensaufbaues in der Pflegebeziehung wird dann die Bearbeitung der traumatischen Erfahrungen möglich, wenn das Kind nicht wieder ungeschützt den Personen, die für das Trauma verantwortlich waren, im Rahmen von Besuchskontakten oder einer drohenden Rückkehr ausgeliefert wird, und wenn die neuen Bezugspersonen und TherapeutInnen für die traumatischen Erfahrungen offen und sensibel sind. Traumatisierte Kinder wollen nun den Kontakt zu den angstauslösenden Bezugspersonen vermeiden und erwarten Schutz und Hilfe in den neuen Beziehungen. Werden sie durch das Jugendamt zu ungeschützten Kontakten gezwungen, wird die neue Vertrauensbeziehung zu den Pflegeeltern verunsichert, ebenfalls desorganisiert und das Kind entwickelt Wut auf die Pflegeeltern, da seine Schutzbedürfnisse nicht erfüllt werden. Die Bearbeitung des Traumas wird nicht mehr möglich, häufig nehmen die Verhaltensauffälligkeiten wieder stark zu, das Kind wird erneut verletzt, das Vertrauen in Beziehungen noch mehr zerstört. Die Fachleute der Jugendhilfe sollten deshalb genau auf mögliche Traumatisierungen achten, die Abgrenzungswünsche und Signale von Angst und posttraumatischen Belastungsstörungen bei fremduntergebrachten Kindern ernst nehmen und gegebenenfalls Kontakte zu den verletzenden Bezugspersonen entweder aussetzen oder nur in einem geschützten Rahmen unter Berücksichtigung der kindlichen Wünsche zulassen.

Die Symptome von posttraumatischen Belastungsstörungen im emotionalen, kognitiven und körperlichen Bereich treten erst nach der ersten Phase der Überanpassung und des Vertrauensaufbaues zu Tage und sind für Pflegeeltern dann schwer einschätzbar und oft wenig verständlich. In dieser Phase ist in der Regel eine therapeutische Begleitung des Kindes durch Fachleute notwendig. Die Fachleute in der Jugendhilfe sollten die traumatischen Erfahrungen des Kindes so genau wie möglich feststellen. Nicht erkannte Traumatisierungen führen in der Regel zu einem Scheitern angebotener Hilfen und Beziehungsangebote an das Kind oder zu lang dauernden Entwicklungsstörungen beim Kind. Zu einer erfolgreichen Bearbeitung traumatischer Erfahrungen gehört die Erinnerung an und das Trauern über die erlebten Verletzungen, das Ansprechen und Neuinterpretieren der Situationen und Gefühle, die das Trauma ausgelöst haben. Bei Kindern findet dieses oft auch spielerisch statt, wenn das Trauma noch in der vorsprachlichen Phase erlebt wurde. Die Kinder brauchen im Rahmen der Vertrauensbeziehung zu Pflegeeltern und TherapeutInnen vor allem Hilfe, ihre Gefühlszustände und emotionalen Bedürfnisse zu erkennen, einzuordnen und deren Befriedigung durch andere zuzulassen (van der Kolk, 1998; Herman, 1993).
Die Folgeprobleme von Traumatisierungen sind in der Regel so gravierend, dass diese allein eine enorme Beziehungsarbeit und Förderung des Kindes in allen wesentlichen Entwicklungsbereichen bedeuten. Pflegeeltern brauchen deshalb breite fachliche Unterstützung, wenn sie ein betroffenes Kind betreuen.

Stefan und seine Pflegefamilie erhielten 3 Jahre beratende und therapeutische Begleitung durch die Erziehungsberatungsstelle in wechselnden Settings. In Familiengesprächen ging es um seine Ängste vor der Schule, die Erziehung (Grenzen setzen), die Herstellung der Eltern-Kind-Hierarchie, den Umgang mit Gefühlen aller in der Familie, die Integration seiner traumatischen Erfahrungen in die Familiengeschichte (v.a. die Verarbeitung durch die Pflegemutter und Abgrenzung von deren eigenen traumatischen Kindheitserfahrungen), die schulische Förderung etc. Stefan besucht die Förderschule mit wachsendem Spaß und Erfolg. Er wurde von den Pflegeeltern adoptiert. Ein Kontakt zu einer älteren Schwester von ihm und zu der Großmutter wurde hergestellt. Es gab keine Kontakte mehr zur leiblichen Mutter. Stefan bekam auch Einzeltherapie. Im Spiel waren Unfälle, Verletzungen, Angriffe lange Zeit Thema. Er sprach immer wenig, bis zum Abschluss der Beratung. Aus einem angespannten, kontrollierenden und sehr ernsten Kind wurde dennoch im Laufe der Jahre ein lachender, verschmitzter Junge.
Jens und seine Familie wurden ein Jahr lang in der Beratungsstelle begleitet. Es waren alle Bezugspersonen in Gespräche einbezogen, der Vater und die Stiefmutter von Jens, seine leibliche Mutter und die Großmutter mütterlicherseits. Mit dem Vater und der Stiefmutter wurden vor allem erzieherische Fragen und der Umgang mit dem Loyalitätskonflikt von Jens und seiner Auffälligkeiten vor dem Hintergrund der Traumatisierung besprochen. Der Therapeut nahm eine klare Position gegenüber allen Beteiligten ein, dass ein Verbleib von Jens beim Vater dem Wohl des Kindes am ehesten gerecht werden würde. Mit der Mutter von Jens und der Großmutter wurde klar über die Verletzungen und Beziehungserfahrungen gesprochen mit dem Ziel, Verständnis für

die Situation des Kindes, v.a. seinen Loyalitätskonflikt und seine Bereitschaft, sich für das Problem der Mutter zu opfern, zu schaffen. Die Einzeltherapie von Jens stand im Mittelpunkt: In insgesamt 15 Sitzungen fand Jens die Möglichkeit, die Krankheit der Mutter zu akzeptieren und seine eigenen positiven Entwicklungswünsche (spielerisch Kind sein, Sport) wieder zu entdecken. Besuchskontakte zur Mutter und Großmutter blieben erhalten, aber nur, wenn die Mutter nüchtern war. Rückfälle und Probleme der Mutter bekam Jens nun aus sicherer Entfernung mit, ohne ihnen ausgeliefert zu sein, So konnte er eine neue Sicht entwickeln, verbunden mit viel Traurigkeit und Wut, dass die Mutter es nicht schaffte, trocken zu werden. Seine schulischen Leistungen und seine Konzentrationsfähigkeit verbesserten sich, die Verhaltensauffälligkeiten gingen zurück. Die Beziehung zum Vater, den er anfangs abgelehnt hatte, war eine offensichtlich tragfähige Selbstverständlichkeit geworden.

Beziehungsverletzungen können nur im Rahmen von Beziehungen geheilt werden. Aber es erfordert große Anstrengungen und verantwortlichen Einsatz, einem einmal oder fortdauernd gebrannten Kind zu zeigen, dass Feuer auch wärmen kann.

Literatur

Ainsworth, M.D.S. & Eichberg, C. G. (1991). Effects on Infant-Mother Attachment of Mother's Unresolved Loss of an Attachment Figure, or Other Traumatic Experience. in: C.M. Parkes, J. Stevenson-Hinde & P. Marris (Hrsg.). Attachment Across the Life Cycle. London/New York: Tavistock, Routledge, 160-183

Bentovim, A. (1995). Traumaorganisierte Systeme. Systemische Therapie bei Gewalt und sexuellem Mißbrauch in Familien. M. Grünewald Verlag, Mainz

Blüml, H. (1995). Bereitschaftspflege. in: PFIFF e.V. (Hrsg.). Bereitschaftspflege. Konzepte, Standards, Perspektiven. Dokumentation der bundesweiten Fachtagung, Hamburg, November 1995, Selbstverlag, A37-A41

Boszormenyi-Nagy, I. & Spark, G. (1981). Unsichtbare Bindungen. Klett, Stuttgart

Bowlby, J. (1986). Trennung. Psychische Schäden als Folge der Trennung von Mutter und Kind. Fischer, Frankfurt/M.

Bowlby, J. (1995). Elternbindung und Persönlichkeitsentwicklung. Therapeutische Aspekte der Bindungstheorie. Dexter Verlag, Heidelberg

Carlson, V., Cicchetti, D., Barnett, D. & Braunwald, K. (1989). Finding Order in Disorganization: Lessons From Research on Maltreated Infants' Attachments to Their Caregivers. in: D. Cicchetti & V. Carlson (Hrsg.). Child Maltreatment: Theory and Research on the Causes and Consequences of Child Abuse and Neglect. Cambridge: Cambridge University Press, 494-528

Cicchetti, D. & Barnett, D. (1991). Attachment Organization in Maltreated Preschoolers. Development and Psychopathology, 3, 397-411

Crittenden, P. M. (1985). Maltreated Infants: Vulnerability and Resilience. Journal of Child Psychology and Psychiatry, 26, 85-96

Engfer, A. (1989). Gewalt gegen Kinder. Psychologische Aspekte. in: Bayer. Staatsministerium für Arbeit, Familie und Sozialordnung (Hrsg.). Gewalt gegen Kinder – Dokumentation der Wissenschaftlichen Tagung am 13.12.1989, S. 31-52

George, C. & Main, M. (1979). Social Interactions of Young Abused Children: Approach, Avoidance and Aggression. Child Development, 50, 306-318

Grossmann, K. E., August, P., Fremmer-Bombik, E., Friedl, A., Grossmann, K., Scheuerer-Englisch, H., Spangler, G. Stephan, C. & Suess, G.J. (1989). Die Bindungstheorie: Modell und entwicklungspsychologische Forschung. in: H. Keller (Hrsg.). Handbuch der Kleinkindforschung. Springer Verlag, Berlin, S. 31-61

Hedervari, E. (1996). Kleinkinder in traditionellen Heimen. Abschlußbericht zum Modellprojekt des Ministeriums für Bildung, Jugend und Sport Brandenburg, Potsdam, Selbstverlag

Herman, J.L. (1993). Die Narben der Gewalt. Traumatische Erfahrungen verstehen und überwinden. Kindler, München

Kempe, R.S. & Kempe, C.H. (1980). Kindesmißhandlung. Klett-Cotta, Stuttgart

Landschaftsverband Württemberg-Hohenzollern Landesjugendamt (1996)(Hrsg.). Untersuchung der Ursachen der unterschiedlichen Inanspruchnahme vollstationärer Heimerziehung im Verbandsgebiet, Teilbericht I, Stuttgart

Lieberman, A. F. & Pawl, J.H. (1990). Disorders of Attachment and Secure Base Behavior in the Second Year of Life: Conceptual Issues and Clinical Intervention. in: M. T. Greenberg, D. Cicchetti, and M. Cummings (Hrsg.). Attachment in the Preschool Years. Chicago: University of Chicago Press, 375-398

Lyons-Ruth, K., Connell, D.B. & Grunebaum, H.M. (1990). Infants at Social Risk: Maternal Depression and Family Support Services As Mediators of Infant Development and Security of Attachment. Child Development, 61, 85-98

Lyons-Ruth, K., Alpern, L & Repacholi, B. (1993). Disorganized Infant Attachment Classification and Maternal Psychosocial Problems as Predictors of Hostile-Aggressive Behavior in the Preschool Classroom. Child Development, 64, 572-585

Lyons-Ruth, K. (1996). Attachment Relationships Among Children With Aggressive Behavior Problems: The Role of Disorganized Early Attachment Patterns. Journal of Consulting and Clinical Psychology, Vol. 64,1, 64-73

Main, M. & Cassidy, J. (1988). Categories of Response to Reunion With the Parent at Age 6: Predictable from Infant Attachment Classifications and Stable Over a 1-Month Period. Developmental Psychology, 24,3, 415-426

Main, M. & Hesse, E. (1990). Parents' Unresolved Traumatic Experiences are Related to Infant Disorganized Attachment Status: Is Frightened and/or Frightening Parental Behavior the Linking Mechanism? in: M.T. Greenberg, D. Cicchetti & E.M. Cummings (Hrsg.). Attachment in the Preschool Years. Chicago: University of Chicago Press, 161-184

Main, M. & Solomon, J. (1990). Procedures for Identifying Disorganized/Disoriented Infants in the Ainsworth Strange Situation. in: M.T. Greenberg, D. Cicchetti & E.M. Cummings (Hrsg.). Attachment in the Preschool Years: Theory, Research and Intervention. Chicago: University of Chicago Press, 121-160

Nienstedt, M. & Westermann, A. (1995). Pflegekinder. +Psychologische Beiträge zur Sozialisation von Kindern in Ersatzfamilien, Teil III. Votum Verlag, Münster, 4. Auflage

Petri, H. (1989). Erziehungsgewalt. Zum Verhältnis von persönlicher und gesellschaftlicher Gewaltausübung in der Erziehung. Fischer Verlag, Frankfurt/M.

Richter, H.E. (19752). Eltern, Kind und Neurose. Die Rolle des Kindes in der Familie. Rowohlt, Hamburg

Schepker, R. (1997). Posttraumatische Belastungsstörungen im Kindesalter - Diagnose, Verlaufsprädiktoren und therapeutische Strategien. Zs. Kinder- und Jugendpsychiatrie, 25, 46-56

Scheuerer-Englisch, H. (1995). Kinder - getrennt und doch gebunden. Entwicklungspsychologische Erkenntnisse und Fremdunterbringung. in: Landesjugendamt Sachsen-Anhalt und Thüringen (Hrsg.) Jugendhilfe in Bewegung. Perspektiven im Pflegekinderbereich. Selbstverlag, 40-64

Scheuerer-Englisch, H. & Unzner, L. (1997): Heimerziehung und Elternbindung (I)(II), Jugendwohl Jg. 78, 10, 11, 424-433, 474-485

Scheuerer-Englisch, H. (1997). Die Bindungen des Kindes an Eltern und Pflegeeltern. in: Landesverband der Pflege- und Adoptiveltern in Thüringen e.V. (Hrsg.): Pflegeeltern - eine Chance für Kinder und Jugendliche. Dokumentation zur 1. Pflegeelternkonferenz am 12./13.09.1997 in Jena, 40-54

Scheuerer-Englisch, H. & Zimmermann, P. (1997). Vertrauensentwicklung in Kindheit und Jugend. in: M. Schweer (Hrsg.). Interpersonales Vertrauen: Theorien und empirische Befunde. Opladen: Westdeutscher Verlag, 27-47

Solomon, J., George, C. & DeJong, A. (1995). Children Classified as Controlling at Age Six: Evidence of Disorganized Representational Strategies and Aggression at Home and at School. Development and Psychopathology, 7, 447-464

Spangler, G. & Zimmermann, P. (1995)(Hrsg.). Die Bindungstheorie. Grundlagen, Forschung und Anwendung. Stuttgart: Klett-Cotta

Spangler, G., Fremmer-Bombik, E. & Grossmann, K. (1996). Social and Individual Determinants of Infant Attachment Security and Disorganization. Infant Mental Health Journal, Vol. 17 (2), 127-139

Sroufe, L.A. & Rutter, M. (1984). The Domain of Developmental Psychopathology. Child Development, 55, 17-29

Suess, G.J. (1997). Integrationsmodell im Interventionsprozeß. Die Bedeutung der Bindungstheorie für die Praxis der Erziehungs- und Familienberatung. Informationen für Erziehungsberatungsstellen, 3/1997

Terr, L. (1991). Childhood Traumas: An Outline and Overview. American Journal of Psychiatry, 27, 96-104

Van der Kolk, B.A., McFarlane, A.C. (Hrsg.)(1996). Traumatic Stress: The Effects of Overwhelming Experience on Mind, Body, and Society. New York: Guilford Press

Van der Kolk, B.A. (1998). Zur Psychologie und Psychobiologie von Kindheitstraumata. Praxis der Kinderpsychologie und Kinderpsychiatrie, 47, 19-35

Van Ijzendoorn, M.H. & Bakermans-Kranenburg, M.J. (1996). Attachment Representations in Mothers, Fathers, Adolescents, and Clinical Groups: A Meta-Analytic Search for Normative Data. Journal of Consulting and Clinical Psychology, Vol. 64, 1, 8-21

Wartner, U.G., Grossmann, K., Fremmer-Bombik, E. & Suess, G.J. (1994). Attachment Patterns at Age Six in South Germany: Predictability from Infancy and Implications for Preschool Behavior. Child Development, 65, 1014-1027

Zeanah, C.H., Boris, N.W. & Scheeringa, M.S. (1997). Psychopathology in Infancy. Journal of Child Psychology and Psychiatry, Vol. 38, No. 1, 81-99

Zeanah, C.H., Boris, N.W. & Larrieu, J.A. (1997). Infant Development and Developmental Risk: A Review of the Past 10 Years., Journal Am. Academy of Child and Adolescent Psychiatry, 36, 2, 165-178

Ludwig Janus

Auswirkungen pränataler Traumata

1 Einleitung

In den letzten Jahren hat sich das Bild von den Anfängen menschlicher Entwicklung tief greifend gewandelt. Man spricht heute vom „kompetenten Säugling" und sogar vom „Fetus as Personality". Darin kommt zum Ausdruck, dass die alte Sicht auf den Säugling als einem weitgehend empfindungslosen Reflexbündel, wie sie sich in einer einseitigen Sicht ausbilden konnte, verlassen wurde, und die Eigenständigkeit, die Eigenregulation und das Selbsterleben des Kindes am Lebensanfang in den Blick trat. Merkwürdigerweise haben zu diesem Wechsel in der Einstellung wesentlich auch technische Hilfsmittel beigetragen. Filmaufnahmen von Babys mit ihren Müttern zeigten die Intensivität der Interaktion gewissermaßen objektiv. Was man schon intuitiv wissen konnte, gewann durch das technische Medium eine neue Objektivität und Klarheit. Ähnliches galt von den intrauterinen Filmaufnahmen, die das Kind vor der Geburt in seinem Lebensmilieu, seinen Aktivitäten und Reaktionen zeigten. Diese Filmaufnahmen sind über das Fernsehen und über Illustrierte heute Allgemeingut und rücken die frühe Lebenswelt des Kindes ins allgemeine Bewusstsein. Besonders bewegend sind Aufnahmen von Zwillingen vor der Geburt, wie sie sich gegenseitig berühren, „küssen", umarmen oder auch stoßen und eine Art spielerischen Umgang miteinander zeigen.
Dieses vollständigere Bild von den Anfängen der Entwicklung ermöglicht uns, die Auswirkungen von Belastungen und Traumatisierungen besser einzuschätzen. In der volkstümlichen Überlieferung gab es mit der Theorie vom „Versehen" eine ganz hohe Wertung der Bedeutung von vorgeburtlichen Einflüssen. Man nahm an, dass vor allem erschreckende Erlebnisse der Mutter während der Schwangerschaft das Kind bis in seine Körperlichkeit hinein prägen könnten. Die Mutter sollte sich deshalb von allen unguten Eindrücken fern halten. Der wissenschaftlichen Erforschung entzogen sich in den Anfangszeiten wegen der einfachen Methodik komplexere Wechselwirkungen, weshalb man glaubte, psychische Belastungen weitgehend vernachlässigen zu können, weil man vor allem die körperlichen Entwicklungsvorgänge sah. Die Auswirkungen von physikalischen Schädigungen auf die körperliche Entwicklung wurden im Bereich der Medizin umfassend untersucht. Hier soll es jedoch vor allem um seelische und situative Belastungen gehen. Auf einer physiologischen Ebene können diese Belastungen als so genannter Stress erfasst und auch gemessen werden. Auf dieser Ebene gibt es auch Vergleiche mit Tierversuchen.
Für die Einschätzung pränataler Belastungen auf der Ebene des Erlebens und Verhaltens ist es wichtig, sich eine Besonderheit der menschlichen Frühentwicklung zu vergegenwärtigen. Diese besteht darin, dass, verkürzt gesagt, Menschen als Föten oder Babys geboren werden und Affen als Kleinkinder (Gould 1992). Dies liegt in der

sogenannten Frühgeburtlichkeit des Menschen begründet (Portmann 1969). Man kann sich das Bild machen, dass aufrechter Gang und Vergrößerung des Hirnvolumens die Geburtsmöglichkeiten überforderten und deshalb der Geburtstermin vorverlegt wurde, sodass Menschen im Laufe der Evolution immer früher und unfertiger geboren wurden. Dadurch tritt beim Menschen als evolutionsbiologische Neubildung eine lange Babyzeit zwischen Geburt und Kleinkindheit entwicklungsmäßig hinzu, während der das Kind in besonderer Weise von der Übernahme von Primärfunktionen durch die Eltern abhängig ist. Spezifisch menschlich ist dann weiter, dass ab der Mitte des zweiten Lebensjahres ein Großteil von Erfahrungen im Medium der Sprache repräsentiert und vermittelbar ist.

Es folgen also in der menschlichen Frühentwicklung vier Lebenswelten oder Entwicklungsebenen (Fötus, Baby, Kleinstkind, Sprachwelt) rasch aufeinander und die Erfahrungen in der einen müssen jeweils, wie Freud (1950, S. 152) dies genannt hat, gewissermaßen „übersetzt" werden. Diese „Übersetzungen" können insbesondere bei traumatischen Ereignissen unvollständig sein, sodass ein Eindruck, der abgespalten war, sich ganz unverändert in einer späteren analogen Situation wieder aktualisieren kann, wo er dann ganz fremdartig und unverbunden erscheint. Als konkretes Beispiel sei eine Erfahrung von überwältigender Enge bei der Geburt genannt, die abgespalten wurde und dann in einer späteren Situation von Beengtheit als klaustrophobische Angst wieder auftaucht. Ein Problem von Beengtheit kann nicht auf der differenzierten Ebene von Engegefühlen und Bildern der Enge innerlich verhandelt werden, sondern es kommt zu einem Bruch im Erleben und die frühere Engeerfahrung taucht unverarbeitet als klaustrophobische Angst wieder auf, was dann als Symptom oder Störung bezeichnet wird.

Diese Zusammenhänge mussten deshalb so ausführlich geschildert werden, weil sie für das Verständnis von pränatalen Traumata erforderlich sind. Diese haben typischerweise die Eigenschaft, dass sie abgespalten wurden und sich später nur durch Reinszenierungen indirekt melden können, mal mehr in Wahrnehmungsdispositionen oder mehr in Verhaltensdispositionen. Entsprechend will ich nach Hinweisen auf die Stressforschung die Auswirkungen von pränatalen Traumata zunächst auf die Wahrnehmung und dann auf das Verhalten behandeln.

2 Auswirkungen von vorgeburtlichem Stress

Schon in den 50er-Jahren konnte der amerikanische Stressforscher Thompson (1957) belegen, dass die Jungen von gestressten Rattenweibchen Verhaltensauffälligkeiten im Sinne einer größeren Ängstlichkeit zeigten. Er nahm eine somatische Vermittlung mütterlichen Stresses durch Stresshormone, die auch beim Menschen plazentagängig sind, an. Auch ein geringeres Geburtsgewicht konnte die Folge sein.

Entsprechende Auswirkungen beim Menschen konnten bei Kindern von Müttern, deren Männer im Krieg waren, gefunden werden. Die Kinder dieser Mütter hatten schon vor der Geburt eine erhöhte Pulsfrequenz, die bis ins Erwachsenenalter nachweisbar war (Sontag 1944, 1966). Es gibt eine ganze Reihe von Arbeiten zu vorgeburtlichem

Stress, die über die geschilderte Ängstlichkeit hinaus zeigen, dass die Kinder später auch krankheitsauffälliger waren (Janus 1997, S. 104 ff, Janus und Maiwald 1992).

3 Auswirkungen von pränatalen Belastungen auf die Wahrnehmung

Auf dem Hintergrund der pränatalpsychologischen Forschung (Verny 1983, Janus 1997) und der Erforschung der vorsprachlichen Gedächtnissysteme (Schacter, Tulving 1994) kann man sich das Bild machen, dass das Kind sich vor der Geburt im Medium des körperlichen und emotionalen Milieus der Mutter entwickelt und diese Erfahrungen gedächtnismäßig als Grunderfahrungen von Welt und sich selbst in der Welt speichert. Von dieser Annahme ausgehend würde sich also so etwas wie Urvertrauen oder Urmisstrauen schon vor der Geburt ausbilden. Man könnte auch von einer Weltanschauung sprechen, die sich aus den vorgeburtlichen Erfahrungen herausbildet. Wenn diese Erfahrungen nun durch größere Belastungen der Mutter, seelische Verstimmungen oder ganz konkrete körperliche Angriffe mitgeprägt sind, dann kann dies die spätere Selbst- und Lebenserfahrung hintergründig mit beeinflussen.

So ist mir eine Patientin in Erinnerung, die durch einen starken Pessimismus und Selbstvernichtungstendenzen gequält wurde. Ein Gespräch mit der Mutter ergab, dass sie sich in der Schwangerschaft durch äußere Notsituation in einer Stimmung von Depression und Ausweglosigkeit befunden hatte. In diesem Falle war sehr deutlich, dass es die Verstimmung am Lebensanfang war, die das spätere Erleben beeinflusste, da sich die familiäre Situation mit der Geburt zum Guten gewandt hatte und die Kindheit wenig belastet war. Erst in der Situation des Erwachsenwerdens, wo es darum ging, sich lebensmäßig in einem eigenen Lebensentwurf zu verankern, kamen die Ursprungserfahrungen wieder hoch und förderten eine Auseinandersetzung und Integration.

Insbesondere Ungewolltsein kann das spätere Lebensgefühl trüben und die Wahrnehmung positiver Lebensmöglichkeiten einschränken. Dies war ein wesentliches Ergebnis einer empirischen Studie von Matejcek und Dytrych (1994) über „Abgelehnte Schwangerschaften und ihre Folgen“.

Eindrücklich ist mir ein Patient aus einer ungeplanten und ungewollten Schwangerschaft, der große Schwierigkeiten hatte, sich im Leben zu verankern. Er blieb in allen Bezügen in einer Art scheuen Distanz, wodurch es dann auch wirklich zum Scheitern in Beziehungen kam. Typischerweise aktualisieren sich pränatale Beeinträchtigungen und Traumata als Symptome in der Adoleszenz und der frühen Erwachsenenzeit und davor in der Kleinkindheit als sogenannte kinderneurotische Symptome, wie etwa Dunkelangst, Bedrohungsgefühle, Alpträume usw. Neben anderen Verursachungen ist auch hier immer an die vorgeburtliche Zeit zu denken, insbesondere bei anderweitig unbegründeten Ängsten in geschlossenen Räumen oder im Keller. Dahinter können vorgeburtliche Notzustände oder auch ganz konkrete körperliche Bedrohungen stehen, und letztlich sogar Abtreibungsversuche. So heikel eine solche Vermutung auch ist, so wichtig kann es im Einzelfall sein, hieran zu denken, weil sich hierdurch plötzlich ein ganz unverständliches Erleben verstehen lassen kann.

4 Auswirkungen im Verhalten

Auswirkungen von vorgeburtlichen Belastungen im Verhalten haben den Doppelaspekt, dass sich die ursprüngliche Irritation unmittelbar im Medium einer aktuellen Situation wiederholen kann oder auch so, dass das Verhalten durch Vermeidungen bestimmt ist. So kann etwa ein überlebter Abtreibungsversuch durch selbstschädigendes und selbstzerstörerisches Verhalten sich gewissermaßen reinszenieren oder dieser überlebte Abtreibungsversuch kann sich dahingehend auswirken, dass alle Risiken und Gefährdungen vermieden werden. Solche Reinszenierungen von vorgeburtlichen Notsituationen beziehen typischerweise die Umwelt mit ein. Das am Lebensanfang abgelehnte Kind verhält sich dann so, dass es späterhin seine Beziehungsperson auch dazu bringt, es abzulehnen oder es nicht zu beachten. Dies kann zu sehr schwierigen beziehungsmäßigen Verwicklungen führen, wenn man die Zusammenhänge nicht durchschaut.

Eindrucksvoll war ein Patient für mich, der immer wieder an sich aussichtsreiche Beziehungen plötzlich abgebrochen hatte, weil er sich grundlos bedroht fühlte. In der Therapie ergab sich, dass es in der Ehe seiner Eltern eine Krise in der Mitte der Schwangerschaft gegeben hatte, die zu einem Abbruchversuch geführt hatte. Auch mehr körperliche Symptome wie Unruhe, Schlaflosigkeit, Ess-Störungen usw. können Folgewirkungen von vorgeburtlichen Traumata sein und hierin ihre Erklärung finden. Dabei ist zu bedenken, dass vorgeburtliche Belastungen nicht selten auch Schwierigkeiten bei der Geburt zur Folge haben, wodurch sich die Effekte addieren. Was als Folge einer schwierigen Geburt erscheint, kann auch eine vorgeburtliche Belastung und Schwächung als Hintergrund haben.

5 Auswirkungen auf die innere Bilderwelt

Vorsprachliche Erfahrungen bilden den Wurzelgrund urtümlicher Fantasien, Bilder und Überzeugungen über uns selbst und unsere Mitwelt. Man könnte es auch so ausdrücken: Jeder Mensch lebt aus seiner persönlichen Mythologie, die durch Ursprungserfahren mitgeprägt ist. Wahrnehmung, Verhalten und zunächst merkwürdig erscheinende Interessen und Neigungen können hierdurch bestimmt sein. Dabei bieten dem Kind Märchen und dem Heranwachsenden Literatur, Kunst und Film Möglichkeiten der Widerspiegelung der eigenen Mythologeme und auch von deren Entwicklung. So kann man ein Interesse für Gruselgeschichten oder Horrorfilme auch so verstehen, dass der Betreffende dadurch versucht, traumatische Erfahrungen in der inneren Auseinandersetzung nachträglich zu integrieren.

Gerade im Umgang mit dem Pflegekind geht es vielleicht in besonderer Weise um den verstehenden Umgang mit solchen Mythologemen und deren kreative Fortentwicklung.

6 Zum Umgang mit den Auswirkungen von belastenden Früherfahrungen

Wichtig bei der Beschäftigung mit der Bedeutung von frühen und frühesten Traumata ist der Gesichtspunkt, dass immer der Entwicklungskontext und die Verarbeitungsmöglichkeiten gesehen werden. Eine traumatische Erfahrung vor oder während der Geburt kann bei guten nachgeburtlichen Bedingungen aufgefangen und integriert werden, während sie sich durch nachgeburtliche Verlust- oder Belastungserfahrungen verstärken kann. Die spätere Belastung oder Angst erscheint dann im Spiegel der früheren Belastung oder Angst und kann hierdurch dramatisiert werden. Gleichzeitig kann eine solche Traumatisierung, wenn man sie in ihrer Verursachung durchschaut, wieder ein Einstiegspunkt für eine korrigierende Auseinandersetzung und eine Hilfe bei nachträglicher Integration sein.

Insbesondere im kindlichen Spiel können sich früheste Erfahrungen inszenieren. Wenn es gelingt, hier Zusammenhänge zu verstehen und das Kind darin zu unterstützen, das Spiel konstruktiv zu entwickeln und neue Lösungen zu finden, kann dies eine sehr große und entscheidende Hilfe sein, belastende Früherfahrungen zu verarbeiten. In einer Kinderpsychotherapie geschieht letztlich wesentlich dies, dass dem Kind ein Wiederholen von Belastungen im Spiel erlaubt wird und der kreative Elan des Kindes selbst und des/der TherapeutIn gestattet dann eine Weiterentwicklung und Überwindung ursprünglicher Verängstigung und Verunsicherung.

7 Abschließende Bemerkungen

Die verstehende Einsicht in die Wiederholungstendenz allerfrühester Erfahrung in unserem Selbsterleben und Verhalten ist erst in unserem Jahrhundert gewonnen. Nach ersten Vermutungen des Freud-Schülers Rank (1924), dass traumatische Aspekte der Geburt uns lebenslang beeinflussen können, war es das Verdienst und der Mut des ungarischen Analytikers Fodor (1949), überhaupt die Möglichkeit vorgeburtlicher Traumata in den Blick zu fassen, nachdem bis dahin die vorgeburtliche Zeit entweder idealisiert wurde oder ihr jede lebensgeschichtliche Bedeutung abgesprochen wurde. Er beschrieb an vielen Beispielen, wie vorgeburtliche Beeinträchtigungen sich später in Angst- oder Alpträumen wieder melden können. Er war damit seiner Zeit weit voraus und wurde mit seiner Entdeckung vollständig vergessen. Erst in den letzten Jahren haben PsychotherapeutInnen verschiedener Richtungen Beobachtungen über die lebensgeschichtlichen Auswirkungen vorgeburtlicher Traumata gemacht. Eine erste Zusammenfassung findet sich in dem Buch „Ungewollte Kinder“ (Häsing, Janus 1994).

Schon Fodor hatte anschaulich beschrieben, dass das Wissen um seelische Auswirkungen von Gefährdungen und Belastungen in der vorgeburtlichen Zeit gerade den Ansatzpunkt zu einer nachträglichen Integration gibt. Allein die Herstellung des Zusammenhanges kann eine destruktive Verwirrung aufheben und einen beträchtlichen heilsamen Effekt haben. Auch kann es Eltern und Pflegeeltern darin unterstützen und es erleichtern, schwierige Zeiten eines Kindes mitzutragen und ihm bei seiner

Verarbeitung zu helfen. Hilfreich kann dabei die Lektüre von Fallgeschichten in der Einübung solcher Folgeerscheinungen von frühen Belastungen sein, wie sie sich etwa in dem Buch „Seelisches Erleben vor und während der Geburt“ (Janus, Haibach 1997) und in der „Internationalen Zeitschrift für Pränatale und Perinatale Psychologie und Medizin“ (Mattes Verlag, Heidelberg) finden.

Literatur

Freud, S. (1950): Briefe an Wilhelm Fließ. Fischer, Frankfurt.

Gould, S. (1992): Human Babies as Embryos. In: Ever Since Darwin. Norton, New York.

Häsing, H., Janus, L. (Hrsg.) (1994): Ungewollte Kinder. Rowohlt, Reinbek (Bezug über Textstudio Gross, Brahmsstraße 1, 69118 Heidelberg).

Janus, L. (1997): Wie die Seele entsteht. Mattes, Heidelberg.

Janus, L., Haibach, S. (1997): Seelisches Erleben vor und während der Geburt. Lingua Med. Neu Isenburg.

Janus, L., Maiwald, M. (1992): Entwicklung, Verhalten und Erleben in der Pränatalzeit und die Folgen für die Lebensgeschichte. Int. J. of Prenatal and Perinatal Psychology and Medicine 4: 101-140.

Matejcek, Z., Dytrych, Z. (1994): Abgelehnte Schwangerschaften und ihre Folgen. In: H. Häsing, L. Janus (Hrsg.) Ungewollte Kinder. Rowohlt, Reinbek (Bezug über Textstudio Gross, Bahmsstraße 1, 69118 Heidelberg).

Portmann, A. (1969): Biologische Fragmente zu einer Lehre vom Menschen. Schwabe, Basel.

Schacter, D., Tulving, S. (1994): Memory Systems. MJT Press, Cambridge, MA.

Share, L. (1994): If Someone Speaks, it gets Lighter. Analytic Press, Hillsdale, NJ.

Sontag, L. (1944): War and the Fetal-Maternal Relationship. Journal of Marriage and the Family 6: 3-16.

Sontag, L. (1966): Implications of Fetal Behavior and Environment of Adult Personalities. In: Annals of the New York Academy of Science 134: 762-768.

Thompson, W.R. (1957): Influence of Prenatal Maternal Anxiety on Emotionality in Young Rats. Science 125-698.

Verny, T. (1983): Das Seelenleben des Ungeborenen. Zweitausendeins, Frankfurt.

Hermann Löser

Kinder alkoholtrinkender Mütter – Folgen, Pflege und Erfahrungen zur Hilfe

1 Einleitung

Die Auswirkungen des Alkohols beim Kind durch mütterliche Alkoholkrankheit und Missbrauch werden noch immer weitgehend als randständiges Problem der Suchtproblematik betrachtet, auch wenn in den letzten Jahren immer deutlicher wird, wie vielfältig und anhaltend Alkohol in der Schwangerschaft als Giftstoff organisch, geistig und seelisch in die kindliche Entwicklung eingreift. Alkohol gilt heute als eine der führenden Ursachen geistiger Entwicklungsstörungen bei Kindern und ist der häufigste und bedeutsamste wachstumshemmende und missbildungsfördernde Schadstoff. Das Vollbild einer sogenannten Alkoholembryopathie ist mit einer Häufigkeit von 1:300 Neugeborenen häufiger als das Down-Syndrom (1:600 Neugeborene), häufiger als die Folgen einer Schilddrüsenunterfunktion (1:3000) und häufiger als alle übrigen Stoffwechselstörungen beim Kind. Da bei einer Geburtenrate von 800.000 Kindern/Jahr damit zu rechnen ist, dass 1-2% aller werdenden Mütter in alkoholabhängiger Weise trinken, etwa 10% aller Mütter missbräuchlich trinken und ca. 70% gewöhnlich oder gelegentlich exzessiv, ergibt sich hieraus eine erhebliche Gefährdung für die Kinder schon vor der Geburt. Denn für Embryo und Feten ist Alkohol beileibe kein Genussmittel, sondern ein vielseitig wirkender Schadstoff im vorgeburtlichen Wachstum, für das Gehirn geradezu ein Nervengift mit weit reichenden Folgen und ein Suchtmittel, durch welches ein Kind schon zwangsläufig vor der Geburt eine gewisse Suchtentwicklung erfährt. Wir wissen heute, dass nicht nur bei Alkoholkrankheit und -missbrauch der Mutter die Schäden auftreten, hierbei oft in der schweren Form einer Alkoholembryopathie mit typischen körperlichen und geistigen Kennzeichen. Auch bei übermäßigem, gewöhnlichem Trinken in der Schwangerschaft, besonders bei mehrfachen Trinkgelagen können in leichterer Form sogenannte Alkoholeffekte beim Kind auftreten, überwiegend in Form komplexer Hirnfunktionsstörungen, die dem Kind zunächst nach der Geburt nicht anzumerken sind und auch medizinisch nicht als alkoholbedingt erkennbar werden.

An der Universitäts-Kinderklinik Münster wurden von 1977 bis 1998 314 Kinder mit den körperlichen und geistigen Schäden einer Alkoholembryopathie untersucht und zusätzlich bei 80 Kindern die Diagnose so genannter Alkoholeffekte gestellt, die sich mit weit gefächerten Hirnfunktionsstörungen, Intelligenzdefekten und Verhaltensstörungen offenbaren. Die Diagnosen gründeten sich auf die typischen körperlichen Kennzeichen, die geistigen und verhaltensbezogenen Veränderungen und ganz wesentlich auch auf die sehr ausführlichen Angaben zum mütterlichen Trinkverhalten. Bei Kindern mit Alkoholembryopathie handelt es sich überwiegend um Mütter in der fortgeschrittenen Phase einer Alkoholkrankheit (mittleres Alter bei Geburt 31,3 Jahre) nur selten waren sehr junge Mütter betroffen (2% unter 20 Jahren). Sie kamen überwiegend aus der Unterschicht (58%), selten aus der Oberschicht (5%). Umgerechnet in Gramm reinen Alkohols wurden täglich im Durchschnitt

184,9 g (+/- 84,1 g, 57-310 g) getrunken. (Zum Vergleich: Eine Flasche Bier enthält ca. 18 g reinen Alkohol). Bevorzugt wurden hochprozentige Spirituosen (52% aller Frauen), seltener Bier (35%) und Wein (13%).

Als Kind einer alkoholkranken oder missbräuchlich trinkenden Mutter geboren zu werden, bedeutet immer ein lebensgeschichtliches Risiko und beinhaltet immer ein Problem in Pflege, Versorgung, Förderung und Erziehung. Die eigenen langjährigen Erfahrungen in der Aufdeckung alkoholbedingter Schäden bei Kindern und deren Betreuung zeigen immer wieder, dass an die Möglichkeit einer organischen Ursache geistiger Entwicklungsstörungen durch Alkohol oft sehr spät gedacht wird. Meist erst dann, wenn in Verhalten, Eigenheiten des Kindes und im Lernen Anforderungen an das Kind gestellt werden. Bei der Vermittlung der Kinder in Pflegefamilien ist die Vorgeschichte bezüglich Alkohol oft unbekannt oder wird gar verschwiegen. Daher soll im Folgenden zunächst aufgezeigt werden, mit welchen körperlichen und geistigen Störungen besonders zu rechnen ist und welche Hilfsmöglichkeiten in Betracht kommen.

2 Auswirkungen

2.1 Welche körperlichen Schäden sind bedeutsam?

Da Alkohol das Wachstum vorgeburtlich hemmen kann, sind die Kinder meist schmächtig, untergewichtig, minderwüchsig und kleinköpfig. Die vielseitigen Fehlbildungen erklären sich größtenteils ebenfalls durch Wachstumsmängel (z.B. Herzfehler, Gesichtsveränderungen (s. Abb. 1), schwach entwickelte Muskulatur). Die Wachstumsstörungen und vielseitigen, äußerlich sichtbaren Fehlbildungen können bei den Schwachformen und Alkoholeffekten gänzlich unauffällig sein. Da vor der Geburt

Abb. 1: Kraniofaziale Veränderungen bei Alkoholembryophatie

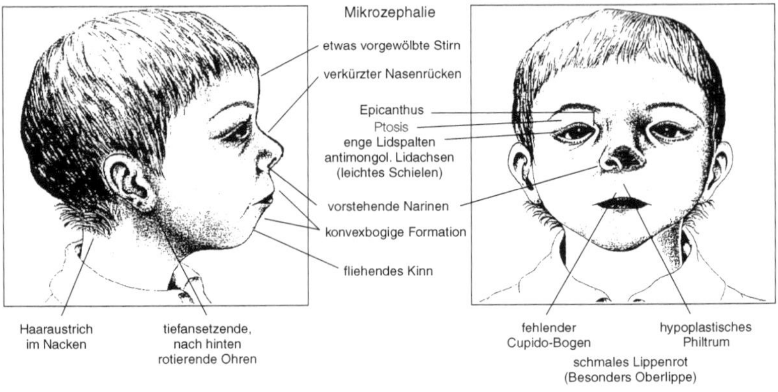

das Gehirn immer das größte Organ und das empfindlichste auf Alkohol reagierende Organ ist, finden sich immer zentralnervöse Störungen, die zum Teil auch durch das mangelhafte Wachstum des Gehirns bedingt sind (s. Abb. 2, 3, 4). Die Wachstumsstörungen bilden sich in leichten Fällen häufig zurück, können aber in schweren Fällen in Gewicht, Länge und Kopfumfang unter der Norm bleiben. Viele Kinder leiden unter dem Kleinwuchs und werden mitunter gehänselt („Zwergnase", „dürre Ziege", „Spargeltarzan"). Zur Häufigkeit des Vorkommens körperlicher Schäden durch Alkoholmissbrauch der Mutter siehe Tabelle 1 (siehe nächste Seite).

2.2 Welche geistigen Schäden treten auf?

Vorgeburtlich bleibt keine Hirnregion und keine Hirnfunktion von den Wirkungen des Alkohols ausgespart. Jede der Milliarden Hirnzellen am Groß- und Kleinhirn werden in Größe und Funktion betroffen, die Verknüpfungen der Zellen untereinander, die Zellzahl, die Überträgerstoffe von einer Zelle zur anderen (Neurotransmitter), die „Vermaschung", Vernetzung und Informationsübertragung von einem Zentrum zum anderen. So muss man sich vorstellen, dass dieses komplizierte Rechen-, Informations- und Kontrollzentrum in seinen wesentlichen Aufgaben nicht recht funktioniert, um es einfach auszudrücken. Dies ist im Prinzip durch Alkohol nicht anders als wenn durch Entzündungen, Verletzungen, andere Giftstoffe, veränderte Stoffwechselvorgänge oder durch Sauerstoffmangel die Hirntätigkeit geschädigt wird. Betroffen sind bei diesen Kindern besonders die Denkleistungen im schnellen Denkablauf, **im logischen,**

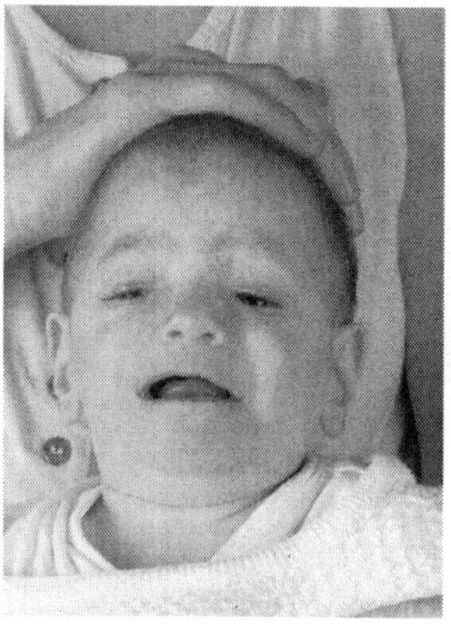

Abb. 2:
Schwer betroffenes unterentwickeltes 3jähriges Kind mit extremen Gesichtsveränderungen, Kleinköpfigkeit und sehr schmalen Lidspalten.

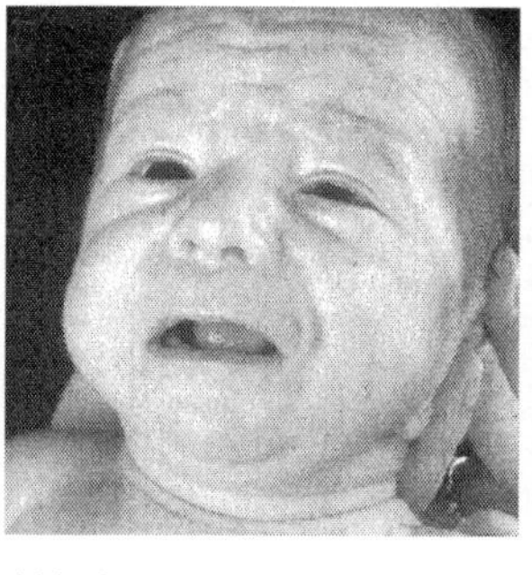

Abb. 3:
Unterentwickeltes neugeborenes Kind mit typischen Gesichtsveränderungen der Alkoholembryopathie: Sehr schmal ausgeprägte dünne Lippen, verschmälertes und eingezogenes Lippenrot. Die Rinne zwischen Nase und Oberlippe ist knapp ausgeprägt. Fliehendes Kinn, abgeflachte Oberkieferpartie. Schmale Lidspalten.

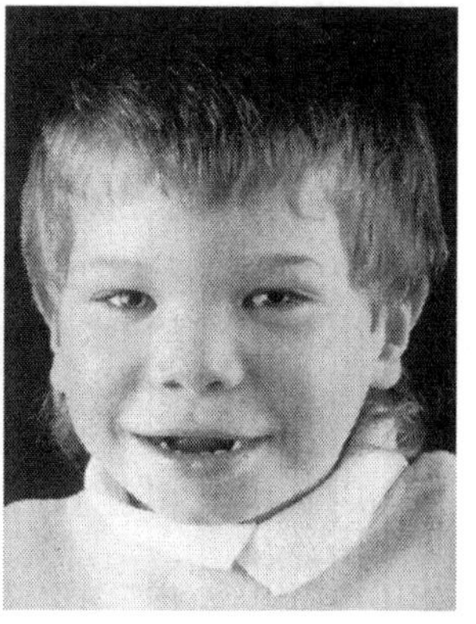

Abb. 4:
Kleinkind mit typischen Veränderungen an den Augen, Augeninnenfalte (Epikanthus) und schmaler Oberlippe bei fast fehlendem Philtrum der Rinne zwischen Nase und Oberlippe.

Tabelle 1: Veränderungen und Kennzeichen bei Alkoholembryopathie

Veränderungen und Kennzeichen bei Alkoholembryopathie (Schweregrade I-III)	Häufigkeit des Vorkommens
Minderwuchs und Untergewicht (vor- und nachgeburtlich)	88%
Kleinköpfigkeit (Mikrozephalie)	84%
Geistige und statomotorische Entwicklungsverzögerung, zentralnervöse Störungen	89%
Sprachstörungen	80%
Hörstörungen	ca. 20 %
Ess- und Schluckstörungen (bei Säuglingen)	ca. 30%
Muskelhypotonie	58%
Hyperaktivität/Verhaltensstörungen	72%
Feinmotorische Dysfunktion/Koordinationsstörungen	ca. 80%
Krampfanfälle	6%
Emotionale Instabilität	ca. 30%
Gesichtsveränderungen	95%
Herzfehler (meist Scheidewanddefekte)	29%
Genitalfehlbildungen	46%
Nierenfehlbildungen	ca. 10%
Augenfehlbildungen	> 50%
Extremitäten- und Skelettfehlbildungen	
Verkürzung und Beugung des Kleinfingers	51%
Verwachsung von Elle und Speiche (Supinationshemmung)	14%
Hüftluxation	11%
Kleine Zähne	31%
Trichterbrust	12%
Kielbrust	6%
Gaumenspalte	7%
Skoliose/Wirbelsäulenfehlbildung	5%
Weitere Fehlbildungen	
Steißbeingrübchen	44%
Leistenbruch	12%
Hämagiome	10%

schlussfolgernden, kombinatorischen und abstrakten Denken. Die Denkabläufe sind verlangsamt, **zähflüssig**, wenig fantasieerfüllt. Die Denkinhalte und Denkziele können schnell wechseln; das Kind bleibt nicht „bei der Sache", ist **konzentrationsschwach**, leicht **ablenkbar** und kann sein Denken und Handeln schwer unter Kontrolle halten. Auch gesunde Kinder müssen diese Kontrollfähigkeit oft erst mühsam lernen. Eine weitere Hirnleistungsschwäche ist die **Merkschwäche**, die auch später im Leben hinderlich ist und eine wesentliche Ursache der Lernstörungen darstellt. „Heute noch gelernt, morgen schon vergessen". Das Auswendiglernen ist bekanntlich ein wesentlicher Teil der praktischen Intelligenz. Zu lernen, wie man sich etwas merkt, kann zum Teil durch Übungen erworben werden. Weitere Hirnleistungsschwächen betreffen die Sprachentwicklung, die **Ess- und Schluckstörunge**n im Säuglingsalter, die **Wahrnehmungsstörungen** und die **Labilität der Gefühlsäußerungen**. Durch die Schäden am Kleinhirn erklären sich besonders die Störungen in der **Fein- und Grobmotorik**, die Störungen der **Koordination** in der Muskelbetätigung und die Feinabstimmung in der körperlichen Bewegung. Es ist wichtig zu wissen, dass alle diese Hirnleistungsschwächen nicht für alkoholgeschädigte Kinder gleichsam „gepachtet" sind, sondern auch bei anderen Ursachen einer Hirnschädigung in ähnlicher Weise vorkommen. Diese Veränderungen sind also **nicht so spezifisch**, dass aus ihnen auf eine besondere Form der Hirnschädigung geschlossen werden kann und aus diesen der Alkohol als Ursache sicher bestimmt werden könnte.

2.3 Gibt es bestimmte Verhaltens- und Wesenseigenheiten?

Ungewöhnlich häufig zeigt sich eine auffällige Überaktivität, ein nervöser Bewegungsdrang, Impulshandlungen und eine vermehrte Ablenkbarkeit, die als solche wiederum mit Aufmerksamkeitsschwäche zusammenhängt. Hierbei fehlen die hemmenden Impulse in der Planung und Durchführung der Bewegungen und der geistigen und körperlichen Aktivität. Dieses bei 72% aller alkoholgeschädigten Kinder vorkommende Syndrom bedeutet wahrscheinlich das schwierigste und sozial auffälligste Handikap für die Kinder, ist pädagogisch wie auch medizinisch am schwierigsten zu behandeln und ist mit eine wesentliche Ursache der Lernstörungen. Heute weiß man genauer, dass bei Alkoholeffekten bestimmte stimulierende Substanzen (Neurotransmitter im dopaminergen System) mangelhaft ausgebildet sind und daher ein Therapieversuch mit Stimulanzien angezeigt sein kann und darin eine gute Begründung findet.
Viele Kinder sind auffällig distanzlos, suchen sehr unbekümmert und ungehemmt den sozialen Kontakt, sind gesellig und vertrauensselig und werden dadurch von der Umgebung eher abgelehnt und als aufdringlich empfunden. Meist sind die Kinder in ihrer Grundstimmung fröhlich, zugewandt, optimistisch; wenige sind zurückhaltend, in sich gekehrt und kontaktarm. Risiken können sie schwer einschätzen; manche sind vermindert schmerzempfindlich, auffallend übermütig oder geradezu waghalsig in ihren Aktionen. Fragt man nach bestimmten Eigenheiten, Verhaltensweisen und Wesensarten dieser Kinder, so lässt sich kein bestimmtes Muster, keine Konstellation erkennen, aus der heraus auf die Alkoholvorgeschichte der Mutter diagnostisch geschlossen werden

kann. Dies ist auch der Grund, weswegen bei Schwachformen und Alkoholeffekten die Diagnose so schwierig ist und sehr oft verkannt wird.

2.4 Überaktivität und Verhaltensstörungen

Es gibt kaum eine Form einer Hirnschädigung oder eines Fehlbildungssyndroms, bei welchem sich so häufig eine Überaktivität und Impulsivität zeigen wie bei Alkoholembryopathie. Bei 72 bis 85% dieser Kinder findet sich diese Verhaltensstörung nach Angaben der Literatur und in den eigenen Untersuchungen. In der Normalbevölkerung zeigt sich dieses Syndrom bei ca. 8 - 10% aller Kinder. Dies kann als Krankheitsbild so vielseitig und schwer sein, dass einige Pflegefamilien sich langzeitig von dem Kind wegen „Schwererziehbarkeit" trennten, stationäre Behandlungen erforderlich wurden und selbst medikamentöse Behandlungen ohne Erfolg blieben. Andererseits ist in geringer Ausprägung nur eine leichte Lebhaftigkeit, Nervosität, Aufmerksamkeitsstörung („Zerstreutheit") und Ablenkbarkeit auffällig, die keine wesentliche Beachtung oder Behandlung erforderlich macht. Im Gegensatz zu den viel häufigeren familiären, erziehungsbedingten und psychologisch begründbaren Formen der Hyperaktivität und denen im Rahmen der sogenannten „minimalen cerebralen Dysfunktion", geht diese Form immer mit Intelligenzminderung einher und ist fast immer direkter Ausdruck einer alkoholbedingten also organischen Hirnschädigung. Zwar kann sich durch frühkindliche soziale Deprivation das klinische Bild der Hyperaktivität deutlich verstärken und eine andere Form zeigen, Ursache ist jedoch bei diesen Kindern fast immer eine spezielle Hirnfunktionsstörung, die in einer Unterentwicklung im sogenannten dopaminergen System (im limbischen System und Frontalhirn) begründet ist. Durch Tierversuche wurde inzwischen bekannt, dass in bestimmten Hirnarealen ein Mangel an Überträgerstoffen besteht, durch welche ein Mangel an Hemmstoffen auftritt, die eine Hemmung der Aktivität im gesamten motorischen Aktivitätsniveau bewirken. Dieser scheinbare Widerspruch erklärt sich daraus, dass diese „Hemmstoffe" die gleiche chemische Zusammensetzung haben wie die erregenden Substanzen (Stimulanzien). Dieser Mangel an Hemmstoffen erklärt auch, warum besonders anregende, stimulierende Medikamente, Stimulanzien, gerade bei Hyperaktivität zum Teil wirksam sind und gerade nicht beruhigende, sedierende Stoffe. Es hat also seine gute neurophysiologische Begründung, dass bei diesen Kindern ein Versuch mit stimulierenden Medikamenten wie Ritalin°, Amphetamine, Thiapridex° u.a. sinnvoll ist, jedoch nur in ausgewählten Fällen. Obgleich von vielen Seiten immer wieder behauptet wird, Hyperaktivität dürfe man nicht mit Medikamenten behandeln, zeigt sich bei diesen Kindern, dass in schweren Fällen ein Versuch mit erregenden Substanzen (Coffein, Ritalin°, Amphetamin, Thiapridex°) bewährt und gut pharmakologisch belegt ist, wenn andere Bemühungen versagen. Es ist oft erstaunlich zu erleben, dass mit wenig Stimulanzien ein rascher Effekt der besseren Ausgeglichenheit und Konzentrationsfähigkeit erreicht werden kann, vielleicht nur für Stunden, z.B. in der Schule. Dies sicher nicht bei allen Kindern, aber immerhin bei etwa 65 bis 75%.

Es erfordert ungewöhnliche Geduld, Liebe und Verständnis, mit einem hyperaktiven Kind zu leben. Da es stets versucht, durch motorische Unruhe seine Wachheit zu steigern und sich gleichsam immer wieder neue Reize sucht und die Kontrolle über sein Verhalten verliert, lässt sich das Verhalten kaum mit rein autoritären Maßnahmen beeinflussen. Daher leiden viele Pflegeeltern unter den versteckten und unausgesprochenen Vorwürfen des Umfeldes über die vermeintlichen „Erziehungsfehler".

Unter allen zum Teil widersprüchlichen Hypothesen der Ursachen und Behandlung der Aufmerksamkeitsstörungen, Hyperaktivität und Impulsivität überzeugen am meisten die Ausführungen von Douglas (1976), Eichelseder und Kiphard. Hiernach ist Überaktivität bedingt durch eine herabgesetzte und unzureichende zentralnervöse Hemmung, das heißt, dass von außen kommende Sinnesreize die Schwellen der Hirnrinde ungehindert passieren (im Frontalhirn) und exzessive motorische Reaktionen Entladungen bewirken. Nach dieser Modellvorstellung ist gut erklärbar, dass erregende Stoffe (Stimulanzien) eine beruhigende Wirkung zeigen, also nicht das zentralnervöse Aktivierungsniveau anheben, sondern die bremsenden, hemmenden Prozesse (im limbischen System und Frontalhirn, im dopaminergen System) unterstützen. Auch die therapeutischen Maßnahmen sollen diese Hemmprozesse steigern. Es macht daher keinen Sinn mit beruhigenden und ermüdenden Medikamenten (Sedativa, Tranquilizer) zu behandeln. Die wichtigsten Symptome in der Vielfalt bei hyperaktiven Kindern sind: Gesteigerter Bewegungsdrang mit ziel- und planlosem Bewegungsüberschuss, Unfähigkeit, die motorischen Impulse zurückzustellen und abzuwarten, reflexhaftes Reagieren auf Außenreize, unersättlicher sensorischer „Reizungshunger". Es gelingt hierbei dem Kind nicht, wichtige von unwichtigen Reizen zu unterscheiden. Damit verbunden ist die Schwierigkeit, die verschiedenen Sinneseindrücke miteinander zu verknüpfen, zu speichern und zu verarbeiten. Dies behindert das Kind, seine Handlungen, Planungen zu überdenken und zu koordinieren. Unter allen Übungsbehandlungen überzeugen in der Vielfalt der vielen Therapieformen am meisten die praktischen Übungen zur Selbstbeherrschung, die motorischen Brems- und Steuerungsübungen in spielerischer Form (motorische Abbremsübungen, Bewegungssteuerungsübungen nach Kiphard, Sinnesübungen) und alle Maßnahmen, die im Sinne der sensorischen Integration nach Ayres 1984 der Herstellung einer höheren Ordnung und Organisation der Reizverarbeitung dienen. Ein hyperaktives Kind kann durch mototherapeutische Übungsbehandlungen allmählich lernen, sich vor dem Handeln zu sagen: „Halt! Schau! Höre! Denke! - Sage was du getan hast oder zu tun gedenkst".

Leider gibt es nur wenige Institutionen die diese Übungsbehandlungen konsequent durchführen. Die Frage, ob eine sogenannte oligoantigene Diät, Feingolddiät und das Weglassen bestimmter Fremdstoffe in der Nahrung sinnvoll ist, wird unverändert kontrovers diskutiert. Die Erfahrungen der Selbsthilfegruppen hyperaktiver Kinder sprechen dafür. Nichts ist hingegen zu halten von phosphatfreier Diät, die praktisch nicht durchführbar ist, teuer und vom Effekt her nicht bewiesen ist.

3 Wo wächst ein alkoholgeschädigtes Kind am besten auf?

Die Frage, wo ein Kind mit Alkoholembryopathie am besten aufwächst, ist im Spannungsfeld von rechtlichen, sozialen und familiären Aspekten nicht allgemein zu beantworten und kann nur im Einzelfall unter Berücksichtigung aller Umstände beurteilt und geklärt werden. Nach einer richtungweisenden Entscheidung des Bundesverfassungsgerichtes aus dem Jahre 1984 hat das Kindeswohl immer absoluten Vorrang vor dem Recht der Eltern, wenn die Beeinträchtigung des Kindeswohls auf dem objektiven Fehlverhalten, dem Ausfall der elterlichen Schutzfunktion oder dem Verhalten eines Dritten beruht. Dieses objektive, zum Beispiel durch Alkoholkrankheit bedingte Fehlverhalten umschreibt das Gesetz mit missbräuchlicher Ausübung der elterlichen Sorge, Vernachlässigung des Kindes und unverschuldetem Versagen der Eltern (§ 1666 Bürgerliches Gesetzbuch (BGB); § 170 Strafgesetzbuch (StGB)).

Um zu konkretisieren, wie dieses Versagen der mütterlichen Fürsorgepflicht in der Praxis bei alkoholkranken Müttern aussieht, muss man sich das **Mutter-Kind-Verhältnis** bei einem Säugling nähergehend betrachten. Ein Säugling ist in Nahrungsaufnahme, Pflege, Hygiene und psychosozialer Förderung von einer Mutter abhängig; die Mutter ist jedoch abhängig vom Alkohol. Das Suchtmittel wird zum Mittelpunkt, nicht primär das Kind, auch wenn alkoholkranke Mütter ihr Kind zweifellos lieben. Die Gedanken im Tagesablauf sind stets auf Alkohol gerichtet. Die Bindung zum Alkohol ist stärker als die zum Kind. Eine fast ständig betrunkene Mutter kann in ihrem bewusstseinstrübenden Zustand nicht als ausreichende Bezugsperson für ein Kind angesehen werden, denn eine positive Beziehung zum Kind erfordert ständige Präsenz, Ansprechbarkeit, regelmäßige Wachheit und Interaktion mit einer gewissen Dynamik und Gleichförmigkeit. Meistens ist die Mutter im seelischen Ausnahmezustand, nicht gut ansprechbar, nicht konzentriert, ohne geordneten Tagesablauf, mit unregelmäßigem Schlaf- und Wachrhythmus, oft „zugedröhnt“, nachlässig, mitunter lieblos. Für das Kind ist besonders die Launenhaftigkeit, Stimmungsschwankung und Unberechenbarkeit im oft wechselnden Trinkverhalten der Mutter von Bedeutung. Mal ist sie „gut drauf“, positiv zugewandt, vielleicht besonders unter Alkohol, dann wieder missmutig, abweisend, wenig sorgfältig, in einer „Ist-mir-doch-egal“-Stimmung. Ein Kind spürt dies durchaus, kann aber die Ursache nicht einordnen oder erklären. Manche Mütter sind dann zum Beispiel nicht in der Lage, regelmäßig warme Milch mit richtiger Temperatur herzustellen.
Das Kind kann die Mutter im Sinne des Wortes „nicht mehr verstehen“ und kommt in einen Beziehungskonflikt: Mal Liebe und wechselseitige Zuwendung („meine Mama ist die Beste“), mal Ablehnung, Verwirrung und Unberechenbarkeit („warum ist die wieder so seltsam?“). Der Konflikt ist für das Kind nicht zu lösen, es lernt so nicht, eine tragbare positive Beziehung zur Mutter zu finden. Diese besondere Form der Vernachlässigung, auch wenn sie krankheitsbedingt kein schuldhaftes Versagen darstellt, begründet daher rechtlich und moralisch den Vorrang des Kindeswohls gegenüber den verständlichen Interessen der leiblichen Mutter. Mit wenigen Ausnahmen wurde daher im eigenen Untersuchungsgut beim Sorgerechtsentzug zugunsten des Kindeswohls entschieden: **Ein Kind einer alkoholkranken Mutter wächst zweifellos besser in einer Ergänzungs- oder Ersatzfamilie auf**, wenn nicht innerhalb der Herkunftsfamilie neben der leiblichen Mutter die Voraussetzungen der Kindesversorgung zu leisten sind oder die Pflege eines Kindes nicht anderweitig, wenigstens für die Zeit der Therapiemaßnahmen, übernommen werden kann, z.B. durch Familienpflege oder andere Familienmitglieder.

Aus der Abb. 5 geht hervor, dass im eigenen Untersuchungsgut die meisten Mütter das Sorgerecht abgegeben oder verloren hatten (60%) und die Kinder in Pflege- und Adoptivfamilien oder in Heimen aufwuchsen. Nur 22% waren in der Herkunftsfamilie verblieben und von Familienmitgliedern versorgt worden. Nur bei zwei Müttern wurde bekannt, dass es Ihnen gelang, das Sorgerecht für ein Kind mühsam zu erstreiten und wiederzubekommen. Dies geschieht selten, da die meisten Mütter von sich aus sich nicht in der Lage sehen, in der Alkoholkrankheit ein Kind zu versorgen. Da ein Pflegeverhältnis im Prinzip auf Zeit angelegt ist und Alkoholkrankheit behandelbar ist, kann die leibliche Mutter unter entsprechenden Umständen das Sorgerecht zurückfordern. Die eigene Erfahrung zeigt aber auch, dass für ein Kind ein häufiger Wechsel der Versorgungsverhältnisse und der Beziehungspersonen ungünstig oder nicht zumutbar ist.
Die fortgesetzte **psychosoziale Vernachlässigung** ist besonders bedenklich, da allein durch diese bekanntlich Wachstumsstörungen, geistige Entwicklungsverzögerungen und eigenständige Verhaltensänderungen auftreten und sich somit das Bild der Alkoholeffekte mit den Folgen psychosozialer Deprivation überlappen. Diagnostisch ist dies von Bedeutung, weil nicht immer beide Krankheitsfolgen diagnostisch zu differenzieren sind. So kann das klinische Bild der alkoholbedingten Hyperaktivität, Impulsivität und der Konzentrationsschwäche bei sozialer Deprivation zur Folge haben, dass die unstete Rastlosigkeit, Ablenkbarkeit und Nervosität gepaart sind mit ungestümem dissozial wirkendem und störendem Verhalten, respektloser Lautheit, distanzlosem Anecken, mangelhaftem sozialen Feingefühl und achtlosem aggressiven Gebaren. Ein Bild, das geradezu als eine „verwilderte" Form dieser Verhaltensstörung imponiert. Es ist bei sozialer Deprivation schwer möglich, den ursächlichen Anteil des toxischen Einflusses durch Alkohol von dem des Milieus und Umfeldes zu trennen.
Bei durchschnittlich und gewöhnlich trinkenden Frauen errechnet sich der Gebrauch in Deutschland auf täglich 15 g reinen Alkohols, bei missbräuchlich trinkenden (ca. 10% aller Frauen) auf ca. 184 g. Bei gelegentlich exzessiv trinkenden Müttern ist im Allgemeinen nicht zu erwarten, dass sie infolge des Alkoholgenusses ein Kind so

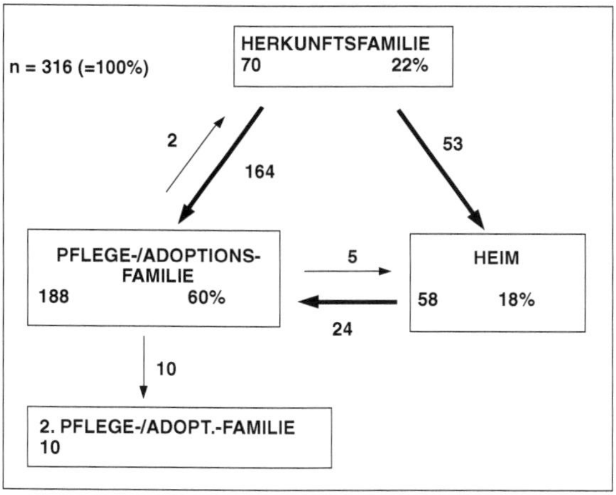

Abb. 5: Flussdiagramm zur Fremdplatzierung bei 316 Kindern mit Alkoholembryopathie nach der Geburt. Die meisten Kinder wachsen in Pflege- und Adoptivfamilien auf, zum Teil mit wechselnden Umgebungsverhältnissen. Nur 22% verblieben in der Herkunftsfamilie. Infolge der mütterlichen Alkoholkrankheit werden nur selten Kinder zur Herkunftsfamilie zurückplatziert.

weit vernachlässigen, dass sie ebenso wie bei Alkoholkrankheit die Kontrolle über Versorgung und Erziehung eines Kindes verlieren und ein Sorgerechtsentzug in Frage kommt. Zu bedenken ist aber, dass auch durch Alkoholmissbrauch in der Schwangerschaft Folgeschäden direkt und indirekt beim Kind auftreten können.
Die eigenen Erfahrungen mit Pflegeeltern der Kinder über den Lauf der Jahre sind sehr gut. Meist handelt es sich um pflegewillige, sozial engagierte, zum Teil auch um erfahrene Pflegeeltern aus sozialen Berufen, die mit den oft schwierigen pädagogischen Anforderungen zurechtkommen. Mit Ausnahme von 3 Fällen konnten die Pflegebedingungen in diesen Verhältnissen als sehr gut bis befriedigend eingestuft werden.

4 Hilfe bei Lernstörungen und Hirnleistungsschwächen

Zumeist noch nicht nach der Geburt, erst bei geistigen Anforderungen der Kinder im Kindergarten, der Frühförderung und der Schule werden die vielen Hirnfunktionsstörungen, Denk- und Lernstörungen offenbar. Von den bisher mehrfach durchgeführten Langzeitstudien wissen wir, dass selbst durch gute Förderung der Kinder der Intelligenzquotient als psychometrisches Maß sich im Laufe der Jahre nicht nennenswert bessert und die geistige Retardierung unwiederbringlich ist. Zu sehr hat der Alkohol vor der Geburt Struktur- und Funktionsveränderungen an den Hirnzellen, Hirnzentren, Nervenfortsätzen und im komplexen Werk der Reizaufnahme, Reizverarbeitung und der Informationsübertragung geschaffen. Wollte man jedoch die sogenannte theoretische Intelligenz als umstrittene Richtgröße der Hirnleistung betrachten, so wären unsere Bemühungen für das Kind zu einseitig und zu kurz gesehen. Es fehlt den Kindern an schneller Informationsverarbeitung, Kombinationsmöglichkeit, abstraktem und fantasievollem Denken. Jedoch gibt es eine durchaus förderbare sogenannte **praktische Intelligenz**, die sich durch Fördermaßnahmen, Übungsbehandlungen und schulische Einflüsse bessern lässt. Wenn man das Einmaleins auswendig lernt, so hilft dies erheblich beim komplizierten Rechnen. Die Uhr zu lesen ist zwar theoretisch schwer beizubringen und zu verstehen, es hilft jedoch, wenn ein Kind lernt, mit dem kleinen Zeiger zumindest die Tagesstunde ungefähr zu erfassen. Auch die häufig betroffene Merkschwäche lässt sich durch Übung und Mnemotechnik verbessern. Die Intelligenz des Menschen beinhaltet viele praktische Fähigkeiten, motorische, sprachliche, weniger auf das logische Denken bezogene soziale und handwerkliche Fertigkeiten, die durchaus förderbar sind, auch wenn sie sich nicht im üblichen IQ widerspiegeln. Die Lernstörungen sind nicht allein bedingt durch einen verlangsamten, zähflüssigen, formalen Denkablauf im Gehirn, sondern sind wesentlich geprägt durch Merkschwäche, unkonzentriertes Verhalten, impulsartiges Denken und Handeln und auch durch Interesselosigkeit und mangelnde Motivation. Es ist oft schwierig, bei diesen komplexen Störungen pädagogisch die „richtige Mischung" der Einflussnahme und Übungsbehandlung zu finden, ohne das Kind zu überfordern. Hierbei bewähren sich die herkömmlichen Erfahrungen der Schule, dass die Lernetappen relativ kurz und gut strukturiert sein müssen, dass die Wiederholung auch hier die „Mutter des Lernens" ist, da die Kinder ein eingeschränktes Kurzzeitgedächtnis haben. Sie brauchen mehr

Lob als Tadel, benötigen mehr kurze Phasen der Konzentration auf geistige Dinge und häufiger körperlichen Ausgleich. Ob moderne Lerntheorien, wie „entdeckendes Lernen anstelle erklärendes Lernen“ Anwendung finden können, muss bei diesen Kindern noch erprobt werden. Aus der Neurophysiologie ist bekannt, dass ebenso wie bei fortgeschrittenen Hirnausfällen des Erwachsenen, z.B. nach einem Schlaganfall, das Gehirn immer eine Plastizität hat, eine komplexe Fähigkeit, Defizite zum Teil auszugleichen. Ebenso muss man sich vorstellen, dass bei einem vorgeburtlich geschädigten Gehirn eine Nachreifung im weiteren Sinne einsetzen kann, durch welche die Hirnfunktionen sich durch Übungsbehandlungen verbessern können. Wenn man Lernen als lebenslangen Vorgang begreift, hat besonders ein Säugling viel zu lernen. Wenn er z.B. ein neues Wort lernen soll und hierbei vielleicht zwanzigmal ein Wort vorgesprochen bekommen muss, bevor er es nachspricht, lautsprachlich versteht und gedanklich anwendet, so gehört hierzu viel Mühe und Einsatz, den eine alkoholkranke Mutter kaum leisten kann.

5 In welche Schule gehört ein Kind mit Alkoholschäden?

Die Schulentwicklung dieser Kinder ist sehr unterschiedlich und spiegelt sich in der Abb. 6 bei über 77 langzeitig beobachteten Kinder mit Alkoholembryopathie und Alkoholeffekten wider. Die Untersuchungen zeigen, dass die Schulentwicklung gekennzeichnet ist durch verspätete Einschulungen, Schulabbrüche und vor allem dadurch, dass die geistige Entwicklung der Kinder zumeist übertrieben günstig eingeschätzt wurde. Tatsächlich musste nahezu die Hälfte der betroffenen Kinder eine Sonderschule besuchen. Nicht ein Kind erreichte bisher eine Oberschul-/Gymnasialreife. Der Ehrgeiz ist verbreitet, dass ein Kind mit Hirnleistungsschwächen möglichst mit normalen „gesund entwickelten“ Kindern in der Regelschule gefördert wird, nicht in einer Sonderschule für Lernbehinderte oder geistig Behinderte. Damit tut man den Kindern jedoch keinen Gefallen, wenn sich erst später herausstellt, dass sie den geistigen Anforderungen nicht gewachsen sind und dann aus dem gewachsenen Sozialfeld eines Klassenverbandes zurückgestuft oder umgeschult werden müssen. Von vornherein sollte die wirklich passende und richtige Schulform entsprechend der Lernfähigkeit des Kindes gefunden werden. Leider hat bis heute die Sonderschule nicht die gebührende gesellschaftliche Anerkennung, die ihr zukommt. In der verkürzten Sicht, der Besuch der Sonderschule werte ihr Kind ab („unter Behinderten kann es ja nichts lernen“) werden die Weichen für die Kinder häufig falsch gestellt. Es wird nicht bedacht, dass viele Sonderschulen zum Teil nicht nur speziell ausgebildete LehrerInnen haben, sondern auch günstigere Bedingungen, besonders ein besseres SchülerInnen-LehrerInnen-Verhältnis in Zahl und Qualität. Auch wird ein Kind mit stets schlechten Schulleistungen eher zu leiden haben, wenn es seine Lernschwächen immer wieder von MitschülerInnen und LehrerInnen erfährt. In Wirklichkeit sagen uns die LehrerInnen, dass ein lernbehindertes Kind in einer Regelschule sich eher weniger „integriert“ und eher „ausgesondert“ fühlt und fühlen muss als in einer Sonderschule. Die Bereitschaft der Pflegeeltern, sich auf ein Schulmodell außerhalb der Regelschule

Abb. 6: Schulische Entwicklung (von der Einschulung bis zum Zeitpunkt der Untersuchung)

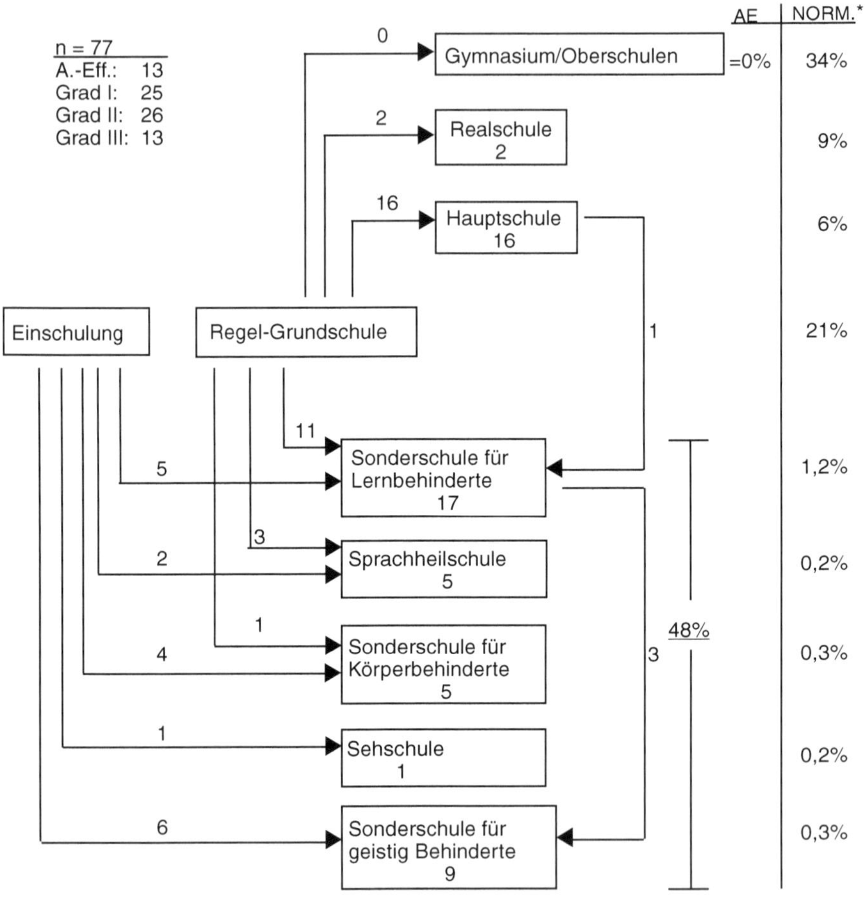

* Normalverteilung auf die einzelnen Schulformen (Schulamt Münster 1993; n = 42.900)
Die Summe ergibt nicht 100%, da Berufsschüler nicht aufgeführt sind.

einzulassen, muss immer noch wachsen. Die Fehler inadäquater Einschulung machen sich langfristig bemerkbar, besonders in der Berufsfindung und Erwerbstätigkeit. Manche Kinder erreichten zwar einen Regelschulabschluss, vielleicht mit gutem Willen der LehrerInnen und Angehörigen auch ein befriedigendes Zeugnis, scheitern dann aber in der Ausbildung, Berufsschule und im Beruf, wenn das Gelernte praktisch angewendet werden muss: Ein Kellner, der nicht abrechnen kann, eine Köchin die nicht über Zutaten, Zusammensetzungen und Zeitabläufe Bescheid weiß, hat in der heutigen Arbeitswelt auch mit scheinbar befriedigendem Schulabschluss wenig Aussichten. Hinzu kommt, dass es ein Behinderter in unserem Sozialsystem in der Regel leichter hat und eher ein Arbeitsverhältnis findet als ein Nichtbehinderter, der dem strengen heutigen Stellenmarkt ausgesetzt ist. Dies ergibt sich aus unseren Nachuntersuchungen der Kinder im Erwachsenenalter bei 52 PatientInnen.

Der Gesetzgeber will, dass es für jedes Kind eine Beschulung gibt, gleich welche chronische Krankheit oder welche Form der Behinderung es hat. Die Erfahrung zeigt, dass es letztlich die Eltern sind, die über die Schulform ihres Kindes bestimmen und in der Regel ihren Willen gegenüber den SchulärztInnen und dem Schulamt durchsetzen, obgleich formal letztlich die Entscheidung bei der Schulleitung liegt, ob ein Kind aufgenommen wird oder nicht. Es wäre besser, schon vor Einschulung dem Rat der SchulärztInnen oder der Schulleitung unter Berücksichtigung aller Umstände zu folgen (äußere Gegebenheiten, Schulweg, Angebot von speziellen Schulen, außerschulische Kontaktmöglichkeiten u.v.a.). Die rechtzeitige Auswahl der Schule erscheint für die Langzeitaussichten des Kindes sehr bedeutsam.

6 Zum Risiko der Suchtentwicklung

Kinder missbräuchlich und abhängig trinkender Mütter tragen in besonderer Weise das Risiko, in sich selbst eine stoffgebundene Sucht zu entwickeln. Zwar liegen bisher keine empirischen Untersuchungen zur tatsächlichen späteren Suchthäufigkeit vor, jedoch gibt es immerhin Beobachtungen bei diesen Kindern, dass sie schon früh ein gewisses Wohlgefallen an alkoholischen Getränken und alkoholhaltigen Nahrungsmitteln entwickeln und manche Kinder schon früher als im Durchschnitt der Jugendlichen mit Alkoholerfahrungen beginnen. Nach einer Langzeituntersuchung in Seattle/USA bei 106 Kindern mit Alkoholembryopathie und Alkoholeffekten ergab sich, dass bei einem Durchschnittsalter von 17 Jahren in 29% ein „problematischer Umgang mit Alkohol“ geschildert wurde (Streissguth et al. 1996). Tatsächlich werden in der Suchtentstehung bei Kindern mit Alkoholembryopathie und Alkoholeffekten viele wesentliche Faktoren und Vorbedingungen bereits vorgegeben:

1. Die **frühe Gewöhnung** an Alkohol über neun Monate der Schwangerschaft, die die Voraussetzungen für die Anpassung an Alkohol im Organismus schaffen, die Stoffwechselbedingungen, die Anlagevoraussetzungen des subjektiven Befindens nach Alkoholeinnahme und viele neurophysiologische, zentralnervöse Ausgangsbedingungen.

Viele Kinder werden schon mit klinischen Zeichen der Entzugserscheinungen geboren, die durchaus mit den klinischen Symptomen des Alkoholentzugs bei Erwachsenen zu vergleichen sind.
2. Es gibt inzwischen nachgewiesene genetische Zusammenhänge, aus denen zu beweisen ist, dass Kinder alkoholkranker Eltern ein erhöhtes **genetisches Risiko** in sich bergen, suchtkrank zu werden.
3. Ein Kind, das im **Alkoholismusmilieu** aufgewachsen ist, hat vom Umfeld bereits Risikofaktoren erfahren.
4. Die Kinder haben besondere **Persönlichkeitseigenheiten**, die ganz wesentlich den Einstieg in Alkoholgewöhnung und -missbrauch fördern, besonders die vermehrte Verführbarkeit, die bekannte eingeschränkte Kritikfähigkeit und Gutgläubigkeit, die emotionale Labilität und Vertrauensseligkeit, Eigenheiten, die es dem Kind erschweren, den Verführungen zum Alkoholgenuss zu widerstehen.

Das Risiko einer späteren Suchtentwicklung kann bei diesen Kindern heutzutage auf über 30% geschätzt werden. Allen sorgeberechtigten Eltern wurde daher bei ambulanten Behandlungen zur Sicherheit der Rat gegeben, Alkohol in jeder Form von den Kindern fern zu halten und auch nicht, wie es bei normalen Kindern häufig geschieht, Alkohol „probieren" zu lassen oder sie zum „richtigen Umgang mit Alkohol" erziehen zu wollen. Alkoholismus ist als eine zerstörerische Krankheit zu betrachten; die Kinder mit Alkoholembryopathie und Alkoholeffekten sollten daher wie „trockene AlkoholikerInnen" angesehen und behandelt werden. Dieser Begriff ist zwar vorbehalten für erwachsene Alkoholkranke, die schon nach einmaligem Genuss von Alkohol in die Abhängigkeit zurückfallen können, jedoch sind auch diese Kinder alkoholkrank und zumindest insoweit in der Suchtentwicklung gefährdet, dass sie mit verkürzter Alkoholkarriere in eine Abhängigkeit geraten können. Diese primäre Suchtprävention bei Kindern durchzusetzen, ist praktisch schwierig aber möglich, wenngleich Alkohol als Suchtstoff Nr. 1 schon früh in alle Lebensbereiche des Kindes eindringt. Von den 52 nachuntersuchten Erwachsenen hatten erst 13% einen regelmäßigen oder gelegentlichen Umgang mit Alkohol geschildert, in keinem Fall Missbrauch oder Abhängigkeit.
Es hat sich nach eigenen Untersuchungen bewährt, die Kinder relativ früh, sofern sie es altersbedingt verstehen, über ihre Krankheit und mütterliche Alkoholvorgeschichte aufzuklären oder aufklären zu lassen.
In diesem Rahmen ist es auch sinnvoll und angebracht, vor Alkohol und dem Suchtrisiko zu warnen. Man kann einem Kind im Alter von etwa 8 bis 14 Jahren durchaus verständlich machen, dass es körperlich, geistig und seelisch so geworden ist mit allen Defiziten und Schwierigkeiten, weil es durch Alkohol im Mutterleib verändert wurde; dies ohne Schuldzuweisung und moralische Vorwürfe, jedoch mit dem klaren Fingerzeig, dass der Alkohol selbst das Leben des Kindes negativ bestimmt hat. Dann fällt es dem Kind auch leichter zu verstehen, wenn man ihm sagt: „Du hast unter dem Alkohol schon viel zu leiden gehabt, nun fang gar nicht erst an, dieses Zeug auch zu trinken - es schädigt (oder zerstört) dein Leben noch mehr". Jedes Kind braucht hier natürlich seine eigene, ihm gemäße Wortwahl und Art der Aufklärung. Es macht kei-

nen Sinn - nur bei geistig schwer behinderten Kindern - die Alkoholproblematik der Mutter und deren Folgen und späteren Gefahren dem Kind vorzuenthalten oder gar zu beschönigen, wie es noch häufig bei anonymen Adoptionsvermittlungen geschieht. Ein Kind hat immer auch ein Recht auf seine eigene Biografie, zu erfahren, woher es kommt und wohin es geht.

7 Schlussbemerkung

Es gibt viele Pflegefamilien, die an der Fülle der pädagogischen, pflegerischen und fördernden Bemühungen um ihre Kinder verzweifeln können und fast verzagen. Dennoch ist nach eigener Beobachtung immer wieder bewundernswert und erfreulich zu erleben, mit welchem sichtbaren Erfolg, liebevoller Zuwendung, Freude und Dankbarkeit sie die Entwicklung ihrer Kinder begleiten. Man ist oft überrascht zu sehen, welch unerwartet gute Fortschritte ein alkoholgeschädigtes Kind machen kann, wenn es nur rechtzeitig in fördernde Umgebungsverhältnisse gelangt und zumindest die oft erheblichen Folgen psychosozialer Deprivation rasch überwindet und frühere Defizite zum Teil ausgleicht. In schweren therapieresistenten Fällen ist es mitunter hilfreich, sich zu sagen: Nicht ich bin schuld, wenn das Kind in der Entwicklung nicht weiterkommt und mein Bemühen an Grenzen stößt, nein, es ist der Alkohol, der diese schlimmen organischen Wirkungen vorgeburtlich verursacht hat.

Literatur

Abel, E.: Fetal alcohol syndrome und fetal alcohol effects. Plenum Press, New York (1983)

Dehaene, Ph.: La grossesse et l'alcool. Presses Universitaires de Fance, Paris (1995)

Knappen, B. vom, Thater, H., Löser H.: Alkoholschäden bei Kindern. Ein Ratgeber zur Alkoholembryopathie, Lambertus, Freiburg (1987)

Löser, H.: Alkohol in der Schwangerschaft als Risikofaktor der kindlichen Entwicklung. In: Karch, D. (Hrsg.) Risikofaktoren der kindlichen Entwicklung. Steinkopf, Darmstadt (1994)

Löser, H.: Alkoholembryopathie und Alkoholeffekte. Stuttgart 1995

Löser, H., Bierstedt, Th.: Schwangerschaft und Alkohol – Risiken der Kinder und mütterliche Konflikte. Sucht 44, S. 42-47 (1998)

Streissguth, A.P.: Fetal alcohol syndrome. A guide for families and communities. Paul H. Brooks Publishing Corporations. Baltimore, London (1997)

Annette Tenhumberg / Maria Michelbrink

Vermittlung traumatisierter Kinder in Pflegefamilien

1 Einleitung

In unserer beruflichen Praxis begegnet uns immer wieder eine Verleugnung und Verdrängung der Frage nach dem Erleben traumatischer Erfahrungen für ein Kind. Die Vermittlung eines traumatisierten Kindes kann aber nur qualifiziert erfolgen, wenn sich die hieran beteiligten BerufskollegInnen und auch die zukünftigen Pflegeeltern gerade dieser Frage: „Wie erlebt ein Kind traumatische Erfahrungen?“, stellen. Ohne ein Verständnis hierfür, ist auch kein Verständnis und keine Solidarität mit einem traumatisierten Kind möglich, für das entscheidende befriedigende Lebensweichen gestellt werden sollen. Eine klare und deutliche Antwort auf die genannte Frage zieht ganz konkrete Konsequenzen und Handlungsabläufe für eine Vermittlung nach sich. Unser Thema: „Vermittlung traumatisierter Kinder in Pflegefamilien“ soll durch 13 Thesen erfasst und - so weit notwendig - erläutert werden, deren Berücksichtigung und Würdigung nach unserer fachlichen Überzeugung unerlässlich für eine qualifizierte Vermittlungsarbeit von traumatisierten Kindern ist.

Unser Verständnis für die psychologischen Integrationsprozesse und die Wirkung traumatischer Erfahrungen wurde vor allem durch die Arbeiten der Psychologen Nienstedt und Westermann geprägt, die sie seit 1977 auf verschiedenen Tagungen vorgetragen und 1989 in dem Buch „Pflegekinder, Psychologische Beiträge zur Sozialisation von Kindern in Ersatzfamilien“, veröffentlicht haben. Diese Erkenntnisse bildeten auch die inhaltliche Grundlage für die Entwicklung eines Konzeptes zur Vorbereitung von Pflegeeltern.

2 Bindung – ein Naturbedürfnis des Kindes

***These 1**: Die Bindung des Kindes ist ein Naturbedürfnis und Voraussetzung einer gelungenen Persönlichkeitsentwicklung. Eine gesunde emotionale Entwicklung in den ersten entscheidenden Lebensjahren schafft die Grundlage für eine gesunde Persönlichkeit und ist mit die Basis für die Entwicklung aller anderen menschlichen Fähigkeiten und Fertigkeiten. Sie schafft erst die Möglichkeit, dass die Kennzeichen einer geglückten Persönlichkeitsentwicklung: die Beziehungsfähigkeit, Arbeitsfähigkeit, Belastungsfähigkeit und letztlich Lebensfähigkeit im Laufe der kindlichen Entwicklung realisiert werden können.*
Bindung ist das Ergebnis eines kontinuierlichen Prozesses zwischen dem Kind und einer versorgenden Person.

Da, wo Kinder diese unabdingbaren Erfahrungen mit Eltern nicht machen können, müssen sie für das Kind anderweitig hergestellt und sichergestellt werden, soweit möglich, in einer Pflegefamilie.
Fehlt eine befriedigende Eltern-Kind-Beziehung, führt dies zu schweren Beeinträchtigungen in der Sozialisation des Kindes.

3 Vermittlung traumatisierter Kinder in Pflegefamilien kann nur Vermittlung in Dauerpflege bedeuten

These 2: *Vermittlung traumatisierter Kinder in Pflegefamilien kann nur unbefristete Vermittlung, also Vermittlung in Dauerpflege, nicht Kurzzeit- oder Übergangspflege, bedeuten:*
Kinder, die in ihrer Lebensgeschichte traumatische Erfahrungen durch ihre Eltern gemacht haben und aus diesem Grund von den Eltern getrennt werden mussten, haben ein Recht auf einen Neuanfang im Aufbau von Bindungen und Beziehungen zu neuen Eltern, die es dauerhaft abzusichern gilt (Ersatzfamilie - zeitlich unbefristet -) (vgl. Nienstedt/Westermann 1989, S. 295 ff.).

In § 33 KJHG heißt es: „Hilfe zur Erziehung in Vollzeitpflege soll entsprechend dem Alter und Entwicklungsstand des Kindes oder des Jugendlichen und seinen persönlichen Bindungen sowie den Möglichkeiten der Verbesserung der Erziehungsbedingungen in der Herkunftsfamilie Kindern und Jugendlichen in einer anderen Familie eine zeitlich befristete Erziehungshilfe oder eine auf Dauer angelegte Lebensform bieten."

Hieraus ergeben sich zwei Differenzierungen der „Vollzeitpflege":

1. Kurzzeitpflege/Übergangspflege (Ergänzungsfamilie):

   Zeitlich befristete und damit die Herkunftsfamilie ergänzende Form der Vollzeitpflege bedeutet: Da, wo Beziehungen zu leiblichen Eltern zwar defizitär, aber im Erleben des Kindes tragfähig und in einem für seine Entwicklung vertretbaren Zeitraum verbesserungsfähig sind, gilt es, diese Beziehung aufrechtzuerhalten und hieran zu arbeiten.

   Das in einem defizitären Familiensystem lebende und dadurch in seiner Entwicklung beeinträchtigte Kind soll in einer qualifizierten Kurzzeitpflegefamilie Möglichkeiten des Ausgleichs von Defiziten und Entwicklungsmöglichkeiten bekommen, während gleichzeitig die vorhandene Bindung an die leiblichen Eltern aufrechterhalten bleibt. Durch eine Arbeit mit den leiblichen Eltern in einem für die kindliche Entwicklung vertretbaren Zeitraum werden Hilfen bei der Bewältigung der spezifischen Probleme geleistet, die Erziehungsfähigkeit und die Bindung zwischen Kind und Eltern verbessert.

2. Dauerpflege (Ersatzfamilie):

Auf Dauer angelegte und damit die Herkunftsfamilie ersetzende Form der Vollzeitpflege bedeutet: Kinder, die in ihrer Lebensgeschichte traumatische Erfahrungen durch ihre Eltern gemacht haben und aus diesem Grund von den Eltern getrennt werden mussten, haben ein Recht auf einen Neuanfang im Aufbau von Bindungen und Beziehungen zu neuen Eltern, die es dauerhaft abzusichern gilt.

Ein traumatisch gestörtes Kind soll in einer kompetenten Dauerpflegefamilie durch den Neuaufbau von Bindungen und Beziehungen die Möglichkeit der Sicherung existenzieller Grundbedürfnisse und emotionalen Gesundung erhalten.

Nur hierum kann es bei der Vermittlung eines traumatisierten Kindes gehen, wobei unsere Erläuterungen zur Kurzzeitpflege/Übergangspflege der Abgrenzung zur Dauerpflege dienen sollen.

4 Die Funktion des Heimes vor Vermittlung traumatisierter Kinder

These 3: *Wenn bei der Herausnahme eines Kindes eine unklare Perspektive besteht oder traumatische Erfahrungen angenommen werden müssen, sollte grundsätzlich keine Vermittlung von der Ursprungsfamilie in eine Ersatzfamilie erfolgen (vgl. Nienstedt/Westermann 1989, S. 27 ff.).*
In diesem Fall muss das Heim zur Perspektivklärung und für das Kind als vorübergehende Entlastung vom familialen System genutzt werden. Für sehr kleine Kinder bietet sich hier unter Umständen auch die professionelle Bereitschaftspflege an.

Sind Art und Umfang der Hilfe zur Erziehung nach dem erzieherischen Bedarf im Einzelfall (§ 27 KJHG) und entsprechend dem Alter und Entwicklungsstand des Kindes auszurichten und ist dem Kind in einer anderen Familie eine auf Dauer angelegte Lebensform zu bieten (§ 33 KJHG), so folgt hieraus zwingend die Notwendigkeit einer sorgfältigen Klärung.

Die Entscheidung über die Form der Vollzeitpflege setzt ein Wissen um die Störungen und Beeinträchtigungen eines Kindes und die sich hieraus ergebenden Konsequenzen für seine Unterbringung in Dauerpflege voraus. Es kann nicht angehen, dass aus Kostengründen und/oder aus fehlender fachlicher Kompetenz Kinder als Versuchsobjekte behandelt werden. Ebenso wenig kann es dem Zufall überlassen bleiben, ob die Integration eines Kindes in seine neue Familie gelingt oder nicht.

Bedenken wir, dass die hierzu beauftragten Fachkräfte mit ihren Entscheidungen den weiteren Lebensweg eines Kindes maßgeblich bestimmen, dann wird uns die Verantwortung für das Kind, die wir übernommen haben, bewusst.

In erster Linie dient die Heimerziehung dazu, Kindern, die aufgrund von defizitären Familienstrukturen von ihrer Ursprungsfamilie getrennt werden, einen Lebensraum zu schaffen, wo sie sich erholen und Abstand von ihren belastenden Erfahrungen gewinnen können.

Darüber hinaus ist für Kinder, die in Ersatzfamilien integriert werden sollen, das Heim eine Zwischenstation von der leiblichen Familie zur Pflegefamilie. Bei diesen, in der Regel älteren Kindern, handelt es sich um solche, die in ihren Herkunftsfamilien traumatische Erfahrungen gemacht haben und deren Vorgeschichte, Problematik und Perspektive noch nicht geklärt sind. Diese Kinder ohne Übergang von einer Familie in die nächste zu „verpflanzen" bedeutet, ihre Wünsche und Bedürfnisse außer Acht zu lassen und die Voraussetzungen für ihre Gesundung zu missachten.

In dem Buch „Pflegekinder" haben Nienstedt und Westermann folgende Gründe für die oben erwähnte Sichtweise beschrieben (1989, S. 27 - 40).

- Ein Kind, das in eine Ersatzfamilie integriert werden soll, muss die Trennung von der Ursprungsfamilie ein Stück weit realistisch verarbeitet haben und offen sein für die Entwicklung neuer Eltern-Kind-Beziehungen.

- Ein traumatisch gestörtes Kind - d. h., ein Kind, das beängstigende oder desorientierende Erfahrungen mit Eltern gemacht hat - erlebt neue Eltern als bedrohlich. Ein solches Kind braucht erst einmal keine Eltern, sondern Erwachsene, die seine Wünsche und Bedürfnisse wahrnehmen, annehmen und im Erleben des Kindes befriedigend darauf eingehen.
  Die Fachkräfte in den Heimeinrichtungen sind pädagogisch ausgebildet, um diesen Anforderungen zu entsprechen.

- Ein Kind, das Überwältigungserfahrungen in den Beziehungen zu seinen leiblichen Eltern gemacht hat oder Beziehungen als nicht verlässlich und willkürlich erlebt hat, sollte den Schritt in die neue Familie selbst aktiv tun können.

- Die Auswahl von Pflegeeltern, die fähig sind, ein Kind in Dauerpflege aufzunehmen, erfordert Sorgfalt ohne Zeitdruck. Um die notwendigen Entscheidungen treffen zu können, bedarf es einer möglichst genauen Kenntnis der Lebensgeschichte des Kindes sowie der Biografie der Ersatzeltern. In den seltensten Fällen, insbesondere dann nicht, wenn ein Kind in einer akuten Krisensituation von seinen leiblichen Eltern getrennt wird, liegen bei der Herausnahme eines Kindes ausreichende Informationen vor.

Zusammenfassend kann gesagt werden, dass das Heim bei der Unterbringung eines Kindes in Dauerpflege folgende Aufgaben erfüllt:

- Die Perspektive des Kindes zu klären.
- Das Kind bei seiner realistischen Verarbeitung der Trennung von seinen leiblichen Eltern zu begleiten.
- Die Kontaktanbahnung zur Ersatzfamilie zu ermöglichen und zu unterstützen.

5 Abklärung der rechtlichen Situation

These 4: *Die rechtliche Situation des Kindes, d. h., der Verbleib des Kindes in der Ersatzfamilie (Entzug der elterlichen Sorge bzw. einzelner Teile) sowie nach Möglichkeit Ausschluss des Umgangsrechtes und Nicht-Preisgabe des Aufenthaltsortes des Kindes, sollte vor Vermittlung in eine Dauerpflegefamilie soweit möglich geklärt sein.*

Um zu verhindern, dass durch die Aufrechterhaltung der verletzenden Einflussmöglichkeiten der Eltern, Kindern die Chance genommen wird, in neuen und zuverlässigen Beziehungen korrigierende Erfahrungen zu machen, ist eine rechtliche Klärung vor Vermittlung in Dauerpflege unabdingbar. Nur, wenn weitgehend sichergestellt ist, dass das Kind nicht eines Tages zu seinen leiblichen Eltern zurückkehren muss und diese auf die Entwicklung des Kindes auch keinen Einfluss mehr haben, kann die Unterbringung eines Kindes in Dauerpflege vollzogen werden und der Neuaufbau von Bindungen und Beziehungen und psychische Gesundung gelingen.

6 Qualifizierung und Auswahl der Pflegeeltern

These 5: *Aufgrund der hohen, quasi-therapeutischen Anforderungen an Pflegeeltern, die ein traumatisiertes Kind aufnehmen wollen, müssen diese sorgfältig ausgewählt und auf ihre anspruchsvolle Aufgabe adäquat vorbereitet werden. Hierzu ist eine qualifizierte, differenzierte BewerberInnenarbeit erforderlich.*

Nach unseren Beobachtungen hat sich in den zurückliegenden Jahren die Unterbringung von Kindern in Ersatzfamilien dahingehend geändert, dass heute an aufzunehmende Eltern differenzierte Anforderungen gestellt werden. Diese sind zum einen bedingt durch die immer komplexer werdenden Problematiken der Kinder und ihrer Hintergründe und zum anderen durch das höhere Lebensalter dieser Kinder zum Zeitpunkt der Vermittlung.

Weitere Gründe liegen in den vielschichtigen Kenntnissen über die Entwicklung von Kindern in Ersatzfamilien, hier besonders in dem Bestreben des Neuaufbaus von Beziehungen zwischen Kind und Ersatzeltern. Durch das Misslingen von Pflege- und Adoptionsverhältnissen ist deutlich geworden, dass gerade das Fehlen der Bindungen und Beziehungen des Kindes zu seinen Ersatzeltern mit eine häufige Ursache für das Scheitern ist.

Diese oben angesprochenen Aspekte erfordern eine intensive und qualifizierte Befähigung von Pflegeeltern sowie eine umfassende Vorbereitung auf ihre künftige Aufgabe.
Die „Themenorientierte BewerberInnengruppenarbeit" sehen wir als eine adäquate Antwort auf Arbeitsanforderungen der Pflegeelternvorbereitung von Vermittlungsstellen an. In diesem didaktisch und methodisch umfangreich dargestellten Konzept (vgl. Linke, Ottmann, Tenhumberg 1988, S. 280 - 373) geht es um folgende Inhalte:

1. Die Vermittlung des Kindes als Zusammenspiel verschiedener Personen und Institutionen unter Berücksichtigung der Rolle der BewerberInnen.

2. Die Entwicklung der Eltern-Kind/Kind-Eltern-Beziehung aus entwicklungspsychologischer Sicht, die Bedeutung der Trennung für ein gut gebundenes Kind.

3. Der Neuaufbau von Bindungen und Beziehungen des Kindes in Pflegefamilien.

4. Grundhaltungen zur Förderung des Integrationsprozesses.

5. Das Kind im Spannungsfeld der rechtlichen Auseinandersetzungen.

6. Das medizinisch risikoreiche Kind.

Die vollständigen Inhalte und darüber hinausgehende Arbeitsschritte für eine Vorbereitung und Überprüfung der BewerberInnen, sind dem Konzept zu entnehmen.

7 Kontaktanbahnung

These 6: *Eine intensive, quasi-therapeutische Kontaktanbahnung zwischen dem traumatisierten Kind und den zukünftigen Pflegeeltern ist unerlässlich. Es ist Aufgabe der SozialarbeiterInnen im Pflegekinderwesen, die Kontaktanbahnung zu begleiten. In dieser Zeit sind sie BeraterInnen für die Pflegeeltern und wichtige Bezugspersonen für das Kind.*

Das Amt für Kinder, Jugendliche und Familien und der Sozialdienst Kath. Frauen e. V. Münster leiten ihre Vermittlungspraxis/Praxis der Kontaktanbahnung, die im Folgenden dargestellt wird, von den Ausführungen der Psychologen Nienstedt und Westermann ab (vgl. Nienstedt/Westermann 1989, S. 33 - 40).

Ist ein Kind für eine Vermittlung bereit und konnten geeignete Pflegeeltern gefunden werden, gilt es, Beziehungen zwischen Kind und Pflegeeltern anzubahnen.

Die Kontaktanbahnung wird vom Kind her dann möglich, wenn es aufgrund einer beginnenden emotionalen Gesundung keine lang andauernde therapeutische Heimerziehung mehr benötigt.

Jede/r SozialarbeiterIn ist zuständig für bestimmte im Heim lebende, zu vermittelnde Kinder und bleibt in der Regel nach Vermittlung für die Betreuung und Beratung der Pflegefamilie, in die dieses Kind vermittelt wird, zuständig. Er/sie steht während des Heimaufenthaltes in regelmäßigem Spielkontakt zum Kind, z. B. einmal wöchentlich für eine Stunde.
Wenn es um die Vermittlung in eine Pflegefamilie geht, muss sich das Kind auf individualisierte Beziehungen einlassen. Es müssen Zweierbeziehungen gebahnt werden.
Bei der Beziehung, die der/die SozialarbeiterIn bereits zum Kind hat, handelt es sich um eine individualisierte Beziehungsform. Diese Beziehung grenzt sich von der Heimgruppensituation deutlich ab.
Es bietet sich von daher an, dass der/die SozialarbeiterIn aus dieser Beziehungsform heraus in eine gleichartige Beziehungsform zu Pflegeeltern überleitet.
Darüber hinaus begleitet der/die VermittlerIn die Integration des Kindes in die Pflegefamilie. Er/sie ist Fachkraft für Fragen der Integration des Kindes in die Ersatzfamilie.
Zu diesem Integrationsprozess gehört bereits die Kontaktanbahnung. Der/die SozialarbeiterIn lernt das Kind hier in Beziehungsformen kennen, die in der anschließenden Beratung und Betreuung des Integrationsprozesses von Bedeutung sind und von denen er/sie wissen muss, um adäquat unterstützen zu können. Die dazugehörige Kontaktanbahnung ist von daher seine/ihre Aufgabe.

Die SozialarbeiterInnen im Pflegekinderdienst stellen eine Brücke zwischen Heim und Pflegefamilie für das Kind dar. Sie bahnen den Weg aus dem Heim in die Pflegefamilie.

Die zukünftigen Pflegeeltern sollten dem Kind als Bekannte des/der SozialarbeiterIn mit Vornamen vorgestellt werden, die es z. B. während einer gemeinsamen Spielstunde mit dem/der VermittlerIn als deren Besuch kennen lernt.

Die Spielkontakte dürfen auf keinen Fall in der Heimgruppe stattfinden, sie sollten in einem räumlich deutlich getrennt liegenden Spielzimmer erfolgen. Die Wahl eines Raumes ist sinnvoll, damit das Kind nicht wie z. B. auf einem Spielplatz oder im Zoo, den Beziehungen ausweichen und hiervor flüchten kann. Auch bietet ein Raum dem Kind die Möglichkeit, Distanz und Nähe zu bestimmen, indem das Kind z. B. jemanden vor die Tür schickt.

Die Pflegeeltern kommen nach dem ersten Kontakt zu regelmäßigen Spielkontakten wieder, indem sie dem Kind z. B. sagen, dass es ihnen Spaß gemacht hätte, ihm beim Spielen zuzusehen oder gegebenenfalls auch mitgespielt zu haben und sie gerne beim nächsten Mal wiederkommen würden.

Das zu vermittelnde Kind sollte ungestört sein und das Gefühl entwickeln, es gehe in diesen Kontakten nur darum, dass eine Frau und ein Mann sich für es interessieren und sich von ihm manipulieren lassen, indem sie auf seine Wünsche und Bedürfnisse eingehen. In Gedanken kann das Kind diese Menschen „probeweise" zu Eltern machen und durch Handeln in Elternrollen manövrieren. Es kann die Möglichkeiten ausprobieren, die seine Befindlichkeit zulassen. Die Kontaktanbahnung ist nicht nur eine Zeit des sich gegenseitigen Kennenlernens, sondern die Einleitung eines Prozesses, der der Klärung und Bearbeitung der an Eltern gebundenen Erfahrungen des Kindes dient. Die neuen Eltern haben eine quasi-therapeutische Funktion für das Kind, und es müssen bestimmte Bedingungen geschaffen werden, damit dieser Prozess in Gang kommt. In der Kontaktanbahnung ist eine Situation herzustellen, die von Anpassungsanforderungen an das Kind befreit ist. Es geht nicht um die Gewöhnung an die neue Familie, sondern um den Aufbau von Eltern-Kind-Beziehungen auf der Grundlage der Verarbeitung alter Konflikte durch Übertragungsbeziehungen. Eltern sollten sich in der Kontaktanbahnung dem Kind anbieten, sich einfühlen, die Wünsche des Kindes erraten, seine Ängste und Widerstände verstehen, sich „vom Kind an die Hand nehmen lassen", indem sie seine Signale aufnehmen und zu beantworten suchen. Alle störenden und nicht kalkulierbaren Einflüsse sollten bei der Kontaktanbahnung möglichst ausgeschlossen werden.

Wenn die ersten Kontakte zwischen dem Kind und den Pflegeeltern geknüpft werden konnten, zieht sich der/die SozialarbeiterIn langsam aus den Kontakten zurück. In anschließenden Gesprächen mit den Pflegeeltern reflektiert er/sie mit ihnen den Verlauf der Kontaktanbahnung als Teil des Integrationsprozesses.

In regelmäßigen Abständen finden auch Gespräche zwischen den HeimerzieherInnen, den SozialarbeiterInnen und gegebenenfalls den Pflegeeltern statt, um hierin ebenfalls den Vermittlungsprozess zu reflektieren.

In der beschriebenen Weise bieten die Pflegeeltern dem Kind zusätzliche Beziehungsmöglichkeiten an, ohne sich zu schnell in die Rolle von Ersatzeltern mit den damit oftmals verbundenen Erwartungen nach einem harmonischen Familienleben drängen zu lassen. Das Kind erhält so die Freiheit, diese Beziehungen zur Bewältigung seiner Probleme zu nutzen, aktiv zu gestalten und letztlich beziehungsfähig zu werden. Erst ein beziehungs- und familienfähiges Kind kann in eine Ersatzfamilie integriert werden.

Es ist notwendig, dass das Heim sich als therapeutische Übergangssituation begreift, das die langsame und schrittweise Entwicklung von neuen Elternbeziehungen kooperativ unterstützt, es dem Kind erlaubt, sich neue Eltern zu wünschen und den Schritt in die Familie selbst aktiv zu tun.

Die regelmäßigen Kontakte weiten sich auf das Zuhause der Pflegeeltern aus, wenn sich das Kind hierfür interessiert und auf die Pflegeeltern vertrauend wünscht, mit ihnen nach Hause zu fahren, um zunächst am Nachmittag, später auch am Wochenende und schließlich ganz dort zu sein und bleiben zu wollen.

Das Kind sollte dann noch einmal ins Heim zurückkehren, um seine persönlichen Sachen abzuholen, Abschied zu nehmen und dann endgültig in die Pflegefamilie überzuwechseln.

Die Dauer einer Kontaktanbahnung und die Häufigkeit der Kontakte hängen ab von den spezifischen Erfahrungen, die das Kind in seiner Ursprungsfamilie oder in anderen Beziehungen gemacht hat sowie von seinem Alter.

8 Die Ablösung von der Ursprungsfamilie als Notwendigkeit für den Aufbau neuer Eltern-Kind-Beziehungen

These 7: *Erst die Trennung und Ablösung des traumatisierten Kindes von seiner Herkunftssituation/seinen Herkunftseltern ermöglicht die Entwicklung neuer Beziehungen in der Ersatzfamilie. Ohne die Ablösung von der Ursprungsfamilie gibt es keine neuen Eltern-Kind-Beziehungen in Pflegefamilien. „Der Ausschluß jeglicher Kontakte (Besuche, Briefe, Telefongespräche) zu den leiblichen Eltern ist dann, wenn diese Beziehung aufgrund früher traumatischer Erfahrungen sehr angstbesetzt oder höchst unbefriedigend ist, nicht eine hinreichende Bedingung für die Wiederherstellung der psychischen Gesundheit des Kindes, wohl aber eine Rahmenbedingung dafür, daß sich das Kind überhaupt auf den komplizierten Weg einlassen kann, seine Erfahrungen realistisch aufzuarbeiten, eine kritische Distanz zu ihnen zu gewinnen und neue befriedigende Eltern-Kind-Beziehungen zu entwickeln, die ein Kind für eine gesunde Persönlichkeitsentwicklung braucht" (Nienstedt/Westermann 1989, S. 221).*

„Beide Prozesse, Bindung und Trennung, laufen nebeneinander her und bedingen sich gegenseitig. Bindung wird durch Ablösung ermöglicht und Ablösung wird durch Bindungsmöglichkeiten erleichtert. Bindungen sind nur da möglich, wo Trennungen vollzogen werden" (Nienstedt/Westermann 1989, S. 201).

Es muss dem Kind in einem therapeutischen oder quasi-therapeutischen Prozess geholfen werden, seine existenziell bedrohlichen Erfahrungen zu verarbeiten und eine kritische Distanz zu ihnen zu entwickeln. In neuen Beziehungen werden dem Kind korrigierende Erfahrungen ermöglicht, um eine gesunde Basis für seine Persönlichkeitsentwicklung zu gewinnen. Dies ist ein mühsamer, aber gangbarer Weg, der jedoch nur unter bestimmten Voraussetzungen erfolgreich beschritten werden kann.

Eine wichtige Voraussetzung ist, dass das Kind sich vor dem erneuten Einfluss der als existenziell bedrohlich erlebten Menschen, seinen leiblichen Eltern, wirklich geschützt fühlen kann, dass es die Erfahrung macht, dass die Pflegeeltern, von denen es jetzt abhängig ist, sich überzeugend als Menschen erweisen, die das Kind nicht mehr den

Schrecken und Ängsten, die an seine Vergangenheit gebunden sind, aussetzen und die ihm erlauben, sich von denjenigen, die für das Kind so hoch angstbesetzt sind, ablösen zu können und eine kritische Distanz zu ihnen zu gewinnen. „Und das bedeutet in allen Fällen, in denen ein Kind die Eltern als nicht schützend und höchst unbefriedigend, als beängstigend und bedrohlich erlebt hat, daß das Kind vor jeglichem weiteren Kontakt mit den Eltern bewahrt werden muß“ (Nienstedt/Westermann 1989, S. 211).

Wenn ein Kind, dessen Beziehung zu den leiblichen Eltern hoch angstbesetzt ist, auf die Beziehung zu den Angstobjekten verpflichtet wird und an ihr festgehalten wird, so hat dies weitreichende Folgen:
Ein Kind kann unter diesen Bedingungen die neuen Sozialisationschancen in einer Pflegefamilie nicht hinreichend nutzen. Es hält an den in der Beziehung zu den misshandelnden und vernachlässigenden Eltern entwickelten negativen Selbstdefinitionen fest. Es ist nicht in der Lage, die traumatischen Erfahrungen realistisch zu verarbeiten und zu bewältigen, sondern hält die Angstabwehrmaßnahmen (Verdrängung und Verleugnung traumatischer Erfahrungen, Identifikation mit dem Angreifer, Idealisierung der leiblichen Eltern und Überanpassung an deren Erwartungen) aufrecht, die es angesichts der Gefahr, als es noch direkt von den überwältigenden Eltern abhängig war, eingesetzt hat, um mit seiner Angst überleben zu können, ohne verrückt zu werden. Es wird, auch wenn bei kompetentem, helfendem und unterstützendem Umgang mit dem Kind eine Milderung seiner Probleme möglich ist, eine grundlegende Veränderung seiner Persönlichkeits- und Beziehungsstrukturen kaum zu realisieren sein (vgl. Nienstedt/Westermann 1989, S. 216 f.).

Kontakte zu den Eltern kann das Kind nur so erleben, dass diejenigen, die hoch angstbesetzt sind und als unbefriedigend erlebt wurden, weiterhin Macht und Einfluss über das Kind und sein Leben haben.

Das Kind fühlt sich nicht nur von den Angstobjekten (leiblichen Eltern) bedroht, sondern auch von den Schutzobjekten (Pflegeeltern) verraten. „Die erlebte Schutzlosigkeit in den neuen Beziehungen begünstigt die Aufrechterhaltung der Übertragungsbeziehungen zu den Pflegeeltern und die Idealisierung der leiblichen Eltern“ (Nienstedt/Westermann 1989, S. 220).

Das Kind wird mit seinen Angstgefühlen nicht ernst genommen und kann nur an der Richtigkeit seiner Erinnerungen und der Berechtigung seiner Gefühle von Angst, Ohnmacht und Wut zweifeln, was die Verdrängung und Verleugnung der negativen Erfahrungen unterstützt und der Verarbeitung der Traumata entgegenwirkt.

Da, wo für Kinder keine langfristige Perspektive bei leiblichen Eltern besteht oder wo trotz des vorher Beschriebenen, Besuchskontakte z. B. aufgrund richterlicher Anordnungen unumgänglich sind, sollten sie dazu genutzt werden, dass man leiblichen Eltern hilft, sich schrittweise von ihren Kindern zu lösen. Es muss auf den Beziehungsaufbau zu den Pflegeeltern gesetzt und den leiblichen Eltern ermöglicht werden, zu einer veränderten Rollendefinition dem Kind gegenüber zu gelangen, was schließlich auch in einer deutlichen Reduktion der Besuchskontakte bzw. letztlich in einem Verzicht auf Besuche dokumentiert wird (vgl. Nienstedt/Westermann 1989, S. 189 ff.).

9 Der Integrationsprozess

These 8: *Nach der Vermittlung ist die Betreuung und Begleitung des Pflegeverhältnisses eine unabdingbare Aufgabe für die/den Sozialarbeiterin/Sozialarbeiter bei der Integration des Kindes in die Ersatzfamilie. Die/der Sozialarbeiterin/Sozialarbeiter muss gute theoretische Kenntnisse über den Verlauf eines Integrationsprozesses (Phasen, Kennzeichen, Schwierigkeiten, typische Verhaltensweisen des Kindes, fördernde Haltungen der Pflegeeltern etc.) haben, um adäquat beraten zu können. „Eltern werden braucht Zeit!“*

Die Theorie der Integration (vgl. Nienstedt/Westermann 1989, S. 48 - 88) geht von dem Grundgedanken aus, dass ein Kind in der Lage ist und ihm erlaubt werden muss, noch einmal neue Eltern-Kind-Beziehungen zu entwickeln.

Dieser Prozess ist abhängig von den besonderen traumatischen Erfahrungen, die das Kind in der Ursprungsfamilie mit Vater und Mutter gemacht hat. Diese, aus den frühen Beziehungserfahrungen resultierenden Persönlichkeitsstrukturen, finden ihren Niederschlag im Erleben, in den Ängsten und Wünschen des Kindes, die die Beziehungen zu den neuen Eltern prägen.

Verläuft der Prozess der Integration positiv, sind nach Nienstedt/Westermann drei mehr oder weniger unterscheidbare Phasen zu beobachten:

9.1 Anpassungsphase

In der ersten Zeit der Eingliederung wird in der Regel nicht deutlich, dass das Kind trotz der Herstellung neuer Familienbeziehungen an seiner alten Identität, seiner alten Selbstdefinition festhält. Das Kind passt sich den vorherrschenden Normen, Werten und elterlichen Erwartungen, so gut es kann, an. Es liest den Eltern ihre Wünsche oft geradezu von den Augen ab und funktioniert beunruhigend gut. Die Überanpassung des Kindes, die von einem Tag bis zu mehreren Wochen anhalten kann, dient dem Kind dazu, Sicherheit im neuen Lebensort zu gewinnen.

Das gute Funktionieren des Kindes wird oft nicht als ein vorübergehendes Phänomen erkannt, sondern als ein Hinweis darauf, dass das Kind gut in die neue Familie passt und die Eltern sich kompetent verhalten.

Die Gefahr ist sehr groß, dass die Eltern dann bei Schwierigkeiten, die selbstverständlich später auftreten, zu schnell mit Erziehungs- oder Anpassungsdruck reagieren. Das Auftreten von Konflikten wird dann nicht mehr als Fortschritt erlebt.

Eine zu rasche Erziehung führt nicht selten zum Aufrechterhalten der Überanpassung beim Kind und schließlich zum Scheitern des Beziehungsaufbaus. Indem die Eltern sich vom Kind an die Hand nehmen lassen, ermöglichen sie ihm, dass es Einfluss auf sie gewinnt und die aus ängstlicher Unsicherheit resultierende Überanpassung aufgeben kann.

9.2 Die Wiederholung früherer Beziehungsformen in der Übertragungsbeziehung

Wenn das Kind eine größere Sicherheit gewonnen hat, wird deutlich, dass es seinen neuen Bezugspersonen mit den Gefühlen, Einstellungen, Erwartungen und Verhaltenstendenzen begegnet, die aus seinen alten Erfahrungen mit Eltern resultieren. Die neue Situation wird vom Kind durch die Brille seiner Geschichte betrachtet, verwechselt und verkannt.

Das Wiedererleben von Ängsten, heftigen Wünschen, Enttäuschungen, Ohnmacht, Wut und Zorn in der Übertragungsbeziehung zu elterlichen Objekten in Situationen wie beim Anziehen, Waschen, Essen, ins Bett gehen, in denen jetzt aber ganz andersartige Verläufe möglich sind, z. B. befriedigend versorgt zu werden, Rücksicht zu erfahren, nicht überwältigt zu werden, geschützt zu sein, ist therapeutisch wirksam und ermöglicht korrigierende Erfahrungen.

Oft erkennen die Pflegeeltern die Übertragungsbeziehungen nicht. Sie fühlen sich durch die Reaktion des Kindes persönlich angegriffen oder vom Kind abgelehnt. Eine gute Kenntnis der Vorgeschichte kann den Eltern helfen, die Aktivitäten des Kindes besser zu verstehen und angemessen darauf zu reagieren.

Überzeugender Schutz, Sicherheit und Bedürfnisbefriedigung durch gegenteilige Erfahrungen sind unerlässlich. Das Kind muss - entsprechend seinen Bedürfnissen - quasi überversorgt werden.

Ein weiterer wichtiger Schritt der Verarbeitung ist der, dass das Kind in der Übertragungsbeziehung, d. h. im Hier und Jetzt der neuen Beziehung, überhaupt wieder einen Zugang zu seinen Gefühlen, Bedürfnissen und Vorstellungen gewinnt, die ja vielfach weitreichend abgewehrt werden. Es gilt, dem Kind seine Gefühle, Wünsche, Ängste und Bedürfnisse widerzuspiegeln, sie für das Kind zu formulieren und ihm dadurch selbst erfahrbar zu machen.
Auch die Annahme von Wut und Aggression beim Kind ist von entscheidender Wichtigkeit.

Neben der direkten Interaktion und Kommunikation in der Übertragungsbeziehung ist das (Rollen-)Spiel eine bedeutende Methode zur Verarbeitung der Vorerfahrungen.

Wenn in der Übertragungsbeziehung die an die früheren traumatischen Erfahrungen gebundenen Bedürfnisse und Erwartungen, Gefühle und Affekte wiederbelebt und angenommen werden können, und wenn ein Kind dabei gleichzeitig Schritt für Schritt zu der Erkenntnis und schließlich zu der Überzeugung gelangen kann, dass die neuen Eltern sich verlässlich und ganz anders verhalten, als es seinen Vorstellungen und Befürchtungen entspricht, dann wird der Weg für realistische Erinnerungen und für den Gewinn einer kritischen Distanz zur eigenen Geschichte gebahnt.

Gerade die Übertragungsbeziehung gibt Aufschluss über das Erleben traumatischer Erfahrungen von Kindern. Wie einleitend bereits gesagt, ist es für BerufskollegInnen und zukünftige Pflegeeltern von besonderer Bedeutung, sich mit diesem psychischen Erleben von Kindern zu befassen, um die existenziellen Nöte zu begreifen.

In unserem Vorbereitungskursus versuchen wir, durch folgende Übung eine Sensibilität bei Pflegeeltern und uns selbst für das kindliche Erleben herzustellen:

Erfahrungen eines traumatisierten Kindes, für das neue Eltern gesucht werden:

- Ich habe gehungert!
- Ich bin geschlagen worden!
- Ich bin allein gelassen worden!
- Ich bin eingesperrt worden!
- Ich habe geweint und keiner hat mich getröstet!
- Ich wollte zu meiner Mutter, aber es kamen immer andere Leute!
- Meine Schwester wurde mir immer vorgezogen!
- Wenn Papa Bier getrunken hatte, schlug er uns!
- Wenn Mama Besuch hatte, wurde es ganz laut, und sie stöhnte!

Fragestellung zu den Erfahrungen:

1. Wie kann sich ein Kind konkret verhalten, das solche Erfahrungen gemacht hat?
2. Was kann ein Kind dabei für Gefühle entwickeln?
3. Welche Vorstellung kann das Kind dadurch von den Erwachsenen entwickelt haben?

9.3 Phase des Aufbaus neuer persönlicher Beziehungen über regressive Bedürfnisse, Beziehungsformen und Verhaltensweisen

Wenn das Kind seine traumatischen Vorerfahrungen in den Übertragungsbeziehungen ein Stück weit aufgearbeitet hat und die Chance neuer andersartiger Beziehungsmöglichkeiten wahrnehmen kann, setzt der Prozess des Aufbaus persönlicher Beziehungen ein. Die Denk- und Orientierungsschemata und die Verhaltensmöglichkeiten des Kindes verändern sich allmählich. Hierbei ist festzustellen, dass der Neuaufbau von Beziehungen in gleichen Schritten, wie sie auch für die frühkindliche Entwicklung charakteristisch sind, erfolgt. Es ist wichtig, dass die neuen Eltern die Anzeichen solcher Regressionen erkennen und auch begrüßen, z. B.:

- das Bedürfnis nach umfassender Versorgung. Dadurch, dass die neuen Eltern dieses Bedürfnis angemessen, besser und zuverlässiger als andere befriedigen, werden sie zu geliebten Objekten. Auch bei der Aufnahme eines älteren Kindes muss es das erste Ziel sein, sich dem Kind gegenüber genauso attraktiv und befriedigend zu machen, wie es im positiven Fall die Mutter in der Zuwendung zu einem Säugling tut.

- das Bedürfnis, ständig die Nähe zu den Eltern oder einem Elternteil zu suchen.

- wenn das Kind unselbständig wird, bereits gelernte Fähigkeiten nicht mehr einsetzt (z. B. nicht mehr allein die Schuhbänder zumachen will, die Schultasche nicht mehr packen kann, sich nach dem Baden abtrocknen lässt etc.).

Gleichzeitig muss das Kind davor geschützt werden, in nach außen gerichtete Aktivitäten auszuweichen, z. B. sollten die Pflegeeltern selbst in der ersten Zeit wenig Außenkontakte wahrnehmen.

Die Integration eines Kindes in die Ersatzfamilie kann als gelungen und abgeschlossen betrachtet werden, wenn sich das Kind in geschlechtsspezifischer Weise mit den Pflegeeltern identifiziert und seine Selbstidentität als Kind durch die Zugehörigkeit zu diesen Eltern geprägt ist.

Bereits in der Vorbereitungsphase zukünftiger Pflegeeltern werden in der Themenorientierten BewerberInnengruppenarbeit folgende fördernde Eltern-Haltungen für das Gelingen des Bindungs- und Beziehungsaufbaus erarbeitet.

Die BewerberInnen sollen die im Folgenden genannten zehn Haltungen in konkrete Verhaltensweisen aufschlüsseln und diese möglichst genau beschreiben.

1. Haltung: Das Kind mit seiner Geschichte annehmen können.
2. Haltung: Nicht erziehen, sondern sich aufmerksam fragend, forschend und sich geduldig verhalten können. „Sich vom Kind an die Hand nehmen lassen!“
3. Haltung: Dem Kind erlauben, die Pflegeeltern durch die Brille seiner früheren Erfahrungen sehen zu dürfen.
4. Haltung: Die Übertragungssituation des Kindes als Chance nutzen und sie zulassen können.

5. Haltung: Dem Kind ein realistisches Bild seiner Geschichte vermitteln.
6. Haltung: Dem Kind gestatten, unabhängig von seinem Alter Baby sein zu dürfen (sich regressiv verhalten zu dürfen).
7. Haltung: Dem Kind Sicherheit und Zuverlässigkeit vermitteln können.
8. Haltung: Die Trauer des Kindes zulassen, annehmen und ertragen können.
9. Haltung: Sich bemühen, eigene Möglichkeiten und Grenzen zu sehen und zulassen zu können.
10. Haltung: Den Aufbau neuer Beziehungen und Bindungen als Wachstumsprozess begreifen und annehmen können. („Eltern werden braucht Zeit!“)

10 Forderung nach ausschließlicher Betreuung des Kindes durch die Pflegeeltern

These 9: *Ein Pflegeelternteil sollte grundsätzlich von der Aufnahme des Kindes an für die Zeit der Integration in die Familie dem Kind zur Verfügung stehen.*

Da zu vermittelnde Kinder in ihrem bisherigen Leben keine stabilen positiven Bindungen zu Eltern aufbauen konnten, muss ein Bindungsaufbau zu Ersatzeltern im Integrationsprozess nachgeholt werden. Wechselnde Bezugspersonen gilt es daher zu vermeiden. Die Pflegeeltern sollten zunächst allein zuständig für das aufgenommene Kind sein. Sie müssen deshalb für einige Jahre die Berufstätigkeit in der Weise organisieren, dass eine Fremdbetreuung durch Dritte für das Kind ausscheidet. Wechselnde Betreuungspersonen in Ergänzung zu den Pflegeeltern verhindern die Entstehung einer Eltern-Kind-/Kind-Eltern-Beziehung.

11 Einhaltung der „biologischen Reihenfolge“ in der Geschwisterreihe

These 10: *Bei der Aufnahme eines Kindes in eine Geschwisterreihe ist die „biologische Reihenfolge“ einzuhalten, d. h., dass das anzunehmende Kind immer das jüngste Kind werden sollte und ein Altersunterschied zum jüngsten Kind der Familie von mindestens drei bis vier Jahren einzuhalten ist. Die Vermittlung eines traumatisierten Kindes zu einem kinderlosen PflegeelternbewerberInnenpaar gelingt oftmals besser (vgl. Nienstedt/Westermann 1989, S. 262 ff.).*

Durch diese Vermittlungsbedingung stellen wir sicher, dass jedes Kind seine Position in der Familie behält. Ist das zu vermittelnde Kind jünger als die bereits in der Familie lebenden Kinder, fällt es ihm leichter, sich emotional zu binden und sich wie ein Säugling bzw. Kleinkind umsorgen zu lassen. Es muss nicht mit etwa gleichaltrigen Kindern der Pflegefamilie konkurrieren. Der Altersabstand von drei bis vier Jahren gewährleistet, dass jedem Kind in der Familie eine ausreichend lange Zeitspanne mit den Eltern zur Verfügung stand, in der eine emotionale Sättigung stattfinden konnte.

Manche Kinder sind aufgrund ihrer Persönlichkeitsstörungen ausschließlich zu kinderlosen Paaren vermittelbar.

12 Trennung von traumatisierten Geschwisterkindern

These 11: *Die Vermittlung von Geschwistern in eine Familie sollte grundsätzlich nicht erfolgen, wenn die Kinder traumatische Vorerfahrungen in ihrer Ursprungsfamilie gemacht haben (vgl. Nienstedt/Westermann 1989, S. 260 ff.).*

Der Aspekt der Traumatisierung steht bei dieser Vermittlungspraxis zentral im Vordergrund. Kinder aus intakten Familienverhältnissen, die z. B. aufgrund eines tödlichen Unfalls der Eltern eine Ersatzfamilie benötigen, dürfen nicht getrennt werden, um ihr Leiden nicht zu vergrößern. Traumatisierte Kinder jedoch benötigen extreme Zuwendung, um ihre negativen Erlebnisse mit leiblichen Eltern aufarbeiten zu können. Für Pflegeeltern stellte es eine Überforderung dar, gleichzeitig für mehrere Geschwisterkinder diese quasi-therapeutische Aufgabe zu erfüllen. Hinzu kommt, dass Geschwisterkinder aus ihrer Herkunftsfamilie einen großen Teil ihres alten Familiensystems in die Pflegefamilie transportieren würden. Die älteren Kinder hielten an elterlichen Funktionen für die jüngeren Geschwister fest, die nun jedoch die Pflegeeltern übernehmen müssen. In dieser Konstellation haben erfahrungsgemäß die älteren Kinder kaum eine Chance, sich in eine Ersatzfamilie zu integrieren. Deshalb benötigt jedes Kind für sich die Möglichkeit, sich an eine neue Mutter und an einen neuen Vater zu binden. Die augenscheinliche Solidarität zwischen traumatisierten Geschwistern beruht auf der leidvollen Erfahrung dieser Kinder, in der Vergangenheit erziehungsunfähigen Eltern ausgeliefert gewesen zu sein.

13 Identitätsfindung des Pflegekindes

These 12: *Zu einer gesunden Identitätsentwicklung gehört die Frage „Wo komme ich her?“. Das Kind ist von Anfang an aufzuklären. Alle Beteiligten sollten daran interessiert sein, dem Kind ein realistisches Bild seiner Geschichte zu vermitteln. Die gewachsene emotionale Beziehung ist die Basis, von der aus alle Bereiche zu betrachten sind (vgl. Nienstedt/Westermann 1989, S. 235).*

Unstrittig ist, dass jedes Kind ein Recht auf das Herkunftswissen hat. Auch Kinder, die zum Zeitpunkt der Vermittlung Säuglinge oder Kleinkinder waren, sind über die Vermittlungsgründe altersentsprechend aufzuklären. Wird dieses aus Angst oder Unsicherheit der Pflegeeltern unterlassen und erfährt das Kind von Dritten über seinen Ursprung, führt dies unweigerlich zu einem Vertrauensbruch mit gravierenden Folgen, weil das Kind auf dieser Täuschung sein Leben und seine Beziehungen aufgebaut hat.

Oft erinnern Kinder bruchstückhaft ihre frühe Lebensgeschichte, obwohl sie noch sehr jung waren, als sie in die Ersatzfamilie kamen. Fotos der leiblichen Familie können hilfreich sein bei der Betrachtung der Lebensstationen. Die negativen Erfahrungen der Kinder im Zusammenleben mit den leiblichen Eltern dürfen nicht bagatellisiert werden. Dem Kind sollte altersentsprechend erklärt werden, warum die leiblichen Eltern nicht in der Lage waren, verantwortungsvoll für es zu sorgen. Erst dann versteht ein Kind, dass es sich nicht schuldig fühlen muss am Zusammenbruch seiner Ursprungsfamilie. Die Kinder, die erst in späteren Lebensjahren vermittelt werden, brauchen die Ersatzeltern als adäquate GesprächspartnerInnen für die Vergangenheitsbewältigung. Dabei kommt es nicht nur auf die Fakten an, sondern auf das Erleben dieser Kinder. Für diese Kinder ist es wichtig, von den Pflegeeltern das Gefühl der Solidarität vermittelt zu bekommen, damit die Richtigkeit ihrer Wahrnehmung bestätigt wird.

14 Die Aufarbeitung der Trennung mit den leiblichen Eltern

These 13: *Durch die Vermittlung eines Kindes übernimmt der Vermittler die Aufgabe, leiblichen Eltern Hilfestellung zu gewähren, damit sie Abschied nehmen von ihrer Funktion als Eltern. Ziel ist es, den leiblichen Eltern ein realistisches Bild ihrer Situation und der des Kindes zu vermitteln.*

Wenn die Fachkräfte der Pflegekinderdienste gemeinsam mit den leiblichen Eltern deren Biografie eruieren, ist es für die Herkunftseltern oft leichter verstehbar, warum ein Zusammenleben mit Kindern nicht gelingen konnte. In der Regel stammen die Väter und Mütter selbst aus sehr defizitären Familienverhältnissen. Ihre eigene Sozialisation ist häufig von mangelnder elterlicher Kompetenz geprägt. Auch sie haben Misshandlungen, Missbrauch, Deprivation etc. in ihrer Kindheit und Jugend ertragen müssen.

Wenn es gelingt, diese Zusammenhänge aufzuzeigen und begreiflich zu machen, ist eine gute Basis für eine Kooperation zwischen Herkunftseltern und Fachdienst gegeben. Auf Wunsch der leiblichen Eltern können diese mit Hilfe von Fotos und Berichten an der weiteren Entwicklung der Kinder teilhaben. Ihnen sollte deutlich werden, dass die Ersatzeltern die psychologischen Eltern für die Kinder werden, sie ihrerseits ihre Elternrolle aufgeben müssen. Erst, wenn ein ehemaliges Pflegekind als Jugendliche(r) oder junge(r) Erwachsene(r) von sich aus den Wunsch spürt, den leiblichen Eltern erneut zu begegnen und dieser Kontakt mit einer reifen Entscheidung gekoppelt ist, kann dies zu einem Gewinn des jungen Menschen an historischem Wissen über sich führen.

15 Schlussbemerkungen

„In bezug auf die Existenz und das Ausmaß schwer vernachlässigter und polytraumatisierter Kinder und Jugendlicher ist teilweise ein Klima der Verharmlosung, Beschwichtigung und Verleugnung unübersehbar. Es ist dann teils kaum vorstellbar, wie z. B. ein zweijähriges Kleinkind psychisch schwer erkrankter Eltern ständig zurückgewiesen und stundenlang eingesperrt wird, kaum mit ihm gesprochen oder gespielt wird, von den Eltern in Streßsituationen quer durch die Wohnung geprügelt wird. Dabei stellt sich jedoch gerade die Frage, aus welchen Herkunftsfamilien und welchen Erlebnissen die unübersehbare Anzahl schwerst psychisch kranker und massiv psychisch fehlentwickelter und lebensuntüchtiger beziehungsunfähiger Erwachsener denn kommt und wodurch sie sich so entwickelt haben" (Hardenberg 1997, S. 32).

Wenn die Fachkräfte des Pflegekinderdienstes für Vermittlungen „zuständig werden", registrieren sie immer wieder aufs Neue, wie lange diese Kinder unglaublicher Bedrohung, unbeschreiblicher Brutalität und erschreckender Verwahrlosung durch Erwachsene ausgesetzt waren. Für einige Kinder kommt dann eine Vermittlung in eine Pflegefamilie aus verschiedenen Gründen nicht mehr in Betracht:

Zum einen sind die Traumatisierungen derart gravierend, dass sich potenzielle Pflegeeltern die Aufnahme solcher Kinder nicht zutrauen. Zum anderen ist der Wunsch zahlreicher BewerberInnen, ein möglichst kleines Kind aufnehmen zu wollen, verständlich. Auch sind manche Kinder nicht mehr in der Lage, sich ein Leben in einer Familie vorzustellen.

Sowohl in der Vergangenheit, als auch zukünftig, wurde/wird in zahlreichen Fällen zu spät über eine Trennung traumatisierter Kinder von leiblichen Eltern entschieden. Die von ExpertInnen vermuteten Ressourcen der Ursprungsfamilien stehen lange im Vordergrund, bis das Scheitern dieser Familie derart offensichtlich ist, dass eine andere Wahl, als die Herausnahme der Kinder aus der Herkunftsfamilie, nicht mehr besteht. Eine sorgfältige Prüfung der Effizienz ambulanter und stationärer Hilfen im Vorfeld ist angezeigt, um Kindern nicht unnötig die Chance eines Neubeginns in einer Ersatzfamilie zu rauben und somit die Möglichkeit zu verhindern, dass aus diesen Kindern einmal lebenstüchtige Erwachsene werden.

„Um ihre Lebenssituation überhaupt psychisch aushalten zu können, setzt bei diesen Kindern häufig ein starker Verleugnungsprozeß ein. Diesem Abwehrmechanismus der Verleugnung dürfen in solchen Familien beteiligte Professionelle (Jugendämter, Gerichte, Sachverständige) nicht unterliegen, sondern müssen ihrer gesellschaftlichen Verantwortung des Schutzes dieser Kinder gewissenhaft nachkommen. Oftmals aber wird schon die Tatsache, daß schwere Vernachlässigungen und Traumatisierungen bei Kindern zu schlimmen Entwicklungsstörungen führen, daß Kinder ihre Eltern als vernichtende, mörderische Bedrohung erleben können, professionellerseits verleugnet. Der Zusammenhang dieser kindlichen Lebensgeschichten mit ihren möglichen Entwicklungen im Erwachsenenalter (Frage zum familiären Hintergrund von z. B. schwer psychisch Kranken teils in geschlossenen psychiatrischen Abteilungen, von antisozialen Schwerverbrechern, von Sexualstraftätern, von Mißhandlern, von Mördern, von schweren Alkohol- und Drogenkranken, von ausgebeuteten Prostituierten, von schwer sozial- und beziehungsgescheiterten Erwachsenen mit fremduntergebrachten eigenen Kindern, von schwer chaotischen Lebensverläufen, von gescheiterten Nichtseßhaften bzw. Trebegängern, von immer jüngeren Straßenkindern etc.) wird leider oft nicht erkannt bzw. verstanden" (Hardenberg 1997, S. 32).

Literatur

Hardenberg, O.: Zur Psychopathologie erziehungsunfähiger Eltern, Unveröffentlichter Vortrag Jugendamt, Menden 1997.

Linke, G.; Ottmann, St.; Tenhumberg A.: Themenorientierte Bewerbergruppenarbeit. In: Dokumentation 3. Tag des Kindeswohls, 31.08. - 01.09.88, Psycho-sozialer und Rechtlicher Status von Pflegekindern, Evangelische Akademie Loccum 1988.

Nienstedt, M.; Westermann, A.: Pflegekinder, Psychologische Beiträge zur Sozialisation von Kindern in Ersatzfamilien, Votum, Münster 1989, 4. Aufl. 1995.

Heinzjürgen Ertmer

Begleitung und Beratung traumatisierter Pflegekinder oder ein Plädoyer für die rückhaltlose Annahme von vernachlässigten, missbrauchten und misshandelten Kindern in Ersatzfamilien

1 Vorbemerkungen

Im nachfolgenden Artikel wird die fachliche Sicht des Pflegekinderdienst-Sozialarbeiters dargestellt. Eigene Erfahrungen, theoretische Ansätze sowie konzeptionelle Überlegungen für die Vermittlungspraxis von Kindern in Ersatzfamilien werden geschildert.

Welche Ziele verfolgt die Jugendhilfe mit der Vermittlung von Kindern in Dauerpflege? Sollen kinderlose Ehepaare glücklich gemacht, Heimkosten gesenkt, Ideologien verkauft werden? Oder sollte es tiefere, fundierte Gründe für die zeitlich unbefristete Vermittlung von Kindern in Familien geben? Als Grundlage für die weiteren Ausführungen stelle ich Definitionen der Begriffe „Ziele" und „Dauerpflege" an den Anfang.

Ziele: Das Ziel wird darin gesehen, dass das Kind eine gesunde Persönlichkeitsentwicklung nehmen soll, die bei Verbleib in der Herkunftsfamilie nicht gewährleistet ist. Dieses kann nur gelingen, wenn es dem Kind ermöglicht und erlaubt wird, sichere, verlässliche, hinreichend befriedigende emotionale Beziehungen zu Eltern zu entwickeln, denen es sich zugehörig fühlt, durch die es sich in positiver Weise selbst als Kind definieren kann, mit denen es sich identifizieren kann und deren Normen und Werte es aktiv übernehmen kann. (s. Nienstedt/Westermann, S. 48 ff)

Dauerpflege: Auf Dauer angelegte und damit die Herkunftsfamilie ersetzende Form der Vollzeitpflege, wenn oder nachdem keine Rückkehroption mehr zur Ursprungsfamilie besteht. Kinder, die in ihrer Lebensgeschichte traumatische Erfahrungen durch ihre Eltern gemacht haben und aus diesem Grunde von den Eltern getrennt werden mussten, haben ein Recht auf einen Neuanfang im Aufbau von Bindungen und Beziehungen zu neuen Eltern, die es dauerhaft abzusichern gilt.

2 Abgrenzung des Themas

„Leid jedoch, Kindern angetan, ist schlechthin unerträglich“ (Keilson S. 1).

Traumatisierte Kinder sind Kinder, die in hohem Maße Überwältigung, Gewalt und Angst erlebt haben, in der Regel auch Todesangst, die vernichtend auf sie wirkte.

Anna Freud definiert das Trauma *als innere Katastrophe, einen Zusammenbruch der Persönlichkeit aufgrund einer Reizüberschwemmung, wodurch die Ich-Funktion und die Vermittlertätigkeit des Ichs außer Kraft gesetzt wird* (S.1834).

Sie sagt weiter: *„daß das traumatische Ereignis durch zwei wesentliche Merkmale gekennzeichnet ist: 1. durch plötzliches und unerwartetes Eintreten, das dem Ich keine Möglichkeit läßt zu Flucht, Umstellung oder anderen Abwehrmanövern zu greifen; 2. durch unmißverständliche Anzeichen einer Störung des Ich-Gleichgewichtes in Form direkter sichtbarer Neigung.“* (S.1821)
Diese traumatischen Ereignisse überfordern alle normalen Anpassungsstrategien von Kindern.

Judith Lewis Herman schreibt dazu: *„Anders als gewöhnliches Unglück bedeuten traumatische Ereignisse im allgemeinen eine Bedrohung für das Leben oder die körperliche Unversehrtheit, bringen sie die unvermittelte Begegnung des Betroffenen mit Gewalt und Tod. Durch traumatische Ereignisse ist der Mensch in extremer Weise Hilflosigkeit und Angst ausgesetzt und reagiert in der bei einer Katastrophe üblichen Weise. Dem ‚Comprehensiv-Textbook of Psychiatrie‘ zufolge sind psychische Traumata immer von Gefühlen, „intensiver Angst, Hilflosigkeit, Kontrollverlust und drohender Vernichtung begleitet“* (S. 54).“

Das Kind, das in seiner Familie groß wird, von seinen Eltern abhängig ist, nicht in der Lage, selbständig zu leben, fühlt sich um ein Vielfaches diesen ausgeliefert, identifiziert sich häufig mit ihnen, denn dieses hilft ihm, auch innerlich zu überleben.

Der Volksmund spricht hingegen davon, dass das Kind die elterliche Hand, die es schlägt, liebt. Der Volksmund beschreibt damit den Vorgang, wie sich hier Kinder mit dem Aggressor identifizierten. Durch den Trugschluss, dass leibliche Kinder ihre leiblichen Eltern lieben, egal was diese ihnen angetan haben, weil sie doch mit ihnen biologisch verbunden sind, leiden Kinder heute immer noch.

Kinder sind traumatisierenden Erlebnissen oft sehr lange ausgesetzt, wenn sie in Abhängigkeit von den sie misshandelnden, missbrauchenden, vernachlässigenden Eltern leben.

Bei Nienstedt/Westermann ist zu lesen: *„Der entscheidende Punkt ist, daß das Kind niemanden hat, zu dem es flüchten kann, daß der Erwachsene es völlig in seiner Hand* *hat. Er kann es aussetzen, fallen oder verhungern lassen. Das Kind muß das, was der Erwachsene mit ihm tut und von ihm verlangt, als Notwendigkeit wahrnehmen.*" (S. 94)

Was bedeutet das für Kinder, die so Monate, Jahre gelebt haben, die mit leiblichen Eltern zusammenlebten, von denen doch viele der oberflächlichen BeobachterInnen dachten, sie seien fürsorgende Mütter oder Väter?

Die Kinder, die aus ihren Familien geholt wurden, die uns von Müttern gegeben wurden, die es „im Guten und Bösen" versucht hatten und die dann manchmal sagten: „Nehmen Sie das Kind, bevor ich es umbringe", diese Kinder wurden Pflegekinder oder leben in Heimen.

Hildegard Niestroj sagte in einem Referat vor Pflegeeltern: „*In der Regel ist das Pflegekind ein Kind mit ‚Vergangenheit', die für es selbst kaum vergangen ist und die es niemals mehr wird ganz vergessen können. Das Kind wurde durch seine leiblichen Eltern oder einen Elternteil schwer traumatisiert. Es wurde vernachlässigt, mißhandelt, sexuell mißbraucht. Das Kind erfuhr, daß gerade die Menschen, auf deren Schutz und Fürsorge es ganz existentiell angewiesen war, ihm Leid zufügten und es somit niemanden mehr hatte, zu dem es flüchten und bei dem es Sicherheit finden konnte. Diese realen traumatischen Erfahrungen werden nicht mit dem Wechsel von der Ursprungs- in die Pflegefamilie gelöscht, sondern leben in dem Kind fort und prägen seine Sicht- und Erlebnisweise in Gegenwart und Zukunft.*" (S. 8 f)

Das heißt, traumatische Erfahrungen prägen auch die Sicht- und Erlebniswelt der Kinder im Zusammenleben mit den Pflegeeltern. Sie wirken sich natürlich auf alle anderen Lebensbereiche wie Schule, Freizeit etc. aus.

3 Über die Unfähigkeit zu vergessen

Viele Pflegeeltern haben Anfang der 80er-Jahre traumatisierte Kinder aufgenommen, bei denen diese schweren seelischen Verletzungen noch nicht so benannt wurden, die traumatischen Erlebnisse so nicht anerkannt und auch nicht so verstanden wurden.

Ein Teil der damals vermittelten Kinder hatte gehungert, einige waren extremer Gewalt ausgesetzt oder waren als Kleinkinder lange alleine gelassen worden. Sie waren geprägt von existenziellen Ängsten und in ihrem Verhalten wirkten sie oft auffällig.

Wenn die Pflegeeltern noch nach drei Jahren des Zusammenlebens auf jeder kleinen Reise das Fläschchen mitnehmen mussten, wenn die Kinder bei jedem kleinsten Sich-Fortbewegen von zu Hause darauf bestanden, dass Butterbrote mitgenommen wurden und dass daran gedacht wurde, auch ausreichend Geld mitzunehmen, damit nichts passierte, standen die Pflegeeltern oft ratlos, manchmal schier verzweifelt vor dem Kind und zweifelten an ihren Fähigkeiten als Eltern, an der Sinnhaftigkeit der Vermittlung dieses Kindes in ihre Familie. Oft hatten sie auch gehofft, dass doch die zwei/drei Jahre Liebe und Zuneigung hier Ausgleich geschaffen und Wunden geheilt hätten. Es war für viele Pflegeeltern oft unerträglich, wenn die Kinder bei einem Pflegekinderfest die Freiheit hatten, sich ungehemmt zu benehmen und maßlos aßen, wenn der erzieherische Einfluss der Pflegeeltern nicht wirkte und die Kinder in totaler Gier das, was sie nicht essen konnten, für sich versteckten, wenn die Kinder abends Lebensmittel horteten, um für die Nacht ein Vorratslager zu haben.

Allmählich begriffen Pflegeeltern und SozialarbeiterInnen, dass dieses gehungert zu haben mehr sein musste, als etwas, das man durch zwei/drei Jahre Normalität wieder reparieren konnte. Gemeinsam begann ein mühsamer Umdenkungsprozess. Allen Beteiligten wurde immer deutlicher, diese Kinder brauchten in ihren neuen Familien keine schnelle Anpassung, keine Dressuren, keine Erziehung, keine strenge, klare Führung. Sie brauchten Annahme, Verständnis für ihre innere Not, Liebe, Stärkung ihrer Persönlichkeit und die Möglichkeit, Beziehungen neu zu strukturieren.

Nienstedt/Westermann beschreiben dieses, „Sich-vom-Kind-an-die-Hand-nehmen-Lassen" als eine therapeutische Haltung von Pflegeeltern dem Kind gegenüber, die nicht „fremd" oder gar „aufgesetzt" wirkt.

Judith Lewis Herman schreibt über den Beziehungsaufbau von Gewaltopfern: „*Mit den neuen Beziehungen zu anderen Menschen wachsen beim Opfer die psychologischen Fähigkeiten wieder neu, die durch die traumatische Erfahrung verstümmelt oder deformiert wurden. Das Opfer muß u. a. wieder lernen zu vertrauen, autonom zu handeln, selbst die Initiative zu ergreifen, lebenstüchtig zu werden, eigene Identität zu entwickeln und enge Beziehungen einzugehen.*" (S. 183)

Daraus resultiert, dass es die vordringlichste Aufgabe der Pflegeeltern sein muss, die Persönlichkeit des Kindes zu stärken und zu festigen, um so den Aufbau neuer Eltern-Kind-Beziehungen zu ermöglichen. Es geht darum, die Fähigkeit zu entwickeln, einem seelisch verletzten Kind noch einmal eine neue Elternschaft zu ermöglichen. Für diesen schwierigen Prozess ist es bei traumatisierten Kindern dringend erforderlich, sie vor den Ansprüchen der misshandelnden, missbrauchenden, grob vernachlässigenden Eltern zu schützen.

4 Besuchskontakte als Hindernisse auf dem Weg zur Integration

Wie zuvor aufgezeigt, benötigen Kinder Schutz, um mit viel Zeit und Ruhe neue Bindungen aufzubauen. Daher erscheint es widersinnig, nur aufgrund leiblicher Elternschaft Menschen das Recht einzuräumen, Kinder alle vier Wochen in der sie beschützenden Atmosphäre bei ihren Pflegeeltern zu besuchen.

In Herten wurden diese „pflegeleichten" Kinder mit netten Eltern, mit denen man so gut zurechtkam, nie in Dauerpflegefamilien vermittelt. Die meisten, der in Herten vermittelten Kinder, hatten durch ihre Eltern Leid erfahren. Besuchskontakte wurden daher fast immer auch als eine Neuinszenierung des Traumas erlebt. Solche Besuchskontakte fanden in Herten in den ersten Jahren auch noch statt, zum Teil in den Wohnungen der Pflegeeltern. Hierbei erlebte das Kind: Die Menschen, die mir so sehr weh taten, werden hier freundlich vom Sozialarbeiter begrüßt und kommen in meine angeblich so sichere „neue Heimat", und meine Pflegeeltern lassen das alles zu und reden mit den sich freundlich gebenden Herkunftseltern über mich. Dabei jedoch völlig verleugnend, dass sie als Herkunftseltern für das Leid der Kinder verantwortlich waren. Das Kind zweifelt an seinen Wahrnehmungen, hatte es doch evtl. seine Pflegeeltern vor den Herkunftseltern, deren Allmacht und Gewalttätigkeit gewarnt.

Die Kinder zeigten deutlich wie sie darunter litten. Darauf reagierend, wurden als erstes alle Besuchskontakte in neutralen Spielzimmern durchgeführt. Vorher gab es klare Absprachen über die Einhaltung von Grenzen seitens der leiblichen Eltern während des Besuches. In vielen Fällen ließen sich Besuchskontakte in ihrer Häufigkeit und Dauer reduzieren bzw. ganz vermeiden.

Die Auswirkungen der Konfrontation der Kinder mit den Herkunftseltern während der Besuchskontakte, auch im Hinblick auf die Neubelebung des Traumas, die Angst, das Gefühl des Kindes, erneut ausgeliefert zu werden, sei an zwei Beispielen dargestellt:

Susanne, am 12.06.1985 nichtehelich geboren, Kindesvater und Kindesmutter leben zusammen (alle Namen und Daten geändert). Am 01.07.1985 berichtet die Säuglingsfürsorgerin des Gesundheitsamtes über eine erhebliche Gefährdung des Kindes. Die Kindesmutter bedürfe dringend der Hilfe und Unterstützung, sei aber nur wenig einsichtig. Im August 1985 fielen der Mitarbeiterin des Gesundheitsamtes erstmals blaue Flecken bei dem Kind auf. Ende August 1985 stellte der Kinderarzt eine geschwollene Oberlippe sowie einen blutenden Gaumen fest. Eine Woche später wurden bei dem Kind Druckstellen am Hals diagnostiziert. Ab September 1985 beginnt der tägliche Einsatz einer Familienhelferin. Diese kann nicht verhindern, dass Susanne nach einer Woche in die Kinderklinik muss. Die Diagnose der Ärzte: ein fast verheilter mehrfacher Rippenbruch, Hämatome im Gesicht, auf Brust und Rücken. Trotz des Verdachtes auf Kindesmisshandlung kommt das Kind am 24.09.1985 zu den Eltern zurück. Bereits am 03.10.1985 stellte der Hausarzt einen steifen Arm fest. Das Jugendamt versucht, das Kind erneut in der Klinik vorstellen zu lassen, die Kindesmutter weigert sich. Die Eltern verweigern nun beide die Zusammenarbeit mit allen. Am 06.10.1985 ergeht auf Antrag des Jugendamtes eine einstweilige Anordnung, das Jugendamt wird Aufenthaltsbestimmungspfleger für Susanne. Sie wird aus dem elterlichen Haushalt genommen und in einer Klinik vorgestellt. Der linke Arm ist mehrfach gebrochen, die Wachstumsfuge gerissen, die Ärzte befürchten eine dauerhafte Schädigung des Armes. In den folgenden drei Monaten ist sie in mehreren Kliniken, muss dreimal operiert

werden. Die Funktionen des linken Arms können fast 100 %ig erhalten werden. Sie bedarf jedoch auch heute noch ergotherapeutischer Behandlungen.
Noch im Krankenhaus veranlasst der Richter Besuchskontakte. Susanne reagiert ganz verunsichert auf die Kindesmutter, das Klinikpersonal erlebt ängstliches Schreien beim Kind, als die Kindesmutter zu Besuch kommt. Trotz der Beschreibungen dieses Sachverhaltes und umgehender Berichterstattung mit der Bitte um Aussetzung der Besuchskontakte, besteht der Richter weiterhin auf Organisation der Besuchskontakte durch das Jugendamt.

Begleitet durch das Jugendamt sieht Susanne viermal in einem Besuchszimmer der Beratungsstelle die Kindesmutter. Bei diesen vier Kontakten schreit sie, solange die leibliche Mutter anwesend ist. Wird sie am Ende des Kontaktes von dem Sozialarbeiter zu ihrer Pflegemutter gebracht, wird sie sofort ruhig, schmiegt sich an, entspannt sich. Nach dem dritten und vierten Besuch fiebert sie. Der zuständige Sozialarbeiter dokumentiert dem Gericht gegenüber die Auswirkungen der Besuche auf das Kind und verweigert ein weiteres Vorführen des Kindes. Er hält diese Besuche für gegen das Wohl des Kindes Susanne gerichtet.

Der Rechtsanwalt der Kindesmutter fordert das Gericht auf, den Sozialarbeiter ablösen zu lassen, er legt eine Beschwerde beim Stadtdirektor ein. Der Richter lässt keine weiteren Besuche zu. Der mittlerweile hinzugezogene Gutachter führt eine Interaktionsbeobachtung im Rahmen eines Besuchskontaktes durch.

Der Gutachter sah und dokumentierte ein hoch leidendes Kind und eine nur an den eigenen Bedürfnissen orientierte Kindesmutter (Zitat der Kindesmutter: „Alle reden und fragen immer nur nach Susanne, nie fragt einer, wie es mir geht.“). Im anschließenden Gerichtsverfahren wurde u.a. aufgrund der gutachterlichen Empfehlung der Kindesmutter das vollständige Sorgerecht entzogen. Dem Kindesvater und der Kindesmutter wurde kein Besuchsrecht eingeräumt.

Das zweite Kind, über dessen Erfahrungen mit Besuchskontakten berichtet werden soll, ist Martin. Martin wurde im Juli 1978 geboren. Er wird mit zwei Jahren aus seiner Herkunftsfamilie herausgenommen. Der Kindesvater ist zu diesem Zeitpunkt seit mehreren Monaten inhaftiert. Die Kindesmutter ist auf dem Weg, Alkoholikerin zu werden, die Kinder Martin und seine jüngere Schwester sind deutlich unterernährt, erheblich retardiert. Der 2-jährige Martin ist auf dem Entwicklungsstand eines 16 Monate alten Kindes, seine Schwester muss wegen akuter Unterernährung vor der Vermittlung für 4 Wochen in eine Kinderklinik. Martin und seine Schwester werden in zwei getrennte Pflegefamilien vermittelt. Nach der Entlassung des Kindesvaters Anfang 1982 aus der Haftanstalt, beginnen ab Herbst Besuchskontakte. Der für die leiblichen Eltern zuständige Sozialarbeiter macht sich zum Anwalt „seiner Eltern“ (eine Beobachtung, die wir sehr oft gemacht haben, dass Sozialarbeiter aus einer Stadt, die nicht auch die Pflegefamilie betreut, nicht mehr die Interessen von Kindern oder Jugendlichen oben anstellen, sondern dass sie sich häufig nur noch als „Anwalt“

der geographisch ihnen zugehörigen Herkunftseltern fühlen) und fordert baldige, regelmäßige Besuchskontakte. Den leiblichen Eltern wurde vor der Herausnahme der Kinder ein Besuchsrecht schriftlich eingeräumt. Außerdem wurde dem Vater vor Haftantritt zugesichert, dass seine Kinder zu ihm zurückkommen. Im Sinne dieser Zusage handeln auch die Pflegeeltern.

Martin wird vom Pflegevater zu den Kindeseltern und von dem Großvater wieder zurück zu den Pflegeeltern gebracht. Das sehr negativ besetzte Verhältnis des Großvaters zu dem Jungen wird erst später bekannt.

Als Erstes meldet sich der Kindergarten, in den Martin geht. Er klagt über massive Probleme mit dem Jungen nach den Besuchswochenenden. Martin onaniere extrem, käme zu keinerlei Entspannung und zu keinerlei Ruhe, sei hoch aggressiv, andererseits auch wieder autoaggressiv, schlage mit dem Kopf gegen die Wand, füge sich Verletzungen zu und bekäme Schreianfälle. Er würde sich erst nach zwei bis drei Tagen beruhigen und vor den Besuchswochenenden würde er wieder agieren. Die Pflegeeltern bestätigen alles, haben aber das Gefühl und vermitteln es auch, dass sie so etwas eben ertragen müssen, wenn sie ein Pflegekind haben, weil ja die leiblichen Eltern doch irgendwie die richtigen Eltern seien. Sie wirken hilflos, können sich das alles gar nicht erklären, was da passiert, fügen sich jedoch.

Die Herkunftseltern scheinen mit dem Verlauf und der Intensität der Besuche zufrieden. Sie haben sich durchgesetzt. Der Junge sagt in der Herkunftsfamilie, dass er gerne bei ihnen sei, dass er gerne bei ihnen bleiben würde, dass er sie liebe, ja dass sie die besseren Eltern seien. Die leiblichen Eltern sind hocherfreut, verstehen vorsichtige Hinweise auf die „Identifikation des Kindes mit dem Aggressor" (Nienstedt/Westermann) nicht. Sie sind sich ihrer Sache so sicher, dass sie ein gemeinsames Treffen mit Martin und den Pflegeeltern - also eine Konfrontation des Kindes mit beiden Eltern - im Spielzimmer der Beratungsstelle fordern. Sie erhoffen sich eine Entscheidung des Kindes zu ihren Gunsten.

Die Pflegemutter, die leiblichen Eltern, der Sozialarbeiter der leiblichen Eltern und der Sozialarbeiter des Hertener Pflegekinderdienstes gehen zusammen mit dem Jungen in das Zimmer der Beratungsstelle. Martin spielt nur mit der Pflegemutter, mit seinem „Sozialarbeiter" und mit sonst niemandem. Alle Versuche des leiblichen Vaters, auf ihn einzugehen, blockiert Martin sofort. Spielt Martin mit Autos und der Vater nimmt auch einmal Autos, wirft er seine fort. Bewegt er sich an den Trommeln und der Vater nimmt auch eine, um seinen Rhythmus aufzunehmen, zerschlägt er die Trommel. Das geschieht mit allem, was der Vater nimmt. Als der Vater auf ihn zugeht, flüchtet er in einen Kaufladen, in dem er sich sicher fühlt. Nach ca. 30 Minuten hält Martin es nicht mehr aus, er will hinaus. Er sagt das der Pflegemutter. Er schimpft mit dem Sozialarbeiter der Herkunftsfamilie darüber, dass dieser die Eltern mitgebracht habe und will dringend nach Hause. Der leibliche Vater versucht mehrfach, sich zu nähern, den Jungen umzustimmen. Er sagt: „Ich bin dein Freund. Willst du nicht mit mir kommen?“ Martin sagt immer wieder: „Nein, du bist nicht mein Freund. Ich komme nicht mit. Ich komme nie mehr zu dir. Nein, ich will zu meiner Pflegemama.“ Der leibliche Vater versucht noch einmal, sichtlich erschüttert, den Jungen umzustimmen und will ihm die Hand geben. Martin erträgt das mit abgewandtem Gesicht. Als der Vater dann sagt: „Gib doch der Mama auch eine Hand“, schreit er „nein, die ist doof, die kann ich nicht leiden, die kriegt keine Hand.“ An dieser Stelle verlassen die weinenden Herkunftseltern den Raum. Der Junge bleibt mit der Pflegemutter als Letzter im Zimmer zurück, bis er sicher ist, dass alle gegangen sind.

Wenig später verlangt er von seinem Pflegevater, dass er seinen Vater töten möge. Der Pflegevater ist entsetzt, moralisiert. Erst allmählich ist er zu bewegen, die ungeheure Wut, die hinter dem Wunsch des Jungen steht, anzunehmen, um erst dann darüber zu reden, was er tun kann. Er muss ihm zuerst sagen, dass er versteht, welch ungeheure Wut in ihm ist und dass er versteht, warum Martin diese Wünsche hat.

5 Die kindlichen Bedürfnisse formulieren den Umgang des Kindes mit den Herkunftseltern

Martin, Susanne und all die anderen Kinder hatten keine Besuchskontakte mehr. Es war möglich, bis auf wenige Ausnahmen, allen Kindern Besuchskontakte zu ersparen. Es ist selbstverständlich, dass hier immer von Dauerpflegekindern die Rede ist, also von Kindern, die ohne Rückkehroptionen in Pflegefamilien leben, nicht von Übergangspflegekindern oder Bereitschaftspflegekindern.

Die Frage ist, was ist zu tun, wenn von solchen Dauerpflegekinder die Rede ist und trotzdem Besuchskontakte gefordert werden? Es gibt hier nur 2 Möglichkeiten: Da ist zunächst das gerichtliche Verfahren. Richtern müssen Hinweise gegeben werden über die wahren Bedürfnisse von Kindern. Häufig sind sie bereit hinzuhören und zu lesen, wenn ihnen differenziert und deutlich geschrieben wird, was den Kindern passiert, was sie bei Besuchskontakten erleben: Dass traumatisierte Kinder ihre Traumata immer wieder neu erleben, vor allem bei der Begegnung mit den als Aggressoren erlebten Eltern.

Ein anderer, außergerichtlicher Schritt ist es, dass leibliche Eltern dieses selbst erleben können. Am Beispiel von Martin wird das besonders deutlich. Hier gab es nie eine gerichtliche Regelung. In vielen anderen Fällen verhielten sich Herkunftseltern ebenso. Häufig haben leibliche Eltern zu Anfang Besuchskontakte verlangt, häufig hat man sie ihnen auch für eine kurze Zeit oder für eine Übergangssituation gewähren müssen, weil sie nicht in der Lage waren, sofort und unmissverständlich Abschied zu nehmen. In dem Maße, in dem die Kinder aber begannen, in der neuen Familie Wurzeln zu fassen, in dem die bei Nienstedt/Westermann beschriebene Integration der Kinder sichtbar wurde, in dem gleichen Maße waren die Kinder gehindert, sich weiter auf die Herkunftseltern, auch wenn sie keine MisshandlerInnen/MissbraucherInnen waren, einzulassen. Vielen leiblichen Eltern konnten diese Konflikte der Kinder verständlich gemacht werden, ihnen konnte verdeutlicht werden, dass es allein ihre eigenen Bedürfnisse waren, die bei den Besuchskontakten befriedigt werden sollten. Art und Umfang der Distanz und des Schutzes, den das Kind benötigte, konnte vielen leiblichen Eltern nahe gebracht werden.

Ernst genommen in ihrem Bedürfnis, auch ihr eigenes Leben vielleicht wieder lebenswerter zu gestalten, ernst genommen darin, vielleicht auch Nein sagen zu können zu einem Kind, ohne Rabeneltern genannt zu werden, aber auch ernst genommen in der Unfähigkeit, sich mit einem Kind auseinander zu setzen, konnten sie entspannter damit umgehen, Ansprüche an das Kind zu reduzieren oder ganz aufzugeben. Häufig war es erforderlich, ihnen Rückhalt in ihrem familiären Umfeld zu geben. Manchmal mussten gemeinsame Gespräche mit den Eltern der Mütter oder mit Geschwistern oder Partnern stattfinden, um eine Instrumentalisierung der Kinder zu verhindern.

Einige Eltern erhalten Fotos von den Kindern, bekommen Entwicklungsberichte durch den Sozialarbeiter oder durch die Pflegeeltern, die ihnen einen lebendigen Einblick in das aktuelle Leben des Kindes ermöglichen. Die Kinder wissen um die unterschiedliche Mutterschaft, gehen offen damit um, so wie auch die Pflegeeltern und der Pflegekinderdienst offen mit diesem Thema umgehen. Es ist kein angstbesetztes Thema.

6 Das Verstehen der kindlichen Bedürfnisse im Kontext zur Lebensgeschichte ihrer Eltern

Die kindlichen Bedürfnisse nach Sicherheit, Kontinuität, Geborgenheit, Liebe und nach zuverlässigen Erwachsenen sind in kaum einer Herkunftsfamilie der Hertener Pflegekinder befriedigt worden.

Wenige Herkunftseltern waren in der Lage, die Bedürfnisse ihrer Kinder zu sehen. Kaum eine Mutter stellte fest, dass die Kinder hungerten, zu viel allein waren, vernachlässigt wurden. Daraus resultierende Auffälligkeiten, die dann z. B. im Kindergartenalter sichtbar wurden, schrieb man den Kindern zu, sie wären erziehungsschwierig, verhaltensauffällig. Häufig behaupteten leibliche Eltern, wenn die Kinder dann abgegeben oder aus ihrer Familie geholt wurden, „dieses seien die Kinder selber schuld, weil sie sich doch so und so verhalten hatten“.

Viele der Kinder übernahmen diese Schuldzuweisung der Eltern, fühlten sie sich doch oft in der Tat für das Scheitern der Familien hauptverantwortlich. Die Unfähigkeit, das Leid und die Bedürfnisse der Kinder nachzuvollziehen, kann nur verstanden werden, wenn man einen unverfälschten Blick auf die Geschichte der Eltern wirft, die diese Kinder geboren haben. Stellvertretend seien hier die beiden Mütter der Kinder Susanne und Martin zitiert, um verständlich zu machen, in welchem Kontext die Bedeutung der mütterlichen Lebensgeschichte zur scheiternden Eltern-Kind-Beziehung steht.

Susannes Mutter sagte bei einem der Besuche in der Kinderklinik: „Ich bin von meiner leiblichen Mutter auch misshandelt worden. Ich bin ganz oft geschlagen worden, und sie hat mich immer weggegeben. Ich war in verschiedenen Kinderheimen, die hat mich einfach nicht gewollt".

Martins Mutter fühlte sich früh aus ihrem Elternhaus herausgedrängt, nie angenommen von ihren Eltern, schutzlos als junges Mädchen war sie Männern ausgeliefert worden. Sie berichtete darüber, als wenn sie dort wahren Vergewaltigungsorgien ausgeliefert gewesen sei. Sie machte ihr Elternhaus für die als lieblos empfundene Kindheit verantwortlich.

Beide Mütter haben als Kinder nie ihre eigenen Bedürfnisse befriedigt bekommen. Sie tragen dieses Leid offensichtlich immer noch in sich und werden immer wieder versuchen, die eigene Bedürfnisbefriedigung in den Vordergrund zu stellen. Beide werden nie nachempfinden können, wenn hilflose, schutzlose Kinder ihre Kraft und Stärke brauchen, weil sie diese Kraft und Stärke als Kinder nie selbst verlässlich erlebt haben und somit auch nicht weitergeben können.

Ein Beispiel: Als einer leiblichen Mutter, die drei Kinder abgegeben hatte, eine sozialpädagogische Familienhelferin zur Seite gestellt wurde, um zu versuchen, ob sie mit dem vierten Kind zusammenleben könne, ohne dass dieses Schaden nähme, brachte die Helferin dem Kind des Öfteren Süßigkeiten mit. Nach dem dritten Besuch reagierte die leibliche Mutter äußerst heftig, riss dem Kind die mitgebrachte Süßigkeit aus der Hand, schob sie sich selber in den Mund und schrie die Helferin an, sie möchte auch etwas mitgebracht bekommen und sie käme immer zu kurz und alle kämen und fragten immer nur nach dem „doofen Blag". Sie war als Kind von ihren Eltern abgegeben worden, hatte dann bei den Großeltern gelebt, von denen sie nicht geliebt, nur geduldet wurde. Sie wollte die Zuneigung und Zuwendung der Helferin. Sie konnte nicht ertragen, dass dem Kind etwas mitgebracht wurde.

Auf diesem Hintergrund dürfen nur Entscheidungen getroffen werden, die akzeptieren, dass diese Mütter und Väter keine Eltern, keine verantwortungsbewussten Erwachsenen sind, die Kinder bis zur Verselbständigung begleiten können. Es sind Erwachsene, die selbst die Hilfe dieser Gesellschaft brauchen, weil auch sie irgendwann Kinder ohne elterliche Liebe waren. Diese therapeutische Arbeit zu leisten, ist aber nicht die Aufgabe ihrer Kinder, wie es häufig gefordert wird, sondern dieses zu leisten, ist Aufgabe der Gesellschaft, will diese Gesellschaft sich nicht immer wieder neue Generationen von Opfern schaffen.

7 Vermittlung und Begleitung traumatisierter Kinder am Beispiel der Herbstkinder 1993

Wenn Kinder dauerhaft unterzubringen sind, müssen Entscheidungen über ihre Unterbringung so zügig gefällt werden, dass sie ohne zusätzliche Schäden nach der Herausnahme aus ihrer Herkunftsfamilie entsprechend ihrer Entwicklung nach einem evtl. Heimaufenthalt möglichst bald in eine Pflegefamilie vermittelt werden können. Die so erzielte soziale und rechtliche Anbindung des Kindes an die Pflegefamilie und die Sicherheit, die für ein Kind daraus in seiner neuen psychologischen Familie erwächst, ermöglichen dem Kind auch die Trennung von seiner Herkunftsfamilie: *„Beide Prozesse, Bindung und Trennung, laufen nebeneinander her und bedingen sich gegenseitig: Bindung wird durch Ablösung ermöglicht, und Ablösung wird durch Bindungsmöglichkeiten erleichtert. Bindungen sind nur da möglich, wo Trennungen vollzogen werden“* (Nienstedt/Westermann S. 201).

Nachfolgend soll am Beispiel von 3 Kindern aufgezeigt werden, wie im Herbst 1993 die Vermittlung und Begleitung traumatisierter Kinder sowie eine Beratung der Pflegeeltern auch über örtliche Grenzen hinaus möglich war.

7.1 Daniel

Daniel wurde im November 1993 sechs Jahre alt. Zu dem Zeitpunkt lebte er bereits seit 2 Jahren im Kinderheim. Er hatte in seiner Herkunftsfamilie erhebliche Gewalt erfahren, war durch seinen leiblichen Vater und später auch durch seinen Stiefvater sexuellen Übergriffen ausgesetzt und wurde von seiner Mutter nicht nur nicht geschützt, sondern auch erheblich körperlich und seelisch unterdrückt. Als seine Mutter mit dem zweiten Mann ein weiteres Kind zur Welt brachte, wurde sein Leben in der Familie immer schwieriger. Er wurde abgelehnt, ähnelte wohl seinem leiblichen Vater, an den die Mutter schlimme Erinnerungen hatte. Diese Ähnlichkeit hatte zur Folge, dass er sehr viel geschlagen wurde, dass extreme Strafen für ihn erfunden wurden und dass die Mutter ihn Anfang 1992 dem Jugendamt übergab.

Daniel wurde in der ersten Zeit im Kinderheim als ein sehr gehemmtes Kind erlebt, welches sich ständig kontrollierte. In vielen Nächten durchlitt er große Ängste, war morgens sehr aufgewühlt, berichtete über „große Augen, die ihn immer anstarrten“. Nach den ersten Wochen begann er sich sehr sexualisiert auszudrücken und auch sexualisierte Spiele den anderen Kindern anzubieten. Die HeimmitarbeiterInnen erlebten ihn als ein hoch traumatisiertes Kind, welches emotional schwer gestört wirkte, keinerlei Selbstwertgefühl besaß, sich selbst nicht annehmen konnte und häufig und detailliert über erlebte Gewalt im Elternhaus berichtete.

Da Daniel aus einer Hertener Familie kam, wurde es erforderlich, über die Stadtgrenzen hinaus für ihn zu suchen. Für ihn, wie auch für weitere 4 Kinder wurde im Herbst

1993 überörtlich ein Artikel zur Vermittlung von Kindern geschrieben, der über Daniel berichtete. Gleichzeitig erschien der Artikel in der Frankfurter Rundschau. Es meldeten sich insgesamt 62 BewerberInnen. Bei der Auswahl ging es nicht darum, eine hohe Anzahl von möglichst vielen BewerbernInnen zu erreichen. Es sollten konkret Familien für die 5 Kinder gefunden werden.
Nach einer Briefaktion, in welcher die Erstmelder um die Beantwortung ausführlicher Fragebögen und Lebensgeschichten gebeten wurde, blieben ca. 20 BewerberInnen übrig. In Telefonaten wurden dann über das Alter und die Problematik der Kinder Informationen an die BewerberInnen gegeben und nach ihren Wünschen und Vorlieben, Fähigkeiten und Neigungen, Grenzen und Hoffnungen gefragt. So wurden 14 BewerberInnenehepaare ausgesucht, von denen besonders ein Ehepaar für Daniel geeignet schien. Von den 8 BewerberInnenpaaren, die dann letztlich besucht wurden, wurden noch 2 Paare nach den mehrstündigen Hausbesuchen abgelehnt. Einmalige Unterstützung fanden die Bemühungen des Pflegekinderdienstes durch die beiden Psychologen Dr. Monika Nienstedt und Dr. Arnim Westermann, Münster, die sich bereit erklärten, für jedes verbleibende BewerberInnenpaar eine geeignete Testreihe zur Verfügung zu stellen und auszuwerten. Es handelte sich dabei um den Freiburger Persönlichkeitstest (FPI – A, Verlag für Psychologie, Dr. C.J. Hogrefe, Göttingen) und um den Gießener Selbst- und Fremdeinschätzungs-Test (GT 1972 Verlag Hans Huber Bern). Die BewerberInnen wurden über diese testologische Ausweitung des Verfahrens informiert, die ausgefüllten Bögen sandten sie direkt an die psychologische Praxis. Ihnen wurde verdeutlicht, dass dieses nur eine zusätzliche Informationsquelle darstelle und ein nicht Ausfüllen keine Ablehnung nach sich ziehe. Der Austausch der Ergebnisse aus dem Testverfahren und die Eindrücke der Sozialarbeiter ergaben eine fast 100 %ige Übereinstimmung.

Bei dem für Daniel ausgewählten Ehepaar D. handelte es sich um ein kinderloses Ehepaar, welches im Alter von 40 Jahren die Ablehnung des Heimatjugendamtes als Adoptivbewerberpaar schon seit einiger Zeit hinter sich hatte und das Thema der eigenen Kinderlosigkeit gut aufgearbeitet hatte. Sie hatten sich seit längerem bei anderen Jugendämtern bewusst für etwas ältere Kinder interessiert, waren aber bisher immer abgelehnt worden, da sie nicht zur Zusammenarbeit mit den leiblichen Eltern bereit waren. Sie wurden ausgewählt, weil sie sehr viel Sicherheit in ihrer Partnerschaft vermittelten, sehr große Offenheit in den Gesprächen und Briefen deutlich wurde, Zusammenarbeit mit ihnen unproblematisch schien und sie sich rein theoretisch in die Problematik eines misshandelten und missbrauchten Jungen hineindenken konnten.
Zu Beginn der Osterferien 1994 lernten die rund 300 Kilometer entfernt lebenden Eheleute D. Daniel kennen. Anfänglich gingen sie sehr behutsam auf ihn zu. Er, der ja doch schon sehr lange auf eine Familie wartete, forcierte deutlich das Tempo. Dieses sah das Ehepaar D. mit Freude, führte es dieses doch verständlicherweise auf eigene Attraktivität und positive Gefühle füreinander zurück. Nachdem die Familie und Daniel zu den Osterfeiertagen sehr intensiv zusammen waren, blieb er ohne Absprache mit dem Pflegekinderdienst für mehrere Tage bei den Eheleuten D. Hier entstand sehr schnell eine solch intensive Nähe, dass sowohl Daniel als auch die Pflegeeltern

sich restlos überfordert fühlten. Sie riefen verzweifelt im Pflegekinderdienst an und brachten am nächsten Morgen Daniel sichtlich erschüttert zurück. Während sie über vieles nachdachten, was vielleicht auch durch sie falsch gemacht worden war, wirkte Daniel sehr verzweifelt. Er empfand die entstandene Situation als ein Versagen seinerseits, fühlte sich mal wieder als nicht „familienfähig".
Die Entwicklung wurde dann mit den Eheleuten D. gründlich reflektiert, wie hier überschnell gehandelt wurde und dass der dominante Pflegevater – wie es im Beruf sicherlich ständig von ihm erwartet wird – zum Macher der Kontaktanbahnung geworden war, sie aber nicht mehr beherrschte.

Daniel blieb für einige Wochen allein im Kinderheim, die Pflegeeltern schrieben ihm regelmäßig, und nach drei Wochen wurde ein erneuter behutsamer Besuchskontakt aufgebaut.

Vom Pflegekinderdienst aus wurden in dem ersten Gespräch danach klare Strukturen zur Fortsetzung der Kontaktanbahnungsphase für alle Beteiligten entwickelt, und der Pflegekinderdienst übernahm auch deutlich Verantwortung. Alle Kontakte fanden nun in entspannterer Form statt. Der Mitarbeiter des Pflegekinderdienstes traf sich alle 14 Tage mit den angehenden Pflegeeltern zur Reflexion der Besuche und weiterer Planung. Dreieinhalb Monate später fand Daniel Aufnahme in seiner Pflegefamilie. Das Zusammenleben aller Beteiligten ist immer noch sehr abwechslungsreich. So hatte z. B. in der Kontaktanbahnungsphase der Pflegevater eine sehr gute Beziehung zu Daniel, durch seine jungenhafte, zupackende Art fand er schnell Zugang zu dem Jungen. Im gemeinsamen Zusammenleben wurde Daniel durch ihn sehr bald an seine beiden Väter und das durch sie erlebte Leid erinnert. Dadurch bedingt, begann er recht früh mit Übertragungen. Der Pflegevater konnte nicht immer angemessen damit umgehen. Er fühlte sich teilweise von Daniel zurückgesetzt, manchmal auch ausgegrenzt und empfand auch Eifersucht. Das alles erlebte einen ersten Höhepunkt, als Daniel und der Pflegevater gleichzeitig erkrankten. Im Nachhinein führte die Situation zu einer Krise, die durch mehrere Gespräche in der Familie, in denen z.B. über die einzelnen Rollen und Rollenerwartungen u.v.a.m. gesprochen wurde, konfliktorientiert aufgearbeitet wurde.

Schwierig waren auch über lange Zeit die erheblichen Anforderungen des Jungen an die Pflegemutter. In der frühen Phase der Regression (Nienstedt/ Westermann) versuchte er die Anteile primärer Mütterlichkeit, die er in der Herkunftsfamilie nicht erhalten hatte, von der Pflegemutter zu bekommen. Er wollte alle Facetten einer Babyphase nachspielen, war immer sehr nah und dicht bei seiner Pflegemutter. In dieser Zeit sagte sie, auch manchmal ein wenig verzweifelt „er folgt mir ständig, selbst auf die Toilette und manchmal denke ich, er möchte aus mir geboren worden sein." Die Pflegemutter konnte diesen intensiven körperlichen Ansprüchen Daniels nicht immer genügen, empfand sich häufig auch überfordert, fühlte sich von ihm regelrecht ausgesaugt.

Diese sehr komplexe Problematik überforderte das angebotene Hilfesystem – Telefonberatung und 3-4 mal jährliche Besuche – bei weitem. Zu Recht fühlten sich die Pflegeeltern nicht immer angemessen in ihren Problemen verstanden, hatte der Sozialarbeiter oft das Gefühl als Feuerwehrmann benutzt zu werden. Vor allem fiel es schwer, Daniel in der Situation noch gerecht zu werden. Er bemerkte doch bald: Bei allen Krisen und Problemen kam der Sozialarbeiter, die Erwachsenen redeten viel und es ging um ihn.

Um diese schwierige und das Pflegeverhältnis belastende Situation zu verändern, wurde die Hilfe durch eine ortsansässige Therapeutin, die sich in der Arbeit mit Pflegeeltern und Pflegekindern gut auskennt, installiert. Die Pflegeeltern konnten nach einem gemeinsamen Erstgespräch diese Hilfe gut annehmen, Daniel geht sehr gerne zu der Therapeutin. Er hat mehrfach erlebt, dass sie bedingungslos auf seiner Seite steht und er fühlt sich nicht mehr so allein. Seit jetzt zweieinhalb Jahren kommt Daniel alle 14 Tage in die Praxis. Alle 3-4 Monate kommen die Pflegeeltern zu einem Elterngespräch.

Er hat das Gefühl, dass die Pflegeeltern ihn sehr mögen, erlebt aber auch ihre Anforderungen an sich, vor allem im schulischen Bereich. Während sie manchmal sprachlos sind über seine oft sehr aggressiven und unverständlichen Aktionen, dieses auch als gegen sich selbst gerichtet erleben, kann er das bei der Therapeutin, die ihm neutraler gegenübersteht, erklären. So hatte er mit einer Lehrerin einige besondere Probleme, es eskalierte dann und im Laufe einer Stunde warf er dann angeblich mit einem Gegenstand nach ihr. Alles verlief im Gespräch mit der Therapeutin wohl etwas weniger dramatisch, sorgte jedoch für einige Tage Schulverbot, zog erheblichen Ärger mit den Pflegeeltern nach sich und belastete ihn sehr.

Daniel erklärte bei der Therapeutin, die Lehrerin stinke, und zwar wie der missbrauchende Vater, genauso. Er habe auch nie stinken dürfen. Schon im Kinderheim hatte er berichtet, wenn er sich 2-3jährig nach der Toilette nicht richtig den Po abgewischt habe, sei er von der Mutter an den Haaren gefasst worden, kopfüber in die Kloschüssel gesteckt worden und sie habe dann auch abgezogen. Er habe dabei die Angst gehabt zu ertrinken.

7.2 Julia

Julia wurde gemeinsam mit ihren Brüdern im Winter 1992 in Obhut genommen, nachdem sie und ihre Brüder im Kindergarten bzw. in der Grundschule wiederholt sehr deutlich und detailliert geschildert hatten, wie sie vom Vater sexuell missbraucht worden waren. Nach der Inobhutnahme wurde dem Jugendamt das volle Sorgerecht übertragen. Beide Eltern wurden zu Haftstrafen wegen Missbrauchs bzw. unterlassener Hilfeleistung verurteilt.

Die Kinder konnten im Kinderheim mit behutsamer Hilfe dortiger Therapeuten beginnen, ihre seelischen Verletzungen zu bearbeiten. Jedoch blieb alles nur ein Anfang, da vor allem Julia sehr schnell nicht mehr bereit war, über die Vergangenheit zu reden. Bezeichnend für ihre Einstellung ist vielleicht die Aussage gegen Ende der therapeutischen Sitzungen: „Ich glaube, ich bin selber schuld, dass mir das passiert ist. Ich glaube, das wird mir immer passieren, weil ich so ein hübsches Mädchen bin." Sie ist ein sehr introvertiertes, eher depressiv wirkendes Kind, das alle Schuld zuerst immer bei sich sucht.

Durch die Vermittlung von zwei Geschwisterkindern aus ihrer Gruppe in Ersatzfamilien zeigte sie gegen Ende 1993 ebenfalls Interesse, auf neue Eltern zuzugehen. Im April 1994 war sie bereit, das Bewerberehepaar B. (ebenfalls rekrutiert aus der Herbstkinderaktion 1993, siehe auch 7.1) kennen zu lernen. Die Eheleute B. waren zu dem Zeitpunkt 45 Jahre alt. Frau B. war nicht berufstätig. Beide hatten sich seit Jahren erfolglos bei Adoptionsvermittlungsstellen beworben und hatten sich eigentlich schon damit abgefunden, kinderlos alt zu werden, bis der Artikel über die Herbstkinder sie wieder, wie sie sagten, „wachrüttelte". Sie leben am Rande einer süddeutschen Großstadt und hatten ebenfalls erhebliche Entfernungen zum Kinderheim, in dem Julia lebte, zu überwinden.

In der Anbahnungsphase, die wegen der Ängstlichkeit und hohen Irritierbarkeit von Julia ganz behutsam und über mehrere Monate durchgeführt werden musste, zeigte es sich, dass die Pflegemutter ein ähnlich strukturierter Mensch wie Julia war. Auch sie ist ein eher ängstlicher, stiller, zurückhaltender Mensch, und bei beiden entstand sehr schnell eine hohe Bereitschaft, aufeinander zuzugehen. Der Eindruck war auch schon im Test und in den Einschätzungen der Sozialarbeiter zum Ausdruck gekommen. Aufgrund der sehr hoch eingeschätzten Offenheit der Pflegemutter war dieses aber von allen Beteiligten als eine positive Eigenschaft - für die Situation und für dieses Kind - angesehen worden. Der Pflegevater ist ein sehr selbstbewusster klarer Mensch, der keine Probleme hatte, sich für eine lange Zeit im Hintergrund halten zu müssen.

Bevor Julia in die Pflegefamilie umzog, wurde die Wohnung dort zunächst einmal so umgebaut, dass für Julia ein eigenes Badezimmer eingerichtet wurde. So konnte Rücksicht genommen werden auf die im Zusammenhang mit dem Missbrauch bestehenden Ängste des Mädchens, wie sie auch im Kinderheim in Bezug auf männliche Personen beobachtet worden waren.

Zwischen Julia, ihren Pflegeeltern und dem Pflegekinderdienst bestehen Telefonkontakte, ein- bis zweimal jährlich finden Besuche in der Familie statt. Seit zwei Jahren trifft sich die Familie mit anderen Pflegeeltern einmal jährlich mit dem Mitarbeiter des Pflegekinderdienstes zu einem Wochenendbildungstreffen. Die große Entfernung lässt intensivere Kontakte kaum zu.

Die Pflegeeltern haben bisher vor Ort noch keine Unterstützung gefunden. Einige Versuche endeten mit großen Enttäuschungen, weil ihnen sehr häufig und sehr schnell das System der Ergänzungselternschaft vorgestellt wurde, weil in dem Zusammenhang immer sehr schnell nach Kontakten zu den leiblichen Eltern gefragt wurde, die unbedingt notwendig und die zur seelischen Gesundung des Kindes erforderlich seien. Auch wurde oft von der nicht zu entwickelnden eigenen Identität der Kinder berichtet, wenn sie nicht in regelmäßigen Abständen die leiblichen Eltern sehen würden. Als ob denn die Entwicklung der neuen Identität eines Kindes davon abhängen würde, in welchem Maße es Kontakte zu seinen es **unterdrückenden, misshandelnden, missbrauchenden Herkunftseltern** habe oder nicht, als wäre denn diese Identität, die zwischen dem Kind und den leiblichen Eltern angeblich entstanden ist, ein hoch zu schützender und durch nichts zu ersetzender Wert. Professor Arno Grün sagt dazu: *„Es ist die Qualität der Beziehung zwischen Kind und Eltern, die erst jene Grundlagen schafft, welche Identität ermöglicht – oder auch nicht. Identität kommt gar nicht zustande, wenn diese Grundlagen nicht hergestellt werden. Dadurch ist aber auch die Möglichkeit gegeben, daß Kinder einen Neubeginn für sich schaffen können, gerade weil keine wahre Identität zustande kam, vorausgesetzt, daß eine auf sie eingehende Umgebung gesichert werden kann." (Prof. Arno Grün, Zürich, über das Buch A. Westermann/M. Nienstedt „Pflegekinder" in der Zeitschrift „Praxis der Kinderpsychologie und Kinderpsychiatrie" 2/93)*

Belastend in dem sich kontinuierlich verbessernden Prozess zwischen Pflegeeltern und Julia war lange Zeit das Zubettgehen. Die Pflegemutter blieb über viele Monate hinweg allabendlich bei Julia, ging über eine sehr lange Zeit dann immer öfter mit ins Bett, wo sie dann immer länger bleiben musste und die letzten 8-10 Monate auch erst heimlich wieder gehen konnte, nachdem Julia eingeschlafen war. Anlässlich eines Pflegefamilienwochenendes konnte die Pflegemutter darüber berichten, wie belastend es doch für sie sei, seit fast 2 Jahren abends kein Eigenleben mehr zu haben. Sie hatte Julia erst 2 x abends mit dem Pflegevater allein gelassen. Diesen Abenden waren dann mehrere Nächte gefolgt, in denen Julia schlimm träumte, völlig erschöpft aufgenommen werden musste. Daraufhin blieb die Pflegemutter dann wieder abends bei Julia.

In Gesprächen mit den Pflegeeltern wurde die Problematik des Zubettgehens aufgearbeitet. Die Pflegemutter sah deutlich, dass sich im Laufe der Jahre die Situation so entwickelt hatte, dass Julia den Rhythmus des Lebens bestimmte und kontrollierte, wie es für einen missbrauchten Menschen ja auch erforderlich war, wie es aber bei kompetenten Eltern nicht notwendig ist. Wichtig und hilfreich war aufzuzeigen, wie schwer es einem missbrauchten und tief verunsicherten, ängstlichen Mädchen fallen muss, Schutz und Hilfe bei einer Pflegemutter zu erhoffen, die es manipulieren kann, deren zu Bett-Geh-Rhythmus es u.a. bestimmt. Die Pflegemutter konnte anschließend verändert darauf zugehen, und allmählich hat sich die Situation entspannt, obwohl Julia es ihr natürlich nicht leicht gemacht hat, die alten Gewohnheiten zu verändern.

Julia verarbeitet den Missbrauch außer bei dem immer noch intensiven, manchmal auch mit Weinen und Schreien verbundenen nächtlichen Träumen, nur in kleinen Ansätzen. Diese werden von der Pflegefamilie immer wieder aufgenommen und dem Kind gespiegelt. Doch meistens bleibt es bei den Ansätzen. So hat Julia fast über ein Jahr Mutter-Kind gespielt. Als ein Kind aus der Nachbarschaft sie darauf aufmerksam machte, dass es „Vater-Mutter-Kind" heißen muss, zeigte sie dem Kind eine kleine Puppe, die seit langem schon unter den Fernseher geklemmt war. „Das ist der böse Papa, der ist im Gefängnis, der spielt nicht mit". Diese kleinen, für Julias Gesundung sehr wichtigen Schritte sollen nun besser aufgenommen werden. Die Pflegeeltern und der Pflegekinderdienst beabsichtigen, eine externe Therapeutin mit einer Therapiebehandlung von Julia zu beauftragen, da Julia allmählich Bereitschaft zeigt, in eine Therapie zu gehen und auch im Spiel allmählich deutlich wird, dass sie dieses Thema doch sehr beschäftigt.

7.3 Andreas

Andreas war zum Zeitpunkt der Vermittlung (seine Pflegeeltern wurden ebenfalls über die Herbstkinderaktion gefunden) neun Jahre alt. Fünf dieser neun Lebensjahre hat er in einem Kinderheim verbracht. Fast ein Jahr seines Lebens war er in den unterschiedlichsten Krankenhäusern im Ruhrgebiet, da er von seinen Eltern immer wieder misshandelt worden war.

Weil seine Mutter im Frühjahr 1994 durch Zufall herausfand, wo Andreas lebte und mit Hilfe von Verwandten versuchte, ihn aus dieser Einrichtung herauszuholen, wurde er im Sommer 1994 recht schnell in die Pflegefamilie E. vermittelt. Die Pflegeeltern waren bei der Aufnahme 47 Jahre alt und kinderlos, die Pflegemutter war nicht berufstätig.

Andreas hatte die Hektik, die durch die Aktionen seiner Herkunftseltern hervorgerufen wurde, am eigenen Leibe erlebt. Er wusste um die Brisanz und die Problematik. Er hatte große Angst vor seiner Familie und war daher bereit, schneller als es allgemein erwartet wurde, auf die Pflegefamilie zuzugehen. Da diese Vermittlung jedoch keine behutsame, allmähliche Vermittlung war, wie sie diesem 9-jährigen gut getan hätte, gab es in der ersten Zeit große Probleme in der Familie. Andreas zog sich sehr in sich selbst zurück. Er konsumierte, was immer er bekommen konnte, hörte Platten, konnte dabei gleichzeitig Comic lesen und „Fernsehzappen". Sehr früh wurde deutlich, dass Andreas durch die Dynamik, mit der er auf die Pflegefamilie zuging, auch sehr schnell zu Übertragungsbeziehungen kam. Als nach sechs Wochen einmal seine Pflegemutter und er an einem schulfreien Tag frühmorgens in die Bücherei wollten, um wieder seine geliebten Comics zu holen, beschuldigte Andreas sie: „Du hast mich verlassen", als sie nach 15 Minuten aus dem Keller zurückkam. Sie fand ihn schreiend und völlig aufgelöst vor. Obwohl sie ihm immer wieder beteuerte, sie habe ihm doch deutlich gesagt, wohin sie ging, ließ er sich nicht beruhigen.

Bei den zu dem Zeitpunkt ständig stattfindenden spätabendlichen, zeitweise sehr langen Telefonaten, die zwischen dem Pflegekinderdienst und der Pflegemutter geführt wurden, konnte aufgeklärt werden, dass er, der so oft verlassen worden war, hier in eine Übertragungssituation gekommen war: Er hatte aus ihr die leibliche Mutter gemacht, die ihn ja immer wieder verlassen hatte. Es konnte besprochen werden, in Zukunft deutlicher auch auf diese Übertragungsbeziehungen zu achten und annehmend dann auf ihn einzugehen.
Hilfreicher wäre in der Situation gewesen, die Angst, die er schreiend äußerte, anzunehmen, anzuerkennen und das, was er deutlich sichtbar erlebte, nämlich ein verzweifeltes, ängstliches Kind zu sein, mit einfühlsamer Stimme zu benennen. Nienstedt/Westermann sagen dazu: *„Würden sich die Eltern von den Wünschen und Ängsten des Kindes steuern und beeinflussen lassen, dann würden sie ihm die Berechtigung seiner Angst oder seines Mißtrauens zugestehen, selbst dann, wenn sie nicht die Gründe dafür genauer verstehen. Sie würden dem Kind sagen: „Ja, Du machst Dir vielleicht Sorgen, daß wir Dich allein lassen, Du traust uns nicht, du mußt uns wohl kontrollieren. Mit der Annahme der Wünsche und Ängste werden nicht nur Wege eröffnet, mit ihnen realistischer umzugehen, sondern vor allem auch, daß das Kind diese selbst als berechtigt annehmen kann. Nur Gefühle und Affekte, die man als seine annimmt und als zur eigenen Lebensgeschichte dazugehörig zu verstehen lernt, kann man auch verändern, und man wird nicht zu einem blinden, agierenden Handeln gezwungen sein." (S. 77)*

Nachdem in den ersten Jahren die Betreuung durch den Hertener Pflegekinderdienst erfolgte, wurde später vor Ort eine Psychologin gesucht, die seitdem vor allem die Pflegemutter berät.

Eine umfangreiche Krisenintervention wurde im Frühjahr 1997 erforderlich, als Andreas über Monate hinweg zu Hause immer weniger aß, regelrecht abmagerte. Dabei wurde deutlich, dass der Junge eigentlich noch nie richtig gut, genussvoll und altersentsprechend gegessen hatte. Während dieser Rekonstruktion der Erfahrung im Zusammenhang mit der Ernährung des Jungen wurde aber deutlich, dass sich dieses Verhalten nur auf die pflegeelterliche Familie beschränkt. Die Eltern erinnerten sich, dass er bei den Großeltern, bei Bekannten oder in Lokalen Unmengen an Essen in einer hohen Geschwindigkeit mit einer großen Begeisterung in sich hineinschaufeln konnte.

Erst weitere Gespräche unter Hinzuziehung der alten Akten gaben Hinweise auf erneute Übertragungsbeziehungen als Ursache des veränderten Essverhaltens des Jungen. Die wichtigsten Hinweise gaben jedoch Andreas und seine Pflegemutter. Die Pflegemutter hatte schon des Öfteren mit der Psychologin über das Essverhalten von Andreas gesprochen, war aber, wenn sie zu Hause sein zögerliches, im Essen stocherndes Verhalten erlebte, oft sehr traurig und mutlos, weil sie glaubte, den Jungen nicht zu verstehen. Als er mal wieder im Essen stocherte, fragte sie ihn, was denn sei. Er meinte, es seien wohl Würmer im Essen. An dieser Stelle wurde ihr klar, dass Andreas ihr von seinen Ängsten, z.B. schlechtes oder gar verdorbenes Essen zu bekommen, berichten wollte.

Matthias Hirsch schreibt zum Thema Wiederholungszwang Folgendes:
„Würde man versuchen das Gute, das man als Kind nicht bekommen hat, gelingend von anderen, alternativen Objekten zu bekommen (und versuchen), Beziehungen zu haben, in denen kein Mißbrauch, keine Mißbildung, keine Vernachlässigung stattfindet, hätte man sich von den alten Objekten gelöst. So aber wird darum gekämpft, das Gute von jemandem zu bekommen, der so sein muß wie der, von dem man es damals nicht bekommen hat." (S. 127)

Nachdem die Pflegeeltern die Sichtweise des Jungen verstanden hatten, hat Andreas sein Essverhalten verändert. Immer wieder fällt er zurück in sein Misstrauen, noch immer verweigert er hin und wieder die Nahrung, noch immer leidet auch die Pflegemutter sichtlich darunter, dass es ihm „woanders" besser schmeckt als bei ihr. In letzter Zeit hat es die Pflegemutter häufiger geschafft, wenn die Situationen wegen des Essens zu eskalieren drohten, einfach mit ihm in die Speisekammer zu gehen und zu sagen: „Lass uns doch einfach schauen, ob wir etwas finden, was dir schmeckt". Einmal nahm er sie in den Arm und sagte: „Weißt du, wir beide haben ja doch immer eine Lösung gefunden." Dieses große Vertrauen, das ihr da entgegengebracht wurde, hat der Pflegemutter gezeigt, dass sie auf dem richtigen Weg zu Andreas ist. Wegen sehr zeitintensiver beruflicher Anspannung spielt der Pflegevater nicht die gleich große Rolle wie die Pflegemutter, ist aber als ruhiger und ausgleichender Partner für beide, Andreas wie die Pflegemutter, gleichermaßen wichtig.

8 Ein Plädoyer für die rückhaltlose Annahme von Kindern

Vor den Schlussbemerkungen zu dem Artikel über die Arbeit mit traumatisierten Kindern soll ein Plädoyer für die rückhaltlose Annahme der Kinder und ihrer Ersatzfamilien stehen. In einer Kontinuität von 15-jähriger Zusammenarbeit mussten die Mitarbeiter des Hertener Pflegekinderdienstes lernen,

- das Leid dieser Kinder zu erkennen
- in ihrer behördlichen Sozialarbeit Solidarität mit den Kindern - also den Opfern - zu üben.

Diese Kinder benötigen - wie beschrieben - aufopferungsbereite, hingebungsvolle und sich von den Kindern „an die Hand nehmen lassende" (Nienstedt/Westermann) Pflegeeltern.

Gesucht wurden Eltern, die nach einer befriedigenden eigenen Kindheit gelernt hatten, die Krisen der Beziehung offen zu diskutieren, möglichst kinderlos waren und den Traum vom Ersatz für ein nicht geborenes leibliches Kind deutlich ausgeträumt hatten. Wenn dann noch der Glaube vorhanden war, durch gute Elternschaft einem traumatisierten Kind eine neue Chance zu eröffnen, stand einer Vermittlung nichts mehr im Wege.

Ersatzfamilien brauchen die verlässliche, kompetente Begleitung, unabhängig von Ortsgrenzen, Entfernungen und Zuständigkeitsvorschriften. Die PflegekinderdienstsozialarbeiterInnen übernehmen in dem Prozess der Vermittlung und Integration des Kindes in die Ersatzfamilie Verantwortung auch in ihrer Beziehung zu dem Kind.

Die Übernahme dieser Verantwortung benötigen auch die oft zitierten leiblichen Eltern, damit die Eltern schrittweise ihren Anspruch auf die Elternrolle aufgeben können (Nienstedt/Westermann). Sie können ihre Kinder nur Menschen, nicht Institutionen anvertrauen. Loslassen können und dürfen bedarf des Wissens über das Leben des Kindes bei den neuen Eltern.

9 Schlussbemerkungen

Wenn in Vorträgen die Situation von Kindern beschrieben wird, die durch die Hertener Sozialarbeiter in Heime oder Familien vermittelt werden, glauben manche Zuhörer, man würde die schwierigsten Fälle von Jahren zusammenziehen, nur um dramatische Effekte zu erzielen, nicht selten sind sie entsetzt angesichts des kindlichen Leids. Die Realität von ca. 1 % der Kinder einer jeden Stadt muss nicht künstlich dramatisiert werden, sie ist grausam genug, sie muss nur gesehen werden können und wollen.

Kinder, die aus Familien herausgenommen werden, haben häufig durch die Jugendhilfe ambulante Hilfen für sich und ihre Familien erhalten. Oft ist das für Kinder und Eltern die adäquate Hilfe, bei einem geringeren Teil der Kinder wird dadurch nur die Zeit des Leidens durch den Verbleib in ihrer Familie verlängert. Das ist - sicherlich mit unterschiedlicher Intensität und Häufigkeit - in allen Jugendamtsbereichen so. Wir alle haben lernen müssen: Missbrauch gibt es in der Großstadt und im Dorf, oft in Familien aber auch durch ErzieherInnen, LehrerInnen, PastorInnen usw.

Zum Abschluss sollen zwei Pflegekinder zu Wort kommen: Martina, 15 Jahre alt, von der frühesten Kindheit bis zum 5. Lebensjahr missbraucht, anschließend für 3 Jahre im Kinderheim, lebt seit 7 Jahren in der gleichen Pflegefamilie. Sie, ein immer noch heftig agierendes Kind, welches allmählich zu Ruhe kommt, sagte bei einem Gespräch über den Missbrauch - ausgelöst durch das Lied vom „Bösen Wolf“(Die Toten Hosen) -

> ***„Ich denke immer an den Missbrauch, eigentlich ständig, ganz oft gibt es irgendwelche Situationen, Gesichter von Menschen, irgendwas, das alles wieder auslöst. Oft in der Schule, und dann ist der Morgen gegessen, dann kann ich nichts mehr lernen.“***

Sarah, im Elternhaus missbraucht und unterdrückt, geprügelt und nicht geliebt, mit 12 Jahren in eine kompetente Pflegefamilie vermittelt, heute 32 Jahre alt, geschieden, erhält auf eigene Kosten seit 6 Jahren Therapie.

> ***Beim letzten der immer seltener werdenden Besuche im Jugendamt konnte sie zum ersten Mal über den Missbrauch, den sie im Elternhaus hatte erleiden müssen, reden. Sie berichtete aber auch über die vernichtende Wirkung, die dieser Missbrauch in Verbindung mit der latenten Gewalt und vor allem der „Solidarität" der älteren Brüder mit den Eltern auf ihr Leben hatte.***

Noch über Jahre hinaus werden sie die frühkindlich erlittenen seelischen Verletzungen belasten, sie in ihrer Entwicklung behindern. Doch da sie seit Jahren den Weg zu einem sehr kompetenten Therapeuten geht, wird sie irgendwann weniger unter der Last ihrer Kindheit zu tragen haben.

Literatur

Freud, Anna: Die Schriften der Anna Freud. Bd VI, Forschungsergebnisse aus der Hampstead Child-Therapy Clinic und andere Schriften, Frankfurt am Main, 1987 zitiert von: Hildegard Niestroj, „Traumatische Erfahrungen von Pflegekindern verstehen und überwinden", Vortrag in Brodenbach 15.11.1997

Hermann, Judith Lewis: Die Narben der Gewalt. Traumatische Erfahrungen verstehen und überwinden, München 1993

Hirsch, Mathias: Schuld und Schuldgefühl, zur Psychoanalyse von Trauma und Introjekt, Göttingen 1997

Keilson, Hans: Sequentielle Traumatisierungen bei Kindern, Stuttgart 1979, zitiert von: Hildegard Niestroj, „Traumatische Erfahrungen von Pflegekindern verstehen und überwinden", Vortrag in Brodenbach 15.11.1997

Nienstedt, Monika, Westermann, Arnim: Pflegekinder, Psychologische Beiträge zur Sozialisation von Kindern in Ersatzfamilien, Münster 1992, 3. Auflage

Niestroj, Hildegard: „Traumatische Erfahrungen von Pflegekindern verstehen und überwinden", Vortrag in Brodenbach 15.11.1997, in: Wie spreche ich mit dem Kind? Hrsg. Stadt Herten, Fachbereich Schule und Jugend, Bereich Hilfe zur Erziehung

Elisabeth Garbe-Lehmann

Aus traumatisierten Kindern werden irgendwann einmal Erwachsene ... ! – Leben mit traumatisierten Kindern –

Als wir an den ersten Elternabenden im Jugendamt Hannover zur Aufnahme unseres ersten Adoptivkindes teilnahmen, erzählte man uns von den Belastungen, die mit der Aufnahme eines Kindes auf uns zukommen würden. Zum Teil hätten diese Kinder traumatische Erinnerungen, die sie mit in ihre neue Familie bringen und diese damit belasten würden. Vieles fanden wir damals übertrieben und zu pessimistisch aufgezeichnet. Wenn man bereits Probleme in der Partnerschaft habe, solle man ja nicht glauben, dass ein Kind diese lösen würde. Eher das Gegenteil sei der Fall.

Heute wissen wir, dass diese Bedenken absolut richtig waren und es notwendig ist, annehmende Eltern auf Probleme hinzuweisen. Die Vorbereitung dient auch dazu, sich selbst zu hinterfragen. Ein erneuter Beziehungsabbruch ist diesen Kindern einfach nicht mehr zuzumuten, aber auch die Pflegeeltern leiden ohne Zweifel sehr, wenn sie erkennen müssen, dass sie sich überfordert haben. Schon allein die gesundheitlichen Beeinträchtigungen nehmen einen breiten Raum ein. So mussten wir uns plötzlich mit Krankheiten herumschlagen, die uns teilweise noch nicht einmal dem Namen nach bekannt waren. Unsere 4 Kinder (bei 2 Kindern waren bei der Vermittlung keine größeren Krankheiten und Behinderungen bekannt) brachten uns mit folgenden Diagnosen in Berührung, wie z.B. Blindheit, Alkoholembryopathie, Tuberkulose, Skoliose, Morbus Crohn.

Doch dieses war fassbar und in den Griff zu bekommen. Schwieriger gestalteten sich vor allem die seelischen Probleme. Eines war nämlich allen unseren Kindern gemeinsam, sie hatten bisher in keiner heilen Kinderwelt gelebt. Viele haben Vernachlässigung, Gewalt, sexuellen Missbrauch, Drogen- und Alkoholmissbrauch durch ihre Eltern erlebt. All dieses hatte Wunden geschlagen und ihr Verhalten wurde davon geprägt. Alpträume waren an der Tagesordnung, und sie waren überängstlich, misstrauisch und eingeschüchtert. Wir erlebten Kinder, die wir aus dem Kinderbettchen nehmen mussten, weil sie ihr Köpfchen so hin- und herschlugen, dass es nachts gegen die Seitenwände krachte. Essen wurde zum Teil ohne zu kauen heruntergeschluckt, sodass sich bei unserem 2 1/2-jährigen Sohn dann z.B. in der Windel (!) heile Champignons u.Ä. wiederfanden. Essen wurde auch gehortet. Wir gewöhnten uns an, überall Körbe mit Obst stehen zu haben, um klar aufzuzeigen, dass „Essen" bei uns nie alle wird.

Wir erlebten Kinder, die nur unter größten Schwierigkeiten gefüttert werden konnten. Bei einem Kind (ein Säugling) gestaltete sich die Nahrungsaufnahme so schwierig, dass ich ernsthaft glaubte, es nicht schaffen zu können. Ich befürchtete, das Kind

würde mir unter den Händen verhungern. Die größeren Kinder waren wiederum beim Einkaufen durch die vielen Angebote total überfordert.
Wir erlebten schreckhafte Kinder, Kinder, die immer wieder fragten: „Kommst du auch bestimmt zurück?" Unser kleiner Sohn lief in der Stadt in so manche Schaufensterscheibe und tat sich dabei oftmals sehr weh. Dann fragt man sich, war das Kind nie mit beim Einkauf, kennt es nicht so große Fensterscheiben? Oder hat es Probleme mit den Augen? Das Schlimme ist ja, dass man von dem Kind so gut wie nichts weiß. Man kann immer nur vermuten, warum das Kind jetzt wohl gerade so reagiert. Die Vergangenheit der Kinder lag für uns fast immer völlig im Nebel. Was hat das Kind bisher erlebt, wovor hat es Angst? Was mag es gerne? Das Kind lernt uns auch erst kennen. Kann es zu uns Vertrauen fassen? Hat das Kind sich eingelebt, macht ihm jede Veränderung zunächst einmal Angst. Eine Urlaubsreise wird zum Problem, weil da plötzlich Koffer gepackt werden. Das Kind beginnt erneut einzunässen und zu stottern. Nach der Reise ist auf wunderbare Weise alles wieder in Ordnung ...!

Immer wieder haben wir an unseren Kindern lernen müssen, viel Geduld zu haben.

Eine unserer Töchter erlebte eine sehr turbulente Schwangerschaft mit einer alkoholabhängigen Mutter. In der Mitte der Schwangerschaft war diese so verzweifelt, dass sie sich mit Tabletten vergiften wollte und es nur knapp überlebte. Gleich nach der Geburt des Kindes musste sich das Kind einer größeren Operation unterziehen. Obwohl den Ärzten die Alkoholabhängigkeit der Mutter bekannt war, gaben sie das Kind mit nach Hause. Dort erlebte das alkoholgeschädigte Kind eine explosiv gefärbte Atmosphäre der Gewalt. Die Kleine wurde bei Streit und Geschrei auch körperlich nicht verschont.
So wurde sie zum Beispiel bei einem Streit vom Vater quer durch das Zimmer auf eine Wickelauflage geworfen. Im Alter von 5 Monaten kam sie dann in ein Kinderheim und von dort mit einem Neugeborenengewicht von 4 kg zu uns. Die Nahrungsaufnahme gestaltete sich ausgesprochen schwierig und ließ uns oft verzweifeln. Sie war erst mit fast einem Jahr in der Lage, sich selbständig auf die Seite zu drehen. Dazu bedurfte es ständiger Übungen. So legten wir das Kind in eine Wolldecke, hoben diese zu zweit an und rollten das Kind darin hin und her. Die Kleine war sehr unruhig. Jede Nacht wurde sie einige Male wach und schrie dann durchdringend. Sie konnte auch keinerlei laute Geräusche ertragen. Selbst bei einem eingeschalteten Blinklicht oder wenn die Klimaanlage im Auto verstellt wurde, zuckte sie zusammen. Sie wurde dann ganz starr und streckte die kleinen Ärmchen verschreckt nach vorne. Außerdem fäustelte sie, sodass man eine schwere geistige Behinderung nicht ausschloss. In der ersten Zeit war es nicht möglich, Staub zu saugen, wenn sie in der Nähe war. Noch heute, 6 Jahre später, gerät sie außer Fassung, wenn irgendwo im Hause gebohrt wird. Schreiend hält sie sich dann verzweifelt an uns fest. Ertönt unvermutet ein lautes Geräusch außerhalb des Hauses, springt sie uns regelrecht an, drängt sich verzweifelt eng an uns und klammert sich fest.
Im Verlauf der Zeit wurde sie ansonsten immer fröhlicher und schien sicherer. Unterstützt wurden wir von Anfang an durch diverse medizinische Fachkräfte. Anfangs kam

eine Frühförderin ins Haus. Später tauschte diese ihre Arbeit mit der Ergotherapeutin. Krankengymnast und Logopäde kamen dazu. Wenn das Kind diese in Ruhe kennen gelernt hatte, war es bei allen mit viel Begeisterung dabei.
Mit 4 Jahren gaben wir die Kleine in den Kindergarten. Dieses war wieder so ein gravierendes Erlebnis für sie, sodass sie in ihre alten Verhaltensmuster zurückfiel. Sie weinte dort nicht, wie Kinder es manchmal tun, wenn sie in den Kindergarten kommen und vieles für sie noch neu ist. Sie wurde wieder starr und steif und schaute nur erschreckt. Mir wurde gesagt, sie sei ja ein so liebes und braves Kind. Ich empfand sie als total angepasst, ohne eigenen Willen. Sie ist sonst sehr lebhaft und quirlig, kann kaum still sitzen und plappert ununterbrochen. Im Kindergarten sprach sie kaum. Wenn sie wieder im Hause war, lag sie unbeweglich in meinem Arm und zuckte total verkrampft. Alle meinten, das gäbe sich mit der Zeit, es sei nur die Umstellung und man solle abwarten. Die Ergotherapeutin hingegen, die das Kind im Kindergarten besuchte, sagte uns, das Kind sei nur noch halb da. Die fröhliche Hälfte gäbe es nicht mehr.
Daraufhin beendeten wir das Ganze und nahmen die Kleine wieder aus dem Kindergarten. Das war ein guter Entschluss, denn ein Jahr später gingen wir die Sache erneut an - dieses Mal mit großem Erfolg. Es war ein anderer Kindergarten, die Erzieherinnen wussten um das Problem und alles gelang wunderbar. Später ging unsere Tochter unwahrscheinlich gerne in den Kindergarten und war dort lärmend und fröhlich. Sie war sehr beliebt und hatte viele Freunde.

Bei den Kindern mit negativer Vorerfahrung muss man einmal mehr hinhören und sehr sensibel sein. Wir merken immer wieder, dass bei neuen Lebenssituationen sofort misstrauisch alle Antennen ausgefahren werden. Erst kürzlich erhielten wir wieder unsere Lektion. Unsere große Tochter Anne musste wegen der Einweisung eines neuen Blindenführhundes von mir an der Uni vertreten werden. Ich sollte für sie wichtige Vorlesungen auf Cassette aufnehmen. Doch die vorgesehene Vertretung nach dem Kindergarten für unsere kleinste Tochter Christina ging voll daneben. Wir mussten also innerhalb der Familie neu organisieren, mein Mann nahm zeitweise frei und unsere beiden großen Kinder legten ihre Arbeitszeit so, dass sie einspringen konnten. Selbst unsere, von der Kleinen so unendlich geliebte und tüchtige Ergotherapeutin, Frau Weber, sprang privat ein. So lief alles prima. Dieses kleine Persönchen lässt sich auf keine Experimente mehr ein. Ihre Lebensnarben lassen sie aufmerksam und wachsam sein.
Immer wieder haben wir feststellen müssen, dass die Unbeschwertheit der anderen Kinder diesen Kindern oftmals lange fehlt. Ihre Erfahrungen haben sie vorsichtig werden lassen.
Die Kinder bringen zu den Problemen, die andere Eltern auch haben, eine Unzahl spezifischer dazu, die man einfach besser lösen kann, wenn man innerlich ruhig und ausgeglichen ist und die Beziehung stimmt.

An meinem Mann finde ich besonders liebenswert, wie liebevoll, beständig und zuverlässig er ist. Gleichzeitig ist er aufgeschlossen und immer für „Neues“ zu begeistern.

Man kann mit ihm Pferde stehlen. Er findet einerseits Spaß daran, seine große blinde Tochter zu Feiern mit den Studenten weit ins Umland zu fahren, damit sie dabei sein kann. Wir sitzen dann in irgendeinem Restaurant, bis sie uns rausschmeißen und sammeln unsere Große wieder ein. Ebenso gern sitzt er mit seiner kleinen Tochter begeistert beim Schnecken-Spiel oder spielt mit ihr Vater, Mutter, Kind. Er fördert sie spielerisch, ohne dass sie es merkt. Gerne geht er mit ihr in ein Kasperle-Theater oder Kinder-Märchen-Ballett und freut sich mit ihr an den Tieren im Zoo. Seine Familie macht ihm unendlich viel Spaß und er ist stolz auf uns.
Wenn er nach seiner Arbeit nach Hause kommt, merkt man ihm an, wie er sich auf zu Hause freut. Sofort bringt er sich voll ein. Alle unsere Probleme trägt er mit und setzt sich überall für uns ein...! Wenn ich es recht betrachte, ist er seit wir uns kennen lernten mein bester Freund und hat mich noch nie enttäuscht. Bei unserer Heirat war ich gerade 18 Jahre alt und eigentlich noch ein Kind. Während ich hier gerade schreibe, kümmert er sich um Haushalt und Kinder einschließlich Christinas kleiner Freundin, die heute mal wieder schon ab Mittag bei uns ist. Damit ich meinen Beitrag zu diesem Buch pünktlich abliefern kann, hat er jetzt im Februar Urlaub genommen. Statt im Sommer zu verreisen, verlebt er nun einen winterlichen Urlaub zu Hause mit den bekannten 3 K's = Kinder, Küche, Kirche (Anne wird an der Kirchenorgel ausgebildet und muss zum Proben und Spielen zu den Kirchen und Altersheimen gefahren werden).
Beide sind wir mit unserem Leben sehr zufrieden. Es ist interessant, aufregend und macht Spaß. Unser Leben ist ungeheuer reich und wir bereuen nie den Tag, an dem wir unseren Adoptivantrag gestellt haben. Ab hier fuhr unser Lebenszug in ein liebenswertes Land. Wir mussten viele Brücken bauen und steile, anstrengende Hänge erklimmen. Aber von oben hatten wir immer einen wunderbaren Blick in eine noch schönere Zukunft. Man darf sich nicht unterkriegen lassen und nicht ängstlich sein.

Es gibt wohl keinen Bereich, in dem man so viel positiv verändern kann. Haben die Kinder sich gut eingelebt, sind sie in der Regel voller Zutrauen zu uns. Für sie ist auch nichts selbstverständlich. Sie freuen sich darüber, jemanden zu haben, der sie liebt und für sie da ist. Auch vieles für uns Selbstverständliches, wie zum Beispiel, daß es immer regelmäßig etwas zu essen gibt, ist ihnen sehr, sehr wichtig.
Zu sehen, wie diese Kinder sich auf positive Art verändern, sie laut und fröhlich werden, hat uns immer viel bedeutet. Es macht mir viel Spaß, mit den Kindern zusammen zu sein.

Für unsere Aufgabe wird ein hohes Maß an Flexibilität, Selbständigkeit, Organisationstalent, Einfühlungsvermögen, rationelles Handeln u.a verlangt. Kein Tag verläuft wie der andere....! Hol- und Bringdienste, Hausaufgaben gehören dabei zu meinen Aufgaben. Viel Zeit geht auch darauf, sich in Kindergarten und Schule zu engagieren, wie es viele Pflegeeltern tun. Man kocht, wäscht und putzt, repariert und näht....! Arzttermine, Behördengänge und vieles andere kommt hinzu. Manchmal komme ich mir wie eine Managerin vor.

Ich kann nicht verstehen, dass viele Hausfrauen unter fehlender Anerkennung leiden. Ich bin stolz auf das, was ich tue und bin immer neugierig auf den neuen Tag. Trotzdem muss man sich auch noch anderen Dingen zuwenden. Mein Mann und ich haben immer viel mit den Kindern vor, unternehmen aber auch gerne einmal etwas zu zweit oder auch alleine. Mein Mann geht mit seinen Arbeitskollegen einmal im Monat kegeln und spielt regelmäßig Skat mit zwei lieben Nachbarn. Ich treffe mich ca. alle 3 Wochen mit einigen Freundinnen. Wir mögen uns, lachen und hören einander zu. Diese Treffen haben aber absolut nichts mit Kindern zu tun.
Mit einer anderen Freundin habe ich angefangen, Gitarre spielen zu lernen. Während der eine Partner seine Seele wieder für den Alltag auftankt, spielt der andere zu Hause gerne den Babysitter. Es ist ganz wichtig, dass man sich ab und an einmal ausklinkt, denn die Belastung ist doch beachtlich. Auch wenn man mit seiner Zeit wirklich geizen muss, entspannende Stunden für sich muss man unbedingt einplanen!

Wir als neue Eltern müssen in der Lage sein, Entscheidungen zu treffen und durchzuhalten. Dazu gehört unbedingt, neugierig auf „Neues" zu sein. Unser eigenes zufriedenes Fundament ist dabei wirklich sehr wichtig.

Wir alle haben doch als Erwachsene schon mit Situationen zu kämpfen gehabt, die uns ärgerten, wütend machten oder sogar unendlich verletzten. Wir Erwachsenen haben aber dann die Möglichkeit, uns von Menschen zu trennen, die uns nicht gut taten. Wir sind keinem ausgeliefert! Genau diese Möglichkeiten haben unsere Kinder nicht gehabt, und das macht sie schwierig. Sie müssen nun erst einmal lernen, dass es auch Erwachsene gibt, denen man vertrauen kann, die da sind, wenn man sie braucht und die die „Kleinen" gerne beschützen möchten.

Wir wurden zunehmend sensibler für die Lebensgeschichten unserer Kinder. Vieles machte uns natürlich sehr betroffen. Wenn mein Mann und ich uns darüber unterhielten, waren wir aber immer sicher, dass die Kinder „Belastendes" unter liebevoller Annahme und Anteilnahme schnell vergessen würden. Wenn wir ihnen erst einmal zeigten, wie lieb wir sie hätten und uns freuten, sie zu haben, käme sicher alles schnell wieder für sie in Ordnung. Heute wissen wir, dass es zwar manchmal auf den ersten Blick so aussieht, dass der Alltag der Kinder die Vergangenheit verdrängt hat. In Belastungssituationen bricht aber vieles wieder auf.

Das war uns aber vorher nicht bewusst.
Obwohl, zumindest ich hätte es eigentlich besser wissen müssen.

Meine eigene Mutter, mit der ich schließlich bis zu meiner Heirat mit 18 Jahren tagtäglich zusammengelebt hatte, war eigentlich das Beispiel dafür, wie man seine Kindheitsprobleme bis in den Tod im hohen Alter mit sich herumschleppen kann.
Nur als Kind sieht man das nicht so. Die Mutter ist halt so, weil die „Mama" halt so ist. Jede Mama ist eben anders. Meine ist eben so...! Heute sehe ich natürlich ganz deutlich, dass meine Mutter ein traumatisiertes Kind war. Gerade 4 Jahre alt, wird sie

zu ihrer Mutter auf das Todesbett gehoben. Diese schärft ihr noch einmal ein, **immer** ganz lieb und brav zu sein und verstirbt. Anschließend, als das Kind dringend den Trost der Familie nötig gehabt hätte, wird es in einem total überfüllten Kinderheim untergebracht, dort von seiner 2 Jahre älteren Schwester getrennt und kaum besucht.
Meine Mutter hat es eigentlich nie begriffen, dass unser Vater sie leiden mochte und sie geheiratet hat. Ihre Schwiegereltern haben sie sehr ins Herz geschlossen. Alles für sie unfassbar, denn sie hat sich eigentlich immer wertlos gefühlt.

Dieses Phänomen erlebe ich jetzt wieder bei den erwachsenen Pflege- und Adoptivkindern, die sich monatlich beim Kinderschutzbund Ortsverein Hannover unter dem Namen „Wurzeln und Flügel" treffen. Haben diese wunderbaren, gestandenen, erfolgreichen Menschen Partnerschaftsprobleme oder Stress an ihrer Arbeitsstelle, suchen sie die Schuld immer erst einmal bei sich.

Mancher von ihnen sagt heute: „Das 'Angenommen worden sein' wiegt nicht das auf, einmal weggegeben worden zu sein."

„Ich war nichts wert!"

Wohlgemerkt, es sind hübsche, erfolgreiche junge Frauen, die, wie sie heute erzählen, das Glück hatten, eine schöne Kindheit bei lieben Adoptiveltern erleben zu können.

Aber es gibt leider auch die Kinder, die in ihren neuen Familien emotional nicht satt wurden. Eltern, die nicht in der Lage waren, sich von den Kindern an die Hand nehmen zu lassen und ihr Tempo dem des Kindes anzupassen. Da gibt es auch Kinder, die nicht in der Lage waren, den Träumen und Vorstellungen ihrer neuen Eltern entsprechen zu können unter dem Motto: „...so will ich dich haben..!!"
Da kommt gerade ein Kind neu in eine Familie und schon wird überlegt, wie man das Kind nach seinen Vorstellungen formen kann. Da wird nicht begriffen, dass man das Kind erst einmal „annehmen" und in seine Seele hineinhorchen muss. Gleich geht es los mit Nahrungsentzug (man möchte das Kind schlanker)...und Süßigkeiten werden, wunderbar zur Erpressung geeignet, eingesetzt.
In den Arm genommen zu werden, ist in dieser Familie nicht üblich. Sachlichkeit ist gefragt, Anpassung und Leistung. In der Schulzeit geht das dann weiter mit Druck, mindestens Gymnasium soll es doch bitte sein. Die Hauptschule ist dann die Katastrophe schlechthin, und langsam trudelt das Ganze dann seinem leider nicht guten Ende zu.

Wir denken in der Tat heute noch, dass es möglich ist, schwere Schicksalsschläge auf- und zu verarbeiten. Aber so leicht, wie wir uns das einmal vorgestellt haben, ist es nun doch leider nicht.

Aber wir neuen Eltern haben einen entscheidenden Schlüssel in der Hand, machen wir uns da nichts vor. Was geschehen ist, das müssen wir hinnehmen. Das Vergangene ist so, wie es ist. Daran können wir nichts mehr ändern. Aber die Zukunft können wir mitgestalten und einen kleinen Weg können wir die Kinder in ihre Zukunft begleiten. Und wir dürfen durch unser Verhalten nicht noch neue Verletzungen hinzufügen.

Viel Zeit haben wir nicht, machen wir uns auch da nichts vor. Ruck zuck sind die Kinder erwachsen und die Welt geht nicht vorsichtig mit ihnen um. Wir müssen sie für das Leben später fit machen und versuchen, ihre Wunden so zu versorgen, dass diese die Chance haben auszuheilen.

Wir haben keinen leichten Weg vor uns ... !

Für uns Adoptiv- und Pflegeeltern liegt mehr auf diesem Weg, als für die „normalen" anderen Eltern. Manches, was dort liegt, ist für ein Kind zum Gesunden nicht gut, vor dem müssen wir es schützen, mit dem anderen müssen wir es bekannt machen, und an vielem soll es sich einfach nur freuen. Das heißt, wir tragen eine große Verantwortung. Da viele Entscheidungen zunächst einmal nicht in unserer Hand liegen, müssen wir uns darauf einstellen aufzupassen, dass wir nichts übersehen oder vielleicht noch verschlimmern und somit dem Kind schaden.
Dazu müssen wir mit unserer Umwelt zusammenarbeiten, aber uns auch, wenn es die Situation erfordert, gegen die Interessen von leiblichen Eltern, Behörden, Schulen etc. durchsetzen.

Immer mehr Wert wird heute auf die Schulung und Vorbereitung von Pflege- und Adoptiveltern gelegt. Heute ist es wichtiger als früher, eine gute Auswahl der Eltern für gerade diese traumatisierten Kinder zu treffen. Durch meine Arbeit in der Jugendhilfeplanung höre ich oftmals beschämt von den vielen Kindern, die aus Pflegefamilien zurück in die Heime kommen.
Ich muss das aus eigenem Erleben leider auch bestätigen. Ich halte mich des Öfteren in einem sehr schönen Heim im Hildesheimer Raum auf. Dort lebt seit etwa zwei Jahren ein ca. 8-jähriges Kind, das mehrere Jahre in einer Pflegefamilie verbrachte. Seit seiner Heimaufnahme vor ca. 2 Jahren hatte es keinen Besuch mehr von seiner ehemaligen „F A M I L I E".

Für dieses Kind ist es nun sein mindestens zweiter Beziehungsabbruch.

Ich weiß auch von Kindern, die mit 18 Jahren vor die Tür gesetzt werden und bei denen sich die Pflegeeltern in keinster Weise mehr um Kontakt bemühen ... !

Nach einer Phase der Beruhigung sollte das doch den erfahrenen Erwachsenen möglich sein. Ich weiß aus eigener Betroffenheit, dass dieses sehr schwer sein kann, man muss dazu oftmals seine eigene Befindlichkeit hinten anstellen. Als Erwachsener hat man aber eher die Möglichkeit, neu auf den Jugendlichen zuzugehen. Der wird in der Regel ganz erleichtert sein über die Hand, die sich ihm da entgegenstreckt.

In einem anderen Fall sollten sich Pflegeeltern lieber zurückhalten. Dann nämlich, wenn dem Pflegekind gegen seinen Willen laufend Besuchskontakte zu seinen leiblichen Eltern aufgezwungen werden. Vielfach werden die Pflegeeltern auch noch dafür gelobt, weil sie ja die Kontakte des Kindes zu seinen leiblichen Eltern pflegen. Hierbei übersehen alle Parteien meiner Meinung nach den deutlich anders lautenden Wunsch des Kindes.

Damit traumatisierte Kinder gesunden können, bedarf es also nachdenklicher und manchmal auch streitbarer Pflegeeltern.

Wenn ich an die besondere Eignung von Pflegeeltern denke, meine ich nicht, dass der erlernte Beruf ausschlaggebend ist. Die Persönlichkeit der BewerberInnen halte ich für weitaus wichtiger. Man muss in der Lage sein, das Kind emotional anzunehmen, spontan und liebevoll sein. Wer seine Aufgabe lediglich darin sieht, ein Kind zu erziehen, wird scheitern.

Als Pflege- oder Adoptivfamilie muss man sich darüber im Klaren sein, dass man sich auf eine sehr enge Beziehung einlässt. Man befindet sich damit in einem der sensibelsten Bereiche überhaupt. In einer gut funktionierenden Familie erlebt man den anderen extrem nahe. Bei keinem, außer vielleicht dem Ehepartner, lässt man so viel Nähe zu. Ein Kind spürt sehr schnell, ob es eine ehrliche, warme Beziehung ist oder ob man nur einen Erziehungsauftrag wahrnimmt. Nur aus Zuneigung ist ein Kind oftmals bereit, sich zu öffnen, jemanden an sich heran zu lassen, um sich vielleicht sogar positiv zu verändern. Den Einfluss der Bezugspersonen sollte man nicht unterschätzen.

Eine Zeit lang schien es besonders erwünscht zu sein, Familien zu finden, die in der Lage waren, keine Gefühle den Kindern gegenüber zu entwickeln, damit das Kind leichter wieder in seine Ursprungsfamilie zurückgeführt werden konnte. Davon ist man aber inzwischen wieder abgekommen. Kinder können sich nur dann positiv entwickeln, wenn sie sich angenommen fühlen. Sie nehmen erhebliche Anstrengungen auf sich für jemanden, den sie mögen.

Manchmal frage ich mich als Erwachsene schon einmal, wärst du wohl in dieser Familie gerne als Kind?

Wohlfühlen hat nicht immer etwas mit Bildung zu tun. Manchmal ist auch eine Pflegefamilie erfolgreich, die lediglich geschickt erziehen kann und über eine Menge Herzenswärme und Ausdauer verfügt.

Leider wird die erhebliche Leistung, die gute Pflegeeltern erbringen, vom Staat nicht entsprechend gewürdigt. Zu seiner Obachtspflicht müsste gehören, dass die Pflegeperson, die in der Regel im Interesse des Kindes keinen Beruf ausüben kann, rentenmäßig versorgt ist. Meine eigene Rente wird im Alter so gering sein, dass ich ohne meinen Mann Sozialhilfe empfangen müsste. Wenn ich mir dagegen angucke, was ich dem

Staat für die Kinder an Heimkosten erspart habe, empfinde ich die Vorsorge für mich und mein Alter in hohem Maße unsozial.

Doch noch einmal zurück zu der Eignung der Pflegeeltern für traumatisierte Kinder.

Eine meiner Freundinnen kommt beruflich aus dem kaufmännischen Bereich. Sie hat drei leibliche Kinder. Die Familie entschied sich nun zur Aufnahme eines Pflegekindes. In ihren Vorstellungen waren sie nicht festgelegt, lediglich einem sexuell missbrauchten Kind meinten sie, nicht ausreichend helfen zu können.
In ihre Familie kam ein mangelernährtes, verwahrlostes Kind. Erst viel später stellte sich heraus, dass das Kind über eine lange Zeit auch sexuell missbraucht worden war. Das zuständige Jugendamt reagierte umgehend. Es verschaffte dem Kind den Status eines Sonderpflegekindes, sodass die Eltern in den Genuss der nun bedeutend intensiveren Betreuung kamen. Die Fallzahlen der zu betreuenden Kinder sind in der Sonderpflege erheblich geringer, häufige Elternabende und ein schneller Zugriff zu TherapeutInnen sind so selbstverständlich, wie ein leicht erhöhtes Pflegegeld.

Leider ist die Sonderpflege jetzt mangels geltender Vorschriften in Schwierigkeiten gekommen. Zukünftig müssen die Pflegeeltern, um im Genuss der Sonderpflege zu bleiben, beim Hilfeplangespräch massivst auf Schwierigkeiten hinweisen. Den Stolz auf „Geschafftes“ werden sie nicht mehr ausleben können. Psychologisch wird dieser Schuss nach hinten losgehen. Es wird mehr Abbrüche geben. Der erhöhte Mehrbedarf lässt sich eben nicht nur an Benzinrechnungen, Windelbedarf (bei Inkontinenz) und den größeren Müllboxen ableiten. Es ist entwürdigend, dass man jetzt an vielen Orten versucht, aus den Sonderpflegeeltern Bittsteller zu machen. Die Arbeit, die diese Eltern leisten, kann nicht hoch genug anerkannt werden und verdient Bewunderung und nicht krämerhaftes Verhalten....! Ich fordere die Beibehaltung der jahrelang bewährten Regelung und wo noch nicht vorhanden, den Ausbau der Sonderpflege für körperlich und seelisch behinderte Pflegekinder.

Die bei vielen Jugendämtern eingetretenen Änderungen haben unter den Sonderpflegeeltern für erhebliche Unruhe gesorgt! Die oben genannten Eltern ließen sich von dem Kind an die Hand nehmen und gingen diesen schweren Weg nun gemeinsam. Besonders für den neuen Vater war es sicher kein einfacher Weg. Aber mit fachlicher Unterstützung geht es nun ständig bergauf. An diesem Kind kann man den Begriff „Das Kind blühte in seiner neuen Familie auf“, ständig beobachten. Es ist nun endlich zu Hause! Auch die Pflegeeltern sind mit ihrer Aufgabe jetzt sehr zufrieden.
Hier kam keiner der Eheleute mit beruflichen Vorkenntnissen in diese neue Lebenssituation. Sie waren aber bereit, das Kind so anzunehmen, wie es war und fachlichen Rat einzuholen. Das Jugendamt hat die menschlichen Qualitäten dieser Eltern gut erkannt. Es ist sicher nicht einfach, für ein Kind Schicksal zu spielen und ihm neue Eltern auszuwählen. Welch eine Verantwortung ... !

Doch wie sind nun die Anzeichen eines traumatisierten Kindes?

Sehen wir doch einmal auszugsweise in einen Arztbericht hinein: „*Der somatisch altersgerecht entwickelte, zierliche, freundlich zugewandte und intellektuell unbeeinträchtigt wirkende Junge bot somatisch keine degenerativen Stigmata. Der neurologische Status war komplett intakt. Insbesondere konnte ich keinen Meningismus und Nystagmus, keine Veränderungen am Augenhintergrund und in der Peripherie keine Halbseitenerscheinungen ermitteln.*
Dagegen war auffällig, dass hirnelektr. eine noch dominante Thetaaktivität von 4-7/sec. nur durch oc und á-Wellen überlagert wird, gelegentlich auch durch 3/sec. Deltapotenziale symmetrisch unterlagert. Asymmetrien oder Herdstörungen waren nicht zu verzeichnen. Unter HV-Belastung erschienen Deltafrequenzen ganz bevorzugt aktiviert und stellenweise dominant.
Krampfstromverdächtigte Abläufe wurden jedoch nicht registriert, auch mittels Photostimulation nicht aus der Latenz gehoben.
Dieses EEG ist abnorm bzw. unspezifisch leicht bis mäßig allgemeinverändert. Da über die Möglichkeit einer hirnphysiolog. Reiferetardierung hinaus die eines bislang nicht fassbaren intracraniellen Organprozesses bestand, veranlasste ich sicherheitshalber noch „R“-Aufnahmen des Schädels in 2 Ebenen, welche ohne patholog. Ergebnis blieben.
Damit nimmt die Wahrscheinlichkeit überhand, dass die EEG-Anomalien ein relativ belangloses Retardierungsphänomen der hirnphysiolog. Entwicklung darstellen, wie man es bei n e u r o t i s c h e n und m i l i e u g e s c h ä d i g t e n Kindern meist zu sehen bekommt.“

Es handelte sich hierbei um eine Kontrolluntersuchung etwa 2 Jahre nach Vermittlung eines Adoptivkindes aus einem Kinderheim, in das es wegen Verwahrlosung im Elternhaus gekommen war. Aus dem Abschlussbericht des Kinderheimarztes: „Er zeigte bei der Aufnahme eine hohe Infektanfälligkeit sowie einen beträchtlichen allgemeinen Entwicklungsrückstand. Wegen seines massiven Entwicklungsrückstandes wurde der Junge lange Zeit heilpädagogisch betreut. Vorsichtshalber wurde der Bub mehrere Male neurologisch untersucht. Eine Vermittlung in eine Adoptiv- oder Pflegefamilie wurde dringend empfohlen.“

Es zeigte sich im Laufe seiner Eingewöhnung in seine neue Familie eine starke, fast ängstliche Anhänglichkeit. Seine neue Mama gewöhnte sich in der ersten Zeit an, oft mit ihm den Papa an seiner Arbeitsstelle zu besuchen. Das Schlimmste war nämlich für den Buben, dass nach 4 Wochen Urlaub, die sich der Papa zur Eingewöhnung genommen hatte, dieser jetzt morgens verschwand. Im Heim hatte er ja nur weibliche Bezugspersonen gehabt. Vielleicht übertrug er auch seine negativen Erfahrungen mit seiner leiblichen Mutter zunächst einmal auf seine Adoptivmutter. Sie sollen sich nämlich „äußerlich sehr ähnlich gewesen sein“. In Stress-Situationen werden sicher noch manches Mal in dem kleinen Köpfchen die Bilder durcheinander gegangen sein. Auf notwendige Verbote wurde von ihm mit aggressivem Gebrüll reagiert. Cleverness war nun von der Adoptivmutter gefordert, um brenzlige Situationen zu entschärfen. Humor, Ruhe und Gelassenheit waren gute Ratgeber. Langsam entwickelt sich aber auch zu ihr eine große Liebe. Wenn sie einmal außer Haus war, jammerte er ebenfalls unendlich. Am Liebsten hatte er sie beide in Reichweite.

Nur unter großen Anstrengungen bekam man ihn ins Bett. Der Vater ließ sich immer wieder etwas Neues einfallen. So ritt der Sohn auf Vaters Rücken ins Bett oder ähnliche „Wippchen". Halbe Nächte saßen die Eltern nun abwechselnd an seinem Bett und hielten ihm sein kleines Händchen. Glaubten die Eltern, er sei eingeschlafen und wollten sich entfernen, gab es wieder verzweifeltes Gebrüll. Als der Sohn dabei einmal dem Vater weinend mitteilte: „Wau-Wau beia"..., kam dieser auf des Rätsels Lösung. Da die Familie damals noch keinen Hund besaß, konnte es vielleicht ....? Ja, tatsächlich, das Abschiedsgeschenk der Kinderschwester aus dem Heim war der Auslöser, ein süßer, kleiner Stoffhund! Der Vater versprach dem Sohn, auf diesen aufzupassen und nahm ihn aus dem Kinderzimmer heraus.
Von diesem Tag an gab es mit dem „ins Bett gehen" auf verblüffende Weise kein Problem mehr! Im Gegenteil, willig ließ er sich von nun an gerne ins Bettchen bringen und kuschelte sich zufrieden in seine Kissen.
Der neue Sohn zerstörte und zerlegte fast täglich sein Spielzeug. Unermüdlich saß der neue Papa abends und reparierte. Die Freunde des Vaters hielten das nicht für richtig. Sie meinten, der Sohn müsse lernen, mit seinem Spielzeug sorgfältig umzugehen. Ansonsten müsse er es halt aushalten, dass es anschließend kaputt sei. Es zeigte sich aber, dass es eher dazu führte, dass der Junge merkte, da ist ja plötzlich jemand, der hier nicht nur mein Spielzeug, sondern auch „mein Leben" repariert und immer für mich da ist in jeder Beziehung. Nachdem er lange Zeit Bettnässer gewesen war und seine Freunde durch sein wildes Verhalten erschreckte, wurde er mit der Zeit immer fröhlicher und zufriedener. In der Schule spielte er später jedoch auch weiterhin gerne den Clown, brauchte sehr viel Aufmerksamkeit. Die Eltern gingen immer voller Unbehagen zu den Elternabenden, oft wurden sie in die Schule zitiert. Mit der Pubertät wurde es nochmals schwierig, aber auch diese schaffte man gemeinsam. Seine Unruhe hat er auch heute noch, jedoch nutzt er diese nun positiv. Er ist sehr kreativ, ihm fällt eine Unzahl guter Dinge ein. Er engagiert sich in der Jugendarbeit und im caritativen Bereich. Erst neulich hat er einen Hilfskonvoi nach Rumänien begleitet. Er hat seine Ausbildung als Steuerfachangestellter abgeschlossen, einen gut bezahlten Arbeitsplatz, eine eigene kleine Wohnung und eine Menge netter Freunde. Er kommt gut mit seinen Finanzen klar, geht sorgfältig mit seinen Sachen um und ist inzwischen ordentlicher als seine Eltern.
Um seine Reparaturen kümmert er sich inzwischen selbst und netterweise auch um die seiner Eltern.
Seine Adoptiveltern, die er im wahrsten Sinne des Wortes angenommen hat, sind sehr stolz auf ihn und können sich keinen besseren Sohn vorstellen. Gerade hat er ihnen Kinokarten für den neuen Film „Titanic" vorbeigebracht. Er fand ihn so bemerkenswert, dass er wollte, dass auch seine Eltern ihn sehen und spendierte ihnen die Karten. Allerdings waren nur noch 2 Karten für die Vorstellung von 23.30-3.30 Uhr

vorhanden. Er fragte vom Vorverkauf aus telefonisch bei ihnen an: „Das ist doch für euch kein Problem oder?“ Die Eltern haben sich über diese Idee so gefreut, dass sie den fehlenden Schlaf gerne in Kauf genommen haben. Sie freuen sich darüber, dass der ausgezogene Sohn trotz seiner vielen Freunde und Termine sie nicht vergessen hat. Obwohl der Alltag nur noch wenig Berührung bringt, fühlen sich Eltern und Kind immer noch sehr verbunden und sind immer füreinander da.
Während der Messezeit vermietet der junge Mann seine „Bude“ und quartiert sich wieder bei seinen Eltern ein. Diese Zeit genießen dann alle sehr.
Dieser junge Mensch konnte sich in Ruhe entwickeln. Da es sich um ein Adoptivkind handelt, war nie von Rückführung oder ähnlichem die Rede. Nach den ersten Jahren, die problematisch waren, kam Ruhe und Beständigkeit in sein Leben und ließ ihn seelisch gesunden.
Im erwachsenen Alter traf er dann wieder auf seine leibliche Mutter und sie gingen sehr liebevoll und humorvoll miteinander um: „Schön, dass es dich gibt, Peter, unser großer Sohn....!“

Ganz anders erging es unserer Tochter Anne, über die ich jetzt mit ihrer ausdrücklichen Erlaubnis berichten möchte.

Anne wurde als Kind sehr junger türkischer Eltern geboren. Die Mutter war 16, der Vater 17 Jahre alt. Sie waren beide kurz vorher aus der Türkei nach Deutschland gekommen. Anne wurde also in Hannover geboren. Im Laufe ihres ersten Jahres muss sie sich teils in der Türkei, teils in Deutschland mit wechselnden Bezugspersonen aufgehalten haben. Kurz vor ihrem 1. Geburtstag erkrankte sie an Masern. Die anfänglich keinesfalls bedrohlich wirkende Erkrankung nahm dann wohl einen dramatischen Verlauf. Vermutet wird im Nachhinein ein akuter Vitamin-A-Mangel. Die Erkrankung schlug auf Augen und Ohren, Anne wurde in ein Krankenhaus eingewiesen. Wir können durch die Krankenhausunterlagen feststellen, dass Anne damals praktisch von Krankenhaus zu Krankenhaus gereicht wurde. Wir schrieben später, als wir Vormund des Kindes waren, alle Krankenhäuser in Hannover an und bekamen Arztbriefe über Arztbriefe. Ihre Erblindung muss sehr rasch vor sich gegangen sein. Wir vermuten allerdings, dass es da noch Sehreste gab, die erhalten werden sollten. Dieses wurde den Eltern mit Hilfe eines Dolmetschers erklärt. Das Kind sollte in regelmäßigen Abständen vorgestellt werden. Und genau das fand nicht statt. Keinem fiel auf, dass diese Termine nicht wahrgenommen wurden.

Anne kam dann 1 Jahr später mit einer schweren Lungentuberkulose in das Krankenhaus. Nach fast einem Vierteljahr wurde sie vom Krankenhaus direkt für 1 Jahr in ein Lungensanatorium überwiesen. Nach ihrer Genesung wurde sie nach Hause entlassen. Da sie in der gesamten Zeit nur einmal besucht worden war, (Fotos zeigen sie dabei weinend) gewöhnte sie sich nur schwer ein.
Da nun die Mutter erkrankte, wurde für Anne eine vorübergehende Unterkunft gesucht. Unsere Lebenswege begannen sich zu kreuzen, Anne kam zu uns.

Wir wussten nichts von diesen vielen Stationen ihres kleinen Lebens. Uns fiel nur auf, dass sie sich recht schnell bei uns einlebte, ja es geradezu genoss. Ihr Sprechvermögen war in keinster Weise altersentsprechend. Man kann schon sagen, dass sie bei uns erst sprechen lernte. Auffallend für uns war, dass sie auch die türkische Sprache weder verstand noch sprechen konnte. Auch war sie noch nicht trocken und trug mit 3 Jahren noch Windeln. Aber sie lernte atemberaubend schnell. Sie plauderte bald immer mehr mit ihrer entzückenden, rauchigen, kehligen Stimme. Sie liebte bald uns alle und wurde von allen geliebt. Gut 4 1/2 Monate später musste Anne wieder ins Krankenhaus. Dieses Mal aber nicht alleine, wir waren ständig in Reichweite. Ein Auge musste entfernt werden, es drohte zu platzen und schmerzte erheblich. Ihr Vertrauen jedoch war grenzenlos. „Auge Aua, Onkel Doktor macht heile...! Alles wird gut...!“ Nach gut 8 Tagen waren wir wieder mit einem fröhlichen Kind zu Hause, als ob nichts geschehen sei.

Dann nach über einem Jahr stand plötzlich ihre leibliche Mutter vor der Tür und wollte sie mitnehmen. Das Kind schrie wie am Spieß und klammerte sich an uns fest.

An dieser Stelle begann nun das, was sich als großes lang währendes Trauma für Anne erweisen sollte. Das rechtliche Problem wollen wir hier außer Acht lassen und uns lediglich mit den Auswirkungen der Rückführung auf Anne beschäftigen.
Es begannen langfristig durchgeführte behutsame Besuchskontakte im Zweitagesrhythmus. Bei der Rückführung galt sie als gut vorbereitet. Sie spielte gerne mit ihrer kleinen Schwester und machte einen zufriedenen Eindruck. Es zeigte sich jedoch, dass Menschen und Gefühle nicht austauschbar sind.
Anne wurde nach 10 Monaten von ihren leiblichen Eltern zu uns zurückgebracht ...!
Doch es war ein ganz anderes Kind, das wieder bei uns Einzug hielt. Dieses Kind kannten wir nicht. Es war uns fremd. Es war still und blass, irgendwie erschöpft. Es schlief sehr schlecht. Ständig wiederkehrende Albträume quälten es. Es war schrecklich, das mitzuerleben. Immer und immer wieder erwachte Anne schreiend aus ihren bösen Träumen. Das aus dem Haus gehen erwies sich ebenfalls als kaum möglich. Für unsere anderen Kinder war das alles ziemlich unverständlich. Einmal fragte unser damals 8-jähriger Sohn Peter: „Haben sie uns das verkehrte Kind zurückgebracht, war Anne ein Zwilling?“
Wir engagierten ein junges Mädchen, das mit unseren anderen Kindern etwas unternahm und kümmerten uns speziell um Anne. Früher war sie sehr gerne in den Zoo gegangen und wenn die Kinder davon erzählten, wollte sie auch gerne dorthin. Als wir dann aber am nächsten Tag losgehen wollten, hielt sie sich wieder an der Türklinke fest. Sie hatte einfach große Angst, das Haus zu verlassen. Sie nässte und kotete auch wieder ein, wobei es besonders unangenehm war, dass sie dieses auch noch versteckte.
Als das Gericht uns das Sorgerecht übertrug und wir Anne sagen konnten, dass der Richter auch wollte, dass sie bei uns blieb, hatten wir das Gefühl, dass es langsam besser wurde. Papi war jetzt der Bestimmer. Sie verlor die Angst, dass ihr Papa Ali das „Mensch-Ärgere-Dich-nicht-Spiel“ wegholen könnte. Wahrscheinlich hat sie damit sich selbst gemeint. Sie wurde kontaktfreudig, sehr musikalisch und nahm eine erfreulich positive Entwicklung.

Aber immer wieder kamen im Laufe der nächsten Jahre Situationen, die uns beunruhigten. Etwa ihre aggressive Ungeduld gegenüber ihren MitschülerInnen, die so weit ging, dass sie den Kindern die Sachen am Körper zerriss. Ein anderes Mal vor einer Klassenfahrt (auf die sie sich sehr gefreut hatte) bekam sie einen Husten, der sie in Atemnot brachte und mit Medikamenten nicht beeinflussbar war. Kaum war der Bus mit den Kindern abgefahren, verschwand dieser schlagartig. Der Arzt meinte damals, das müsse seelisch gewesen sein. Sie hätte wohl im Unterbewusstsein Angst gehabt, nicht wieder in ihre Familie zurückzukommen. Gleichzeitig wäre sie auch sehr gerne mit der Klasse mitgefahren!
Ein anderes Mal bekamen wir einen Anruf, dass sie in der Blindenschule verzweifelt gesucht wurde. Sie hatte sich vor einer türkischen Reinemachefrau über Stunden in einem Wandschrank versteckt. Dieses sind nur einige Beispiele.

Heute ist sie eine junge Frau von 21 Jahren, die Angst davor hat, alleine zu Hause zu sein und die wegen Panikattacken zeitweise nicht alleine mit der Straßenbahn zur Universität fahren kann, die manchmal schon Angst bekommt, wenn sie unverhofft die Sprache ihrer leiblichen Eltern hört, z.B. in der Bahn.

Der Mobilitätstrainerin war dieses bereits aufgefallen, als der Weg zur Uni einstudiert wurde. Als sie zum Abschluss allein fahren sollte, die Trainerin sich aber noch, was Anne auch bekannt war, im gleichen Waggon befand, geriet sie erstmals extrem in Panik. Sie wechselte die Gesichtsfarbe, bekam Schweißperlen auf die Stirn und verließ fluchtartig die Bahn. Das war kein blindenspezifisches Problem mehr, sagte die Trainerin. In dem Bericht über den Lehrgang steht dann auch: „Der Aufbau der Stadtbahn und damit der sichere Ablauf beim Ein- und Aussteigen bzw. der Lokalisation der entsprechenden Sitzplätze konnte sehr gut ausgeführt werden." Das, was vielen blinden SchülerInnen Probleme macht, beherrschte sie also bestens. Durch ihre Panik, wenn sie sich alleine wähnt, ist sie aber nicht mehr in der Lage, ihr Wissen auch anzuwenden.

Die Trainerin meint, dass Anne dringend psychotherapeutische Hilfe brauche.
Nun ist sie schon seit einiger Zeit in Behandlung. Wir glaubten, dass sie mit Hilfe eines Blindenführhundes ihr Problem schneller in den Griff bekäme, später besorgten wir ihr auch ein Handy. Wir wissen aber inzwischen, dass Annes Problem nicht einfach praktisch zu lösen ist. Wir müssen mit Geduld Annes Heilung abwarten.
Für uns war alles anfangs schwer nachzuvollziehen. Um es deutlich zu machen: Als Anne und ich vor einiger Zeit in einem Einkaufszentrum waren, hatten wir es zum Schluss etwas eilig. In einem Gang befand sich ein Wurststand, vor dem sich schon eine Schlange gebildet hatte. Gegenüber war ein Fischgeschäft. Ich bat Anne, sich schon mal in die Schlange einzureihen, derweil ich schnell Fisch kaufen könne. Ich würde sie von drüben aus sehen können. Als ich nach kurzer Zeit wieder eintraf, stand Anne weinend in der Reihe und fuhr mich an: „Wie kannst du mich hier einfach stehen lassen?" Etwas weiter hörte ich zwei junge Frauen türkisch miteinander reden, wusste sofort Bescheid und nahm Anne nur noch stumm in den Arm. Sie hatte wieder einmal Angst bekommen.

Ihr zu erklären, dass sie keine Angst haben müsse, weil garantiert niemand etwas von ihr will, ist müßig, da sich dieses alles ja bei ihr nicht auf der Verstandesebene abspielt.

Vorige Woche zum Beispiel waren wir in dem gleichen Einkaufszentrum. Nachdem wir eingekauft hatten, gingen wir noch gemütlich in einen Fischimbiss. Während wir beim Essen saßen, kam ein stark angetrunkenes Paar herein. Schon während sie an dem Verkaufstresen ihr Essen bestellten, gab es Streit, wer bezahlen solle. Am weit von uns entfernten Tisch schimpfte besonders die Frau unentwegt, vom Mann ständig dazu angestachelt. Auf mich wirkte es überhaupt nicht bedrohlich, auch die anderen Gäste nahmen von den beiden keine große Notiz. Plötzlich stand Anne während des Essens auf und wollte nichts wie raus. Da wir ja überhaupt noch nicht mit dem Essen fertig waren, versuchte ich mit ihr zu reden. Es war nicht möglich. Erst draußen sagte sie, während ihr die Tränen herunterliefen zu mir: „Hast du nicht gehört, die spricht doch wie.. ......! (Name ihrer leiblichen Mutter). So hat sie auch immer herumgeschrien“. Sie zitterte noch bis zu unserem Auto.

Jetzt ist Anne 21 Jahre alt. Das sie so „Traumatisierende“ ist jetzt ca. **16 Jahre** her und noch immer ist sie mit ihrer Vergangenheit scheinbar nicht fertig. Es belastet sie und schränkt ihr Leben stark ein.

So bekommt sie zum Beispiel größte Panik, wenn sie eingeschlossen ist. Als dieses einmal versehentlich durch ihre kleine Schwester passierte, rief sie nicht etwa laut und klopfte an die Tür. Nein, sie wurde völlig in Panik aufgelöst, tränenüberströmt und verzweifelt aufgefunden.

Ich glaube nicht, dass die Entscheidungsträger damals überhaupt ahnten, was sie für Annes Zukunft auslösten.

Ständig kommen neue Probleme auf Anne zu, die in der Vergangenheit ihren Ursprung haben. So ist es für sie immer schwer, an Unterlagen ihrer leiblichen Eltern zu kommen, die sie z.B. für ihren Bafög-Antrag braucht. Die Sachbearbeiterin, Frau D., im Bafög-Amt des Studentenwerkes in Hannover, war darüber schon mehrmals von der wirtschaftlichen Jugendhilfe des Jugendamtes des Landkreises Hildesheim in Kenntnis gesetzt worden. Sie wusste, dass es schwierig ist, an die Unterlagen der Eltern zu kommen. Als nun Anne mit ihren, dem Bafög-Amt immer noch nicht ausreichenden, Unterlagen dort vorsprach, sagte ihr Frau D. in einem ziemlich unfreundlichem Ton: „Dann müssen Sie sich eben mehr anstrengen, für das Geld können junge Leute auch mal etwas tun. Sie müssen eben Ihre zwischenmenschlichen Beziehungen zu Ihren Eltern besser pflegen, dann kommen Sie auch an Ihre Unterlagen!“ Anne liefen die Tränen herunter. Ich fragte Frau D., was sie wohl glaube, warum das Jugendamt Anne damals aus der Familie genommen habe. Ich verlangte sofort die Vorgesetzte zu sprechen. Frau D. schrie noch im Flur und zeterte im angrenzenden Zimmer laut herum, dass es schon peinlich war....! Die Vorgesetzte, Frau R., empfing uns sehr freundlich

und wie es uns schien auch verständnisvoll. Erst später merkten wir, dass sie doch hinter ihrer Sachbearbeiterin stand und lediglich geschickter war. Sie ließ uns an den Sprechtagen, wenn ab 9.00 Uhr Sprechstunde war, erst einmal bis 10.00 Uhr warten (obwohl wir die Einzigen waren) und gab uns dann jedes Mal einen neuen Schwung Papiere mit. Das dritte Mal fragte ich sie, ob das nun endlich alles sei (wieder war kein weiterer Publikumsverkehr und die Akte befand sich bei Frau D. im Nachbarzimmer). Daraufhin sagte Frau R., das könne sie jetzt nicht überprüfen! Ab hier reichte es mir. Ich suchte mir Hilfe!
Erst als wir nun einen Sozialarbeiter der leiblichen Eltern einschalteten und dieser komplett von der Bafög-Stelle wissen wollte, was sie dort noch exakt benötigten, hörten diese von uns als Schikanen empfundenen Botengänge auf. Allerdings haben wir auch noch keine Bafög-Zusage erhalten. So kann es uns passieren, dass wir ab März 98 keine Finanzierung für Anne erhalten. Jugendhilfe läuft aus (hier greift also nicht das Schadensverursacher-Prinzip). Bafög gibt es nur, wenn alle Unterlagen vorhanden sind (was nicht in unserer Macht liegt), Sozialhilfe ist dem Bafög nachrangig (gibt es dann also auch nicht).
„Dann müssen Sie Ihre Eltern verklagen, das ist eben so!“, sagte Frau R., die sich ihr Büro so richtig schön gemütlich gemacht hat. Mit Stehlampe, Musikanlage und schönen Bildchen. Probleme möchte sie nicht in ihrer heilen Welt, das merkt man ihr deutlich an! Dass Anne blind ist, interessiert dort ja nun wirklich keinen. Manchmal frage ich mich, ob das, was ich manchmal mit Anne erlebe, eigentlich noch normal und mitmenschlich ist.

Es ist doch völlig unstrittig, dass die Eltern so wenig Geld haben, dass Anne auf jeden Fall Anspruch auf Bafög hat. Warum macht man es den ehemaligen Pflegekindern nicht ein kleines bisschen leichter und gibt ihnen wenigstens einen eigenen Anspruch? Die Hälfte des Bafögs müssen sie doch sowieso wieder zurückzahlen.

So stehen Pflegekinder, wenn sie erwachsen sind, in der Realität da. Ich glaube nicht, dass dieses allen Pflegeeltern klar ist. Ich würde es als fairer empfinden, wenn die Jugendhilfe solange aufrecht erhalten würde, bis die jungen Leute wirklich auf eigenen Füßen stehen können. Man erwartet scheinbar von den Pflegeeltern und selbstverständlich auch von denen, die behinderte Kinder aufgenommen haben, dass sie die Kinder wie in einem Reparaturbetrieb ganz schnell fit machen. Das Ganze wird dann auf Termin gelegt und selbst, wenn ständig jemand vorbeikommt und ein paar Schrauben ins Getriebe wirft, muss dieser Termin eingehalten werden!

Hinterher können die Pflegeeltern ja zusehen, wie sie alleine fertig werden. Man rechnet auch sicherlich damit, dass sie weitermachen. Ansonsten wäre es ja wirklich ein großes Wagnis, wenn in der Zeit, in der es erfahrungsgemäß noch einmal besonders arbeitsintensiv für die Pflegeeltern wird, sich der Staat herauszieht. Am Anfang eines Pflegeverhältnisses wird für die Auswahl und Anbahnung sehr viel Betreuung eingeplant. Zum Abschluss eines Pflegeverhältnisses verhält man sich so, als wären alle Pflegeeltern Fachleute und kämen in dieser konfliktreichen Zeit alleine zurecht.

Meiner Meinung nach müssten gerade in der Zeit der Verselbständigung Pflegeeltern noch einmal besonders unterstützt werden, damit sie ihrer schweren Aufgabe gerecht werden. Mit dem derzeitigen Personalspiegel des Jugendamtes bekommen nur die Pflegeeltern Hilfe, die penetrant und laut um Hilfe nachsuchen. Hier müssen aber schon im Vorfeld intensive Begleitung, Supervision und fachlich begleitete Elternabende angeboten werden. Ich glaube schon, dass es eigentlich allen klar ist, dass ohne die stützende Hilfe der Pflegeeltern viele der jungen Leute scheitern würden. Leider passiert das auch immer wieder, und dann wird es richtig teuer für unseren Staat. Aber das kommt ja dann wahrscheinlich wieder aus einem anderen Topf.

Es ist doch kurzsichtig, das Erreichte so leichtsinnig aufs Spiel zu setzen. Man erwartet doch nicht ernsthaft, dass die Kinder mit ihren traumatischen Vorerfahrungen schneller und besser ans Ziel kommen als die Kinder, die von Anfang an ein liebevolles Elternhaus hatten. Das ist doch völlig unlogisch. Auch diese sind jedoch mit Eintritt ihrer Volljährigkeit in den seltensten Fällen fit und bleiben auch in der Regel im Hause, bis sie ihre Ausbildung abgeschlossen haben. Ich bin jedenfalls sehr stolz, dass unsere beiden erwachsenen Kinder einen Beruf erlernt und einen Arbeitsplatz haben, was heute ja nicht mehr selbstverständlich ist. Peter ist Steuerfachangestellter und Manuela Arzthelferin.

Unverständlich finde ich es in Annes Fall, dass ein Studium an der Universität für Blinde in Marburg, was bedeutend kostenintensiver ist (ca. 90.000,00 DM im Jahr), vom Staat übernommen würde.
Unsere jungen Erwachsenen brauchen sicher keinen roten Teppich, aber vielleicht so etwas wie Vereinfachung der zum Teil entwürdigenden Behördenangelegenheiten.
Anne sagte mir, sie habe sich so sehr geschämt bei Frau D. von der Bafög-Stelle mit ihren abwertenden Bemerkungen!

Da wir ja jetzt scheinbar auf eigenen Füßen stehen müssen (hoffentlich bleibt uns wirklich, wie versprochen, Annes Sozialarbeiterin, Frau Matz vom Jugendamt Hannover, erhalten), werden wir künftig noch stärker gefordert. Wir sind jetzt in so vielen Bereichen (nicht nur in finanziellen) zuständig, wie wir uns dieses nie vorgestellt haben. So ist uns klar, dass wir Anne zurzeit noch mächtig unterstützen müssen. Ansonsten ist sie nicht in der Lage, ihren Alltag zu bewältigen und ihr Studium erfolgreich abzuschließen. Das wird wohl nicht anders werden als zur Zeit ihrer integrativen Beschulung. Nach dem 6-jährigen Besuch einer Blindenschule schloss sie das Gymnasium hier am Wohnort mit dem Abitur ab.

So tobe ich jetzt an manchen Tagen (während der Schulung mit ihrem Blindenführhund sogar Wochen) mit auf der Uni herum, etwas was ich mir nie vorgestellt hätte. Wenn Klausuren geschrieben werden, gehe ich in die Vorlesungen und nehme diese mit einem Cassettenrekorder auf, da Anne dringend darauf angewiesen ist. Es gibt ja nur wenig Literatur in Punktschrift, und meistens ist diese schon veraltet. So drücke ich auf einmal wieder die Schulbank. Im Anfang hatte ich mir für diese Zeit Bücher

eingepackt und freute mich schon darauf, sie dort in Ruhe lesen zu können. Mein Pech ist jedoch, dass ich wegen der Aufnahmequalität gezwungen bin, ganz vorne zu sitzen. Der Professor schaute mich beim ersten Versuch zu lesen so scharf an, dass ich mich nie mehr traute, ein Buch herauszuholen.
Ich bin inzwischen wohl schon ein so vertrauter Anblick, dass ich, wenn ich da bin, wie die anderen abgefragt werde! Leider habe ich aber nicht Annes Verstand und ihr großartiges Gedächtnis. Annes Studium ist aber immerhin so interessant, dass es für mich trotz allem eine Bereicherung ist. Die jungen Leute dort sind sehr freundlich und kameradschaftlich zu mir. Man merkt, dass sie Anne mögen. Sie ist ja auch ein wunderbarer, kameradschaftlicher und hilfsbereiter Mensch. Sie ist in sehr vielem reifer als andere junge Menschen ihres Alters.
In den Semesterferien sind wir viel in den Gerichtssälen von Hannover und Hildesheim unterwegs, was sehr interessant ist. Hier müssen wir bei Strafverfahren immer wieder erfahren, wie wichtig die Kindheit für die Psyche eines Menschen ist. Es ist immer sehr lehrreich für mich und bestätigt mich in vielem. Unsere neue Lebenssituation schafft uns aber auch immer große Zeitprobleme. Da gilt es gut zu organisieren. Wir müssen uns den Gegebenheiten wieder neu anpassen. Wühlen in Bibliotheken, Treffen in rauchigen Studentenkneipen, Blindenführhundtreffen, all das gehört nun zu unserem Leben. Wir sind noch nicht am Ende des Weges angelangt, noch kommt Anne nicht allein zurecht. Ihre Angst, allein loszuziehen, ist noch beachtlich. Wir erleben ihre Verzweiflung und ihre Stimmungsschwankungen hautnah mit.

In Begleitung ihrer Freunde ist sie fröhlich und ungezwungen. Wir sind immer sehr glücklich, wenn sie mit ihren Sarstedter Freunden loszieht. Dort ist sie eingebunden, dort zählt auch nicht, dass sie blind ist. Einer ihrer Freunde, der Markus, hilft Anne auch ab und zu, den Hund zu trainieren. Er weiß, dass sie allein noch große Angst hat und marschiert hinter Anne und Hund her.

Wir haben das Gefühl, dass wir in der Verantwortung für etwas stehen, das uns andere eingebrockt haben, vor dem wir damals gewarnt haben. Uns war zwar nicht bewusst, wie lange und wie schwer die Auswirkungen für Anne sein würden, aber dass es nicht zu ihrem Wohl sein konnte, war uns schon klar.
Anne hätte diese Rückführung, nachdem sie so laut protestiert hatte, nach ihrer Vorgeschichte **n i e m a l s** zugemutet werden dürfen!!!! Auch hätte von Fachleuten überprüft werden müssen, ob es dem Kind nach seiner Rückführung bei den leiblichen Eltern gut geht. Viele Dinge fielen einfach ins Auge. So traf ich sie nur still und traurig an. Ihre künstlichen Glasaugen wurden nicht mehr ausreichend gepflegt, ihre Wimpern nicht mehr mit einer Tinktur gebürstet. Das war dringend nötig, damit sie nicht nach innen wuchsen, wie sie es dann wegen der mangelnden Pflege taten. Für Anne eine erneute schmerzliche Angelegenheit.

Dass sie ihre vielen Krankenhausaufenthalte und Aufenthaltsveränderungen schon in ihrer kleinen Lebensrinde hatte, hätte alle Beteiligten warnen müssen. Man hätte diese allerersten Wurzeln, die dieses Kind geschlagen hatte, niemals abschneiden dürfen. Hier hat man ihr Leben nicht ernst genug genommen und ihr schwer geschadet. Allerhöchstens ein Besuchskontakt wäre zu Annes Wohl gewesen, aber nicht ihre Rückführung. Vielleicht hätte sie ihre leiblichen Eltern dann irgendwann gerne gemocht und es wäre für alle Beteiligten gut geworden.

Letztendlich sind aber auch diese damals so jungen Eltern für mich Opfer geworden, konnten sie doch gar nicht das Ausmaß ihrer Entscheidung voraussehen. Als sie es erkannten, haben sie das Kind ja auch wieder zu uns zurückgebracht.

Ich hoffe sehr, dass Anne einmal in der Lage sein wird, die Zeit mit ihren leiblichen Eltern aufzuarbeiten. Dazu ist es aber meiner Meinung nach nötig, dass Schlimmes aus dieser Zeit benannt wird. Gut wäre es, wenn sich die Eltern bei Anne entschuldigen könnten. Sie haben es ja nicht besser gewusst und gekonnt.

In einem solchen Fall ist es sicher auch wichtig, dass Kind und Eltern sich ihren Frust entgegenhalten und anschließend eine neue Beziehung aufbauen können. Denn eigentlich ist es doch schön, wenn man sich wieder friedlich begegnen kann oder?

In anderen Fällen und bei kleineren Kindern tut es vielleicht auch gut, wenn man die Tür zunächst einmal fest zuknallen kann, und gut ist's..! Vielleicht möchte man ja später einmal wieder gucken, was hinter der Tür steckt, aber zu diesem Zeitpunkt kann man vielleicht nicht anders entscheiden, um sich selbst zu schützen. Manchmal ist es nämlich auch gut, wenn man zunächst Unerfreuliches einfach über Bord werfen kann. Erwachsene sind in dieser glücklichen Lage. Ein Kind leidet ja gerade unter dem Handikap, dass es gerade das nicht konnte. Es war ja in allem, was es erlebte, ausgeliefert. Vielleicht erlebte es gerade den, von dem seine Existenz abhing, als Angreifer, als Gefahr. Vielleicht war es auch sehr ambivalent, mal Schutz und Liebe, mal Hass und Gewalt zu erfahren. Dass wir Annes Vorgeschichte nicht in allen Einzelheiten kennen und vieles nur vermuten können, ist für uns nicht einfach. Also müssen wir beobachten, aufpassen. Wir sind jetzt dafür verantwortlich, dass diesem, jetzt uns anvertrauten Kind kein neues Leid geschieht. Das muss uns klar sein. All dieses verlangt jedoch Ruhe, Ausdauer, Gelassenheit und Mut!

Neuen Pflege- und Adoptiveltern würden wir Folgendes empfehlen:
Ich weiß, dass Sie während Ihrer Bewerbung das Gefühl hatten, besonders gut sein zu müssen, um vom Jugendamt ein Kind vermittelt zu bekommen. Scheuen Sie sich aber bitte nicht, Rat einzuholen. Wenn es Probleme gibt, verfügt das Jugendamt über genügend Erfahrung. Nehmen Sie Hilfe an, Sie müssen unterstützt werden!

Schimpfen Sie, wenn Ihnen danach ist. Vor allem, wenn Sie Ihr Kind nicht mehr verstehen können. Aber schimpfen Sie nicht mit ihm, vermeiden Sie dieses auch bei Verwandten. Die Situation ist bei Ihnen schon etwas anders. Vielleicht ist sonst die Oma noch böse auf Ihr Kind, wenn Ihr Ärger schon lange wieder verflogen ist.
Gehen Sie in die Adoptiv- und Pflegeelterngruppen, die es überall gibt. Unsere Hei-

mat ist der Deutsche Kinderschutzbund, Ortsverband Hannover, mit dem Arbeitskreis Pflege und Adoption. Auch der gleich lautende Arbeitskreis in Hildesheim ist auf meine Initiative entstanden.
Sie werden sehen, in diesen Gruppen versteht man Sie und hört Ihnen zu. Sie werden Ihre Sorgen und Ihren Ärger los. Vielleicht hat dort sogar jemand eine Lösung für Ihr Problem. Anschließend gehen Sie, wenn Sie möchten, vielleicht noch gemeinsam ein Eis essen. Am nächsten Tag geht alles vielleicht schon sehr viel besser.
Hüten Sie sich aber vor falsch verstandener Solidarität. Wenn Pflegeeltern sich untereinander zu gut verstehen, besteht die Gefahr, dass sie für die Probleme der Kinder in einer der Pflegefamilien blind werden und die Pflegemutter in ihrem Fehlverhalten den Kindern gegenüber unbewusst unterstützen.

Ärgern Sie sich nicht zu sehr über Ihr Kind. Jahre später haben Sie alles vergessen. Trösten Sie sich, es kommt noch besser. Schon „normale" Eltern sind froh, wenn sie ihr Kind durch die Pubertät gebracht haben, und da soll es Ihnen besser gehen? Wir dürfen nicht vergessen, dass die negativen Erfahrungen, die das Kind, bis es in die neue Familie kam, gespeichert hat, in einer so problematischen Zeit wie der Pubertät nochmals aufbrechen können. Hinzu kommen die Probleme, die Ihr Kind zusätzlich hat.
Ich denke da zum Beispiel an schwere Gesundheitsstörungen, körperliche und geistige Behinderungen sowie Gedeih- und Empfindungsstörungen durch den Alkoholmissbrauch.
Hier gibt es, wie uns der Facharzt für Alkoholembryopathie, Herr Professor Dr. Hermann Löser, von der Uni Münster gesagt hat, die größten Enttäuschungen bei den Pflegeeltern. In der frühen Kindheit werden die Defizite noch nicht so deutlich, da man ja ständig auf die Weiterentwicklung des Kindes hofft. Man richtet sein Augenmerk zunächst verstärkt darauf, die Nahrungsaufnahme zu sichern. Die Kinder trinken in der Regel sehr schlecht, viele haben Schluckstörungen. Die Unruhe vieler dieser Kinder verursacht auch große Schlafstörungen. Sind sie endlich eingeschlafen, genügt das kleinste Geräusch, um sie wieder hellwach zu machen. Wir erleben das täglich. Nach wenigen Stunden Schlaf sind sie wieder frisch und munter. Es erzeugt so viel Unruhe und Energie, dass man als Eltern ständig gefordert ist. Auf all dieses muss man sich erst einmal einstellen und es annehmen, sonst wird es ein ewiger frustrierender Kampf. Man muss halt Kompromisse für sich selbst finden. So musste ich mich als begeisterte Leseratte eines Tages damit abfinden, dass ich einfach zurzeit nur noch sehr begrenzt die Möglichkeit zum Lesen habe. Es macht mir aber sehr viel Freude, trotzdem interessante Bücher zu kaufen, um sie für spätere ruhigere Jahre zu verwahren. Ich habe schon ein ganzes Regal voll nicht gelesener Bücher und betrachte sie von Zeit zu Zeit liebevoll.

Als es Zeit für den Kindergarten war, mussten wir erkennen, dass für behinderte Kinder eigentlich kein Platz in der Gesellschaft ist. In den kirchlichen Kindergärten bekamen wir ohne Probleme Plätze für unsere beiden „gesunden" Kinder, wogegen unsere beiden Kinder mit Handikap leer ausgingen. Das fanden wir schon überdenkenswert.

Eine unserer Töchter wurde ja später Jurastudentin, aber für den Kindergarten war sie damals nicht gut genug.
Für Christina bekamen wir einen Platz in einem sehr schönen Kindergarten der Stadt und sie hat nichts vermisst, aber Anne hatte nie das Glück, einen Kindergarten besuchen zu dürfen.

Ich habe oft gemerkt, dass wir die Kränkungen, die unseren Kindern galten, häufig auch selbst als kränkend empfanden. Es war so, als wären wir eine Person geworden. Eigentlich haben wir eine Menge einstecken müssen. An so mancher Tür musste man bettelnd stehen. Allein bis unsere blinde Anne ein normales Gymnasium besuchen konnte, hat es viele Bittgänge gekostet. Als Nesthäkchen in einer Familie mit 2 großen Brüdern brauchte ich eigentlich nie zu kämpfen. Und plötzlich bettelt man auf Kultusministerien etc. und holt sich so manche Abfuhr. Bei unserem wilden Sohn mussten wir immer wieder die schimpfende Lehrerin um Verständnis bitten. Sie bekam die Klasse einfach nicht in den Griff, und wir sollten das scheinbar von zu Hause aus regeln. Wenn wir zu Hause mit dem jungen Mann Stress hatten, kamen wir auch nie auf die Idee, die Hilfe der Schule einzufordern. Ich fühlte mich manches Mal wieder in die eigene Schulzeit versetzt. Doch immer wieder fanden wir auf unserem Weg auch wunderbare Menschen, die uns unterstützten. Es fällt mir wirklich schwer, Einzelne herauszusuchen, aber einen möchte ich doch erwähnen. Den Schwimmlehrer, der uns morgens um 6.00 Uhr vor seinem Dienst ins Hallenbad bat, um Anne das Schwimmen beizubringen. Sie erreichte durch ihn wieder ein Stück Selbständigkeit mehr. Ein Honorar lehnte er ab! Ich denke da auch an unsere Freunde, die sofort unseren Weg mit Interesse mitgingen. Wir haben aus diesem Kreis auch die Paten für unsere Kinder gewählt. Sie haben die Besonderheiten, die unsere Familie ausmacht, mitgetragen und sind immer für uns da.

Wir haben uns sehr bemüht, aber trotz aller guten Therapien kann man bei Kindern mit Alkoholembryopathie nicht, wie z.B. bei Frühgeborenen, die Entwicklungsrückstände aufholen. Irgendwann muss man es einfach akzeptieren, dass der nunmehr junge Erwachsene einfach so ist, wie er ist. Das tut natürlich weh. Besonders leiden dabei die Pflegeeltern, wenn eine Beziehungslosigkeit des Kindes ihnen gegenüber zu bemerken ist und ihnen wichtige mitmenschliche Werte für das Kind nicht zählen. Man darf dieses auf keinen Fall persönlich nehmen, obwohl das sicher leichter gesagt als getan ist.

Irgendwann vergrößert sich der Radius des Kindes! Wenn dieser junge Erwachsene weiterhin distanzlos bleibt, auch seinem Partner keine Treue halten kann, Sachen fortnimmt, die ihm nicht gehören und Wahrheit mit Fantasie verwechselt, ist das sehr schmerzlich. Es ist auch schwer mitzuerleben, wenn das Schwiegerkind den Pflegeeltern die Frage stellt, warum das bloß alles so ist und warum die Partnerin so wenig Allgemeinbildung hat und sich für nichts interessiert. Wörtlich: „Wieso kann sie sich an keinem Gespräch beteiligen, wieso weiß sie noch nicht einmal, wer der Bundeskanzler ist? Wieso kennt sie nicht die Hauptstadt von irgendeinem Land? Und wieso hat sie

keinerlei Schuldbewusstsein, wenn sie nachts nicht nach Hause kommt?" Einmal sagte er zu seiner Partnerin: „Warum legst du nicht langsam mal dein kindliches Verhalten ab? Ich verstehe nicht, wie man in deinem Alter noch so zurückgeblieben sein kann, man muss ja denken, du bist erst 12 Jahre alt!"
Und letztendlich fragt er : „Wieso ist unsere Wohnung eigentlich ständig ein einziges Chaos?" Die Pflegeeltern schämen sich. Obwohl sie wissen, dass die Tochter durch den Alkoholmissbrauch der leiblichen Mutter letztendlich auch nur Opfer ist, sind sie doch immer wieder enttäuscht und auch wütend auf ihre Tochter.

Das alles ist schwer für Eltern, die ja trotz aller Aufklärung bei der Vermittlung die Auswirkungen des Alkoholmissbrauchs nicht so eingeschätzt und immer gehofft haben! Es ist schwer, das Kind weiterhin zu lieben und es so zu akzeptieren, wie es ist, ruhig zu bleiben und dem Kind immer wieder in Krisensituationen die Hand entgegenzustrecken. Wenn man dazu einmal die Kraft nicht mehr aufbringen kann, ist es vielleicht der Partner, der einspringt.
Ob man ein Kind mit Handikap hat oder nicht, manchmal ist es einfach gut und hilfreich, Hilfe von außen anzufordern.

Als unsere 20-jährige Tochter Manuela und ich einmal erhebliche Verständigungsprobleme hatten, war unsere Sozialarbeiterin, Frau Wiechers vom Jugendamt des Landkreises Hildesheim, in der Lage, mit Verständnis für uns beide und durch einen Schuss Humor die Situation zu entschärfen. Dass wir uns heute wieder gut verstehen, haben wir ihr zu verdanken und einem Auszug, der zur rechten Zeit kam. Heute ruft Manuela mindestens einmal am Tag an und wir verstehen uns wieder gut. Den Stress mit ihr hat jetzt ihr Freund und manchmal sieht er recht mitgenommen aus. Zu Weihnachten habe ich ihm erst einmal eine Telefonkarte geschenkt, falls er einmal eine mütterliche Freundin zum Reden braucht.

Sicherlich sind nicht alle Träume, die wir hatten, in Erfüllung gegangen, aber wir haben auch gemerkt, dass unser Leben nicht davon abhängt. Die Kinder haben sich ihr Leben so eingerichtet, wie sie es können und wollen. Wir möchten so nicht leben, können es aber akzeptieren und freuen uns, dass wir bei allen unseren großen Kindern einen guten Platz in ihrem Leben behalten haben. Wir fühlen uns aber heute auch nicht mehr unbegrenzt verantwortlich. Wir haben unseren Kindern alles vermittelt, was sie unserer Meinung nach auf ihrem Lebensweg brauchen würden. Die Umsetzung ist jetzt ihre Sache. Wir wissen, dass wir ihnen nicht alles abnehmen dürfen, sie müssen jetzt ihre eigenen Erfahrungen sammeln.

Wenn wir unsere Manuela zu Besuch haben, zucken wir schon manchmal zusammen, wenn wir von ihren neuen hausgemachten Problemen erfahren. Es ist dann immer schwer, sich mit Hilfsangeboten zurückzuhalten und stattdessen abzuwarten. Es gelingt uns nicht immer. Untereinander bringen unsere Kinder jetzt aber schon etliches allein in Ordnung. Manuela hatte in der Vergangenheit unser aller Leben doch ziemlich im Griff. Da hilft uns jetzt der räumliche Abstand sehr. Speziell unser Sohn Peter fühlt sich auch heute noch für seine Schwester Manuela, unseren zarten, bunten Schmetterling, verantwortlich und entlastet uns damit. Von ihm nimmt sie auch gerne einen Rat an. Er hilft ihr bei ihren großen und kleinen Problemen und Beziehungskrisen. Als er neulich in ihrem Keller war, wo sich bereits an die 30 gelbe Abfallsäcke stapelten, fragte er sie nur, ob sie jetzt so etwas sammele. Als jetzt wieder einmal Abholtermin war, standen auch Manuelas Säcke am Straßenrand!

Wir leben jetzt nur noch mit Anne und unserem Nesthäkchen Christina zusammen. Die Großen haben beide einen interessanten Arbeitsplatz und eine eigene Wohnung. Das hat durchaus seine angenehmen Seiten. Die Bässe krachen jetzt nicht mehr durchs Haus und vor dem Kühlschrank schiebt einen keiner mehr beiseite, um für seinen Liebsten die besten Sachen zu beschlagnahmen. Wenn jetzt Keller und Kühlschrank das Interesse unserer Großen finden, wird vorsichtig und nett gefragt, ob wir das noch brauchen.

Es gibt heute Augenblicke, in denen man in sich hinein schmunzelt, weil man sich an lustige Erlebnisse aus der Kindheit der Großen erinnert und bedauert, dass die Zeit so schnell vorbeiging. Allerdings, als Manuela nach einem Streit mit ihrem Freund mir neulich während eines gemütlichen Abendessens zu zweit fröhlich sagte, sie wisse ja, sie könne jederzeit wieder zu uns zurückkommen, Annes Computerkeller sei ja jetzt frei, habe ich das gleich als böse Drohung verstanden und vorsichtshalber Protest eingelegt.

Im Gegensatz zu mir hat sie ihre Sturm- und Drangzeit wohl in positiverer Erinnerung. Neulich sprach mich eine Mutter aus der Kindergartengruppe unserer kleinsten Tochter Christina an, ob unsere große Tochter, die beim Kinderarzt arbeite, angenommen sei. Verwundert fragte ich, wieso sie das wissen wolle und erfuhr, dass ihre Schwägerin und ihr Bruder gerade eine kleine Tochter adoptiert hatten. Als sie das Kind beim Arzt vorstellten, habe Manuela von sich erzählt und gesagt, dass sie auch angenommen sei. Das sei aber für sie nie ein Problem gewesen, sie habe eine schöne Kindheit gehabt und nie etwas vermisst. Sie habe es sich nie vorstellen können, dass sie jemals woanders gewesen und ihre Geschwister seien die, mit denen sie groß geworden sei. Sie sei wohl sehr stolz auf ihre Familie. Mir hat es sehr gut getan, so etwas einmal zu hören. Die letzte Zeit steckt uns nämlich noch allen in den Knochen. Keiner unserer Freunde hat in der Pubertät so viel Stress mit einem seiner Kinder gehabt, wie wir mit Manuela. Wir sind aber heute sehr froh, dass wir es geschafft haben durchzuhalten und uns nach dieser anstrengenden Zeit noch lieb haben. Wir haben sie so weit begleitet, dass sie jetzt ihren eigenen Haushalt, wenn auch mit großer Mühe, versorgen kann. Dass wir so lange durchgehalten haben, erfüllt uns heute mit Stolz und wir erwarten noch immer das Bundesverdienstkreuz. Verdient hätten wir es meiner Meinung nach auf jeden Fall!

Sicher gibt es immer noch viele Probleme, vor denen wir uns nicht drücken können. Heute zweifelt aber auch niemand mehr an, ob wir denn auch wirklich die „richtigen“ Eltern sind!

Gott sei Dank hatten wir schon frühzeitig Anteile bei den Wohnungsgenossenschaften für unsere Kinder gekauft. So bekamen die Kinder durch ihre lange Mitgliedschaft auch sofort eine Wohnung. Beim Einzug kamen dann allerdings noch etliche Kosten in Form von Renovierung und Einrichtung auf uns zu. Heute sind es dann speziell bei Manuela noch die vergessenen Abschlagszahlungen von Strom und ... „Ach ja, Mama, stell dir vor, die wollen das Gas abstellen!!" Ja, auch das Wirtschaften will gelernt sein. Am 2. Februar feierten wir den Geburtstag meines Mannes in Manuelas Wohnung, da unsere Heizung ausgefallen war. Wir waren sehr erstaunt, wie liebevoll sie alles hergerichtet hatte.

Außer um unsere Kinder kümmern wir uns noch um zwei Heimkinder. Das eine ist jetzt in dem Projekt „Betreutes Wohnen" untergebracht, das andere lebt in einem kleinen, liebevoll geführten Kinderheim. Wir versuchen, den jetzt 16 und 21 Jahre alten Jugendlichen das Gefühl zu geben, wichtig zu sein und gemocht zu werden. An ihnen merkt man aber auch jeden Fehler der Vergangenheit. Wie auf einer Landkarte setzen sich die Verletzungen zusammen. So ist der 21-jährige, der im Alter von 2 - 4 Jahren in unserer Familie als Pflegekind lebte und dann zu seiner leiblichen Mutter zurückkam, jetzt der Meinung, dass er sich das, was ihm das Leben schuldig blieb, selbst besorgen muss. Er wuchs später in diversen Kinderheimen auf. Im letzten Jahr soll er bei einem Banküberfall beteiligt gewesen sein und war längere Zeit untergetaucht.Vor zwei Wochen wurde er direkt nach einem bewaffneten Raubüberfall festgenommen und sitzt jetzt in Hameln in Untersuchungshaft. Von dort sind wir nun angeschrieben worden, dass „unser Pflegesohn" nur uns als Besuchswunsch angegeben hat. Wir möchten uns bitte beim Amtsgericht in Hannover unter dem Aktenzeichen ... die Genehmigung dazu holen. Und das haben wir getan. Wir wollen das, was er getan hat, nicht verteidigen, fragen uns aber ernsthaft, was gewesen wäre, wenn das Kindeswohl auch bei ihm ernst genommen worden wäre.

Das Mädchen fühlte sich in seiner Adoptivfamilie nicht angenommen, sagt, sie habe speziell die Mutter nie gemocht. Das hat bei mir die Frage ausgelöst, ob die Adoptionspraxis, so wie sie zurzeit ausgeübt wird, die Wünsche der Kinder ausreichend berücksichtigt. Denkbar wäre für mich auch, dass die Kinder erst mit Eintritt ihrer Volljährigkeit gemeinsam mit den Adoptiveltern den Adoptionsantrag stellen. Dann kann der Richter tatsächlich dem Wunsch des nunmehr Erwachsenen entsprechen und die Adoption aussprechen. Heute kommen sich die Adoptionskinder, bei denen die „Annahme als Kind" nicht gelungen ist, wie sie sagen, „verkauft" vor. Sie seien nie gefragt worden, ob sie Eltern haben wollten. Ihnen erscheint es als Abmachung zwischen dem Staat und den Adoptiveltern über ihren Kopf hinweg. Vielleicht würden die erwachsenen Adoptivkinder positiver über ihre Adoption denken, wenn sie diese mitgestalten könnten?

Ich glaube, es ist uns nicht im Geringsten klar, wie schwierig die Situation für viele unserer Kinder ist, und für viele ist die Kindheit, obwohl schon so lange vorbei, immer noch ein Trauma.

Wir lernten vor ca. 15 Jahren ein kleines Mädchen in seiner Pflegefamilie kennen. Es entwickelte sich gut und war ein braun gebranntes fröhliches Kind. Dann kam im Alter von etwa 4 Jahren der Rückführungswunsch der leiblichen Mutter. Das Gericht gab dem statt. Das Kind kam zurück in die Ursprungsfamilie. Lange Zeit später gab es noch einmal eine Gerichtsverhandlung. Nachbarn hatten die Familie wegen Kindesmisshandlung angezeigt. Da Zeugen hierfür fehlten, also keiner bei der Tat anwesend war, wurden die Eltern freigesprochen. Jetzt ist das Kind 16 Jahre alt und lebt schon lange nicht mehr in seiner leiblichen Familie. Für das Kind wurden irgendwann neue Pflegeeltern gesucht. Jetzt hat es seine „alten" Pflegeeltern wiedergefunden und versucht, seine Vergangenheit aufzuspüren. Kontakt zur leiblichen Mutter besteht nicht mehr, da ist nur noch Hass. Böse Erinnerungen drängen in seinen Alltag hinein und immer wieder lebt irgendetwas aus seiner Geschichte in ihm neu auf.

Diesem jungen Mädchen hat man seine Kindheit gestohlen. Dieses ist in seiner Ursprungsfamilie nichts Neues. Eine Generation gab bisher ihr Elend an die nächste weiter. Nur, es hätte es besser haben können! War die Entscheidung damals zum Wohl des Kindes? Ich glaube kaum. Vielleicht gäbe es ja im Vorfeld Hilfe? Die leiblichen Eltern müssten besser vorbereitet und begleitet werden, sodass eine Fremdunterbringung die absolute Ausnahme sein müsste. Die Vorbereitung durch die Schule mit eigens dafür geschaffenen Fächern, wäre meiner Meinung nach die einzig vernünftige Lösung.

Auch während der Schwangerschaft gäbe es noch Gelegenheit dazu. Eine Teilnahme an entsprechenden Fortbildungen sollte dabei als Anreiz finanziell gut honoriert werden. Bei den vielen „Ein-Kind-Familien" haben die Kinder und Jugendlichen heute kaum noch Möglichkeiten, das Umgehen mit kleinen Kindern spielerisch zu erlernen. Man muss auf die Arbeit mit Kindern genauso vorbereitet werden, wie auf einen Beruf. An das Steuer eines Flugzeuges oder Autos lässt man unseren Nachwuchs ja auch nicht unvorbereitet! Für unser aller Zukunft sollten wir in der Kindererziehung genauso viel Vorsorge betreiben. Ich könnte mir auch sehr gut vorstellen, dass die Auszahlung des Kindergeldes an Fortbildungen der Eltern gekoppelt wäre. Wenn die Kinder auf der Welt sind, müsste man sich natürlich auch weiterhin ausreichend um sie und ihre Familien kümmern.

Das gesunde Aufwachsen der Kinder in ihrer Ursprungsfamilie sollte unser aller Ziel sein. Wenn dieses aber nicht möglich sein kann, ist es sicher für viele Kinder gut, wenn sie in eine geeignete Pflege- oder Adoptivfamilie kommen. Eine adoptierte junge Frau sagte mir neulich, ihre Adoption sei eine wunderbare Sache gewesen und ein herrlicher Grund, sie immer wieder zu feiern. In eine neu gewachsene Bindung darf aber auch bei einem Pflegekind nicht mehr korrigierend eingegriffen werden. Es sei denn, das Kind wünscht es, und es ist für das Kind wirklich das Beste.

Das Wohl des Kindes sollte nicht zu einer Worthülse verblassen, sondern mit Leben erfüllt werden. Oftmals entscheiden Erwachsene eben nicht zum Wohl des betreffenden Kindes.

Aber heute ist der Pflegekinderbereich nicht mehr so unterentwickelt wie vor 20 Jahren. Das haben wir sicher unter vielen anderen besonders den Reformern, Richter Rudolf Klußmann und Prof. Dr. Ludwig Salgo zu verdanken. Inzwischen ist ja auch jedem klar, dass wir uns allen keinen Gefallen tun, wenn wir die Bedürfnisse dieser traumatisierten Kinder ignorieren. Vieles muss aber immer wieder neu überdacht werden, und immer noch wird häufiger den Eltern eine Chance gegeben, als den Kindern.

Im Jahre 1997 betreuten wir etwa 3 Wochen ein kleines Mädchen von ca. 8 Wochen bei uns, das wegen der Alkoholabhängigkeit der Mutter schon mehr als die Hälfte seines kleinen Lebens „fremd" untergebracht war. Immer wieder musste die Mutter zur Entgiftung ins Krankenhaus. Einmal musste die Kleine mit, obwohl ihr nichts fehlte. Sie durfte dort jedoch nicht bei der Mutter bleiben, weil sie krampfte und lag sehr weit von ihr entfernt auf der Säuglingsstation. Von uns aus kam sie nur für kurze Zeit zu Verwandten, konnte leider auch dort nicht bleiben, anschließend für ca. 5 Monate in eine Betreuungs(pflege)familie, wo sie sich erneut einlebten musste. Von dort ging es für ca. 4 Monate mit seiner Mutter in eine weit entlegene Stadt zum Alkoholentzug. Wenn man zumindest eine Familienhilfe durchgängig eingestellt hätte, wäre dieses insgesamt auch nicht teurer gekommen als Krankenhauskosten, Bereitschaftspflege und die Einsätze der Diakoniestation zusammen. Dem Kind wäre aber nicht dieser ständige, schädliche Wechsel zugemutet worden.
Das Jugendamt wollte das Kind langfristig in einer Pflegefamilie unterbringen, da die häusliche Unterbringung schon bei ihren ersten 4 Kindern, bedingt durch die schon über 10 Jahre dauernde Alkoholkrankheit der Mutter, gescheitert war. Keines ihrer Kinder lebt mehr bei ihr. Die eingesetzte Betreuerin der Mutter forderte jedoch, die Mutter müsse noch eine Chance haben. Der Richter schloss sich dem mit größten Bedenken an. Wohlgemerkt, ich mochte die Mutter und merkte auch, wie sehr sie ihr kleines Mädchen liebte. Aber ich frage mich ernsthaft, geschah hier wirklich alles zum Wohl des (d i e s e s) Kindes? Oder wurde vielmehr hier im Jahre 1997 ein neues „traumatisiertes" Kind geschaffen?

Ich widme meinen Beitrag der Stiftung „Zum Wohl des Pflegekindes". Durch die dort durchgeführten Seminare und Fortbildungen wird die Möglichkeit einer erfolgreichen Zusammenarbeit von Pflegeeltern und SozialarbeiterInnen zum Wohle und Nutzen der Pflegekinder geschaffen.

Wolfgang Raack

Interdisziplinäre Zusammenarbeit bei Vernachlässigung, Misshandlung und Missbrauch von Kindern

Pflegeeltern dürften besonders häufig mit einem bekannten Verletzungsproblem ihres Pflegekindes konfrontiert sein, sind doch die Gründe für die Inpflegegabe durch das Jugendamt zumeist eine Vernachlässigung, eine Misshandlung oder ein Missbrauch des Kindes.
Wegen der hohen Dunkelziffer auf diesem Gebiet kann noch häufiger das Problem eines unbekannten derartigen Verletzungssachverhalts auf sie zukommen. Opfer von sexuellem Missbrauch senden Signale und Hilferufe aus. Hierauf angemessen zu reagieren, setzt ein hohes Maß an Sensibilität und Wahrnehmungsbereitschaft bei den Pflegeeltern voraus, um die hinter dem Leiden des Kindes verborgene Straftat offenbar werden zu lassen und aus dem unbekannten Problem das oben geschilderte bekannte Problem werden zu lassen, das einer interdisziplinären Zusammenarbeit zugänglich ist.
Infolge der starken Publizität des Themas des sexuellen Missbrauchs ist heute bei den interessierten Eltern, Pflegeeltern und ErzieherInnen ein hohes Maß an Sachverstand vorhanden, der das Erkennen und die Einordnung von Verdachtsmomenten ermöglicht.

Bereits in diesem Stadium lauern jedoch Gefahren insofern, als der Umgang mit den Verdachtsmomenten nur dann sachgerecht erfolgt, wenn eine gewissenhafte Dokumentation vorgenommen wird, aber jede Art von Befragung unterbleibt.
Hiermit wird zum einen der Gefahr von Verfälschung der Aussage durch Mehrfachbefragungen und zum anderen der Gefahr einer Retraumatisierung durch wiederholte Anhörungen Rechnung getragen.
Insbesondere die Suggestibilität der kindlichen Opferzeugen macht aus der Sicht des späteren Strafverfahrens die Befragung durch eine Fachkraft - sei es bei der Polizei, bei der Staatsanwaltschaft oder im Rahmen der Begutachtung - unabdingbar erforderlich, soll nicht die Gefahr einer Nichtverwertbarkeit der Aussage heraufbeschworen werden. Die Strafrechtsprechung geht nämlich davon aus, dass das einmal durch eine Suggestivfrage auf den falschen Weg geleitete Kind anders als ein Erwachsener nicht in der Lage ist, diesen Weg durch Korrektur des Gesagten zu verlassen.
Das Postulat der Einmalvernehmung oder –anhörung stößt auf Widerstand bei den beteiligten Institutionen. Das Jugendamt, das Familiengericht und das Strafgericht verfolgen als Helferinstanzen jeweils eigene Ziele: Jugendhilfe in Form von Beratung und Unterstützung, kindeswohlgemäße Sorge- und Umgangsregelungen sowie Überführung und Verurteilung des Täters und Schutz der Allgemeinheit.

In allen drei Bereichen sind die das Kind versorgenden und betreuenden Pflegeeltern elementar beteiligt, sodass es von großem Nutzen für sie sein kann, zu wissen, welche Möglichkeiten es gibt, die auf sie und das Kind zukommenden staatlichen Interventionen zu beeinflussen oder gar partnerschaftlich mitzugestalten.
Von entscheidender Bedeutung dürfte es hierbei sein, eine Koordinierung der jeweils einzelnen staatlichen Interventionsmaßnahmen zu erreichen. Exemplarisch für die vielerorts gefundenen Muster interdisziplinärer Zusammenarbeit soll im Folgenden das *Kerpener Modell* erläutert werden.

Wenn auch die Vorgehensweise nach dem „Kerpener Modell" kein Patentrezept ist, sondern in jedem einzelnen Fall das persönliche Engagement der jeweils Beteiligten erfordert, erschließt dieses Verfahren der freiwilligen Gerichtsbarkeit aber auch der Strafjustiz Fälle in dem Bereich der helfenden Institutionen, die bekanntlich einer „Anzeige" äußerst reserviert gegenüberstehen.
Diese Reserviertheit, mitunter auch Gegensätzlichkeit in der Arbeit, dürfte ihren Grund unter anderem darin haben, dass jede Berufsgruppe sich mit anderen Aspekten einer Problematik – hier insbesondere der Gewalt in einer Familie bzw. im sozialen Nahraum – identifiziert und den „ersten Zugriff" auf den Fall für sich in Anspruch nimmt.
Um aus dieser vielschichtigen Konkurrenz heraus zu einer befriedigenden Kooperation zu kommen, bedarf es eines besonderen Verhandlungsstils. Hier hat sich das Harvard-Konzept [1)] als besonders fruchtbar erwiesen. Hiernach gehört es zum Erfolgsrezept, Vorteile für beide Seiten zu entwickeln, die sich aus der Kooperation ergeben. Das kann in Form einer gegenseitigen förderlichen Beziehung geschehen oder auch als eine gemeinsame Interessenbefriedigung mit Hilfe einer kreativen Lösung.
Das im Verlauf der letzten zehn Jahre in Kerpen gefundene Handlungsmuster „Kerpener Modell" bietet die Möglichkeit, trotz der bestehenden disziplinären Gegensätzlichkeiten der Arbeitsansätze [2)] im Interesse des gemeinsamen Zieles einen effektiven Kinderschutz zu praktizieren.
Eine für alle Beteiligten vorteilhafte Zusammenarbeit hat nach den Erfahrungen in Kerpen zwei Mindestvoraussetzungen:
In einem zunehmend breiter angelegten interdisziplinären Arbeitskreis, in dem VertreterInnen des Jugendamtes, des Vormundschaftsgerichtes, der Staatsanwaltschaft, der Polizei, der psychologischen Beratungsstelle, der Schulen und Kindergärten, der Sachverständigen und der Ärzte zusammenarbeiten, wird kontinuierlich das wechselseitige Verständnis für die mit dem Problem der sexuellen Gewalt gegenüber Kindern befassten Berufsgruppen gefördert und der Boden bereitet für eine Zusammenarbeit im konkreten Fall. Die so gewonnene generelle Kooperationsbereitschaft hat unter anderem dazu geführt, dass die Polizei nunmehr sehr frühzeitig das Jugendamt informiert und zu der Handlungsmaxime von Vormundschaftsgericht und Jugendamt steht, dass es erstrebenswert ist, das Kind selbst den Zeitpunkt seiner Aussage bestimmen zu lassen, um Druck und Hektik zu vermeiden, während die Überführung des Täters von den MitarbeiterInnen des Jugendamtes als in der Regel dem Kindeswohl dienend anerkannt wird. Die Zusammenarbeit mit der Staatsanwaltschaft und der Polizei konnte dergestalt ausgebaut werden, dass sehr frühzeitig eine gemeinsame Vernehmung durch

eine Polizeibeamtin und die Ermittlungsrichterin erfolgen kann und gegebenenfalls ein für das Sorgerechtsverfahren und das Strafverfahren gemeinsam taugliches Gutachten eingeholt wird, wobei die Dokumentation der Vernehmung durch Tonband oder Video sichergestellt ist.
Noch mehr als bei dieser generellen Zusammenarbeit erfordert eine erfolgreiche Kooperation im konkreten Einzelfall, dass alle daran beteiligten Berufsgruppen für ihre Arbeit einen besonderen Nutzen ziehen. Das bedeutet, dass in offenbar klaren Fällen, in denen das Opfer aussagebereit und aussagefähig ist und möglicherweise objektive Befunde gesichert werden können, den polizeilichen Ermittlungen Vorrang einzuräumen ist. Erfahrungsgemäß ist dies aber der wesentlich geringere Anteil der Fälle. Es überwiegen die sogenannten Zweifelsfälle, in denen beunruhigende Indizien, Verdachtsmomente und Mitteilungen des Kindes oder anderer auf ein Mißbrauchsgeschehen hinweisen und die angesprochenen oder zuständigen HelferInnen vor der Frage stehen, was zu tun ist. Für diese Fälle gilt nach dem „Kerpener Modell" die Verabredung, dass die Anhaltspunkte unter Verzicht auf eigene Befragungen dem Jugendamt mitgeteilt werden, dort eine fachliche Vorklärung vorgenommen wird und dann, wenn der Fall als möglicher Missbrauchs- oder Misshandlungsfall, der eine gerichtliche Maßnahme erfordern könnte, gewertet wird, im Rahmen von § 50 Abs. 3 Kinder- und Jugendhilfegesetz (KJHG) eine Kontaktaufnahme mit dem zuständigen Vormundschafts- oder Familienrichter erfolgt mit dem Ziel, die weiteren Interventionen zu planen. An einer derartigen HelferInnenkonferenz dürfen aus beruflichen Verschwiegenheitspflichten nur in eigener Kompetenz Beteiligte teilnehmen, also z.B. VertrauenslehrerInnen, MitarbeiterInnen des Jugendamtes und der Beratungsstelle und ggfls. Vormundschafts- bzw. FamilienrichterInnen.

Die für richtig befundenen und von den Helferinstanzen verabredeten Maßnahmen reichen von Hilfsangeboten an die Sorgeberechtigten durch eine Beratungsstelle oder das Jugendamt bis hin zur Zuführung zu einer kompetenten Sachverständigen, um dort die eine **einzige** Befragung des Kindes vornehmen zu lassen, was unter Umständen auch gegen den Willen des oder der Sorgeberechtigten geschehen muss.
In dieser Situation gilt es, einen juristischen Balanceakt zu vollführen, der darin besteht, dass vor Maßnahmen nach § 1666 Bürgerliches Gesetzbuch (BGB) die den Mißbrauchsverdacht begründenden Umstände zu beweisen sind, wobei die überzeugende Beweisführung zur Abklärung des Mißbrauchsverdachts jedoch erst durch die Einholung eines Gutachtens einer kompetenten Sachverständigen durch eine gerichtliche Maßnahme nach § 1666 BGB ermöglicht wird.
Dieses Dilemma wird dadurch gelöst, dass, solange das fachpsychologische Gutachten noch fehlt, die gerichtliche Entscheidung als einstweilige Anordnung auf die fundierte Mitteilung einer Fachkraft im Range eines „Attestes" gegründet und zeitlich eng begrenzt wird. Der hierbei zur Verfügung stehende Zeitraum von etwa drei Monaten setzt voraus, dass in einer Art casemanagement jeweils erforderlich werdende Schritte vorher bis ins Einzelne geplant werden [1)], dass eine sofort arbeitsbereite Sachverständige gefunden [2)], der Schutz des Kindes durch eine begleitende go-order gegen den potenziellen Täter[3)], falls notwendig die Herausnahme und Unterbringung des Kindes

sichergestellt ist. Die Interventionsplanung mündet in einer mündlichen Verhandlung, an deren Ende die geschilderte einstweilige Anordnung stehen kann. Spätestens jetzt kommt es auch zur Anhörung des beschuldigten Elternteils oder beider Eltern, die ein Anhörungsrecht nach § 50a Gesetz über die Angelegenheiten der freiwilligen Gerichtsbarkeit (FGG) und insbesondere auf rechtliches Gehör gem. Artikel 103 Grundgesetz (GG) haben.

Da auf das Kind als Opferzeugen im Verlaufe des Verfahrens sehr belastende Situationen und schwierige Entscheidungen zukommen können, insbesondere über die Ausübung eines eventuellen Zeugnisverweigerungsrechts und über eine eventuelle strafrechtliche Verfolgung des Täters, wird bereits im FGG-Verfahren unter dem Gesichtspunkt „Anwalt des Kindes" für eine anwaltliche Vertretung des Opferzeugen gesorgt. Die Einschaltung eines „Anwaltes des Kindes" entspricht durchaus dem Interesse des Jugendamtes, wie schon die Entscheidung der Frage zeigt, ob bei der Staatsanwaltschaft die Gewalttat angezeigt wird oder nicht. Dieses äußerste Mittel bringt nämlich für das Jugendamt die Gefahr mit sich, dass das Vertrauen in der Bevölkerung in die Verschwiegenheit des Jugendamtes Schaden leidet und ähnlich wie bei der Durchbrechung des Arztgeheimnisses die Opfer dem Jugendamt noch weniger zugänglich werden. Auch vor einer entsprechenden gesetzlichen Regelung im Rahmen der Kindschaftsrechtsreform bot das geltende Recht ausreichende Möglichkeiten für eine gerichtliche Gewährung derartiger anwaltlicher Hilfe als Verfahrens- oder als Ergänzungspfleger [4)].

Ab dem 1.7.1998 ist die Verfahrenspflegschaft vor dem Familiengericht durch § 50 FGG – Anwalt des Kindes – geregelt. Im Strafverfahren gibt es ab dem 1.11.1998 die Möglichkeit, einen Zeugenbeistand gemäß § 68 b Strafprozessordnung (StPO) in Anspruch zu nehmen. Die Prozesskostenhilfe wird auf die Bestellung eines „Opferanwaltes" in dem hier interessierenden Bereich erweitert.
Im Rahmen des „Kerpener Modells" ist nach Möglichkeiten gesucht worden, schon vor der viel diskutierten Reform der Strafprozessordnung die extreme Belastung der Opferzeugen durch die Vernehmung in der Hauptverhandlung zu vermeiden. Dem steht heute noch das vom Bundesgerichtshof aufgestellte Dogma der „Unmittelbarkeit der Beweisaufnahme" entgegen.
Gleichwohl gibt es Möglichkeiten, dem Kind ein Erscheinen in der Hauptverhandlung auch dann zu ersparen, wenn der Angeklagte nicht geständig ist.
Die Weigerung der Sorgeberechtigten, ihr Kind in der Hauptverhandlung vernehmen zu lassen, kann nämlich ein nicht zu beseitigendes Hindernis sein, wenn die Besorgnis, es könne einen Erziehungs- oder Entwicklungsschaden erleiden, tatsächlich begründet ist [5)].
Im Rahmen des „Kerpener Modells" wurde dementsprechend schon vor Jahren von der beteiligten psychologischen Beratungsstelle ein entsprechendes Bescheinigungsmuster [6)] entwickelt und den Sorgeberechtigten in begründeten Fällen an die Hand gegeben. Diese Verfahrensweise wurde schließlich dadurch bestätigt, dass der Bundesgerichtshof (BGH) in seiner Entscheidung vom 23. August 1995 [7)] mit einer entsprechenden

ärztlichen Bescheinigung konfrontiert wurde. Der BGH bewertete unter den genannten Voraussetzungen der drohenden Erziehungs- und Entwicklungsschäden bei der anstehenden Vernehmung in der Hauptverhandlung das Verhalten der sorgeberechtigten Mutter als berechtigte Weigerung gestützt auf Gründe des Kindeswohls!

Damit ist der Weg frei für eine Verwertung der Angaben in einer früheren Vernehmung vor der Ermittlungsrichterin bzw. gegenüber der Sachverständigen.

An diesem Punkt zeigt sich ganz deutlich, dass eine jahrelange kontinuierliche Arbeit Berge versetzen kann. Während noch im Herbst 1996 auf einer auch von VertreterInnen der Justiz gut besuchten Fachtagung in Berlin [8)] das von uns propagierte „Attest" vom Standpunkt des juristischen Ethos als bedenklich angesehen wurde, bestätigte mir der zuständige Referent im Bundesjustizministerium (BJM) kürzlich, dass unsere entsprechende Anregung bei einer Expertenrunde im BJM im Frühjahr 1993 nunmehr im Gesetzentwurf der Koalition vom 11.3.1997[9)] Berücksichtigung gefunden hat, wenn es dort in der Begründung heißt:

> „Für den Zeugen dürfte es eine Erleichterung sein zu wissen, daß eine Überführung des Angeklagten nicht mehr in jedem Fall von seinem persönlichen Erscheinen in der Hauptverhandlung abhängig ist. Dies ist insbesondere für Eltern kindlicher Opferzeugen von Bedeutung. Liegt die Videoaufzeichnung der Vernehmung ihres Kindes vor, so sollten sie sich ermutigt fühlen, häufiger dem Rat von Ärzten oder Psychologen zu folgen und ihr Kind den Belastungen einer Hauptverhandlung dann nicht auszusetzen, wenn es aus ärztlicher oder psychologischer Sicht nicht zumutbar erscheint. Entsprechendes gilt bei Opfern von Sexualstraftaten. Mit zunehmender Verbreitung der Videotechnologie im Ermittlungsverfahren werden daher Gerichte häufiger von der Möglichkeit Gebrauch machen können, unter den Voraussetzungen des § 251 StPO die Vernehmung eines Zeugen durch das Abspielen einer Bild-Ton-Aufzeichnung einer Vernehmung zu ersetzen.
> Die Regelung des § 58a Abs. 1 StPO versteht sich daher als Signal an die Praxis, den Belangen besonders schutzbedürftiger Zeugen nicht erst in der Hauptverhandlung, sondern bereits im Ermittlungsverfahren Rechnung zu tragen, wenn sich abzeichnet, daß der Zeuge in der Verhandlung vor Gericht nicht zu Verfügung stehen wird oder – soweit es sich um einen kindlichen Opferzeugen handelt – ihm von Seiten der Sorgeberechtigten eine Teilnahme an der Verhandlung nicht gestattet wird."

Das ab dem 1.11.1998 geltende Zeugenschutzgesetz entscheidet nun die früher diskutierte Frage, ob und wieweit die im Ermittlungsverfahren auf Video aufgenommene Aussage des Opferzeugen in der Hauptverhandlung verwertet werden kann, dahingehend, dass u.a. in Strafverfahren betreffend die Verletzung der sexuellen Selbstbestimmung oder die Misshandlung von Schutzbefohlenen die Vernehmung eines unter sechzehn Jahre alten Zeugen durch die Vorführung der Video-Aufzeichnung seiner früheren richterlichen Vernehmung ersetzt werden kann, wenn der Angeklagte und sein Verteidiger Gelegenheit hatten, daran mitzuwirken.

Unter Berücksichtigung der o.a. Entscheidung des Bundesgerichtshofs vom 23.8.1995 und der Vorschriften des Zeugenschutzgesetzes gilt daher die Empfehlung an die Pflegeeltern, selbst als Vormund oder über den Vormund auf einer zur Tat zeitnahen und videogestützten richterlichen Vernehmung oder Exploration durch eine Sachverständige zu bestehen, um das Kind den Belastungen einer meist viel späteren Hauptverhandlung nicht mehr auszusetzen.

Pflegeeltern leisten so einen wesentlichen Beitrag zum Schutze des kindlichen Opferzeugen vor der Gefahr der Retraumatisierung und Verfälschung der Aussage durch Mehrfachvernehmungen und werden zugleich ihrer staatsbürgerlichen Pflicht gerecht, bei der Aufklärung der Straftat mitzuwirken und dem Schutz zukünftiger Opfer zu dienen.

Literatur und Anhang

1. Fischer, Ury, Patton, Das Harvard-Konzept: Sachgerecht verhandeln, erfolgreich verhandeln. 11. Auflage, 1993.

2. Vgl. hierzu Raack, Effektiver Opferschutz durch Zusammenarbeit der beteiligten Institutionen – Das Kerpener Modell – in Familie, Partnerschaft, Recht, 1995, 143 ff.

3. Durch die Kindschaftsrechtsreform ab 1.7.1998 Gesetz geworden in § 1666 Abs. 4 BGB; zur inhaltlichen Ausgestaltung vgl. z.B. Oberlandesgericht (OLG) Zweibrücken FamRZ 1994, 976; AG Wedding Wohnwirtschaft und Mietrecht 1992, 470; Amtsgericht (AG) Tiergarten Streit 1992, 89.

4. OLG Frankfurt, Zeitschrift für das gesamte Familienrecht (FamRZ) 1980, 927; AG Mönchengladbach, FamRZ 1985, 532; Hinz im Münchener Kommentar, RdNr. 63 zu § 1666 BGB.

5. OLG Saarbrücken, Neue Juristische Wochenzeitschrift (NJW) 1974, 1959.

6. Bescheinigung zur Vorlage bei Gericht
   Der/die Sorgeberechtigte/n des Kindes..
   haben das Kind am...
   hier vorgestellt.
   Das Kind wird seit dem......................bis auf weiteres in unserem Hause behandelt.
   Nach Auswertung der testpsychologischen Diagnostik leidet das Kind an
   ....
   Nunmehr legen uns der/die Sorgeberechtigen eine Ladung für das Kind als Zeugen in der Hauptverhandlung gegen..
   wegen..
   vor und erklärt/erklären, daß sie dem nicht Folge leisten wollen, weil Schäden für das Kind zu befürchten seien.
   Aus jahrelanger Erfahrung in der Arbeit mit Opfern sexueller Gewalt und aufgrund von Nachweisen in der Literatur geben wir die fachliche Bestätigung, daß die aufgeführten Leiden des Kindes mit entsprechenden Fragen im Rahmen einer Hauptverhandlung mit Sicherheit zu einer nachteiligen Beeinträchtigung der Entwicklung des Kindes führen.

Die Bemühungen durch die Psychotherapie, die traumatischen Erlebnisse des Kindes/Jugendlichen aufzuarbeiten, würden erheblich in Frage gestellt.

Wir halten eine Vernehmung für grundsätzlich nicht angezeigt.

Allenfalls in Hinblick auf das Alter des Kindes und die erkennbar gewordenen Symptome, unter denen es leidet, erscheint eine Vernehmung durch eine einzelne Richterin für maximal .... Minuten an einem vertrauten Ort im Beisein einer Vertrauensperson des Kindes vertretbar.

7. NJW 1996, 206.

8. Bericht über die interdisziplinäre Fachtagung der sozialpädagogischen Fortbildungsstätte Haus Koserstraße vom 25./26.9.1996 in Berlin, Seite 64.

9. Deutscher Bundestag, Drucksache 13/7165; im wesentlichen Gesetz geworden durch das am 4.3.1998 verabschiedete Zeugenschutzgesetz, das ab 1.11.1998 gilt.

Stefan Heilmann und Ludwig Salgo

Der Kindesschutz im deutschen Recht*

1 Einleitung

In Deutschland setzte sich nur zögerlich der Gedanke durch, dass Kindesschutz und Jugendwohlfahrt als staatliche Aufgaben zu begreifen sind: Zwar reichen staatliche Aktivitäten zur Bekämpfung von Grausamkeiten gegenüber Kindern weit zurück.[1] Jedoch erst gegen Ende des 19. Jahrhunderts wurden sogenannte Fürsorgegesetze erlassen, die auch nach dem Inkrafttreten des Bürgerlichen Gesetzbuches (BGB) am 01. Januar 1900 vorübergehend Geltung beanspruchten (vgl. Art. 135 EGBGB a.F.). Seit dem Inkrafttreten des BGB – lediglich der zivilrechtliche Kindesschutz ist im Vierten Buch (Familienrecht) des Bürgerlichen Gesetzbuchs (BGB) verankert – versuchte der Gesetzgeber dann mit einer Fülle von weiteren Kodifikationen, den Kindesschutz als staatliche Aufgabe zu manifestieren. Seinen Schwerpunkt hatte dieses gesetzgeberische Tätigwerden zunächst im Jugendwohlfahrtsgesetz vom 09. Juli 1922 (JWG), das mittlerweile durch das Kinder- und Jugendhilfegesetz vom 26. Juni 1990 (SGB VIII) abgelöst wurde. Einen weiteren wichtigen gesetzgeberischen Schritt markiert das „Gesetz zur Reform des Kindschaftsrechts" (KindRG), welches am 01. Juli 1998 in Kraft trat.[2] Ihren vorläufigen Endpunkt finden die Aktivitäten des Gesetzgebers mit dem Gesetz zur Ächtung der Gewalt in der Erziehung vom 06. Juli 2000, dem sogenannten Gewaltschutzgesetz (GewSchG) vom 11. Dezember 2001[3], dem am 12. April 2002 in Kraft getretenen „Gesetz zur weiteren Verbesserung von Kinderrechten" (Kinderrechteverbesserungsgesetz-KindRVerbG)[4] sowie dem Gesetz zur Weiterentwicklung der Kinder- und Jugendhilfe (Kinder- und Jugendhilfeweiterentwicklungsgesetz – KICK).[5] Mit diesen jüngsten Vorhaben trägt der Gesetzgeber nicht zuletzt auch international vorgegebenen Standards Rechnung, denn Art. 19 Abs. 1 *UN-Konvention über die Rechte des Kindes* verpflichtet die Bundesrepublik als Vertragsstaat, geeignete Maßnahmen zu treffen, „um das Kind vor jeder Form körperlicher oder geistiger Gewaltanwendung, Schadenszufügung oder Misshandlung (...) zu

* Erstveröffentlicht in Mary E. Helfer u.a. „Das mißhandelte Kind", Suhrkamp Verlag, Frankfurt am Main, 1992, S. 995-989

1 Vgl. z.B. § 90 Zweyter Theil, Zweyter Titel, Zweyter Abschnitt des Allgemeinen Landrechts für die Preußischen Staaten von 1794. Umfassend zur historischen Entwicklung Gisela Zenz, Kindesmißhandlung und Kindesrecht, Frankfurt am Main 1979.

2 BGBl. Teil 1, S. 2942 ff.

3 Das GewSchG ist in Art. 1 des „Gesetzes zur Verbesserung des zivilgerichtlichen Schutzes bei Gewalttaten und Nachstellungen sowie zur Erleichterung der Überlassung der Ehewohnung bei Trennung" (BGBL I , S. 3513) enthalten.

4 BGBl. Teil 1, S. 1239 ff.

5 BT-Drucks. 15/5616 v. 01.06.2005.

schützen". Der gem. Art. 43 *UN-Konvention über die Rechte des Kindes* zur Prüfung der Umsetzung der Standards der Konvention eigens errichtete Ausschuss hatte anlässlich der Prüfung des ersten deutschen Staatenberichts[6] gem. Art. 44 Abs. 1 a *UN-Konvention über die Rechte des Kindes* nachfolgende Empfehlung an die Adresse der Bundesrepublik Deutschland ausgesprochen:

> *„...The Committee encourages the State party to pursue its efforts towards changing attitudes with a view to eradicating all forms of violence against children, including the use of corporal punishment within the family. In this regard, it further encourages that, in the ongoing process of reform of the Civil Code, consideration be given to the incorporation of an absolute ban on corporal punishment".*[7]

Mit dem Gesetz zur *Ächtung der Gewalt in der Erziehung* vom 06. Juli 2000 nahm der bundesrepublikanische Gesetzgeber zwar diese Ermutigung der Vereinten Nationen auf; die Bundesregierung hebt dies in ihrem zweiten Staatenbericht[8] hervor, allerdings hat sie bereits nach kurzer Zeit ihre Kampagne zur gewaltfreien Erziehung „Mehr Respekt vor Kindern" aus finanziellen Gründen wieder eingestellt.
Dieser kurze Abriss der historischen Entwicklung weist bereits darauf hin, dass das Recht der Bundesrepublik Deutschland kein einheitliches Gesetzeswerk kennt, aus dem sich Rechtsfolgen und Sanktionen bei Kindesmisshandlung ergeben. Vielmehr sind es drei Kodifikationen, welche für die einfachgesetzliche Beurteilung der Kindesmisshandlung von besonderer Bedeutung sind: das Bürgerliche Gesetzbuch (BGB) auf dem Gebiete des Zivilrechts sowie das Kinder- und Jugendhilfegesetz (SGB VIII) und das Strafgesetzbuch (StGB) auf dem Gebiete des öffentlichen Rechts. Gleichsam überlagert werden die genannten einfachrechtlichen Normierungen von den Anforderungen des Verfassungsrechts an die Vorgehensweise der staatlichen Organe im Falle der Misshandlung von Kindern.

2 Verfassungsrechtliche Anforderungen an den Kindesschutz

Das Grundgesetz (GG) von 1949 nimmt in der deutschen Rechtsordnung eine herausragende Stellung ein. Dies zeigt sich nicht nur darin, dass der Gesetzgeber an die verfassungsmäßige Ordnung gebunden ist, sondern auch vollziehende Gewalt und Rechtsprechung sind ihrerseits an Gesetz und Recht – und damit auch an die Verfassung – gebunden (Art. 20 Abs. 3 GG). In Art. 1 Abs. 3 GG wird zudem eine besondere Bindung der staatlichen Organe an die in Art. 1 bis 19 GG mani-

6 Zum Bericht der Bundesrepublik Deutschland vom August 1994 an die Vereinten Nationen gemäß Artikel 44 des Übereinkommens über die Rechte des Kindes, vgl. Walter Kiehl/Ludwig Salgo, „Zum Bericht der Bundesrepublik Deutschland vom August 1994 an die Vereinten Nationen gemäß Artikel 44 des Übereinkommens über die Rechte des Kindes", RdJB 1995, 196-203.

7 27. November 1995, CRC/C15/Add.43, para.30.

8 Bericht der Bundesrepublik Deutschland an die Vereinten Nationen gemäß Artikel 44 Abs. 1 Buchstabe b des Übereinkommens über die Rechte des Kindes, BR-Drucksache 373/01 v. 17.05.01, Ziffer 491f.

festierten Grundrechte festgelegt. Diese besondere Bedeutung des Grundgesetzes wird gestützt durch die Tätigkeit des Bundesverfassungsgerichts (vgl. Art. 92 bis 94 GG), welches aufgrund dieser Funktion als „Hüter der Verfassung" bezeichnet wird.[9] Insbesondere auf dem Gebiete des Familienrechts hat das Bundesverfassungsgericht schon mehrfach festgestellt, dass einfachgesetzliche Regelungen den verfassungsrechtlichen Anforderungen nicht gerecht wurden.[10] Vor diesem Hintergrund müssen die verfassungsrechtlichen Normierungen von Art. 2 Abs. 1 i.V.m. Art. 1 Abs. 1 GG[11], Art. 2 Abs. 2 S. 1 GG[12] und Art. 6 Abs. 2 und 3 GG[13] gesehen werden, die somit in ihrer Bedeutung für die rechtlichen Anforderungen an die staatlichen Vorgehensweisen und Sanktionen im Falle der Misshandlung eines Kindes gar nicht überschätzt werden können. Das Bundesverfassungsgericht lässt in einer Reihe zentraler Entscheidungen keinen Zweifel darüber aufkommen, dass im Konfliktfall zwischen Elternrecht und Kindeswohl, dem Letzteren der Vorrang gebührt.

2.1 Elternrecht und Kindeswohl

Das Elterngrundrecht des Art. 6 Abs. 2 S. 1 GG unterscheidet sich von nahezu allen anderen Grundrechten durch seinen Pflichtgehalt (*‚zuvörderst ihnen obliegende Pflicht'*).[14] Die Bestimmung enthält damit zwar ein Recht der Eltern, jedoch nicht primär ein eigenes, sondern eines um den Schutz des Kindes willen.[15] Es vermittelt daher keinen „ungebundenen Machtanspruch (der Eltern) gegenüber ihren Kindern"[16], sondern die „verfassungsrechtliche Gewährleistung des Elternrechts gilt in erster Linie dem Schutz des Kindes"[17]. In den Mittelpunkt rückt jedoch im Rahmen der Interpretation des Inhaltes von Art. 6 Abs. 2 GG das Kindeswohl. Dies ergibt sich zum einen

9 Vgl. nur BVerfGE 1, 184 [195].

10 Hierzu insbesondere Ludwig Salgo, „Unerledigte Aufträge des Bundesverfassungsgerichts an den Gesetzgeber auf dem Gebiet des Familienrechts", KritV 1994, 262-279; ders., „The Family Justice System – The German Approach", in: Ludwig Salgo (Hrsg.), The Family Justice System – Past and Future, Experiences and Prospects, Collegium Budapest 1997, S. 133-152.

11 Art. 1 Abs. 1 GG: „Die Würde des Menschen ist unantastbar. Sie zu achten und zu schützen ist Verpflichtung aller staatlichen Gewalt". Art. 2 Abs. 1 GG: „ Jeder hat das Recht auf die freie Entfaltung seiner Persönlichkeit, soweit er nicht die Rechte anderer verletzt und nicht gegen die verfassungsmäßige Ordnung oder das Sittengesetz verstößt."

12 Art. 2 Abs. 2 S. 1 GG: „ Jeder hat das Recht auf Leben und körperliche Unversehrtheit. (...)"

13 Art. 6 Abs. 2 GG: „Pflege und Erziehung der Kinder sind das natürliche Recht der Eltern und die zuvörderst ihnen obliegende Pflicht. Über ihre Betätigung wacht die staatliche Gemeinschaft." Art. 6 Abs. 3 GG: „Gegen den Willen der Erziehungsberechtigten dürfen Kinder nur aufgrund eines Gesetzes von der Familie getrennt werden, wenn die Erziehungsberechtigten versagen oder wenn die Kinder aus anderen Gründen zu verwahrlosen drohen."

14 Nach Ernst-Wolfgang Böckenförde, „Elternrecht – Recht des Kindes – Recht des Staates, Zur Theorie des verfassungsrechtlichen Elternrechts und seiner Auswirkung auf Erziehung und Schule", in: Joseph Krautscheidt/Heiner Marré, Essener Gespräche zum Thema Staat und Kirche [Band 14], Münster (1980), S. 54-98 [68]) handelt es sich um eine „Pflicht zur Ausnutzung, die zur Pflichtgebundenheit in der Ausnutzung hinzutritt".

15 Matthias Jestaedt, Bonner Kommentar zum Grundgesetz, Art. 6 Rn 5.

16 BVerfGE 72, 155 [172].

17 BVerfGE 61, 358 [371]. Vgl. auch Böckenförde, a.a.O., [63].

daraus, dass dieses inzident im Elterngrundrecht enthalten und zudem „Richtpunkt für den Auftrag des Staates gemäß Art. 6 Abs. 2 S. 2 GG“[18] ist und zum anderen daraus, dass das Allgemeine Persönlichkeitsrecht des Kindes zusätzlich auf die Auslegung des Elternrechts und damit mittelbar auf das staatliche Wächteramt einwirkt: Bereits im Jahre 1968 hat das Bundesverfassungsgericht klar gestellt, dass das Kind Träger des Allgemeinen Persönlichkeitsrechts aus Art. 1 Abs. 1 i.V.m. Art. 2 Abs. 1 GG ist und damit „selbst einen Anspruch auf den Schutz des Staates“ hat.[19] Bezieht man darüber hinaus ein, dass jedes Kind auch Träger des jedem Menschen zustehenden Grundrechts auf Leben und körperliche Unversehrtheit ist (vgl. Art. 2 Abs. 2 S. 1 GG), dann muss hieraus die Konsequenz der Wahrung des Kindeswohls als Kern jeglicher verfassungsrechtlicher – und damit auch einfachgesetzlicher – Überlegungen gezogen werden.[20]

Das Grundgesetz räumt dem Wohle des Kindes mithin zwar nicht explizit einen Verfassungsrang ein, das Kindeswohl hat ihn jedoch gleichwohl inne.[21] Auch das Bundesverfassungsgericht sieht das Kindeswohl (unter anderem) in Art. 6 Abs. 2 S. 1 GG verankert[22]. Das Kindeswohl, welches „die oberste Richtschnur der elterlichen Pflege und Erziehung bildet“[23], ist jedoch mehr, denn es ist das „durchgängige verfassungsdogmatische Leitmotiv für alle kindbezogenen Regelungen des Grundgesetzes.“[24] Dies offenbart sich insbesondere darin, dass z.B. nach der Rechtsprechung des Bundesverfassungsgerichts bei Konflikten zwischen den leiblichen Eltern und Pflegeeltern das Kindeswohl stets Vorrang hat[25]. Im Ergebnis führt diese inzidente Verankerung des Kindeswohls dazu, dass diejenige Wahrnehmung des Elternrechts aus Art. 6 Abs. 2 S. 1 GG, die nicht mit dem Wohl des Kindes in Einklang zu bringen ist, schon nicht dem Schutzbereich dieses Grundrechts unterfällt.[26]

18 BVerfGE 24, 119 [144].
19 BVerfGE 24, 119 [144].
20 Dieter Reuter, „Elterliche Sorge und Verfassungsrecht“, AcP 192 [1992], 108-152 [116] spricht von „der durch das staatliche Wächteramt vermittelten Bindung an die Kindesgrundrechte“. Hierzu auch Bernd Jeand'Heur, „Kindeswohl, staatliches Wächteramt und Reform des Kinder- und Jugendhilferechts“, RdJB 1992, 165 [166, 170] sowie Johannes Münder, ZfJ 1990, 488 [491].
21 Böckenförde, a.a.O., [65].
22 BVerfG, EuGRZ 1998, 612 [617]. Siehe auch Bernd Jeand'Heur, Der Kindeswohl-Begriff aus verfassungsrechtlicher Sicht – Ein Rechtsgutachten, Bonn (1991) S. 17.
23 BVerfGE 59, 360 [376].
24 Matthias Jestaedt, in: Bonner Kommentar zum Grundgesetz, Art. 6 Rn 34.
25 Vgl. nur BVerfGE 68, 176 [188].
26 BVerfGE 24, 119 [143f.]; vgl. auch Stefan Heilmann, „Hilfe oder Eingriff – Verfassungsrechtliche Überlegungen zum Verhältnis von staatlichem Wächteramt und Kindeswohl“, ZfJ 2000, S. 41ff.; Matthias Jestaedt, in: Bonner Kommentar zum Grundgesetz, Art. 6 Rn 159.

2.2 Das staatliche Wächteramt (Art. 6 Abs. 2 Satz 2 GG)

Im Zusammenhang mit der Wahrnehmung des Elternrechts überträgt die Verfassung der staatlichen Gemeinschaft in Art. 6 Abs. 2 S. 2 GG ein staatliches Wächteramt. Der Staat wird damit in die Eltern-Kind-Beziehung einbezogen – und zwar aufgrund des Schutzbedürfnisses des Kindes[27], mithin zur Wahrung des verfassungsrechtlich verankerten Kindeswohls[28]. Hier manifestiert sich zugleich die staatliche Pflicht, das Kind vor Beeinträchtigungen seiner physischen und/oder psychischen Unversehrtheit zu schützen, damit es sich zu einer eigenverantwortlichen Persönlichkeit der sozialen Gemeinschaft entwickeln kann, wie es dem Menschenbild des Grundgesetzes entspricht.[29] Die Misshandlung eines Kindes wie auch andere das Kindeswohl gravierend verletzende Handlungen und Unterlassungen verpflichten den Staat daher regelmäßig zum Tätigwerden. Er muss Verletzungen des Kindeswohls verhüten, das heißt, er muss Verletzungen des Kindeswohls grundsätzlich vorbeugen[30] und gegebenenfalls Maßnahmen der Gefahrenabwehr einleiten, aber auch bei Eintritt einer Kindeswohlverletzung versuchen, diese zu kompensieren.[31] Das staatliche Wächteramt im Sinne des Art. 6 Abs. 2 S. 2 GG enthält mithin ein auf tatsächliches staatliches Handeln ausgerichtetes Normprogramm[32], wobei freilich die Aufgabe der Gefahrenvorsorge und der Gefahrenabwehr vor derjenigen einer Schadenskompensation steht.[33]

Die unterschiedlichen Erscheinungsformen des staatlichen Wächteramtes, insbesondere seine Grenzen, erhalten ihre besondere Ausprägung zum einen durch Art. 6 Abs. 3 GG, der die Trennung des Kindes von seinen Eltern gegen deren Willen aufgrund eines Gesetzes nur zulässt, wenn diese versagen oder das Kind aus anderen Gründen zu verwahrlosen droht. Diese Regelung bestätigt, dass es bei der Ausübung des staatlichen Wächteramtes, insbesondere bei der Trennung von Eltern und Kind, nicht darum gehen kann, eine bessere oder optimale Erziehung für das Kind zu gewährleisten, sondern darum, das Kind vor Schaden zu bewahren.[34] Zum anderen werden Inhalt und Umfang des staatlichen Wächtaramtes durch die unabdingbare Berücksichtigung des Grundsatzes der Verhältnismäßigkeit begrenzt. Danach muss jeder staatliche Eingriff in Grundrechte geeignet (zur Verfolgung des intendierten Zwecks), erforderlich (nicht mit milderen Mittel gleichermaßen effektiv) und verhältnismäßig im engeren Sinne

---

27 BVerfGE, 24, 119 [144].

28 Vgl. Hans-Uwe Erichsen, Elternrecht – Kindeswohl – Staatsgewalt, Berlin (1985), S. 49.

29 Vgl. BVerfGE 55, 171 [179]; 79, 256 [268].

30 Dementsprechend sieht Böckenförde, a.a.O., S. 79 den Schwerpunkt der staatlichen Tätigkeit in Unterstützung und Hilfe.

31 Zur garantienormrechtlichen Neuinterpretation von Art. 6 Abs. 2 S. 2 GG sind die Überlegungen von Bernd Jeand'Heur (beispielsweise in RdJB 1992, 165 [168 ff.]) grundlegend. Siehe aber auch Böckenförde, a.a.O., S. 73 sowie Fritz Ossenbühl, Das elterliche Erziehungsrecht im Sinne des Grundgesetzes, Berlin (1981), S. 68f. Letzterer umschreibt die dreifache Aufgabe als Wahrnehmung der Erziehungsreserve, Schlichterrolle und Schutzfunktion. Vgl. auch BVerfGE 10, 59 [84].

32 Bernd Jeand'Heur, Der Kindeswohl-Begriff aus verfassungsrechtlicher Sicht, Bonn (1991), S. 33.

33 Vgl. Matthias Jestaedt, in: Bonner Kommentar zum Grundgesetz, Art. 6 Rn 185.

34 Vgl. Böckenförde, a.a.O., S. 76.

(zumutbar) sein.[35] Dieser Grundsatz verlangt mithin eine abgestufte Vorgehensweise des Staates, die freilich im vorliegenden Bereich auch vom Grad der Kindeswohlgefährdung abhängig ist.[36] Der Staat hat somit grundsätzlich die vorhandenen helfenden und unterstützenden Maßnahmen auszuschöpfen, um elterliches Versagen auszugleichen, bevor er das Mittel eines weiter gehenden Eingriffs wählt.[37] Dies ergibt sich auch daraus, dass die aus Eltern und Kind bestehende Familie nach Art. 6 Abs. 1 GG unter dem besonderen Schutz der staatlichen Ordnung steht. Dementsprechend muss es grundsätzlich auch ein vorrangiges Ziel des Staates sein, die Funktionsfähigkeit der Familie zu erhalten, was auch auf der Erwägung beruht, dass ein Kind in der Familie grundsätzlich am besten aufgehoben ist und ihm dort in der Regel alles zuteil wird, was es für sein Wohl benötigt.[38] Entscheidend bleibt jedoch nach unserer Verfassung gleichwohl, dass in den Fällen einer Beeinträchtigung des Kindeswohls die Maßnahme des Staates geeignet sein muss, die Gefährdung des Kindeswohls effektiv abzuwehren. Im Ergebnis heißt dies, dass – soweit die Gefahr für das Kindeswohl in dieser Form wirkungsvoll abgewendet werden kann – die Maßnahmen des staatlichen Wächteramtes auf die (Wieder-)Herstellung eines verantwortungsbewussten Verhaltens der Eltern und damit des funktionierenden Eltern-Kind-Verhältnisses zu orientieren und zu beschränken sind.[39] Ist dies nicht der Fall, dann ist als Ultima Ratio eine Trennung des Kindes von den Eltern unausweichlich, wenn der Grad der Kindeswohlgefährdung hiernach verlangt. Der Staat muss damit in Ausübung des staatlichen Wächteramtes bei jeder Maßnahme, die er ergreift, das Ausmaß und die Wahrscheinlichkeit einer möglichen Kindeswohlbeeinträchtigung beurteilen und die Vor- und Nachteile aller zur Verfügung stehenden Maßnahmen gegeneinander abwägen; je höher aber das Ausmaß einer möglichen Kindeswohlbeeinträchtigung ist, desto niedriger darf – zur verfassungsrechtlichen Rechtfertigung eines Eingriffs in das Elternrecht – die Wahrscheinlichkeit einer solchen Beeinträchtigung sein.[40]

3 Der Kindesschutz im Bürgerlichen Gesetzbuch

Die maßgebliche Kodifikation auf dem Gebiete des Zivilrechts ist das Bürgerliche Gesetzbuch (BGB). So finden sich im Vierten Buch, dem Familienrecht, dieses Gesetzeswerks auch die für die zivilrechtliche Beurteilung der Misshandlung von Kindern einschlägigen Vorschriften. Die Regelung des Verfahrensrechts ist in gesonderten Gesetzeswerken enthalten und in unübersichtlicher Weise zersplittert – eine der großen

---

35 Siehe nur Hans-D. Jarass, in: Hans-D. Jarass/Bodo Pieroth, Grundgesetz für die Bundesrepublik Deutschland, 3. Auflage, München (1995), Art. 20 Rn 58ff.

36 Vgl. auch Gerhard Robbers (in: Hans-Christian Starck [Hrsg.], Das Bonner Grundgesetz, Band 1: Präambel, Artikel 1 bis 19, Art. 6 Rn 247 ff.) zur „Schlichtungs-, Hilfs- und Schutzfunktion".

37 Vgl. BVerfGE 60, 79 [85].

38 Vgl. BVerfGE 52, 214 [217].

39 Vgl. BVerfGE 24, 119 [145].

40 Stefan Heilmann, „Das staatliche Wächteramt im Spannungsfeld zwischen Elternrecht und Kindeswohl", Unsere Jugend 2001, S. 411-417 [417].

Schwächen des deutschen kindschaftsrechtlichen Systems, welche auch durch die jüngste Reform des Kindschaftsrechts nicht beseitigt wurde.[41]

3.1 Maßnahmen des Familiengerichts bei Gefährdung des Kindeswohls (§§ 1666, 1666a BGB)

Die wichtigsten einfachgesetzlichen Normierungen des staatlichen Kindesschutzrechts sind die §§ 1666, 1666a BGB, da sie eine einfachgesetzliche Konkretisierung des mit Verfassungsrang (Art. 6 Abs. 2 S. 2 GG) ausgestatteten staatlichen Wächteramtes darstellen. Nach diesen Normen kann das Gericht (seit dem 01. Juli 1998 das Familiengericht, zuvor das Vormundschaftsgericht) bei einer physischen oder psychischen Gefährdung des Kindeswohls die zur Abwehr der Gefahr erforderlichen Maßnahmen treffen, wenn die Eltern die Gefahr nicht abwehren können oder wollen[42]. In den §§ 1666, 1666a BGB wählte der Gesetzgeber das Mittel der Generalklausel und der unbestimmten Rechtsbegriffe. Die Vorteile einer solchen Konstruktion liegen auf der Hand: Es gelingt damit, jegliche denkbare Fallkonstellation, die das staatliche Wächteramt zum Wohle eines Kindes aufrufen könnte, zu erfassen. Zugleich wird der unbestimmte Rechtsbegriff „Kindeswohl“ zum Einfallstor für außerjuristische Erfahrungen und damit auch für neue Erkenntnisse von Psychologie, Pädagogik, Pädiatrie etc.[43] Die (scheinbaren) Nachteile sind ebenfalls offenkundig, denn im Bereich der Interpretationsbedürftigkeit besteht naturgemäß ein sehr hoher Auslegungsspielraum, der gegebenenfalls Einzelfallentscheidungen in einem höchst sensiblen Bereich als „ungerecht“ und vielleicht nicht hinreichend vorhersehbar erscheinen lässt[44]. Gleichwohl ist eine Alternative nicht denkbar, will man einen effektiven Schutz des auch verfassungsrechtlich verankerten Kindeswohls erreichen.

Unterzieht man den Normgehalt des § 1666 BGB einer näheren Betrachtung, dann offenbart sich, dass die beiden Kernvoraussetzungen für die Tätigkeit des Familiengerichts zum einen die Kindeswohlgefährdung und zum anderen die mangelnde elterliche Gefahrabwendung sind. Daneben ist das sogenannte Gefahrabwendungsprimat der Eltern zu berücksichtigen.[45] Dieses findet seinen Ursprung letztlich in dem verfassungsrechtlichen Schutz des Elternrechts (Art. 6 Abs. 2 S. 2 GG) und ist eine Voraussetzung für Maßnahmen des Familiengerichts nach § 1666 BGB (*„wenn die Eltern nicht gewillt oder in der Lage sind, die Gefahr abzuwenden“*). Den Eltern wird

41 Hierzu Stefan Heilmann, Kindliches Zeitempfinden und Verfahrensrecht, Neuwied 1998, S. 261ff.

42 Vgl. hierzu Stefan Heilmann, „Die Verfahrenspflegschaft in den Fällen des § 1666 BGB“, Kind-Prax 2000, S. 79-83.

43 Vgl. Spiros Simitis, „Familienrecht“, in: Dieter Simon (Hrsg.), Rechtswissenschaft der Bonner Republik, Frankfurt am Main 1994, S. 390-448 [431ff.]; Michael Coester, Das Kindeswohl als Rechtsbegriff, Frankfurt am Main 1983, S. 419ff.

44 Vgl. Robert H. Mnookin, „Was stimmt nicht mit der Formel „Kindeswohl“?“, FamRZ 1975, 1-6.

45 Vgl. Johannes von Staudinger/Michael Coester, Kommentar zum Bürgerlichen Gesetzbuch, 14. Bearbeitung 2004, § 1666 Rn 69 ff.; Otto Palandt/Uwe Diederichsen u.a., Bürgerliches Gesetzbuch, 61. Auflage, München (2001), § 1666 Rn 3.

damit die Möglichkeit eröffnet, selbst Maßnahmen zur Abwehr einer etwaigen Kindeswohlgefährdung zu ergreifen. Diese sind dann gegenüber denjenigen des Staates (hier: des Familiengerichts) vorrangig.
Was versteht man nun aber unter dem „Wohl des Kindes"? Diese Frage ist vorliegend von doppelter Brisanz, ist das „Kindeswohl" doch nicht „bloß" Tatbestandsvoraussetzung und im verfassungsrechtlichen Sinne Rechtfertigung für den Eingriff in das Elternrecht, sondern auch Maßstab für den Inhalt der vom Familiengericht zu treffenden Maßnahme.[46] Die Grundlagen für eine Definition des Begriffs Kindeswohl finden sich sowohl im juristischen als auch im außerjuristischen Bereich. Wichtig ist es also, dass das Familiengericht außerjuristische Erkenntnisquellen zur Entscheidungsfindung heranzieht[47]. Vielfach ist diese Heranziehung bereits gesetzlich vorgeschrieben, wie sich in der grundsätzlich zwingend vorgeschriebenen Einholung des Jugendamtsberichts (vgl. § 49a FGG; §§ 8a[48], 50 SGB VIII) zeigt. Inhaltlicher Orientierungspunkt bei der Normanwendung ist – und darauf weist bereits der Normtext des § 1666 BGB hin – das körperliche, geistige und auch seelische Kindeswohl. In das Blickfeld rückt damit eine umfassende Beachtung aller Facetten des persönlichen Wohls des Kindes.[49]

46 Michael Coester, Das Kindeswohl als Rechtsbegriff, Frankfurt am Main (1983), S. 135 ff., 143 ff.

47 Zu den kindlichen Basisbedürfnissen vgl. Fegert, in: Verfahrenspflegschaft für Kinder und Jugendliche – ein Handbuch für die Praxis (HB-VP), Hrsg. Ludwig Salgo et al., Köln 2002, Rn 431ff.

48 Von besonderem Interesse ist nunmehr der neu eingeführte § 8a SGB VIII zum Schutzauftrag der Jugendhilfe bei Kindeswohlgefährdung:
(1) Werden dem Jugendamt gewichtige Anhaltspunkte für die Gefährdung des Wohls eines Kindes oder Jugendlichen bekannt, so hat es das Gefährdungsrisiko im Zusammenwirken mehrerer Fachkräfte abzuschätzen. Dabei sind die Personensorgeberechtigten sowie das Kind oder der Jugendliche einzubeziehen, soweit hierdurch der wirksame Schutz des Kindes oder des Jugendlichen nicht in Frage gestellt wird. Hält das Jugendamt zur Abwendung der Gefährdung die Gewährung von Hilfen für geeignet und notwendig, so hat es diese den Personensorgeberechtigten oder den Erziehungsberechtigten anzubieten.
(2) In Vereinbarungen mit den Trägern und Einrichtungen, die Leistungen nach diesem Buch erbringen, ist sicherzustellen, dass deren Fachkräfte den Schutzauftrag nach Absatz 1 in entsprechender Weise wahrnehmen und bei der Abschätzung des Gefährdungsrisikos eine insoweit erfahrene Fachkraft hinzuziehen. Insbesondere ist die Verpflichtung aufzunehmen, dass die Fachkräfte bei den Personensorgeberechtigten auf die Inanspruchnahme von Hilfen hinwirken, wenn sie diese für erforderlich halten und das Jugendamt informieren, falls die angenommenen Hilfen nicht ausreichend erscheinen, um die Gefährdung abzuwenden.
(3) Hält das Jugendamt das Tätigwerden des Familiengerichts für erforderlich, so hat es das Gericht anzurufen; dies gilt auch, wenn die Erziehungs- oder Personensorgeberechtigten nicht bereit oder in der Lage sind, bei der Abschätzung des Gefährdungsrisikos mitzuwirken. Besteht eine dringende Gefahr und kann die Entscheidung des Gerichts nicht abgewartet werden, so ist das Jugendamt verpflichtet, das Kind oder den Jugendlichen in Obhut zu nehmen.
(4) Soweit zur Abwendung der Gefährdung das Tätigwerden anderer Leistungsträger, der Einrichtungen der Gesundheitshilfe oder der Polizei notwendig ist, hat das Jugendamt auf die Inanspruchnahme durch die Personensorgeberechtigten hinzuwirken. Ist ein sofortiges Tätigwerden erforderlich und wirken die Personensorgeberechtigten nicht mit, so schaltet das Jugendamt die anderen zur Abwendung der Gefährdung zuständigen Stellen selbst ein.

49 Spiros Simitis, „Kindschaftsrecht – Elemente einer Theorie des Familienrechts", in: Albrecht

Erst in diesem Lichte lässt sich die Frage beantworten, ob die Kernvoraussetzung für Maßnahmen des § 1666 BGB, die Kindeswohlgefährdung, vorliegt. Nach der Rechtsprechung des Bundesgerichtshofs setzt „Gefährdung" in diesem Sinne das Bestehen einer „gegenwärtigen, in einem solchen Maße vorhandenen Gefahr, dass sich bei der weiteren Entwicklung eine erhebliche Schädigung des Kindes mit ziemlicher Sicherheit voraussehen läßt."[50] Die Frage der „Gefährdung" wird damit unter verschiedenen Blickwinkeln definiert: hinsichtlich des Zeitpunkts der Gefahr (sie muss „gegenwärtig", nicht etwa zurückliegend oder künftig sein), ihrer Intensität („in einem solchen Maße vorhanden", „mit ziemlicher Sicherheit") und mit Blick auf den von ihr ausgehenden Grad der möglichen Beeinträchtigung des Kindeswohls („erhebliche Schädigung").

Wird das Vorliegen einer Kindeswohlgefährdung bejaht, dann verlangt § 1666 Abs. 1 BGB zwar das Vorliegen einer der in der Vorschrift genannten vier verschiedenen Ursachen der Gefahr: *missbräuchliche Ausübung der elterlichen Sorge, Vernachlässigung des Kindes, unverschuldetes Versagen der Eltern* und das *Verhalten eines Dritten.* Mit den genannten Begriffen wird jedoch jeder Aspekt möglicher Verhaltensweisen abgedeckt. Verantwortlich hierfür ist insbesondere die Aufnahme des unverschuldeten Versagens in den Kanon möglicher Verhaltensweisen.[51] Konkret können die einzelnen Gefährdungsursachen wie folgt interpretiert werden[52]:

- „Missbräuchliche Ausübung der elterlichen Sorge" ist die aktive Ausnutzung des Sorgerechts zum Schaden des Kindes (Bsp.: Kindesmisshandlung [physisch/psychisch], sexueller Missbrauch).
- „Vernachlässigung" ist passives Verhalten, wo die elterliche Sorgepflicht Handlungen und Entscheidungen gebietet (Bsp.: Ernährungs- und Hygienedefizite).
- Das „Versagen" ist ein Auffangtatbestand, der jede Nichterfüllung elterlicher Pflichten umfasst (Bsp.: Elternkonflikte, Alkohol- oder Drogenabhängigkeit der Eltern, sonstige erhebliche Erkrankungen der Eltern).
- Schließlich dient die Aufnahme des „Verhaltens eines Dritten" dem Ziel, einen umfassenden Kindesschutz zu gewährleisten, wenngleich dieser Aspekt vielfach mit dem elterlichen Versagen zusammentreffen kann (Bsp.: Gefährdungen durch den Stiefvater).

Bejaht das Gericht das Vorliegen der Voraussetzungen des § 1666 Abs. 1 BGB, dann hat es die „erforderlichen" Maßnahmen zu treffen, die aus verfassungsrechtlichen Gründen zur effektiven Gefahrenabwehr geeignet sein müssen (siehe oben 2.2). Es hat damit eine weite Gestaltungsfreiheit, ein Auswahlermessen[53]. Die Maßnahmen reichen damit von Ermahnungen, Auflagen, Ge- und Verboten über Weisungen, bestimmte vom Jugendamt angebotene Hilfen nach dem SGB VIII anzunehmen, bis hin zu Eingriffen in die

---

Dieckmann/Rainer Frank/Hans Hanisch/Spiros Simitis (Hrsg.), Festschrift für Wolfram Müller-Freienfels, Baden-Baden (1986), S. 606.

50 BGH, FamRZ 1956, 350.

51 Dies ist nach der Rechtsprechung des Bundesverfassungsgerichts nicht zu beanstanden: BVerfGE 60, 79 [90].

52 Hierzu Staudinger/Coester, a.a.O., § 1666 Rn 87 ff.

53 Zenz, a.a.O., S. 352 ff.

elterliche Sorge im Sinne des Entzuges einzelner Teilbereiche. Neuerdings ermöglicht das *Kinderrechteverbesserungsgesetz* bei Verletzung des Kindeswohls explizit auch auf der Grundlage der §§ 1666, 1666a BGB eine Wohnungszuweisung der gemeinsam genutzten Wohnung an den nicht gewalttätigen Elternteil zum Schutze des Kindes[54]. Bei der Auswahl der Maßnahme hat das Gericht jedoch schon mit Blick auf das verfassungsrechtlich gewährleistete Elternrecht (Art. 6 Abs. 2 S. 1 GG) den Grundsatz der Verhältnismäßigkeit zu beachten, wonach jeder Eingriff geeignet (zur Verfolgung des intendierten Zwecks), erforderlich (nicht mit milderen Mitteln gleichermaßen effektiv) und zumutbar sein muss. Das Familiengericht muss in diesem Zusammenhang alle Vor- und Nachteile der einzelnen Maßnahmen im Hinblick auf die gesamten Facetten des Kindeswohls gegeneinander abwägen, um sodann die „am wenigsten schädliche Alternative“[55] zu wählen. In Betracht kommt insoweit auch der Entzug einzelner Teilbereiche der elterlichen Sorge (z.B. des Aufenthaltsbestimmungsrechts[56] oder der gesamten Personensorge) oder der elterlichen Sorge insgesamt.[57] Entzieht das Gericht nur einem Elternteil einen Teilbereich der elterlichen Sorge oder die Personensorge insgesamt, so steht die vollständige elterliche Sorge dem anderen Elternteil zu (§ 1680 BGB). Entzieht das Gericht beiden sorgeberechtigten Elternteilen die elterliche Sorge, so muss ein Vormund bestellt werden (§§ 1773, 1774 BGB). Entzieht es schließlich einen Teilbereich der elterlichen Sorge, ohne dass eine Übertragung des entzogenen Teilbereichs auf den anderen Elternteil in Betracht kommt, dann muss ein Ergänzungspfleger bestellt werden (§ 1909 BGB). Vormundschaft oder Pflegschaft werden häufig als sogenannte Amtsvormundschaften bzw. Amtspflegschaften durch das Jugendamt geführt (vgl. §§ 1791 b, 1915 BGB). Gehen Gefährdungen des Kindes nicht von den Eltern, sondern von Dritten aus, so stehen dem Gericht die genannte Vielzahl von Maßnahmen auch diesen Personen gegenüber zu.

Für die Maßnahmen „Trennung des Kindes von der elterlichen Familie“ und „Entzug der gesamten Personensorge“ findet der Grundsatz der Verhältnismäßigkeit seine einfachgesetzliche Konkretisierung in § 1666a BGB.[58] Diese Norm definiert unterschiedliche Voraussetzungen für die Zulässigkeit der genannten Maßnahmen: So ist

54 BT-Drucks. 14/8131, 8.

55 Joseph Goldstein/Anna Freud/Albert J. Solnit, Jenseits des Kindeswohls, Frankfurt am Main (1974).

56 Zu den Problemen, die durch Entzug „nur“ des Aufenthaltsbestimmungsrechts entstehen vgl. Staudinger/Salgo, Kommentar zum Bürgerlichen Gesetzbuch, 13. Bearbeitung, Berlin (2002), § 1631 Rn 21a m.w.Nachw. Vgl. auch Franz-Josef Kolvenbach, Sorgerechtsmaßnahmen, in: Kinder- und Jugendhilfereport 2, Rauschenbach/Schilling (Hrsg.), S. 109, 114, Weinheim 2005, der den Rückgang von Entscheidungen, die „nur das Aufenthaltsbestimungsrecht“ entziehen und einen wachsenden Anteil von umfassenderen Entzügen des Sorgerechts nachweist.

57 Das BGB unterscheidet zwischen Personensorge und Vermögenssorge als Bestandteile der elterlichen Sorge (§ 1626 Abs. 1 BGB). Die Personensorge umfasst dabei insbesondere das Recht und die Pflicht, das Kind zu pflegen, zu erziehen, zu beaufsichtigen und seinen Aufenthalt zu bestimmen (§ 1631 BGB; umfassend zum Inhalt der Personensorge: Staudinger-Salgo, Kommentar zum Bürgerlichen Gesetzbuch, 13. Bearbeitung, Berlin [2002], Kommentierung zu § 1631 BGB).

58 Zur Modifizierung des § 1666a BGB durch das Kinderrechteverbesserungsgesetz siehe unten 2.4.

eine Trennung des Kindes von seinen Eltern nach § 1666a Abs. 1 erst dann zulässig, wenn die Kindeswohlgefährdung nicht auf andere Weise, insbesondere nicht durch *öffentliche Hilfen,* neuerdings auch nicht durch *Wegweisung* des gewalttätigen Elternteils und *Wohnungszuweisung* der gemeinsamen Wohnung an den nicht gewalttätigen Elternteil abgewendet werden kann. § 1666a Abs. 2 BGB fordert, dass „andere Maßnahmen" als der Entzug der Personensorge zur Abwendung der Gefahr nicht ausreichen und bezieht sich damit scheinbar auf die Notwendigkeit der Prüfung anderer gerichtlicher Maßnahmen. Ausschlaggebend ist jedoch, dass mit einem Entzug der gesamten Personensorge in der Regel eine Trennung des Kindes einhergeht[59]. Dies ergibt sich daraus, dass die Personensorge gemäß § 1631 Abs. 1 BGB neben der tatsächlichen Sorge auch das Recht zur Aufenthaltsbestimmung beinhaltet. Es müssen daher in den Fällen des § 1666a Abs. 2 auch die Voraussetzungen des § 1666a Abs. 1 BGB vorliegen. Mithin lässt sich aus § 1666a BGB insgesamt ein grundsätzlicher Vorrang der öffentlichen Hilfen vor dem weiter gehenden Eingriff in das Sorgerecht der Eltern herleiten. Hintergrund ist die Erkenntnis, dass eine Unterstützung und Refunktionalisierung der Familie grundsätzlich dem Wohle des Kindes am besten dienen.[60] In einer repräsentativen Untersuchung wurde allerdings nachgewiesen, dass es trotz verschiedener Hilfs- und Unterstützungangebote der Kinder- und Jugendhilfe bei bestimmten Familien nicht gelingt, die Kindeswohlgefährdung zurückzudrängen und somit gerichtliche Schutzmaßnahmen gem. §§ 1666, 1666a BGB zu vermeiden[61].

Angesprochen ist mit den „öffentlichen Hilfen" das Maßnahmearsenal des SGB VIII. Die maßgeblichen Regelungen finden sich insoweit in den §§ 11 bis 40 SGB VIII und beschäftigen sich insbesondere mit der Förderung der Erziehung in der Familie (§§ 16 ff. SGB VIII) und den Hilfen zur Erziehung (§§ 27 ff. SGB VIII). Bei der Anwendung des § 1666a BGB ist jedoch zu beachten, dass der Staat dem verfassungsrechtlichen Gebot der Wahrung des Kindeswohls unter Berücksichtigung des staatlichen Wächteramtes nur genügt, wenn das Arsenal des SGB VIII überhaupt ein brauchbares Mittel zur Abwehr der Kindeswohlgefährdung darstellt.[62] Ist die Hilfe nach dem SGB VIII zur Abwehr der Kindeswohlgefährdung nicht geeignet, dann gebietet sie auch der Grundsatz der Verhältnismäßigkeit nicht.

59 Nach einer Studie der TU Berlin (vgl. Johannes Münder [Hrsg.], Kindeswohl zwischen Jugendhilfe und Justiz – eine Fallerhebung in Jugendämtern, Oktober 1998) in 86, 7 % der Fälle (S. 64).

60 Vgl. Zenz, a.a.O., S. 351.

61 Siehe Johannes Münder u.a., Kindeswohl zwischen Jugendhilfe und Justiz, Münster (2000), S. 107ff.

62 Näher hierzu: Stefan Heilmann, „Hilfe oder Eingriff ? Verfassungsrechtliche Überlegungen zum Verhältnis von staatlichem Wächteramt und Jugendhilfe", ZfJ 2000, S.41-50.

3.2 Vom langsamen Sterben des elterlichen Züchtigungsrechts[63]

Ebenfalls in einem zivilrechtlichen Kontext steht die Fragestellung, ob bzw. wann eine körperliche oder seelische Einwirkung von Eltern auf ihre Kinder zum Zwecke der Erziehung (sog. Züchtigung) eine zulässige Ausübung elterlichen Erziehungsrechts oder aber eine Kindesmisshandlung darstellt. Das Eltern-Kind-Verhältnis schien, nachdem im Zuge der Aufklärung Körperstrafen aus dem Arsenal des Strafrechts und auch aus dem unter Erwachsenen geltenden Familienrecht verschwunden sind[64], das letzte noch verbliebene Refugium angeblich gerechtfertigter Gewaltanwendung[65] auch noch in einer Ära zu sein, die von einer allgemein verbreiteten, wenn auch noch nicht erfolgreich umgesetzten, Gewaltächtung in allen Lebensbereichen gekennzeichnet ist. Als Folge gesellschaftlicher Modernisierung und Demokratisierung wurde zunächst im 20. Jahrhundert der zuvor gesellschaftlich akzeptierte Einsatz von Gewalt gegenüber „Untergebenen" abgeschafft[66], später auch gegen Frauen in Ehe[67] und Familie[68]; Kinder waren somit die letzte Gruppe, an der rechtmäßig Gewalt ausgeübt werden durfte[69].

Noch im Jahre 1998 hat sich der Gesetzgeber im Zuge der großen Reform des Kindschaftsrechts für folgende Abgrenzung zulässiger von unzulässigen Erziehungsmitteln im Eltern-Kind-Verhältnis entschieden: „Entwürdigende Erziehungsmaßnahmen, insbesondere körperliche und seelische Misshandlungen, sind unzulässig." (§ 1631 Abs. 2 BGB n.F.)[70] Diese Lösung musste als fragwürdiger Kompromiss angesehen werden, stellte doch die Problematik der Grenzen des elterlichen Erziehungsrechts einen der umstrittensten Aspekte der Kindschaftsrechtsreform dar. Zielsetzung dieses Gesetzes war es, deutlich zu machen, dass körperliche und seelische Misshandlungen keine geeigneten Mittel zur Erziehung eines Kindes sein können.[71] Als körperliche Misshandlung wurde dabei jede „üble, unangemessene Behandlung verstanden, durch die das Opfer in seinem körperlichen Wohlbefinden in mehr als nur unerheblichem

---

63 Vgl. Ludwig Salgo, „Vom langsamen Sterben des elterlichen Züchtigungsrechts", RdJB 2001, S. 283-294.

64 Vgl. hierzu grundlegend Zenz, a.a.O., S. 35ff.

65 Hierzu auch Sebastian Honig, Verhäuslichte Gewalt, Frankfurt am Main 1986, S. 261ff.

66 Vgl. Reinhart Koselleck, Exkurs I: Über die langsame Einschränkung körperlicher Züchtigung, in: Preußen zwischen Reform und Revolution, München (1989).

67 Vgl. die Strafbarkeit der Vergewaltigung in der Ehe.

68 Vgl. Gesetz zur Verbesserung des zivilrechtlichen Schutzes bei Gewalttaten und Nachstellungen sowie zur Erleichterung der Überlassung der Ehewohnung bei Trennung vom 11. Dezember 2001 (BGBl. I S. 3513); hierzu: Sylvia Schumacher, „Mehr Schutz bei Gewalt in der Familie", FamRZ 2002, S. 645-660; Birgit Schweikert, „Wer schlägt, der geht?! Das geplante Gewaltschutzgesetz – Hintergrund, Chancen und offene Fragen", Streit 2001, 51-64 sowie Hans van Els, „Und Fluch vor allem der Gewalt", ZfJ 2001, 83-88.

69 Vgl. Annedore Prengel, „Gewaltfreies Erziehen in Familien – Widerspruch von Freiheit und Strukturierung", Bundesministerium für Familien, Senioren, Frauen und Jugend (Hrsg.), in: Materialien zur Familienpolitik Nr. 8, Bonn (2001), S. 18-29 [20].

70 Zur Geschichte des Züchtigungsrechts bzw. zur Rechtslage vor und nach der Reform: Staudinger-Salgo, a.a.O., § 1631 Rn 1 und 66 - 92ff.

71 BT-Drucks. 13/8511, S. 65.

Grade beeinträchtigt wird."[72] Die Oppositionsparteien konnten sich in der 13. Legislaturperiode mit ihrer Forderung nach einem generellen Gewaltverbot innerhalb des Eltern-Kind-Verhältnisses („Kinder sind gewaltfrei zu erziehen"[73]) nicht durchsetzen. Damit wurde eine Züchtigung des Kindes erst dann unzulässig, wenn sie die Schwelle der körperlichen oder seelischen Misshandlung des Kindes erreicht. Eine Grenzziehung, die im Einzelfall schwierig war. Die Folgen von diesbezüglich auftretenden Unklarheiten und Unsicherheiten hatten die Kinder zu tragen, doch sah die Regierungskoalition hierin damals leider noch den Preis, der für ein „angemessenes" elterliches Erziehungsrecht zu zahlen ist.[74] Der Gesetzgeber hat diesen Zustand korrigiert: Im Bundesgesetzblatt vom 07. November 2000 unter Nr. 48 findet sich nun die Verkündung des *Gesetzes zur Ächtung der Gewalt in der Erziehung und zur Änderung des Kindesunterhaltsrechts.* Nach Art. 5 dieses Gesetzes ist § 1631 Abs. 2 BGB zum 08.11.2000 bereits in Kraft getreten. § 1631 Abs. BGB hat nunmehr folgende Fassung: „Kinder haben ein Recht auf gewaltfreie Erziehung. Körperliche Bestrafungen, seelische Verletzungen und andere entwürdigende Maßnahmen sind unzulässig". Damit gilt nun endlich: Eltern „dürfen bei der Ausübung der Personensorge körperliche Bestrafungen, seelische Verletzungen und andere entwürdigende Maßnahmen nicht mehr einsetzen"[75]. Diese Sichtweise findet darin Bestätigung, dass innerhalb der letzten Dekade der Europäische Gerichtshof für Menschenrechte, aber auch eine Reihe von höchsten Gerichten verschiedener Staaten, Entscheidungen verkündeten, in denen sie die körperliche Bestrafung von Kindern verurteilten. Einige dieser Entscheidungen bezogen sich auf die körperliche Bestrafung innerhalb des strafrechtlichen Sanktionssystems, andere auf Körperstrafen im Schulsystem; andere verurteilten ausdrücklich die Körperstrafen durch die Eltern[76].

Überschreiten die Eltern die Grenzen des § 1631 Abs. 2 BGB, so kommen als Sanktionen Maßnahmen nach den bereits erwähnten §§ 1666, 1666a BGB sowie unter Umständen aus den §§ 223 ff., 185, 239, 240 Strafgesetzbuch (StGB) in Betracht. Schließlich hat ein misshandeltes Kind grundsätzlich auch zivilrechtliche Schadensersatz- und Schmerzensgeldansprüche (§§ 823 ff., § 847 BGB) gegen den Täter/die Täterin, was leider bislang in der Praxis jedoch kaum eine Rolle spielte[77].

---

72 BT-Drucks. 13/8511, a.a.O. Eine Formulierung im Übrigen, die in Rechtsprechung und Literatur zu § 223 StGB (vorsätzliche Körperverletzung) entwickelt wurde.

73 Siehe nur den Antrag der Fraktion Bündnis 90/Die Grünen: BT-Drucks. 13/3341, S. 2.

74 Vgl. BT-Drucks. 13/8511, a.a.O.

75 Lore-Maria Peschel-Gutzeit, Das Kind als Träger eigener Rechte, Frühe Kindheit 2001, S. 4-7 [6].

76 Vgl. die Einzelnachweise unter www.endcorporalpunishment.org./pages/hrlaw/judgements.html

77 Vgl. indes zu Amtspflichtverletzungen von Kinder- und Jugendbehörden BGH, ZfJ 2005, 156ff sowie EuGHMR, ZfJ 2005, 169ff.

3.3 Jüngere Gesetzgebungsaktivitäten auf dem Gebiet des Zivilrechts – Das Gewaltschutzgesetz und das Kinderrechteverbesserungsgesetz

Das am 01. Februar 2002 in Kraft getretene Gesetz zur Verbesserung des zivilgerichtlichen Schutzes bei Gewalttaten und Nachstellungen sowie zur Erleichterung der Überlassung der Ehewohnung bei Trennung vom 11. Dezember 2001[78] hat mittelbare Auswirkungen auf den zivilrechtlichen Kindesschutz, denn es enthält in Art. 1 das sogenannte Gewaltschutzgesetz (GewSchG). Es soll – neben bewusstseinsbildender Öffentlichkeitsarbeit – dazu beitragen, den zivilrechtlichen präventiven Schutz vor Gewalttaten, insbesondere bei häuslicher Gewalt, zu verbessern.[79] Zwar findet das Gewaltschutzgesetz nach seinem § 3 Abs. 1 dann keine Anwendung, wenn die verletzte oder bedrohte Person im Zeitpunkt einer Gewalttat unter elterlicher Sorge, Vormundschaft oder unter Pflegschaft steht und die Tat von ihren Eltern oder anderen sorgeberechtigten Personen erleiden muss. Hier bleibt es bei den staatlichen Handlungsmöglichkeiten über die zentrale zivilrechtliche Kindesschutzvorschrift des § 1666 BGB (hierzu oben 3.1). Wird das Kind jedoch von einer Person verletzt, die nicht zum genannten Personenkreis gehört, dann findet das Gewaltschutzgesetz Anwendung.[80] Dies hat nicht nur zur Folge, dass im Falle der Führung eines auf Dauer angelegten gemeinsamen Haushalts nach § 2 GewSchG gegen den Dritten ein Anspruch auf Wohnungsüberlassung besteht. Vielmehr können daneben oder isoliert hiervon von den hierfür zuständigen Gerichten sogenannte Schutzanordnungen erlassen werden: Das Gericht kann insbesondere anordnen, dass der Täter die Wohnung nicht mehr betreten darf oder/und Verbindung zu der verletzten Person aufnimmt (vgl. § 1 Abs. 1 S. 3 Ziff. 1 und 4 GewSchG).

Das „Gesetz zur weiteren Verbesserung von Kinderrechten (Kinderrechteverbesserungsgesetz – KindRVerbG)", welches am 01. Februar 2002 verabschiedet worden ist[81], stellt durch eine Ergänzung von § 1666a BGB nun klar, dass auch bei Kindesmisshandlungen eine Wohnungswegweisung des gewalttätigen Elternteils in Betracht kommt. Die Gerichte sollen hierdurch ermutigt werden, ihren durch §§ 1666, 1666a BGB eröffneten weiten Gestaltungsspielraum auch in diese Richtung zu nutzen. Darüber hinaus ist auf der Grundlage dieses Reformgesetzes auch möglich, einem Dritten die Nutzung nicht nur der vom Kind mitbenutzten, sondern sogar einer anderen Wohnung zu untersagen. Damit kann das Kind auch vor Gewalttaten durch Nachbarn geschützt werden. Bleibt zu hoffen, dass die Familiengerichte den ihnen eröffneten Handlungsrahmen bei häuslicher Gewalt auch ausschöpfen, wäre doch die Wegweisung des gewalttätigen Elternteils bereits nach bislang geltendem Recht möglich gewesen, sind doch die Kinder in bis zu 90% der Fälle häuslicher Gewalt, wenn sich die Gewalt „nur" gegen den anderen Elternteil richtet, während der Gewalttat anwesend oder im

78 Vgl. BGBl. I, S. 3513.
79 Vgl. Schumacher, FamRZ 2002, S. 645ff.
80 Vgl. BT-Drucks. 14/5429, S. 32.
81 Vgl. BGBl. I, S. 1239. Hierzu Gerhard Schomburg, „Das Gesetz zur weiteren Verbesserung von Kinderrechten", Kind-Prax 2002, S. 75-80.

Nachbarraum und müssen somit als unmittelbar gefährdet i.S.v. § 1666 Abs. 1 BGB gelten. Neuerdings greift in Großbritannien der Gesetzgeber ausdrücklich das Miterleben von häuslicher Gewalt durch das Kind als Kindeswohlgefährdung[82] auf: Nach Art. 31 (9) Children Act, geändert durch den Adoption and Children Act Sec. 120, in Kraft seit Februar 2005, zählt zu den Schädigungen des Kindes auch „impairment sufferd from seeing or hearing the ill treatment of another". Die fatale Wirkung von häuslicher Gewalt auf die Kinder z.B. bei Umgangskonflikten wurde lange Zeit in vielen Ländern marginalisiert und mit dem oft nicht einmal stimmigen Hinweis, die Gewalt habe sich ja schließlich nicht gegen das Kind, sondern „nur" gegen den anderen Elternteil gerichtet, verleugnet. Ideologische Verblendungen bis in die Reihen der RichterInnenschaft selbst höherer Instanzen, nach dem expliziten oder unausgesprochenen Motto der alles überragenden Bedeutung von Sorgerecht und Umgang, haben sogar zu Todesfällen unter den betroffenen Kindern geführt, obwohl in den Verfahren zuvor deutliche Hinweise auf eine mögliche Gewalteskalation vorlagen[83].

3.4 Das Verfahren des Familiengerichts

Das gerichtliche Verfahren zur Umsetzung des zivilrechtlichen Kindesschutzes wird maßgeblich vom vorkonstitutionellen Gesetz über die Angelegenheiten der Freiwilligen Gerichtsbarkeit (FGG) beeinflusst.[84] Es bleibt deshalb zu hoffen, dass die Vorarbeiten zu einer Reform des FGG aus der 14. und 15. Legislaturperiode in der 16. Legislaturperiode aufgegriffen, fortgesetzt und abgeschlossen werden. Das Bundesministerium der Justiz hat im Sommer 2005 einen Referentenentwurf vorgelegt: „Gesetz zur Reform des Verfahrens in Familiensachen und in den Angelegenheiten der freiwilligen Gerichtsbarkeit – FGG-Reformgesetz".

Das zivilrechtliche Kindesschutzverfahren wird geprägt vom sogenannten Amtsermittlungsgrundsatz (§ 12 FGG), d.h., das Gericht entscheidet grundsätzlich von sich aus über die Verfahrenseinleitung – die vom Jugendamt oder Dritten (ÄrztInnen, KindergärtnerInnen etc.) oder gar anonym angeregt werden kann – über den Verfahrensablauf sowie über Art und Umfang der Beweisaufnahme (Sachverständige etc.). Gesetzlich zwingend vorgeschrieben sind jedoch seit dem Jahre 1980 verschiedene Anhörungen: So hat das Gericht nicht nur Eltern und Pflegepersonen anzuhören (§§ 50a, 50c FGG), sondern auch das Kind (§ 50b FGG). Diese Anhörung des Kindes soll dem Gericht insbesondere „ein besseres Verständnis von dessen Persönlichkeit und Situation, von seinen Bedürfnissen und Gefühlen vermitteln".[85] Ab dem 14. Lebensjahr ist das Kind

82 Vgl. Salgo, Häusliche Gewalt und Umgang, in: Hilfen für Alleinerziehende, Fegert/Ziegenhain (Hrsg.), Weinheim 2003, S. 108 – 124.

83 Salgo, Häusliche Gewalt und Umgang, in: Fegert/Ziegenhain (Hrsg.), S. 108 ff. Weinheim 2003; Kindler/Salzgeber/Fichtner/Werner, Familäre Gewalt und Umgang, FamRZ 2004, 1241ff.

84 Eine Übersicht zum Ablauf des familiengerichtlichen Verfahrens gibt Stefan Heilmann, „Das Verfahren der Familien- und Vormundschaftsgerichte", in: Ludwig Salgo et al., Handbuch der Verfahrenspflegschaft, Rn 771.

85 Staudinger/Coester, a.a.O., § 1666 Rn 215.

stets persönlich anzuhören. Aber auch bei kleineren Kindern besteht regelmäßig eine zwingende Pflicht zur Anhörung, wenn die „Neigungen, Bindungen oder der Wille des Kindes für die Entscheidung von Bedeutung sind (...)“ (§ 50 b Abs. 1 S. 1 FGG). Auch drei- bis vierjährige Kinder können daher anzuhören sein.[86] Fraglich bleibt in diesem Zusammenhang, welcher Stellenwert dem Kindeswillen im Rahmen der Auslegung des unbestimmten Rechtsbegriffs Kindeswohl zukommt.[87] Vor dem verfassungsrechtlichen Hintergrund eines mit eigenen Grundrechten ausgestatteten Rechtssubjektes ist es ein unabweisbarer Befund, dass der Kindeswille Eingang in den Prozess der Entscheidung finden muss. Dementsprechend ist auch in der Rechtsprechung des Bundesverfassungsgerichts anerkannt, dass der Wille des Kindes bei Entscheidungen, die die Person des Kindes betreffen, zu berücksichtigen ist.[88] Gleichzeitig nimmt es jedoch eine wesentliche Einschränkung vor, denn der Wille des Kindes ist nur zu berücksichtigen, „soweit dies mit seinem Wohl vereinbar ist.“[89] Freilich hat das Alter des Kindes, sein Entwicklungsstand und seine seelische Verfassung – während der Artikulierung seines Willen – bei der Beurteilung des artikulierten kindlichen Willens eine Bedeutung, gleichwohl in zunehmenden Maße auch der Wille kleinerer Kinder von der Rechtsprechung für erheblich gehalten wird.[90]
Daneben schreibt das Gesetz eine zwingende Beteiligung des Jugendamtes vor, d.h., das Gericht hat dem Jugendamt in jedem zivilrechtlichen Verfahren, welches sich mit Kindesmisshandlung befasst, Gelegenheit zur Stellungnahme zu geben (§ 49 Abs. 1 Ziff. 1 lit. f FGG). Diese Anhörungspflicht seitens des Gerichts korrespondiert mit einer Mitwirkungspflicht des Jugendamts (vgl. § 50 Abs. 1 SGB VIII). Sinn dieser Einbeziehung des Jugendamtes ist es unter anderem, „erzieherische und soziale Gesichtspunkte zur Entwicklung des Kindes oder Jugendlichen“ (§ 50 Abs. 2 SGB VIII) in das Verfahren einzubringen. Daneben kann das Jugendamt dem Gericht auch bei der Ermittlung des entscheidungserheblichen Sachverhalts behilflich sein. Keineswegs ist das Jugendamt jedoch ein Hilfsorgan des Gerichts, sondern hat eine Position im Sinne eines status sui generis inne.[91]

Eine wichtige verfahrensrechtliche Änderung trat darüber hinaus am 01. Juli 1998 in Kraft: die explizite gesetzliche Einführung der Verfahrenspflegschaft in § 50 FGG.[92]

86 Zur kindlichen Anhörung insbesondere Heilmann, in: Salgo et al., a.a.O., Rn 871ff. sowie Reinhart Lempp/Vera von Braunbehrens/Ernst Eichner/Doris Röcker, Die Anhörung des Kindes gem. § 50 b FGG, Köln 1987.

87 Grundlegend hierzu Maud Zitelmann, Kindeswohl und Kindeswille im Spannungsfeld von Pädagogik und Recht, Münster 2001.

88 BVerfGE 55, 171 [182]; BVerfG, FamRZ 1993, 662.

89 BVerfGE 55, 171 [182].

90 Siehe Staudinger/Coester, a.a.O., § 1666 Rn 71 m.w. Nachw. Vgl. auch zur Problematik Salgo, Grenzen der Staatsintervention zur Durchsetzung des Umgangsrechts – Anmerkungen zu Entscheidungen des AG Frankfurt am Main, Abt. Höchst, FamRZ 2004, 1595 und des OLG Frankfurt am Main, FamRZ 2002, 1585, Festschrift für Dieter Schwab, Bielefeld 2005, S. 891-910.

91 Siehe nur Reinhard Wiesner/Thomas Mörsberger, SGB VIII – Kinder- und Jugendhilfe, 2. Auflage, München 2000, Vor § 50 Rn 55.

92 Umfassend zu § 50 FGG: Ludwig Salgo et al., Verfahrenspflegschaft für Kinder und Jugendliche – Ein Handbuch für die Praxis, Köln 2002.

Insbesondere in zivilrechtlichen Kindesschutzverfahren, die auf einen Eingriff in das elterliche Sorgerecht gerichtet sind, besteht ein erheblicher Interessengegensatz zwischen Eltern und Kind. Der Gesetzgeber sieht aus diesem Grunde in § 50 Abs. 2 S. 1 Ziff. 2 FGG vor, dass dem Kind in einem solchen Fall „in der Regel" ein/e VerfahrenspflegerIn zu bestellen ist. Sieht das Gericht von der Bestellung ab, so hat es diese Entscheidung zu begründen (§ 50 Abs. 2 S. 2 FGG). Damit findet eine lange Reformdiskussion um die Notwendigkeit eines „Anwalt des Kindes" in der Bundesrepublik Deutschland ihren sicherlich nur vorläufigen Abschluss.[93] Die gesetzgeberische Konzeption ist jedoch – gerade wegen der fraglos bestehenden Notwendigkeit einer unabhängigen und qualifizierten Interessenvertretung für Kinder in kindschaftsrechtlichen Verfahren – leider alles andere als überzeugend.[94]

In der Regel wird das Gericht aufgrund des in Fällen von Kindesmisshandlung häufig bestehenden dringenden Bedürfnisses zu einem unverzüglichen Einschreiten eine Eilentscheidung (sog. vorläufige Anordnung) erlassen[95], wozu das Gericht meistens vom Jugendamt veranlasst wird. Alle im Rahmen der §§ 1666, 1666a BGB zulässigen richterlichen Maßnahmen können damit auch innerhalb eines Eilverfahrens erlassen werden, wobei es genügt, dass die Voraussetzungen der vorläufigen Anordnung „glaubhaft" gemacht werden.[96] Somit reicht ein im Vergleich zur Endentscheidung geringerer Grad richterlicher Überzeugung aus, um Maßnahmen zum Schutze des gefährdeten Kindes zu erlassen. Beabsichtigt das Gericht jedoch die Trennung des Kindes von den Eltern, dann muss es vor diesem massiven Eingriff in die Grundrechte der Eltern die in der zur Verfügung stehenden Zeit möglichen Ermittlungen zur Aufklärung des Sachverhalts und zum Grad der Kindeswohlgefährdung durchführen.[97] Eine gesetzliche Grundlage für den Erlass von Eilentscheidungen in zivilrechtlichen Kindesschutzverfahren sucht man im deutschen Verfahrensrecht jedoch vergebens. Vielmehr beruht diese Form der Eilentscheidung ausschließlich auf richterlicher Rechtsfortbildung. Die Unzulänglichkeit der bestehenden Rechtslage in Bezug auf die verfahrensrechtliche Ausgestaltung der Eilverfahren im zivilrechtlichen Kindesschutz zeigt sich unter zwei Aspekten: einerseits der Wirksamkeitsdauer vorläufiger Anordnungen, andererseits im Hinblick auf die Frage der Anfechtbarkeit einer derartigen gerichtlichen Entscheidung. Die vorläufige Anordnung entfaltet grundsätzlich unbefristete Wirksamkeit und wird erst mit dem Erlass der Endentscheidung unwirksam. Eine gesetzliche Frist, nach der die vorläufige Anordnung automatisch unwirksam wird, existiert hingegen nicht. Zwar besteht eine verfassungsrechtliche Verpflichtung

93 Hierzu Ludwig Salgo, Der Anwalt des Kindes, 2. Auflage, Frankfurt am Main 1996.

94 Umfassend hierzu Ludwig Salgo, „Einige Anmerkungen zum Verfahrenspfleger im Kindschaftsrechtsreformgesetz", FPR 1998, S. 91-94; ders., „Die Implementierung der Verfahrenspflegschaft", FPR 1999, S. 313-321.

95 Zu den Voraussetzungen der vorläufigen Anordnung siehe insbesondere Irmgard Kahl, in: Theodor Keidel/Joachim Kuntze/Karl Winkler, Freiwillige Gerichtsbarkeit, Teil A, 13. Auflage, München 1992, § 19 Rn 30.

96 Hierzu Hans Gießler, Vorläufiger Rechtsschutz in Ehe-, Familien- und Kindschaftssachen, 2. Auflage, München 1993, Rn 319.

97 Vgl. BVerfG, FamRZ 1994, 233; BVerfG, 1BvR 605/02 v. 21.06.2002, Rn 20f.

des Gerichts zur Befristung der vorläufigen Anordnung[98], doch erfüllt die gerichtliche Praxis diese Anforderung bislang nicht. Dies ist in höchstem Maße bedenklich, da Eilentscheidungen in zivilrechtlichen Kindesschutzverfahren der Bundesrepublik Deutschland häufig über Zeiträume Wirksamkeit entfalten, die aufgrund der Besonderheiten des kindlichen Zeitempfindens und der damit eintretenden tatsächlichen Zustände zu einer Vorwegnahme der Endentscheidung führen. Als Beispiel mag die Herausnahme des misshandelten Kindes aus seiner Familie dienen, welches sodann in einer (Bereitschafts-)Pflegefamilie untergebracht wird. Eine Herausnahme des Kindes aus der Pflegefamilie kommt nach Ablauf eines an den Maßstäben des kindlichen Zeitempfindens zu orientierenden Zeitraumes oft nicht mehr in Betracht, da diese aufgrund der inzwischen entstandenen Bindungen des Kindes zur Pflegefamilie das Wohl des Kindes gefährden würde (vgl. § 1632 Abs. 4 BGB).[99] Dieses Beispiel zeigt bereits, dass die Verfahrensdauer, nicht nur in zivilrechtlichen Kindesschutzverfahren, sondern in kindschaftsrechtlichen Verfahren insgesamt, eines der Kernprobleme des deutschen Familienrechts darstellt.[100]

4 Hilfeleistung und/oder Intervention? – Das Spannungsfeld des Jugendhilferechts

Eine wichtige Funktion nimmt im Falle einer Kindesmisshandlung die Jugendhilfe ein. Das Recht der Bundesrepublik Deutschland hat diesbezüglich in der Vergangenheit maßgebliche Änderungen erfahren. Seit dem 01. Januar 1991 findet das *Kinder- und Jugendhilfegesetz* (SGB VIII) Anwendung, welches das Jugendwohlfahrtsgesetz von 1922 (JWG) ablöste, da dieses „in weiten Teilen den heutigen Anforderungen einer gewandelten Gesellschaft an die Jugendhilfe nicht mehr gerecht“ wurde.[101] Im Jugendwohlfahrtsgesetz standen die Vorstellungen einer Eingriffsverwaltung im Mittelpunkt, sodass grundsätzlich die sogenannten fürsorglichen Eingriffe und die Rechtspositionen der Eltern im Vordergrund standen.[102] Hingegen verzichtet das Kinder- und Jugendhilfegesetz weitestgehend auf Eingriffsbefugnisse und beschränkt sich grundsätzlich auf Angebote zur Hilfeleistung.[103] Kommt ein Einschreiten der Jugendhilfe in Betracht, so ist dieses von der „Philosophie“ einer *geplanten sowie zeit- und zielgerichteten Intervention* bestimmt.[104] Der fachliche Standard für Interventionen ist erheblich er-

98 Vgl. Stefan Heilmann, Kindliches Zeitempfinden und Verfahrensrecht, Neuwied 1998, S. 257.

99 Siehe Ludwig Salgo, Pflegekindschaft und Staatsintervention, Darmstadt 1987. Zu § 1632 Abs. 4 BGB siehe Staudinger-Salgo, § 1632 Rn 42 ff.

100 Umfassend hierzu: Stefan Heilmann, Kindliches Zeitempfinden und Verfahrensrecht, Neuwied 1998, sowie ders., „Die Dauer kindschaftsrechtlicher Verfahren“, ZfJ 1998, S. 317-324. Siehe auch BVerfG, NJW 2001, 961.

101 BT-Drucks. 11/5948, S. 41.

102 Siehe nur Reinhard Wiesner, SGB VIII – Kinder- und Jugendhilfe, 2. Auflage, München 2000, Einl. Rn 15 ff.

103 Siehe auch Wiesner, a.a.O., Einl. Rn 37.

104 Ludwig Salgo, „Die Regelungen der Familienpflege im Kinder- und Jugendhilfegesetz“, in: Wiesner/Zarbock, Das neue Kinder- und Jugendhilfegesetz, Köln 1990, S. 115-150.

höht worden, Offenheit den Eltern gegenüber, ihre Mitwirkung und Mitsprache bei der Gestaltung der erzieherischen Hilfen sind zentrale Anliegen des SGB VIII. Dieser Perspektivenwechsel korrespondiert mit der verfassungsrechtlichen Forderung nach präventivem Schutz von Kindern und Jugendlichen vor Gefahren ihrer Entwicklung.[105] Das Kinder- und Jugendhilfegesetz stellt daher ein breit gefächertes Angebot an Hilfeleistungen zur Verfügung, wobei im vorliegenden Zusammenhang zum einen der durch das *Gesetz zur Ächtung der Gewalt in der Erziehung* v. 06.07.2000 eingeführte § 16 Abs. 1 Satz 3 SGB VIII, wonach Leistungen der allgemeinen Förderung der Erziehung in der Familie auch Wege aufzeigen sollen, wie Konfliktsituationen in der Familie gewaltfrei gelöst werden können[106], und zum anderen die Hilfen zur Erziehung (§§ 27 ff. SGB VIII) von besonderer Bedeutung sind – auf diese Hilfen haben die Personensorgeberechtigten als Leistungsberechtigte einen Rechtsanspruch. Hier kommen unter anderem in Betracht: Erziehungsberatung (§ 28 SGB VIII), Erziehungsbeistandschaft (§ 30 SGB VIII), sozialpädagogische Erziehungshilfe (§ 31 SGB VIII), Vollzeitpflege (§ 33 SGB VIII) sowie Heimerziehung oder sonstige betreute Wohnformen (§ 34 SGB VIII). In einer Not- oder Konfliktlage können Kinder und Jugendliche – unabhängig von ihrem Alter[107] – auch ohne Kenntnis ihres Personensorgeberechtigten eine selbständige Beratung in Anspruch nehmen (§ 8 Abs. 3 SGB VIII). Leistungen der Kinder- und Jugendhilfe werden vom Jugendamt oder von freien Trägern gewährt (vgl. § 3 Abs. 2 S. 1 SGB VIII und § 75 SGB VIII). Ist Letztgenanntes der Fall, dann ist jedoch zu berücksichtigen, dass die Gesamtverantwortung zur Wahrnehmung des staatlichen Wächteramtes gleichwohl beim Staat verbleibt, sodass im Zweifel der Staat – und damit das Jugendamt – eine Überwachungs- und Kontrollfunktion hat.[108] Und so hat auch die Jugendhilfe im Rahmen des verfassungsrechtlichen Auftrages ihren Beitrag zum Kindesschutz zu leisten. Dabei konkretisiert der Gesetzgeber mit dem neu eingeführten § 8 a SGB VIII durch das nunmehr in Kraft getretene Gesetz zur Weiterentwicklung der Kinder- und Jugendhilfe (Kinder- und Jugendhilfeweiterentwicklungsgesetz (KICK) den Auftrag der Jugendhilfe, das Wohl des Kindes bei Gefährdungen zu schützen. Er wendet sich damit wieder einem mehr eingriffsorientierten Ansatz der Jugendhilfe zu: Das Gefährdungsrisiko soll im Zusammenwirken mehrerer Fachkräfte eingeschätzt werden, bei Übertragung von Aufgaben auf freie Träger muss die Wahrung des Schutzauftrages sichergestellt werden und bei dringender Gefahr ist das Jugendamt zur Inobhutnahme verpflichtet (vgl. § 8 a Abs. 3 Satz 2 SGB VIII)[109].

Kann in Einzelfällen der Gefährdung des Kindeswohls nicht oder nicht mehr durch Erziehungshilfen innerhalb des Herkunftsmilieus begegnet werden, kommt eine Kri-

105 Wiesner, SGB VIII – Kinder- und Jugendhilfe, 2. Auflage, München 2000, Einl. Rn 38.
106 Hierzu Ludwig Salgo, Vom langsamen Sterben des elterlichen Züchtigungsrechts, RdJB 2001, S. 283-294 [289ff.].
107 Wiesner, a.a.O., § 8 Rn 41.
108 Vgl. Stefan Heilmann, „Hilfe oder Eingriff?“, ZfJ 2000, S. 41 <44>; ders., „Das staatliche Wächteramt im Spannungsfeld zwischen Elternrecht und Kindeswohl“, Unsere Jugend 2001, S. 411-417 [413].
109 BT-Drucks. 15/5616 v. 01.06.2005.

senintervention zum Schutze des Kindes oder Jugendlichen in Betracht[110]. Sowohl die Verfassung als auch das Kinder- und Jugendhilfegesetz stellen im Rahmen der Aufgabenübertragung auf die Jugendhilfe diese vor ein Dilemma: Inwieweit muss die Jugendhilfe dem Grundsatz der Verhältnismäßigkeit durch fortwährende Hilfeorientierung gerecht werden? Die Jugendhilfe, insbesondere das Jugendamt, steht hier vor dem Problem, einerseits nicht verfrüht und nicht mit zu hoher Intensität in elterliche Befugnisse einzugreifen[111], andererseits aber Gefährdungen des Kindeswohls rechtzeitig und effektiv abwehren zu müssen. Die Verbindung von Hilfen mit wirksamen Kontrollen bereitet der Praxis der Kinder- und Jugendhilfe zuweilen Probleme; diese sieht sich mit dem Vorwurf einer „falsch verstandene(n) Dienstleitungsorientierung" konfrontiert[112]. Sie muss daher unterscheiden zwischen der verfassungsrechtlichen Pflicht, elterliche Ressourcen einerseits zu (re-)aktivieren und andererseits die (tatsächlich) geeigneten Maßnahmen zur Abwendung der Kindeswohlgefährdung, ggf. in Form der Herausnahme des Kindes, zu treffen.
Für den Fall der gebotenen Krisenintervention sieht das Kinder- und Jugendhilfegesetz – als Ausnahme zu seinem ansonsten ausschließlich hilfeorientierten Ansatz – das eingriffsrechtliche Instrumentarium der Inobhutnahme (§ 42 SGB VIII) vor. Diese Norm eröffnet dem Jugendamt somit „die Möglichkeit unmittelbaren Handelns zum Schutz des Kindes oder Jugendlichen in Eil- und Notfällen."[113] Dies geschah im Jahre 2000 immerhin in insgesamt 31.124 Fällen. Daher haben diese Vorschriften gerade bei Kindesmisshandlungen eine besondere praktische Bedeutung. Das Jugendamt übernimmt dann für einen vorübergehenden Zeitraum Sorgerechtsaufgaben (vgl. § 42 Abs. 2 S. 4 SGB VIII). Insbesondere hat es zusammen mit dem Kind oder Jugendlichen „während der Inobhutnahme die Situation, die zur Inobhutnahme geführt hat (...) zu klären und Möglichkeiten der Hilfe und Unterstützung aufzuzeigen" (§ 42 Abs. 2 S. 1 SGB VIII). Dabei stellt das Kinder- und Jugendhilfeweiterentwicklungsgesetz (KICK) mit der Neufassung des § 42 SGB VIII nun klar, dass auch das Jugendamt zur Wegnahme befugt sein soll[114].

Eine Pflicht zur Inobhutnahme überträgt der Gesetzgeber dem Jugendamt zum einen, wenn ein Kind oder Jugendlicher um Obhut bittet (§ 42 Abs. 1 Ziff. 1 SGB VIII), zum anderen, wenn eine dringende Gefahr für das Wohl des Kindes oder Jugendlichen die Inobhutnahme erfordert und die Personensorgeberechtigten nicht widersprechen (§ 42 Abs. 1 Ziff. 2 lit. a SGB VIII) oder die Entscheidung des Familiengerichts nicht rechtzeitig eingeholt werden kann (§ 42 Abs. 1 Ziff. 2 lit. b] SGB VIII in der Fassung des KICK)[115]. In beiden Situationen hat das Jugendamt den Personensorge- oder Erziehungsberechtigten unverzüglich zu unterrichten (§ 42 Abs. 3 SGB VIII). Widerspricht dieser, so hat das Jugendamt unverzüglich eine Entscheidung des Gerichts über die

110 Zu den vielfältigen Aktivitäten der Jugendhilfe vor Einschaltung des Gerichts vgl. Johannes Münder et al., Kindeswohl zwischen Jugendhilfe und Justiz, Münster 2000, 113ff.
111 Vgl. Zehnter Kinder- und Jugendhilfebericht, BT-Drucks. 13/11368, S. 275f.
112 Ebd. S. 276.
113 Wiesner, a.a.O., § 42 Rn 1.
114 BT-Drucks. 15/5616 v. 01.06.2005.
115 BT-Drucks. 15/5616 v. 01.06.2005.

erforderlichen Maßnahmen zum Wohle des Kindes oder Jugendlichen herbeizuführen, wenn eine Übergabe an den Personensorge- oder Erziehungsberechtigten nicht in Frage kommt. Leider findet sich bei der Inobhutnahme keine zeitliche Strukturierung dieser sehr einschneidenden Intervention. In der einfachgesetzlichen Ausgestaltung wird damit den verfassungsrechtlichen Vorgaben (siehe oben 2) Rechnung getragen: Auch das Jugendamt hat – neben dem Familiengericht – eine Pflicht zur Wahrnehmung des staatlichen Wächteramtes und muss dabei den Grundsatz der Verhältnismäßigkeit (mit den Schwerpunkten Geeignetheit der Maßnahme und effektive Abwehr der Kindeswohlgefährdung) sowie verfassungsrechtliche Orientierung am Kindeswohl berücksichtigen. Mittelpunkt jugendamtlicher Überlegungen darf damit nicht die Frage sein, ob es zur Wahrung des Elternrechts eines Angebotes weiterer unterstützender Maßnahmen bedarf, sondern ob die Inobhutnahme zur Wahrung des Wohls von Kindern oder Jugendlichen dringend geboten ist. Dabei sind im Rahmen des Grundsatzes der Verhältnismäßigkeit auch die negativen Folgen und unerwünschten Nebeneffekte einer Intervention für das Kind[116] sowie der Grad der Kindeswohlgefährdung bei Verbleib bzw. Herausnahme einzubeziehen. Muss auf der einen Seite vor der Gefahr einer verfrühten Inobhutnahme des Kindes gewarnt werden, ist auf der anderen Seite aber auch der Fehltendenz zu begegnen, die dazu führt, dass Problemfamilien eine immer neue Chance gegeben und das Kind dabei zum Versuchsobjekt staatlicher Familienrehabilitierung wird.[117] Im Lichte der verfassungsrechtlichen Kindeswohlorientierung staatlichen Handelns ist beides nicht zu rechtfertigen. Nicht nur hier zeigt sich zudem die Unabdingbarkeit einer sorgfältigen Hilfeplanung (vgl. § 36 SGB VIII). Mithin kann im Einzelfall eine auf dem verfassungsrechtlichen Gebot sachgerechter Wahrnehmung des staatlichen Wächteramtes beruhende Rechtspflicht zur Inobhutnahme eines Kindes oder Jugendlichen bestehen, wie der Gesetzgeber nun auch mit der Einfügung von § 8 a SGB VIII und der Neufassung des § 42 SGB VIII deutlich macht.[118]

Neben den grundsätzlich hilfeorientierten – im Einzelfall jedoch auch mit eingriffsrechtlichen Befugnissen ausgestatteten – Aufgaben der Jugendhilfe ist die Mitwirkung in gerichtlichen Verfahren eine ihrer wesentlichen Funktionen (§ 50 SGB VIII).[119] Das Jugendamt hat keine generelle Pflicht zur Anrufung des Gerichts, wenn ein Fall der Kindesmisshandlung bekannt wird. Auch hier bestehen wesentliche Unterschiede zu den Vereinigten Staaten von Amerika, wo in Einzelstaaten strenge, strafbewehrte Meldegesetze existieren. Gesetzlicher Anhaltspunkt ist hier – nach der Aufhebung von § 50 Abs. 3 SGB VIII – § 8 a Abs. 3 SGB VIII: Danach hat das Jugendamt das Gericht anzurufen, wenn es dessen Tätigwerden für erforderlich hält. Dies gilt nach dem Gesetzeswortlaut auch, wenn die Personensorgeberechtigten oder die Erziehungsberechtigten nicht bereit oder in der Lage sind, bei der Abschätzung des Gefährdungsrisikos mitzuwirken. Auch in diesem Zusammenhang betont der Gesetzgeber nochmals die Verpflichtung des Jugendamtes zur Inobhutnahme, wenn eine dringende Gefahr für das

116 Vgl. Zenz, a.a.O., S. 370.
117 Staudinger-Coester, a.a.O., § 1666a Rn 4ff.
118 BT-Drucks. 15/5616 v. 01.06.2005.
119 Hierzu bereits oben II.

Kind besteht und eine Entscheidung des Gerichts nicht abgewartet werden kann (vgl. § 8a Abs. 3 Satz 2 SGB VIII)[120]. Dem zuständigen Referat im Bundesministerium für Familie, Senioren, Frauen und Jugend (BMFSFJ) schien es mit den Empfehlungen des Deutschen Städtetages (2003) *zur Festlegung von Verfahrensstandards in den Jugendämtern bei akut schwerwiegender Gefährdung des Kindeswohls*[121] nicht mehr getan; ohne eine eindeutigere gesetzliche Regelung an die Adresse der Akteure jugendamtlichen Handelns glaubte man nicht mehr auszukommen, um dem aus dem Grundgesetz abgeleiteten Schutzauftrag des Jugendamtes zugunsten von Kindern gerecht zu werden. Der Gesetzgeber bestätigt damit nunmehr den verfassungsrechlichen Ansatz: Die Hilfe – ohne Herausnahme des Kindes aus der Familie – im Sinne des Grundsatzes der Verhältnismäßigkeit ist nur solange als vorrangige Maßnahme anzuerkennen, wie sie überhaupt ein geeignetes Mittel zur Abwendung der Kindeswohlgefährdung darstellt. Dies setzt auch voraus, dass das Fehlschlagen von Hilfeleistungen nicht bereits erkennbar ist. Mithin kann im Einzelfall eine auf dem verfassungsrechtlichen Gebot sachgerechter Wahrnehmung des staatlichen Wächteramtes beruhende Rechtspflicht zur Anrufung des Gerichts bestehen, wenn das im Kinder- und Jugendhilfegesetz vorgesehene Instrumentarium zur Abwehr der Kindeswohlgefährdung nicht hinreicht. Dabei ist die Einschätzung der Erfolgsaussichten gerichtlicher Anrufung durch das Jugendamt nahezu völlig unbeachtlich. Denn es gehört zu der zentralen Verantwortung der Gerichte, die heikle Balance zu finden zwischen dem vorschnellen Eingriff und dem überlangen Experimentieren mit immer neuen Hilfeansätzen, das dazu führen kann, dass das Kind im Moment des letztlich unabweisbaren Eingriffs bereits irreparabel geschädigt ist.[122] Die Konkretisierung des Rechtsbegriffs Kindeswohl und die Definition des Gefährdungstatbestandes fällt folglich immer dann, wenn eine eindeutige Einordnung nicht möglich ist, in das Aufgabenfeld des Familiengerichts. Die vor Ort tätigen MitarbeiterInnen der öffentlichen Jugendhilfe müssen hier jedoch äußerst wertvolle Beiträge zur Sachverhaltskonstituierung erbringen.[123]
Zudem darf das Handeln der Jugendhilfe die gerichtliche Entscheidung nicht präjudizieren. Diese Gefahr besteht nicht zuletzt aufgrund der Interdependenzen zwischen Kinder- und Jugendhilferecht einerseits und dem gerichtlichen Verfahren andererseits.[124] Diese zeigen sich bereits darin, dass ein gerichtliches Verfahren i.d.R. ohne entsprechende Anregung von Seiten der Jugendhilfe nicht in Gang kommt, in jedem Einzelfall muss das Jugendamt angehört werden, auch wenn es das Gerichtsverfahren nicht initiiert hat. Dies darf jedoch nicht dazu führen, dass eine Anregung für familiengerichtliche Maßnahmen erst dann gegeben wird, wenn der Entzug des Aufenthaltsbestimmungsrechts und damit die Herausnahme des Kindes aus Sicht der Jugendhilfe unabdingbar erscheint. Diese Position verkennt nicht zuletzt die Vielfältigkeit des

120 BT-Drucks. 15/5616 v. 01.06.2005.
121 Vgl. JAmt 2003, 226ff.
122 Michael Coester, „Die Bedeutung des Kinder- und Jugendhilferechts (KJHG) für das Familienrecht", FamRZ 1991, S. 253-263 [259].
123 Ebenso Bernd Jeand'Heur, „Kindeswohl, staatliches Wächteramt und Reform des Kinder- und Jugendhilferechts, RdJB 1992, 165 [174].
124 Vgl. Stefan Heilmann, Kindliches Zeitempfinden und Verfahrensrecht, Neuwied (1998), S. 66; ders., „Die Dauer kindschaftsrechtlicher Verfahren", ZfJ 1998, 317ff.

Maßnahmearsenals des § 1666 BGB[125] und setzt eigenes Ermessen an die Stelle einer gerichtlichen Entscheidung.

5 Strafrechtliche Aspekte der Kindesmisshandlung

Das Strafrecht ist das schärfste Schwert, die äußerste Verteidigungslinie des Staates im Kampf gegen Gewalt. Auch im Rahmen des Kindesschutzes kommt ihm dabei eine besondere Bedeutung zu. Ebenso wie im zivilrechtlichen Kindesschutz, versucht der Gesetzgeber auch im Strafrecht, der besonderen Schutzbedürftigkeit des Kindes sowohl in den materiellrechtlichen Vorschriften des Strafgesetzbuchs (StGB), welches als Kerngesetz des Strafrecht die Strafbarkeit gesetzlich bestimmt, als auch im entsprechenden Verfahrensrecht, welches sich nach der Strafprozessordnung (StPO) richtet, Rechnung zu tragen.

5.1 Der strafrechtliche Kindesschutz

Wird eine Kindesmisshandlung bekannt, dann stellt sich die Frage, ob und wenn ja welche strafrechtliche Sanktionen gegen den Täter/die Täterin in Betracht kommen. Als einschlägige Straftatbestände, die im Fall einer Kindesmisshandlung herangezogen werden können, sind insbesondere Körperverletzung (§§ 223ff. StGB [vgl. auch § 225 StGB, der die Misshandlung von Schutzbefohlenen unter Strafe stellt]), Mord (§ 211 StGB), Totschlag (§ 212 StGB), Kindestötung (§ 217 StGB), Aussetzung (§ 221 StGB), Nötigung (§ 240 StGB), Unterlassene Hilfeleistung (§ 323c StGB) und die sogenannten Sexualdelikte (vgl. § 173 StGB [Beischlaf zwischen Verwandten], § 174 StGB [Sexueller Missbrauch von Schutzbefohlenen], § 176 StGB [Sexueller Missbrauch von Kindern], § 180 StGB [Förderung sexueller Handlungen Minderjähriger], § 182 StGB [Sexueller Missbrauch von Jugendlichen]) von Bedeutung, wobei der Gesetzgeber im Zuge öffentlicher Diskussionen um tragische Fälle von Kindesmisshandlung und der vermehrten Aufdeckung von Kinderpornographie mit einer Erhöhung des Strafrahmens der einschlägigen Delikte reagierte.[126] Eine ausdrückliche strafrechtliche Sanktionierung findet die Kindesmisshandlung – neben den genannten einschlägigen Normierungen des Sexualstrafrechts – darüber hinaus in § 170 d StGB (Verletzung der Fürsorge – oder Erziehungspflicht) und in § 225 StGB, einer Norm, die die Körperverletzung unter anderem dann besonders qualifiziert, wenn das Opfer unter 18 Jahren ist und in einem besonderen Schutzverhältnis zum Täter/zur Täterin steht. Als solches besonderes Schutzverhältnis kommt vor allem die elterliche Sorge

125 Siehe hierzu nur Staudinger/Coester, a.a.O., § 1666 Rn 177ff.

126 Siehe das Gesetz zur Änderung des Strafgesetzbuchs, der Strafprozessordnung und anderer Gesetze vom 28.10.1994 (Verbrechensbekämpfungsgesetz), BGBl. Teil 1, S. 3168 ff. sowie das 27. Strafrechtsänderungsgesetz vom 23.07.1993, BGBl. Teil 1, S. 1346 ff. Zu diesen Reformen: Herbert Tröndle, Strafgesetzbuch und Nebengesetze, 50. Auflage, München 2001, § 130 Rn 1 m. w. Nachw.

in Betracht[127]. Ist jedoch ein „gewöhnlicher" Dritter Täter ohne besondere gesetzliche, behördliche oder vertragliche Nähe zum Kind, dann findet eine besondere Qualifizierung der Straftat, die gewöhnlich mit einer Erhöhung des Strafrahmens einhergeht, nicht statt.[128] Dies gilt sogar dann, wenn der Täter/die Täterin der Lebensgefährte der Kindesmutter/die Lebensgefährtin des Kindesvaters ist. Die Strafgesetzgebung der Bundesrepublik Deutschland macht insoweit keinen Unterschied dahingehend, ob Kinder oder Erwachsene Opfer sind.[129] Es obliegt in diesen Fällen der Rechtsprechung, den Besonderheiten des Einzelfalls im Rahmen der Strafzumessung (§ 46 StGB) Rechnung zu tragen.
Ist der Tatbestand einer der genannten Normen verwirklicht, dann ist jedoch vor der Entscheidung über die Höhe der Strafe von dem zuständigen Gericht zu prüfen, ob die Rechtswidrigkeit der Tat bejaht wird und der Täter auch schuldhaft gehandelt hat, mithin keine Schuldausschließungsgründe (vgl. insbesondere § 19 StGB [Schuldunfähigkeit des Kindes unter vierzehn Jahren] und § 20 StGB [Schuldunfähigkeit wegen seelischer Störungen]) vorliegen. Erst dann kann eine Tat bestraft werden. Insbesondere bei Körperverletzungsdelikten wurde in diesem Zusammenhang lange die Auffassung vertreten, das Züchtigungsrecht der Eltern stelle einen strafrechtlichen Rechtfertigungsgrund dar und schließe damit eine Strafbarkeit körperlicher Gewalt gegen das Kind aus. Die strafrechtliche Literatur offenbarte insoweit ein beachtliches Beharrungsvermögen, wie sich noch an einer Positionierung an maßgeblicher Stelle aus dem Jahre 1999 zeigen lässt: *„Jedoch handelt es sich [bei § 1631 Abs. 2 BGB i.d.F. des KindRG: Verbot entwürdigender Erziehungsmaßnahmen] mehr um eine „programmatische Norm" in Gestalt eines „Leitbildes ohne Sanktionsbewährung", der Kreis der verbotenen Erziehungsmaßnahmen wurde dadurch nicht verändert. Diese Grundsätze drücken aber nicht in jedem Fall einer Züchtigung durch einen stockähnlichen Schlaggegenstand den Stempel einer entwürdigenden Handlung auf. Die Forderung nach einer gesetzlichen Abschaffung des elterlichen Züchtigungsrechts ist ebenso unrealistisch wie sachwidrig. Pädagogisch sachgerechtes Elternverhalten lässt sich nicht mit den Mitteln des Strafrechts erzwingen"*[130]. Die Zeichen der Zeit werden auch in der strafrechtlichen Literatur nur widerstrebend zur Kenntnis genommen, immerhin konnte der Gesetzgeber aber auch hier für einige Verunsicherung sorgen, wenn auch zunächst nicht vollends überzeugen[131]. Mit dem Gesetz zur Ächtung der Gewalt in der Erziehung und der damit verbundenen Änderung des § 1631 Abs. 2 BGB dürfte jedoch auch bei den letzten Skeptikern unter den Strafrechtswissenschaftlern Klarheit darüber bestehen, dass der „klassische" Rechtfertigungsgrund des elterlichen Züchtigungsrechts keine Existenzberechtigung mehr hat[132]. Eigentlich war dies

127 Siehe nur Tröndle, a.a.O., § 225 Rn 4.m
128 Kritisch zurecht Thomas W. Stumpf, Opferschutz bei Kindesmißhandlung, Neuwied 1995, S. 190 f.
129 Vgl. auch Zenz, a.a.O., S. 28.
130 Herbert Tröndle/Thomas Fischer, Strafgesetzbuch und Nebengesetze, § 223 Rn 11, 49. Aufl., München 1999.
131 Tröndle/Thomas Fischer, Strafgesetzbuch und Nebengesetze, § 223, Rn 11, 50. Aufl., München 2001.
132 Andreas Hoyer, „Im Strafrecht nichts Neues? – Zur strafrechtlichen Bedeutung der Neufassung

bereits durch das SorgeRG von 1979 („entwürdigende Erziehungsmaßnahmen sind unzulässig"), spätestens aber durch das KindRG von 1997 klargestellt[133]. *„Wenn der Grad der körperlichen Einwirkung die Erheblichkeitsschwelle einer Körperverletzung erreicht und Rechtfertigungsgründe nicht (mehr) ersichtlich sind, dann kann eine Ohrfeige von den Eltern strafrechtlich nicht anders bewertet werden als eine zwischen Erwachsenen. Am Prinzip der Einheitlichkeit der Rechtsordnung kann unter dieser rechtstheoretischen Perspektive nicht gerüttelt werden"*[134]. Einzelne VertreterInnen der Strafrechtswissenschaft[135] hatten für elterliche Züchtigungen auch in jüngsten Veröffentlichungen gleichwohl einen speziellen „Strafunrechtssausschluss" gefordert, als sich bereits das Ende der Tatbestandslösung abzeichnete[136]. Sie konnten sich aber in der Strafrechtswissenschaft nicht durchsetzen. Es ist bemerkenswert, dass im Rahmen der Strafrechtswissenschaft weiterhin mit enormen Begründungsaufwand Umgehungsstrategien entworfen werden, um missliebige gesetzgeberische Entscheidungen zu umgehen, würde es doch näher liegen, alternative genuin strafrechtliche Lösungen, die ohnehin in der aktuellen Strafrechtsentwicklung die Diskussion um ein zeitgemäßes Sanktionssystem bestimmen, weiterzuentwickeln. Das Stichwort wäre hier die auch im Erwachsenenstrafrecht auszubauende Diversion. Das Strafrecht wird selbständig auf familienrechtswidrige Handlungen, die auch Straftatbestände verwirklichen, mit einer Vielzahl von Möglichkeiten insbesondere der Diversion reagieren können und müssen. Über die möglichen und wahrscheinlichen dysfunktionalen Auswirkungen von strafrechtlicher Verfolgung auf die Familie besteht Einigkeit. Es muss also ein Ausweg aus der „Kriminalisierungsautomatik" gefunden werden, der gleichwohl die unmissverständliche Absage an Gewalt in der Erziehung nicht relativiert. Im „Schatten" der zur Normstabilisierung des zivilrechtlichen Gewaltverbots erforderlichen und auch nunmehr unmissverständlichen strafrechtlichen Absage an Gewalt als Erziehungsmittel bietet sich ein *prozeduraler Weg* in Kombination mit einer sozialrechtlichen Lösung[137] an, die sich aus § 16 Abs. 1 Satz 3 SGB VIII (SGB VIII) ergibt: Da sozialrechtlich ohnehin *Wege aufzuzeigen sind, wie Konfliktsituationen in der Familie gewaltfrei gelöst werden können,* bieten sich variantenreiche Möglichkeiten für die Strafverfolgungsbehörden zur Kooperation mit freien und öffentlichen Trägern der Kinder- und Jugendhilfe an, die im Rahmen einer Verfahrenseinstellung nach § 153a StPO zur Weiterentwicklung von Diversionsmodellen genutzt werden könnten – ein bereits von der Gewaltkommission befürworteter Weg.[138] Anderenfalls ist es nicht auszuschließen,

---

des § 1631 Abs. 2 BGB", FamRZ 2001, S. 521-525 [523].

133 BT-Drucks. 14/1247, S. 6.

134 Kai-D. Bussmann, Verbot familialer Gewalt gegen Kinder, Köln 2000, S. 446.

135 Als erster wohl Hans-Ludwig Günther, „Die Auswirkungen familienrechtlicher Verbote auf das Strafrecht", in: Dieter Medicus/Hans-Joachim Mertens/Knut Wolfgang Nörr/Wolfgang Zöllner (Hrsg.), Festschrift für Hermann Lange, Stuttgart 1992, S. 877-901 [893].

136 Andreas Hoyer, „Im Strafrecht nichts Neues? – Zur strafrechtlichen Bedeutung der Neufassung des § 1631 Abs. 2 BGB", FamRZ 2001, S. 521-525 [523].

137 Vgl. Reinhard Wiesner, „Welche Hilfen bietet das KJHG zur gewaltfreien Erziehung?", in: BMFSFJ (Hrsg.), Gewaltfreie Erziehung, Materialien zur Familienpolitik Nr. 9, Bonn 2000, S. 56-63 [59]: „Das zivilrechtliche Verbot der Anwendung von Gewalt als mittel der Erziehung wird also durch einen sozialrechtlichen Hilfeansatz flankiert."

138 Hans-Dieter Schwind u.a. (Hrsg.), Ursachen, Prävention und Kontrolle von Gewalt, Bd., I.-IV.,

dass die mit dem Gesetz zur Ächtung der Gewalt in der Erziehung verfolgte Intention der Vermeidung einer Kriminalisierung der Familie faktisch jedenfalls teilweise ins Leere läuft. Zwar sollen nicht die Strafverfolgung oder der Entzug der elterlichen Sorge in Konfliktlagen im Vordergrund stehen, sondern Hilfen für die betroffenen Kinder, Jugendlichen und Eltern[139]. Namhafte Rechts- und SozialpolitikerInnen der Regierungskoalition in der 14. Legislaturperiode wurden zwar nicht müde, immer wieder darauf zu verweisen, dass „keine Ausweitung der Strafbarkeit“ intendiert sei[140]. Lediglich die Hamburger Justizsenatorin *Peschel-Gutzeit* wies realistisch auf die möglichen strafrechtlichen Folgen der Reform hin[141]. Das „Ende des Züchtigungsrechts“ im Familienrecht führt zu einer zwar offensichtlich nicht gewollten, aber doch nicht auszuschließenden „Kriminalisierungsautomatik“: Körperliche Disziplinierung erfüllt bei Überschreiten bestimmter Erheblichkeitsschwellen den Tatbestand der Körperverletzung (§ 223 StGB). Der immer wieder ins Feld geführte „Klaps“ ist keine „Gewalt“, i.d.R. nicht tatbestandsmäßig nach der bisherigen Rechtsprechung – jedoch kann der Klaps die Spitze des nach Außen erkennbar gewordenen Eisbergs von Gewalt sein, auch die Gefahr einer Eskalation ist nicht zu unterschätzen, denn „die Übergänge zwischen schwer traumatisierenden seelischen Misshandlungen und leichteren seelischen Verletzungen [sind] fließend“[142]. Eine Anerkennung des Züchtigungsrechts als strafrechtlicher Rechtfertigungsgrund wurde dem Menschenbild des Grundgesetzes niemals gerecht, da das Kind nicht als vollwertiger Träger eigener Menschenwürde (Art. 1 Abs. 1 GG) und Persönlichkeit (Art. 2 Abs. 1 i.V.m. Art. 1 Abs. 1 GG) anerkannt wurde. Die Rechtswissenschaft kann sich auch in diesem Zusammenhang humanwissenschaftlichen Forschungen nicht verschließen, die überwiegend davon ausgehen, dass zumindest Körperstrafen weitestgehend nicht geeignet sind, das Erziehungsziel zu fördern und zudem schädlich sind.[143]

Neben dieser Diskussion um die strafrechtlichen Auswirkungen elterlichen Erziehungsverhaltens entbrannte sowohl in den Medien als auch in der Fachöffentlichkeit eine intensive Diskussion um die Frage, ob strafrechtliche Sanktionen auch gegen MitarbeiterInnen des Jugendamtes in Betracht kommen, wenn Schädigungen eines vom Jugendamt betreuten Kindes eintreten. Auslöser dieser Diskussion war der Tod eines Säuglings durch Auszehrung und Austrocknung im Jahre 1994, wobei sich ausgedehnte Spuren der Vernachlässigung fanden und ein sich anschließendes Ver-

---

Berlin 1990, S. 318.

139 So die Begründung zum Gesetzentwurf der Fraktionen SPD/BÜNDNIS 90/DIE GRÜNEN, BT-Drucks. 14/1247, 5f. Vgl. auch bereits Zehnter Kinder- und Jugendbericht, BT-Drucks. 13/11368, S. 167: Die Verwirklichung der Leitbilder hängt davon ab, „ob und in welchem Umfang Angebote an Eltern gemacht werden, damit sie bei der Wahrnehmung der immer komplexeren Erziehungsaufgaben Unterstützung erhalten„.

140 BT-Drucks. 14/1247, S. 6.

141 Lore Maria Peschel-Gutzeit, „Es ist geschafft: Gewalt in der Erziehung ist verboten!“, FPR 2000, 231-233.

142 Annedore Prengel, „Gewaltfreies Erziehen in Familien – Widerspruch von Freiheit und Strukturierung“, in: BMFSFJ (Hrsg.), Gewaltfreie Erziehung, Materialien zur Familienpolitik Nr. 9, Bonn 2000, S. 1-19 [9].

143 Hierzu Staudinger/Salgo, a.a.O., § 1631 Rn 71ff.

fahren gegen die zuständige Sozialarbeiterin.[144] Dogmatischer Hintergrund der hitzig geführten Debatten, in denen die unterschiedlichen Philosophien und Vorstellungen einer fachgerechten sozialen Arbeit aufeinander prallen[145], ist die Unterscheidung zwischen den sogenannten echten und unechten Unterlassungsdelikten. Echte Unterlassungsdelikte sind solche Straftaten, die sich „in dem Verstoß gegen eine Gebotsnorm und im bloßen Unterlassen einer vom Gesetz geforderten Tätigkeit erschöpfen".[146] Beispiel hierfür ist § 323 c StGB, der die unterlassene Hilfeleistung strafrechtlich sanktioniert. Insofern kann insbesondere eine Bestrafung von Nachbarn in Betracht kommen, die Kenntnis von einer Kindesmisshandlung erhalten. Ein wesentlich höherer Strafrahmen kann im Einzelfall in Betracht kommen, wenn die Strafbarkeit aufgrund eines unechten Unterlassungsdelikts bejaht wird. Als unechtes Unterlassungsdelikt kann grundsätzlich jedes Delikt verwirklicht werden, was jedoch insbesondere voraussetzt, dass „der Unterlassende als ‚Garant' zur Erfolgsabwendung verpflichtet ist".[147] Eine Garantenstellung kann sich aus dem Gesetz (so für die Eltern) und aus einem Vertrag (so für ÄrztInnen aus dem Behandlungsvertrag) ergeben, sodass eine Bestrafung wegen Kindesmisshandlung aus den oben genannten strafrechtlichen Normierungen nicht nur wegen positivem Tun, sondern auch wegen Unterlassen erfolgen kann. Bemerkenswert in diesem Zusammenhang ist die Rechtsprechung des 4. Strafsenats des Bundesgerichtshofes (BGH): Beide Eltern sind grundsätzlich Garanten für die körperliche Unversehrtheit ihres Kindes. Deshalb wurde vom BGH das freisprechende Urteil des Landgerichts (LG) aufgehoben, welches glaubte, beide Eltern, die ihr 10 Wochen altes Kind schwerstens und mehrfach misshandelt hatten, freisprechen zu müssen, weil beide Eltern abstritten, der aktiv handelnde Täter gewesen zu sein[148]. Entscheidend ist damit die Frage, ob auch den zuständigen MitarbeiterInnen des Jugendamtes eine solche Garantenstellung zukommt. Dies ist mit der h. M. im Strafrecht zu bejahen.[149] Ausschlaggebend ist, dass die zuständigen Personen in Wahrnehmung des staatlichen Wächteramtes aus Art. 6 Abs. 2 S. 1 GG (hierzu oben 2.2.) die Aufgabe haben, das körperliche, geistige und seelische Wohl des betreuten Kindes zu schützen (vgl. auch § 1 Abs. 3 Ziff. 3 SGB VIII). Sie haben daher zum einen eine „Garantenposition aus tatsächlicher Schutzübernahme zu Gunsten des/der

---

144 Der Sachverhalt, das strafrechtliche Verfahren gegen die zuständige Sozialarbeiterin sowie die fachwissenschaftliche Diskussion ist umfassend dargestellt bei Peter Bringewat, Der Tod eines Kindes, Baden-Baden 1997. Später kam es zu weiteren Strafverfahren (vgl. Peter Bringewat, „Staatliches Wächteramt und Strafbarkeitsrisiken in der kommunalen Jugendhilfe", Unsere Jugend 2001, S. 418-430).

145 Siehe hierzu Deutscher Verein für öffentliche und private Fürsorge (Hrsg.), Wächteramt und Jugendhilfe – Dokumentation einer Fachtagung, Frankfurt am Main 2001 sowie Sozialpädagogisches Institut im SOS-Kinderdorf e.V. (Hrsg.), Jugendämter zwischen Hilfe und Kontrolle, München 2002.

146 Johannes Wessels, Strafrecht – Allgemeiner Teil, 28. Auflage, Heidelberg 1998, S. 221

147 Wessels, a.a.O., S. 222. Vgl. auch § 13 StGB.

148 BGH – Entscheidung Nr. 4 StR 190/03 v. 03. Juli 2003.

149 A.A. wohl Thomas Mörsberger, „Stichwort Garantenpflicht", in: Thomas Mörsberger/Jürgen Restemeier (Hrsg.), Helfen mit Risiko – Zur Pflichtenstellung des Jugendamtes bei Kindesvernachlässigung, Neuwied 1997, S. 155-162.

mitbetreuten Kindes(r)/Jugendlichen".[150] Zum anderen ergibt sich die Garantenstellung der handelnden Personen, soweit sie für den Staat tätig sind, was insbesondere bei JugendamtsmitarbeiterInnen der Fall ist, gegebenenfalls unmittelbar aus Art. 6 Abs. 2 S. 2 GG bzw. der einfachgesetzlichen Wiederholung dieses staatlichen Auftrages in § 1 Abs. 2 S. 2 SGB VIII, mithin aus dem Gesetz.[151] Eine Begrenzung des Strafrechts durch die Fachlichkeit der ausgeübten sozialen Arbeit findet jedenfalls nicht statt.[152] Dies würde das Argument der Fachlichkeit zum Einfallstor jugendhilferechtlicher Experimentierfelder werden lassen und den (auch) durch das Strafrecht angestrebten effektiven Kindesschutz konterkarieren[153].

5.2 Besonderheiten des Verfahrens nach der Strafprozessordnung

Ebenso wie im Zivilrecht ist auch im Strafrecht die verfahrensrechtliche Umsetzung materiellrechtlicher Vorgaben von besonderer Bedeutung. Zur Einleitung des Strafverfahrens bedarf es der Kenntnis der Strafverfolgungsbehörden von der Tat. Diese Kenntnis wird den Behörden durch die Strafanzeige vermittelt, welche in der Regel zugleich das Strafverfahren in Gang setzt. Eine Pflicht zur Anzeige einer begangenen Straftat besteht für Privatpersonen jedoch nicht[154] – auch hier besteht ein wesentlicher Unterschied zum Recht vieler Einzelstaaten in den USA. Als wesentliches Argument gegen eine Anzeigepflicht wird vorgebracht, dass eine solche das Vertrauensverhältnis zwischen ÄrztIn und PatientIn, Eltern und ÄrztIn bzw. Jugendamt und Familie gefährden könnte.[155] Zudem stellt das Strafverfahren eine enorme Belastung für das Kind dar[156], ist doch das Strafverfahren nicht – wie das vormundschafts- bzw. familiengerichtliche Verfahren – am Wohle des Kindes orientiert, sodass auch eine Strafanzeigepflicht von Dritten problematisch ist.[157] Auch für das Jugendamt besteht aus diesen Erwägungen keine Anzeigepflicht gegenüber der Strafjustiz.[158]
Der Gesetzgeber hat sich jedoch durch eine Reform des Strafverfahrensrechts bemüht, in solchen Verfahren, in denen Kinder als Opfer von Straftaten mittelbar betroffen sind, den Gefahren einer „Sekundärtraumatisierung"[159] durch das gerichtliche Verfahren Rechnung zu tragen und die Belastungen, die mit einen Strafverfahren regelmäßig

150 Peter Bringewat, a.a.O., S. 62.
151 Vgl. Peter Bringewat, a.a.O., Unsere Jugend 2001, S. 418 <426>.
152 Peter Bringewat, a.a.O., S. 33 („ Die strafrechtlichen Verbote und Gebote machen vor keiner noch so strengen Fachlichkeit halt").
153 Vgl. Ludwig Salgo, „Helfen mit Risikominderung für das Kind", in: Sozialpädagogisches Institut im SOS-Kinderdorf e.V. (Hrsg.), Jugendämter zwischen Hilfe und Kontrolle, S. 23-31, 41-45.
154 Claus Roxin, Strafverfahrensrecht, 24. Auflage, München 1995, S. 278.
155 Thomas W. Stumpf, Opferschutz bei Kindesmißhandlung, Neuwied 1995, S. 211.
156 Hierzu Gisela Zenz, „Sekundärtraumatisierung von mißhandelten und mißbrauchten Kindern im gerichtlichen Verfahren", in: Günther Klosinski (Hrsg.), Macht, Machtmißbrauch und Machtverzicht, Bern 1995, S. 91-108.
157 Claudia Marquardt, Sexuell mißbrauchte Kinder und das Recht (Band 1), Köln 1993, S. 91.
158 Wiesner-Mörsberger, a.a.O. § 50 Rn 80.
159 Vgl. Zenz, a.a.O.

einhergehen, möglichst gering zu halten. Im Rahmen des „Gesetzes zum Schutz von Zeugen bei Vernehmungen im Strafverfahren und zur Verbesserung des Opferschutzes; Zeugenschutzgesetz (ZSchG)“[160] vom 30. April 1998 führte er in § 58 a StPO die Möglichkeit ein, die Vernehmung eines Zeugen/einer Zeugin auf Bild-Ton-Träger aufzuzeichnen. Eine solche Aufzeichnung soll erfolgen, wenn die Vernehmung einer Person unter sechzehn Jahren erfolgt, die durch die Straftat verletzt worden ist (vgl. § 58 a Abs. 1 S. 2 Ziff. 1 StPO). Auch besteht die Möglichkeit, die Vernehmung von den Anwesenheitsberechtigten, also insbesondere von dem Angeklagten, getrennt durchzuführen, wenn die dringende Gefahr eines schweren Nachteils für das Wohl eines Zeugen/einer Zeugin besteht, wenn er/sie in Gegenwart der Anwesenheitsberechtigten vernommen wird und diese Gefahr nicht in anderer Weise abgewendet werden kann. Die Vernehmung wird in diesem Fall den Anwesenheitsberechtigten zeitgleich in Bild und Ton übertragen (vgl. § 168 e StPO). Auch kann angeordnet werden, dass sich der Zeuge/die Zeugin während der Vernehmung an einem anderen Ort aufhält (vgl. § 247 a StPO). Wenngleich repräsentative Erkenntnisse darüber fehlen, in welchem Umfang von den genannten Bestimmungen Gebrauch gemacht wird und inwieweit diese Vorkehrungen des Gesetzgebers tatsächlich dazu geeignet sind, die Belastungen der betroffenen Kinder durch das Strafverfahren zu mildern und so die „Sekundärtraumatisierung“ so weit wie möglich zu vermeiden, so besteht doch Hoffnung, dass die kindlichen Opferzeugen jedenfalls entlastet werden und der Vorstoß des Gesetzgebers mittelbar auch Auswirkungen auf den Umfang der zur Anzeige gebrachten Straftaten gegen Kinder hat.[161] Dann wäre der Preis für den Aufwand nicht zu hoch, den der Rechtsstaat deswegen zu zahlen hat, weil mit der Stärkung des Opferschutzes nicht zwangsläufig zugleich eine Minderung der Rechte der Angeklagten einhergehen muss.

6 Ausblick

Das Verhältnis zwischen strafrechtlichem und zivilrechtlichem Kindesschutz kann für die Bundesrepublik Deutschland als relativ ungeklärt bezeichnet werden. Während – wie bereits dargestellt – der zivil- und jugendhilferechtliche Kindesschutz sich bei Kindesmisshandlungen auf die Hilfe für das Kind und seines Umfeldes konzentriert, steht im Mittelpunkt des Strafverfahrens die Überführung und Verurteilung des Täters/der Täterin; der Opferschutz im Strafverfahren ist im Recht der Bundesrepublik zwar fortentwickelt worden, jedoch trotz der jüngsten Reformen noch eher unterentwickelt.[162] Eine zufrieden stellende Klärung der Kooperation zwischen Straf- und Zivilgerichten steht bislang aus.[163] So hat z.B. in einem Fall von sexuellem Missbrauch zweier zum Tatzeitpunkt 9 bzw. 12 Jahre alten Mädchen durch den Vater, der dies

160 BGBl. I, S. 820.

161 Zur „Dunkelziffer“ in diesem Feld siehe insbesondere Sebastian Honig, Verhäuslichte Gewalt, Frankfurt am Main 1992, S. 34.

162 Vgl. hierzu Claudia Keiser, Das Kindeswohl im Strafverfahren, Frankfurt am Main 1998.

163 Zum Problem auch Wiesner-Mörsberger, a.a.O., SGB VIII, Anhang § 61 Rn 5.

nicht bestritt, sondern dies im vormundschaftsgerichtlichen Verfahren einräumte, das zuständige Gericht das Ersuchen der Staatsanwaltschaft auf Übersendung der Vormundschaftsgerichtsakten abgelehnt. Im Kern argumentierte die damals zuständige Vormundschaftsrichterin überzeugend damit, dass sie die im vormundschaftsgerichtlichen Verfahren erlangten Informationen zum Zweck der Hilfe und nicht zum Zwecke der Strafverfolgung genutzt hat.[164]
Nach wie vor sind in der Bundesrepublik Deutschland die möglichen kontraproduktiven Auswirkungen des Strafverfahrens auf das Kind nicht genügend begrenzt, sodass unter den MitarbeiterInnen in Beratungsstellen öffentlicher und freier Träger der Jugendhilfe noch immer eher eine strafrechtsskeptische Einstellung verbreitet ist. Jedenfalls wird inzwischen viel sensibler darüber beraten, ob Strafanzeigen bei Kindesmisshandlungen erstattet werden. Freilich kann auf den bestehenden strafrechtlichen Rechtsgüterschutz in diesem Bereich – auch wenn dieser Rechtsgüterschutz nicht immer aktiviert wird – nach wie vor nicht verzichtet werden. Die bloße Existenz des strafrechtlichen Rechtsgüterschutzes wertet das geschützte Rechtsgut auf und stabilisiert damit das außerstrafrechtliche Schutz- und Hilfesystem des Zivil- und Sozialrechts. Trotz alledem bleibt auf dem Gebiet der Kindesmisshandlung und -vernachlässigung in der Bundesrepublik Deutschland rechts- und sozialpolitisch noch viel zu tun. Die steigende Kinderarmut und die hohe Arbeitslosigkeit verschlechtern für eine wachsende Gruppe von Kindern die Lebenssituation. Gesellschaftliche Isolation und Frustration entladen sich vielfach in Gewalttaten gegen Kinder. Das dargestellte rechtliche Instrumentarium ist auf jeden Fall in vielerlei Hinsicht verbesserungswürdig. Verbesserungen bei den Hilfen für misshandelte und vernachlässigte Kinder im letzten Jahrzehnt sind nicht zuletzt gesellschaftlichen Initiativen (Kinderschutzbund, Kinderschutzzentren bzw. frauen-, mädchen- oder kinderspezifischen Ansätzen freier Träger) zu verdanken. Schwerpunkte der anstehenden notwendigen Veränderungen in den nächsten Jahren sollten neben der konsequenten Umsetzung der dargestellten Reformgesetzgebung durch Verwaltung und Justiz deren Implementationskontrolle sein sowie die entsprechende Aus- und Weiterbildung des mit Fragen des Kindesschutzes befassten Personals auf allen Ebenen. Hinzutreten muss die Verwirklichung der ohnehin in der UN-Konvention über die Rechte des Kindes von 1989 verankerten Pflicht, nicht nur alle betroffenen Kinder angemessen an allen sie betreffenden Verwaltungs- und Gerichtsverfahren zu beteiligen (Art. 12), sondern sie über ihre Rechte aus der UN-Konvention umfassend zu informieren. Da die Schulen die Institutionen sind, die alle Kinder und Jugendlichen durchlaufen müssen, besteht hier die beste Gelegenheit, Kindern und Jugendlichen frühzeitig ihre Rechte zu vermitteln – was andere gesellschaftliche Kräfte von dieser Aufgabe nicht ausschließt.

---

164 Unveröffentlichter Beschluss des Amtsgerichts Hamburg vom 13.02. 1987 (114 VIII W 11 645 und 114 VIII S 16 648).

Teil II

Aktuelle Themen und Tendenzen im Pflegekinderwesen

Wolfgang Behr

Kinder in Bereitschaftspflege – Einige Überlegungen und Ideen –

Im folgenden Beitrag sind Gedankengänge und Informationen zusammengestellt, die den Aufbau eines Angebotes zur Unterbringung von Kindern in Bereitschaftspflege in der Ruhrgebietsstadt Herten begleiteten.

Ausgangslage

Die Erwartung, Kinder unter 3 Jahren grundsätzlich nicht mehr in Heimerziehung sondern auch im Falle von Inobhutnahmen in familiären Betreuungsformen unterzubringen, wie sie in einem Beschluss des Jugendhilfeausschusses im Juni 1996 formuliert worden war, veranlasste die Mitarbeiter des Hertener Pflegekinderdienstes Rahmenbedingungen für eine diesbezügliche Hilfeform zu entwickeln, die in Einklang mit den bisherigen Erkenntnissen und Erfahrungen der Sozialarbeit für Kinder in Ersatzfamilien zu bringen waren.

Im Zentrum der hiesigen Pflegekinderdienstsozialarbeit steht die dauerhafte Unterbringung von Kindern in Ersatzfamilien. Zahlreiche bedeutende Erkenntnisse aus der Kinderpsychologie (1) hatten während der vergangenen 20 Jahre die Spezialisierung des Pflegekinderdienstes zu einem Anbieter für Vollzeitpflege in dauerhaften Ersatzfamilien begleitet. Das Wissen, dass insbesondere kleine Kinder nicht ohne Folgen für ihre emotionale und soziale Entwicklung in Pflegefamilien „geparkt" werden können, dass sie nicht auf Sanierungserfolge ihrer Herkunftsfamilien warten können und nicht zur Trennung von den Ersatzeltern gezwungen werden können, wenn eine Bindung entstanden ist, hatte für die kurzfristige außerfamiliäre Unterbringung von Kindern in der Regel zur Inanspruchnahme von Heimerziehung geführt. Bereitschaftspflegefamilien standen bis zu dem o.g. Jugendhilfeausschussbeschluss nur in wenigen Einzelfällen zur Verfügung.

Definitionsaspekte

Kinder, die in Bereitschaftspflegefamilien untergebracht werden, erleben meist eine kurzfristige ungeplante Trennung von der Herkunftsfamilie. Ohne besondere Kontaktanbahnung werden sie in eine ihnen fremde Familie gegeben. Diese wird nicht selten mit einem Kind konfrontiert, dessen Biografie weitestgehend noch nicht bekannt ist. Bereitschaftspflege dient in erster Linie dem Schutz des Kindes vor der Fortsetzung

kindeswohlgefährdender Einflüsse in der Herkunftsfamilie. Während der Bereitschaftspflegeunterbringung des Kindes ist zu klären, ob und unter welchen Bedingungen eine Familienzusammenführung wieder möglich ist, bzw. wie die zukünftige Perspektive für das Kind getrennt von seinen Herkunftseltern aussieht.
Bereitschaftspflege hat nicht das Ziel, dem Kind zu ermöglichen, eine neue Eltern-Kind-Beziehung aufzubauen. Sie kann zunächst auch nicht das Ziel haben, dem Kind Möglichkeiten zur Bearbeitung erlittener Deprivationserfahrungen und Traumata zu geben. (2)

Erfahrungen

Die Notwendigkeit, Kinder in Obhut zu nehmen und außerhalb der eigenen Familie ohne längere Planungs- und Anbahnungsphase fremdunterzubringen, gehört zu den regelmäßigen Aufgaben und Pflichten der jugendamtlichen Sozialarbeit. Und doch verhalten sich Sozialarbeiter in ihrer fachlichen Bewertung und Ausgestaltung einer solchen Maßnahme nicht selten unvorbereitet und überfordert,

- sodass während der Zeit der Fremdplatzierung keine eindeutigen Zuständigkeiten und Verantwortungen für die Durchführung der Perspektivklärung festgelegt werden;
- sodass das Kind in einer Pflegefamilie ohne gezielte Perspektivklärung mit offenem Ende untergebracht wird und das Kind beginnt, bedeutende Beziehungen zu den Ersatzeltern aufzubauen;
- sodass z. B. Adoptiv- oder Dauerpflegebewerberpaare mit einem Bereitschaftspflegekind „auf deren Eignung als Vollzeitpflegeeltern geprüft werden sollen".
- Aus der Kenntnis solcher Praxiserfahrungen und unter Berücksichtigung des Wissens über Bedeutung und Auswirkung der Vermittlung von Kindern in Ersatzfamilien wurden Eckpunkte zu einem Konzept (3) für Bereitschaftspflege formuliert.

Hierdurch soll u.a. versucht werden:

- das Angebot „Bereitschaftspflege" zu einem plan- und steuerbaren Baustein der jugendamtlichen Perspektivklärung im Falle der Inobhutnahme kleiner Kinder zu entwickeln
- psychischen Belastungen in Bereitschaftspflege betreuter Kinder Beachtung zu verleihen
- die Interessen der Kindeseltern in einer verantwortbaren Form in die Gestaltung des Perspektivklärungsverfahrens zu integrieren.

Konzeptionelle Eckpunkte

Als interner Anbieter von Hilfen zur Erziehung in Vollzeitpflege sieht sich der Pflegekinderdienst der Stadt Herten in seinen Dienstleistungen vorrangig dem Kindeswohl verpflichtet. Der Orientierungsrahmen hierfür lässt sich folgendermaßen beschreiben:

1. Hertener Bereitschaftspflegeeltern sind keine Ersatzeltern

Sowohl in der Öffentlichkeitsarbeit und Werbung für Bereitschaftspflege als auch in der Auswahl und Schulung der BewerberInnen wird diese Aufgabe deutlich zur Adoption oder Dauerpflege abgegrenzt definiert.

BewerberInnen mit einem dauerhaften Kinderwunsch (4) können nicht als Bereitschaftspflegeeltern belegt werden.

2. Hertener Bereitschaftspflegeeltern sollen informierte Pflegepersonen sein

In Informations- und Schulungsveranstaltungen wird den BewerberInnen und Pflegepersonen Material zur Selbstreflektion und zum Wissenserwerb über die vielfältige Problematik der vorübergehenden Pflegefamilienerziehung zur Verfügung gestellt.

Nach Aufnahme eines Kindes haben die Bereitschaftspflegeeltern Anspruch auf Kenntnis der für ihre Tätigkeit erforderlichen Daten zur Problematik und Biografie des Kindes.

3. Hertener Bereitschaftspflegeeltern und die Herkunftseltern werden über die möglichen Folgen der Fremdplatzierung nicht im Unklaren gelassen

Ohne den Ergebnissen der Perspektivklärung vorweggreifen zu können, müssen sich alle Beteiligten möglicher Folgen der außerfamiliären Fremdunterbringung des Kindes im Rahmen einer Bereitschaftspflegefamilie bewusst sein. Dabei gibt der Pflegekinderdienst aus seinen Fachkenntnissen heraus Hinweise u. a. auf folgende Fragestellungen:

- Welche Erfahrungen bringt das Kind aus der Herkunftsfamilie mit?
- Welche Bedeutung hat für das Kind seine Trennung von den Herkunftseltern?
- Welche Bedeutung bekommen die Bereitschaftspflegepersonen für das Kind, wenn ein Zugang zu den alten Erfahrungen gefunden wird?
- Wie erlebt das Kind sich und seine Bereitschaftspflegeeltern in der Begegnung/ Konfrontation mit den Herkunftseltern in Besuchskontakten während des Perspektivklärungsverfahrens?
- Wie erlebt das Kind die beteiligten Erwachsenen, wenn es aus der Bereitschaftspflegefamilie in die Herkunftsfamilie zurückgeführt wird, bzw. wenn von dort aus eine Kontaktanbahnung in eine Dauerpflegefamilie realisiert werden soll?

4. Der Pflegekinderdienst fördert die Beachtung des kindlichen Zeitempfindens

Sowohl bei der Auftragsannahme, bei der Hilfeplanung als auch während des Fallverlaufs muss der Pflegekinderdienst Fachwissen über die Entwicklung des kindlichen Beziehungsaufbaus unter Einbeziehung der Erkenntnisse zur Bedeutung des kindlichen Zeitempfindens allen weiteren Beteiligten, auch den Herkunftseltern kontinuierlich zur Kenntnis geben (5).

5. Perspektivklärung darf nicht dem Zufall überlassen werden (6)

Der Pflegekinderdienst sollte nur dann eine Bereitschaftspflegefamilie für ein Kind, welches aus einer kindeswohlgefährdenden Situation fremduntergebracht werden muss, zur Verfügung stellen, wenn gleichzeitig ein familienpsychologisches Gutachten zur zügigen Perspektivklärung in Auftrag gegeben wird. Dabei können u.a. folgende Fragen als Klärungsbedarf für den Gutachter formuliert werden :

- Sind bei den Kindeseltern unter Berücksichtigung der eigenen Lebenserfahrungen bzgl. ihrer Kinder Bindungsfähigkeit und -bereitschaft gegeben? Sind sie wahrnehmungsfähig für affektive Signale ihrer Kinder?
- Besitzen die Kindeseltern ausreichende Handlungskompetenzen zur Unterstützung der Persönlichkeitsentwicklung ihrer Kinder?
- In welchem Stadium der körperlichen, geistigen und seelischen Entwicklung befindet sich das fremdplatzierte Kind?
- Wäre das Wohl des Kindes bei einer Rückführung in den Haushalt der Kindeseltern gefährdet? Wenn ja, in welcher Art und welchem Ausmaß bestünde die Gefährdung?
- Ist bei einer Bejahung der Gefährdung unbedingt weitere Fremdunterbringung des Kindes erforderlich oder wäre es möglich, unter bestimmten Voraussetzungen das Kind in den Haushalt der Kindeseltern zurückzugeben?
- Welche Voraussetzungen wären das?

6. Bereitschaftspflegeeltern haben keinen eigenständigen Auftrag zur Arbeit mit der Herkunftsfamilie (7)

Bereitschaftspflegeeltern haben in Herten nicht die Erwartung zu erfüllen, mit den Kindeseltern eigenständig zusammenzuarbeiten.

- Die Arbeit mit der Herkunftsfamilie erledigt der fallzuständige Familiensozialarbeiter.
- Besuchskontakte werden ausschließlich im Büro des Pflegekinderdienstes in begleitender Form durchgeführt. Die Wohnung der Bereitschaftspflegeeltern ist ein für das Kind geschützter Raum. Meist wird auch nicht die Anschrift der Pflegeeltern bekannt gegeben.
- Erkenntnisse zur Problematik des Kindes, die die Pflegefamilie gewinnt, ergänzen die psycho-soziale Diagnostik des Familiensozialarbeiters und werden Beachtung finden müssen im psychologischen Gutachten und ggf. in der zukünftigen Sozialarbeit mit der Herkunftsfamilie/Vollzeitpflegefamilie.

Offene Organisationsfragen

Seit zwei Jahren wurden in Herten verstärkt Bereitschaftspflegefamilien vermittelt, wobei es keinen kontinuierlichen Verlauf in der Nachfrage zu diesem Angebot gibt:

	1996	1997	1998 (bis 30.05.)
in Bereitschaftspflege untergebrachte Kinder	9	16	3

So wurden folgende organisatorische Klärungen auch noch nicht herbeigeführt:
Es gibt bisher keine vertragliche Bindung an einzelne Pflegepersonen, im Bedarfsfall suchen wir aus dem BewerberInnenpool eine noch nicht belegte Familie aus, in der u.a.

a) eine günstige Kinderkonstellation zu finden ist (z. B. keine altersmäßige Konkurrenz)
b) eine geschützte Unterbringung zu erwarten ist (Nähe/Distanz zum Wohnort der Kindeseltern)
c) ausreichend Zeit für die Perspektivklärungsphase vorhanden ist (z. B. Urlaubsplanung der Bereitschaftspflegefamilie ...).

Während der Unterhalt für die untergebrachten Kinder sichergestellt wird durch Erstausstattungsbeihilfe, Pflegegeld, Beihilfe zur Urlaubsreise u. a., sowie Erziehungsbeitrag für die Pflegeeltern, erfolgt derzeit noch keine Vereinbarung mit einzelnen BewerberInnen zur Finanzierung der belegfreien Zeiten (im Sinne eines Bereithaltungsgeldes).

Noch in der Ideenfindungsphase befinden sich Überlegungen, wie das Hertener Dienstleistungspaket „Bereitschaftspflege“ über die Stadtgrenzen hinaus anderen Jugendämtern anzubieten ist. Erste Schritte hierzu wurden in der gemeinsamen Durchführung des BewerberInnenseminars im Herbst 1997 mit Dietmar Linke, Sozialarbeiter im Dattelner Pflegekinderdienst, realisiert.

Schließlich kann nicht unberücksichtigt bleiben, dass die Entwicklung des Angebotes Bereitschaftspflege von einer „preiswerten Kinderzwischenlagermöglichkeit“ zu einem jugendhilfemäßig verantwortbaren Baustein zur kindeswohlorientierten Perspektivklärung vielfältige Leistungen beinhaltet, deren quantitativ und qualitativ zuverlässiges Erbringen auch in einem Zusammenhang zu den vorhandenen Zeit- und Personalressourcen im Pflegekinderdienst zu sehen ist.

(1)
Eindrucksvoll dokumentiert RUDOLF W. KLUSSMANN diesbezügliche Erkenntnisse und Empfehlungen in seiner Befragung von 24 humanwissenschaftlichen Hochschullehrern zur Frage: „Herausnahme eines Pflegekindes aus seinem bisherigen Lebenskreis“ in: Der Amtsvormund, März 1985

(2)
Die Chancen und der Weg zum Aufbau neuer Eltern-Kind-Beziehungen nach dem Scheitern familiärer Beziehungen in der Ursprungsfamilie sind bei MONIKA NIENSTEDT/ARNIM WESTERMANN nachzulesen in ihrer Vortragssammlung „Pflegekinder – Psychologische Beiträge zur Sozialisation von Kindern in Ersatzfamilien“ Votum Verlag Münster – 4. Auflage 1995

(3)
Ausführliche Materialien/Konzepte siehe:
„Bereitschaftspflegekonzepte, Standards, Perspektiven“ Dokumentation der bundesweiten Fachtagung Hamburg 11/95, Hrsg. PFIFF e. V., Hamburg

(4)
Jürgen Blandow unterscheidet Selbstkonzepte, nach denen Pflegeelterntypen zu beschreiben sind und zwar insbesondere
Mutterkonzept
Helferkonzept
Gib- und Nimmkonzept
Bereitschaftspflegeeltern können den z. T. gegensätzlichen Erwartungen sicher nur dann gewachsen sein, wenn ihrer Bewerbung ein deutliches Helferkonzept zugrunde liegt. Siehe Jürgen Blandow „Rollendiskrepanzen in der Pflegefamilie“ Juventa Verlag München 1972

(5)
Mit dem KJHG § 37 (1) Satz 2 hat das „kindliche Zeitempfinden“ Einzug in die Jugendhilfegesetzgebung gehalten. GOLDSTEIN, FREUD, SOLNIT schrieben bereits 1973:
„Entscheidungen über Unterbringungen sollen sich nach dem kindlichen, nicht nach dem Zeitbegriff der Erwachsenen richten“ (in „Jenseits des Kindeswohls“ Suhrkamp, Frankfurt/M. 1974).

(6)
Eine solche Vorgehensweise kann nicht nur die Zeit der Perspektivklärung verkürzen, sondern schafft auch die Möglichkeit angesichts der Grenzen der gutachtlichen Kompetenzen der Jugendamtssozialarbeit eine fundierte Entscheidungsbasis zu schaffen (siehe hier in: GOLDSTEIN/A. FREUD/ SOLNIT „Das Wohl des Kindes“ Suhrkamp, Frankfurt/M. 1988 Kapitel: „Grenzen professionellen Handelns“)

(7)
Insoweit sind in Herten ebenso wie Dauerpflegeeltern auch Bereitschaftspflegeeltern keine Ergänzungseltern im Sinne der Ideen des Deutschen Jugendinstituts (siehe: Handbuch Beratung im Pflegekinderbereich DJI Verlag München 1987).
Eine eigenständige Zusammenarbeit von Pflegeperson und Eltern gibt es nicht. Die Gefahren des Ergänzungselternmodells musste inzwischen selbst der Essener Jugendamtsleiter Dieter Greese, einer der „Väter“ dieser Konstruktion eingestehen, wenn er schreibt:
„Ich habe mich ... für meine Mitautorenschaft an den Empfehlungen des Deutschen Städtetages zu entschuldigen ...“ siehe Nachwort in ANGELIKA STOLTE-FRIEDRICHS: „Zwischen zwei Familien, Votum Verlag Münster 1995, S. 201

Jürgen Blandow

Pflegekinderarbeit in der Hand Freier Träger – Chancen und Handikaps

Pflegekinderarbeit „in die Hand Freier Träger" zu geben, war auch schon zur Zeit des Jugendwohlfahrtsgesetzes und seines Vorläufers, des Reichsjugendwohlfahrtsgesetzes, möglich und wurde auch praktiziert. Krolzik (Krolzik 1996; Krolzik 1997) berichtet für den evangelischen Bereich, dass die „Pflegekinder-Betreuung ... spätestens seit Wichern ureigene Aufgabe der Diakonie (ist)", sich in der Zeit nach dem Zweiten Weltkrieg in Zusammenarbeit von kirchlichen Verbänden und staatlichen Jugendbehörden festigte und man sich seit den sechziger Jahren vermehrt – zumeist im Rahmen integrierter Adoptions- und Pflegekinderfachdienste – der sog. „schwer zu vermittelnden Kinder" angenommen habe. Ähnliches dürfte für den Bereich der Caritas bzw. der katholischen Kirche gelten. Die relativ wenigen Fachdienste in nicht kirchlicher Trägerschaft scheinen (nähere Angaben sind nicht verfügbar) alle eher jüngeren Ursprungs, mit Gründungsdaten in den 80er- und 90er-Jahren, zu sein. Auffällig ist, dass der ganze Bereich der Literatur – mit wenigen Ausnahmen – eine Leerstelle ausmacht. Pflegekinderdienste in Freier Trägerschaft scheinen in der Vergangenheit angesichts der ‚Übermacht' der Jugendämter in diesem Arbeitsfeld und ihrer hervorgehobenen Position gegenüber Pflegepersonen in rechtlicher und finanzieller Hinsicht eher ein Schattendasein geführt zu haben. Hinzukommen mag, dass angesichts der geringen ökonomischen Bedeutung von Adoptions- und Pflegekinderdiensten für die großen Verbände und Vereinigungen der Jugendhilfe sich auch dort nur ein marginales Interesse gefunden hat.

Die Ausdifferenzierung des Pflegekinderwesens in den vergangenen 20 Jahren, die neuen Regelungen zum Pflegekinderrecht im Kinder- und Jugendhilfegesetz (KJHG), insbesondere die stärkere Betonung von Beratungspflichten gegenüber Pflegepersonen an Stelle von Kontrollpflichten, sowie die Einbindung der Vollzeitpflege in den Vierten Abschnitt des Gesetzes (Hilfen zur Erziehung; Hilfen für junge Volljährige) scheinen Freien Trägern den Pflegekinderbereich neuerlich attraktiver gemacht zu haben. Der ganze Komplex lässt sich leichter als früher mit anderen Angeboten der Jugendhilfe, insbesondere mit der Heimerziehung, auch durch Doppelnutzung von Ressourcen, verknüpfen und besonders sinnvoll in die überall entstehenden Jugendhilfezentren einzelner Träger oder von Trägerverbänden einbeziehen (vgl. Zottmann-Neumeister 1997).

Ein wachsendes Interesse an Freien Trägern im Pflegekinderwesen kann auch in der Jugendhilfepolitik bzw. bei einzelnen Landesjugendämtern und Jugendämtern vermutet werden. Das neue „Kostenbewusstsein" der Jugendämter und besonders der Stadtkämmerer, die mit dem „Neuen Steuerungsmodell" verbundene Produktorientierung, die betriebswirtschaftliche Berechnung der tatsächlichen „Produktkosten", Probleme des „Qualitätsmanagements" und andere mit der gegenwärtigen Umorientierung der Jugendämter verbundenen neuen Optionen, verlangen von den Behörden und Ämtern zunehmend, sich auch in den eigenen Reihen einer „Aufgabenkritik" zu stellen und sich möglicherweise in deren Folge durch „outcontracting" auch von ehemals als originär jugendamtlich geltenden Aufgaben zu trennen. Als wesentlicher weiterer Faktor kommt schließlich hinzu, dass das behördliche Pflegekinderwesen vielerorts stagniert, teils, weil es immer schwerer wird, Pflegeeltern zu finden, teils aber auch, weil es als eine nebenbei zu erledigende Aufgabe definiert oder doch behandelt wurde. Dies wiederum konfligiert mit dem steigenden Interesse an kostengünstigen ‚Umschichtungen' im Bereich der Hilfen zur Erziehung. Vor allem eine zunehmende ‚Betrauung' von Jugendhilfeträgern mit der Organisation von Erziehungsstellen als kostengünstige Alternative zur Heimerziehung (vgl. Planungsgruppe PETRA 1995) und ein gewisser ‚Boom' bei der Ausschreibung von Bereitschaftspflegekinderdiensten an Freie Träger (vgl. PFIFF e.V. 1996) verdeutlichen, dass die Zukunft bereits begonnen hat.

Ein dritter Faktor, der für eine künftig höhere Bedeutung Freier Träger spricht, ist, dass die vor allem in den 70er -Jahren entstandenen Verbände für Pflege- und Adoptiveltern auf Bundes-, Landes- und Kommunalebene inzwischen den ‚Kinderschuhen' entwachsen sind und damit begonnen haben, sich zu professionalisieren. Dies ist häufig zunächst durch das Angebot von Schulungen für PflegekinderbewerberInnen vonstatten gegangen, zumal es hier im behördlichen Rahmen traditionelle Lücken und auch konzeptionelle Grenzen für ein Amt, das gleichzeitig über die Zulassung von BewerberInnen zu entscheiden hat, gab und gibt. Darüber hinaus haben diverse Verbände ihre traditionellen Angebote im Bereich der Selbsthilfegruppe und der informellen Laienberatung durch professionelle Beratungsangebote ergänzt und dies auch, weil sich die öffentlichen Beratungsstellen vielfach als zu ‚schwerfällig' für die oft rasches Handeln erforderlich machende Krisenintervention in Pflegefamilien erwiesen. Dass verschiedene Verbände nunmehr darauf drängen, ihr ‚know how' auch in eigene Fachdienste entweder für besondere Pflegeformen oder sogar im allgemeinen Pflegekinderwesen einzubringen, ist eine logische und gewiss sinnvolle Konsequenz.

Die unzureichende Dokumentation der Erfahrungen Freier Träger über ihre Arbeit lässt keine empirische gesättigte Diskussion über „Chancen und Handikaps" zu. (1) Dass sie gute und – gegenüber behördlichen Stellen – bessere Chancen haben, bedürfnis- und bedarfsgerecht zu arbeiten, liegt allerdings schon deshalb nahe, weil Freie Träger in der Ausgestaltung der Aufgaben in der Regel größere Spielräume haben als Jugendämter und – bei Drohung des Untergangs – unter einem stärkeren Erfolgsdruck stehen. Insbesondere Freie Träger, deren ausschließliche Aufgabe ein Pflegekinderdienst ist, sind schon aus Existenzgründen darauf angewiesen, sich sowohl im Bereich der Werbung, wie der Auswahl, der Beratung und der Begleitung zu professionalisieren. Ein weiterer wesentlicher Vorteil ist, dass sie – anders als behördliche Dienste, die leicht dem tagespolitischen Druck von Fallzahlerhöhungen, Umorganisationen und neuen Dienstanweisungen ausgesetzt sind – in der Regel unter gesicherten und zumeist wohl auch günstigeren Bedingungen arbeiten können, als ihre ,AmtskollegInnen'. Die in jugendamtlichen Spezialdiensten häufig üblichen ,Fallzahlen' von 60 und mehr pro SozialarbeiterIn zu betreuenden Pflegekindern, dürfte sich ein Freier Träger nicht bieten lassen. Sofern Jugendämter über keine speziellen Pflegekinderdienste verfügen, sondern alle Aufgaben des Pflegekinderwesens Aufgaben des Allgemeinen Sozialdienstes sind, kommt für spezialisierte Fachdienste Freier Träger der Vorteil der Spezialisierung und damit auch der stärkeren Identifikation mit der besonderen Aufgabe hinzu. Als ein sehr entscheidender Vorteil muss ferner gelten, dass Pflegepersonen im Freien Träger leichter einen vertrauensvollen Partner finden können, als in dem auch weiterhin mit gewissen Kontrollaufgaben und den oft ,frustrierenden' finanziellen Angelegenheiten belasteten Ämtern. Für Fachdienste Freier Träger, die in einem Jugendhilfeverbund arbeiten, kommen als Chance (was nicht ,Garantie' heißt) hinzu, dass Synergieeffekte entstehen, die von Behörden nicht ,geliefert' werden können; so z.B. die Organisation von Vertretungen und Babysitterdiensten, die vorübergehende Entlastung von Pflegepersonen durch eine kurzfristige anderweitige Betreuung eines Kindes und die Einbeziehung von Pflegepersonen in das Fortbildungs- und Supervisionsangebot eines Trägers. Möglicherweise ist, insbesondere für konfessionelle Träger, die überregionale Vermittlung von ,schwierig zu vermittelnden' Kindern und die Fortführung der Betreuung ,im selben Geist' nach einem Umzug der Pflegepersonen, eine besondere Chance. Ein vermehrtes Engagement Freier Träger im Pflegekinderwesen könnte schließlich dazu beitragen, dass die Leistungen von Pflegeeltern aufgewertet werden und es zu einem neuen und erweiterten ,Professionalisierungsschub' kommt.

Die (wiederum eher spekulativ erschließbaren) Handikaps liegen in der ,Zwitterstellung', die Freie Träger im Bereich des Pflegekinderdienstes heute noch weitgehend haben. Sie sind – bundesweit gesehen – noch eher unbekannt und werden gerne als „Aushöhlung" des Jugendamtes, als „Raub" einer immerhin noch recht angenehmen Aufgabe betrachtet. Dies schürt Vorbehalte und mobilisiert Ängste, die Rückwirkungen auf die weiterhin notwendige Zusammenarbeit zwischen Freien Trägern und Jugendämtern sowie auf die Kooperation der Jugendämter mit den Pflegepersonen haben. Dass in rechtlichen und finanziellen Angelegenheiten an das Jugendamt verwiesen werden muss, macht dieses zum ,Buhmann', behindert die Freien Träger an flexiblen und bedarfsgerechten Entscheidungen und nötigt den Pflegepersonen ab, sich mit verschiedenen Dienststellen „herumzuschlagen". Es entstehen für alle Beteiligten ambivalente und zwiespältige Situationen, welche die ohnehin für das Pflegekinderwesen konstitutiven Ambivalenzen (zwischen zwei Familien, zwischen öffentlich und privat) noch verstärken. In einem zweiten Sinne ist eine „Zwitterstellung" gegeben, weil mit der Etablierung eines Spezialdienstes in Freier Trägerschaft noch nicht geklärt ist, welche Arbeitsteilung es zwischen der Betreuung ,abgebender' und ,annehmender' Eltern geben soll bzw. wie die zweiseitige Verpflichtung der Jugendhilfe konkret gestaltet werden soll. Pflegepersonen geraten leicht ,zwischen die Stühle'. Für die Freien Träger selbst liegt ein besonderes Problem in der Kostenerstattung. Trotz des neuen Kostenbewusstseins der Jugendämter fehlt noch weitgehend das Bewusstsein, dass auch behördliche Sozialarbeit erhebliche Kosten verursacht (für Hamburg wurde einmal ein

Stundensatz von über DM 100,00 für die Arbeit eines „ausführenden" Sozialarbeiters errechnet, dies gilt dann also auch für die qualifizierte Arbeit eines Freien Trägers). Strukturell gesehen ist das entscheidende Handikap folglich, dass es – ganz anders als im Bereich der Heimerziehung – noch keine gewachsenen Kooperationsbeziehungen von öffentlichen und freien Trägern gibt.

Gegenwärtig ist vor allem zu konstatieren, dass es in mancherlei Hinsicht Nachholbedarf gibt. Es fehlt eine Bestandserhebung, eine systematische Auswertung von Erfahrungen und eine vergleichende Evaluation der Ergebnisse öffentlicher und freier Träger.

Literatur

Krolzik, Volker: Erfahrungen mit dem KJHG aus der Sicht der evangelischen Pflegekinderdienste im Diakonischen Werk. In: Stiftung „Zum Wohl des Pflegekindes" (Hrsg.): 5 Jahre KJHG aus der Sicht des Pflegekinderwesens. Idstein 1996, S. 172-195

Krolzik, Volker: Konfessionelle Pflegekinder- und Adoptionsdienste im Wandel. In: Kauermann-Walter, Jacqueline/Krolzik, Volker (Hrsg.) Pflegekinder- und Adoptionsdienste – Lebens- und Wesensäußerung der Caritas und Diakonie. Idstein 2. Aufl. 1997, S. 20-29

Planungsgruppe PETRA/Holger Thurau, Uwe Völker: Erziehungsstellen – Professionelle Erziehung in privaten Haushalten. Mit den Ergebnissen der bundesweiten Umfrage der IGFH-Fachgruppe „Erziehungsstellen". Frankfurt/Main (IGFH) 1995

Pfiff e.V./Sabine Oeltjen (Hrsg.): Bereitschaftspflege. Konzepte, Standards, Perspektiven. Ein Tagungsbericht. Hamburg 1996

Zottmann-Neumeister, Frauke: Konfessionelle Pflegekinder- und Adoptionsdienste im Katalog der Hilfen zur Erziehung. In: Kauermann-Walter, Jacqueline/Krolzik, Volker (Hrsg.) Pflegekinder- und Adoptionsdienste, a.a.O., S. 36-42

Anmerkung

(1) In der Beschreibung von Chancen und Handikaps stütze ich mich auch auf Primärerfahrungen aus der wissenschaftlichen Begleitforschung des Freien Trägers „Pflegekinder und ihre Familien Förderverein (PFIFF) e.V." in Hamburg.

Marion Damerius

Cinderella – „Pflegepersonen im Angestelltenverhältnis“ Ein internationales Modellprojekt im Bereich des Pflegekinderwesens unter Beteiligung Mecklenburg-Vorpommerns

Cinderella oder Aschenputtel - ein Märchen dieser Thematik ist in fast allen europäischen Ländern Bestandteil des Kulturerbes. In gewissem Sinn übernimmt Cinderella die Versorgung und Betreuung von mit ihr nicht verwandten Kindern unter großen Mühen und Entbehrungen - und bekommt als Dank für ihre Mühen einen Prinzen.

Für Pflegeeltern, die im öffentlichen Auftrag psychisch und/oder physisch beeinträchtigte Kinder und Jugendliche aus anderen Familien mit größtenteils belastenden familialen Problem- und Konflikterfahrungen betreuen, gibt es diese märchenhafte Lösung in der Regel nicht. Nach wie vor besitzt folgende Feststellung von WIDEMANN Aktualität: „Die Pflegekindschaft hat wie die Familienerziehung den Stallgeruch von Hausfrauenarbeit und wird als eine auf Wissen und Anstrengung basierende Tätigkeit nicht ernst genommen. Da 80 bis 90% aller Pflegekinder überwiegend von Frauen betreut werden, stellt sich das Problem der Nichtbezahlung (bzw. der Geringstbezahlung M.D.) auch frauenpolitisch.“ (BLANDOW/ WIDEMANN 1990, S. 82).

So ist denn auch in der aktuellen Jugendhilfepraxis die Unterbringung von Kindern in Pflegefamilien zunehmend problematischer geworden - nicht zuletzt weil es an potenziellen Pflegepersonen mangelt. Diese Tatsache ist in den alten wie neuen Bundesländern gleichermaßen deutlich, wenn auch mit unterschiedlichen Vorzeichen. Während in den alten Bundesländern 1986 ein sehr ausgewogenes Verhältnis der Fremdunterbringung mit 49,5% in Pflegefamilien und 50,5% in Heimen (nach BLANDOW/ WIDEMANN 1990, S. 76) zu verzeichnen war, liegt der Anteil der Vollzeitpflege am Gesamtspektrum der Hilfen zur Erziehung in den Jahren 1991 bis 1994 nur noch um 40%, während der Anteil der Heimerziehung bei ca. 50% verblieb und die Einzelbetreuung sowie die Betreuung in einer Tagesgruppe mit etwa 10% veranschlagt werden kann (Statistisches Bundesamt 1993, 1994, 1995, 1996).

In den neuen Bundesländern musste das Pflegekinderwesen im Zuge der Umstrukturierung der Jugendhilfe der ehemaligen DDR völlig neu aufgebaut werden (vgl. DAMERIUS 1996). Dem zügigen Aufbau von Pflegekinderdiensten in den Jugendämtern und den darauf folgenden Anstrengungen zur Gewinnung von Pflegeeltern ist es zu verdanken, dass bereits 1992 ein Anteil von ca. 30% aller Hilfen zur Erziehung in Form eines Vollzeitpflegeverhältnisses (im Gegensatz dazu aber fast 70% Heimerziehung) zu verzeichnen war (vgl. auch SCHUNKE 1996). Dieser Anteil des Pflegekinderwesens am Bereich Hilfen zur Erziehung hat sich seit 1992 nicht wesentlich verändert (Statistisches Bundesamt 1993, 1994, 1995, 1996). Die eigentliche Entwicklung vollzog sich innerhalb des Pflegekinderwesens. So nahm der Anteil der Verwandtenpflege kontinuierlich von etwa 70% 1992 auf unter 60% 1996 ab, während gleichzeitig der Anteil von Fremdpflegeverhältnissen von ca. 30% 1992 auf über 40% 1996 anstieg (exemplarisch für Mecklenburg/ Vorpommern vgl. Statistisches Landesamt 1993, 1994, 1995, 1996, 1997). Diese Entwicklung vollzog sich parallel zu einer Ausdifferenzierung und Umstrukturierung der Heimerziehung und zum Aufbau vielfältiger Formen ambulanter Erziehungshilfen. Insbesondere Letzteres hat zur Folge, dass Kinder und Jugendliche, in deren Familien ambulante Erziehungshilfen nicht ausreichen, und die deshalb letztendlich fremdplatziert werden müssen, aufgrund ihrer besonderen Lebensgeschichte geschädigt und/oder sehr schwierig sind. In der Regel benötigen sie auch eine spezielle erzieherische, sonderpädagogische oder therapeutische Betreuung. Dafür jedoch sind nun kaum qualifizierte Pflegeeltern zu finden, obgleich gerade für diese Kinder eine Familienbetreuung oft eine wichtige Sozialisationschance wäre. Zwar wurde (im Land Mecklenburg/ Vorpommern) bereits versucht, mit einer Erhöhung des Pflegesatzes und einer zusätzlichen Förderung durch das Land die Attraktivität einer solchen Aufgabe zu erhöhen, dennoch können sich nur wenige Familien angesichts der sozialen Ungewissheit dazu entschließen. Als größte Barriere erweist sich dabei, dass die Frauen hier auf jeden Fall ihre Neigung zur Berufstätigkeit auf lange Sicht aufgeben müssten (vgl. DAMERIUS 1996). Ein weiteres Hemmnis stellt das in vielen Bereichen noch unzureichend entwickelte Netzwerk für Pflegeeltern dar, das neben einer fundierten Qualifizierung auch eine regelmäßige intensive Fortbildung, Elterngruppenarbeit sowie ständig verfügbare professionelle Beratungs- und Supervisionsmöglichkeiten beinhaltet.

Hier setzt das Modellprojekt des „Vereins zur Förderung des Pflegekinderwesens Mecklenburg/ Vorpommern e.V." an. Angeregt durch ein in Wien seit einigen Jahren in Trägerschaft des Vereins „Initiative Pflegekinder (VIP) praktiziertes Modell der Anstellung von Pflegepersonen für die Betreuung von Kindern sowohl in Tagespflege als auch - als Weiterentwicklung - in der Vollzeitpflege, geht es dem Verein um die Verbindung zweier wesentlicher Aspekte in der Vollzeitpflege: Einerseits die Gewährleistung einer qualitativ hochwertigen, an den Bedürfnissen der jeweiligen Kinder und Jugendlichen orientierten Vollzeitpflege mit stabilen Bindungsangeboten; andererseits um eine der Arbeitsaufgabe angemessene Honorierung dieser Tätigkeit im öffentlichen Auftrag durch die Gewährleistung eines sozialversicherungspflichtigen Beschäftigungsverhältnisses. Gemeinsam mit KooperationspartnerInnen aus Österreich, Italien, Großbritannien, Frankreich und Belgien geht dieses transnationale Modellprojekt von folgenden Prämissen aus:

- Die Vollzeitpflege ist gesetzlicher Bestandteil der öffentlichen Erziehung. Deshalb trägt die öffentliche Hand ebenso wie für die Heimunterbringung die Verantwortung für ein qualifiziertes, den Bedürfnissen der jeweiligen Kinder und Jugendlichen angemessenes Angebot.
- Die Betreuung der Kinder und Jugendlichen erfolgt anders als in der Heimerziehung im privaten Raum eines bestehenden familialen Bedingungsgefüges. Pflegekinder

kommen in dieses Bedingungsgefüge mit der ihnen eigenen, für die aufnehmende Familie fremden Biografie, aus anderen Bezugsräumen. Sie sind andererseits mit dem familialen Raum der aufnehmenden Familie nicht vertraut, bringen aber z.T. schwer wiegende belastende Erfahrungen in die Pflegefamilie ein. Das hat zur Folge, dass sich das familiale System der Pflegefamilie mit Aufnahme eines Pflegekindes z.T. gravierend ändern kann und so verstärkt Anforderungen zur Stabilisierung an die aufnehmende Familie gestellt werden.

- Pflegepersonen haben eine komplizierte Beziehungsarbeit zu leisten. Diese Tätigkeit ist in starkem Maße eine Gratwanderung zwischen Privatheit und Öffentlichkeit. In der Pflegefamilie ist ein Ausbalancieren des am Bedürfnis des einzelnen Kindes orientierten Verhältnisses von Distanz und Nähe notwendig. Dies wird wesentlich von der Biografie des Pflegekindes sowie von den konkreten Veränderungen des familialen Systems der Pflegefamilie hinsichtlich ihrer Systemerweiterung, zur Herkunftsfamilie des Pflegekindes hin, bestimmt.

- Dies erfordert die Herausbildung einer reflexiv zu gestaltenden Beziehungsarbeit, die sowohl die konkreten Erfordernisse des Pflegekindes erfassen und berücksichtigen kann, als auch über Bewältigungsstrategien zur Konfliktlösung im privaten Raum verfügt.

Hieraus leiten sich für das Modellvorhaben folgende Thesen ab:

1. Um im Bereich der familienergänzenden und -ersetzenden Pflege und Erziehung für alle Kinder und Jugendlichen eine hohe Qualität sicherzustellen, müssen Pflegepersonen unabhängig von ihrem Arbeitsort (Heimform, Pflegestelle...) entsprechend qualifiziert sein und über bestimmte fachliche Kompetenzen verfügen.

2. Derzeit werden Aufgaben der Betreuung und Versorgung fremdplatzierter Kinder im außerinstitutionellen Raum überwiegend von Frauen erfüllt. Der öffentliche Charakter dieser Tätigkeit kann daher traditionell leicht von der Privatheit der überwiegend von Frauen geleisteten familialen Reproduktionstätigkeit überdeckt werden und so zu problematischen Rollendefinitionen führen.

3. Im Hinblick auf den dringenden Bedarf an kindgerechten qualifizierten außerinstitutionellen Betreuungsplätzen und auf die notwendige Anerkennung dieser Leistungen muss der Bereich der Kinderbetreuung im familiennahen Raum professionalisiert werden.

4. Das erfordert die Definition eines Berufsbildes und dessen Ausgestaltung durch ein standardisiertes Aus- und Weiterbildungsprogramm, qualitätssichernde Maßnahmen und die Schaffung von sozialversicherungspflichtigen Arbeitsplätzen.
5. Damit wird im europäischen Rahmen ein neues Tätigkeitsfeld eröffnet und so ein Beitrag zur Beseitigung von Chancenungleichheit von Frauen hinsichtlich ihres

Zugangs zur Erwerbsarbeit geleistet. In diesem Sinne ist das Modellprojekt als eine Antwort auf die zunehmende Frauenarbeitslosigkeit zu sehen.

6. Nicht zuletzt zeigen bisherige Erfahrungen (Wiener Modell), dass die außerinstitutionelle Betreuung und Versorgung fremdplatzierter Kinder und Jugendlicher für die öffentlichen Haushalte Kosten senkende Effekte aufweisen.

Hinsichtlich dieser aufgeführten Thesen wird es in den nächsten zwei Jahren eine intensive Fachdiskussion der am Modellprojekt beteiligten europäischen Kooperationspartner geben.

In Mecklenburg-Vorpommern ist dieses Modellprojekt im Januar dieses Jahres in seine erste Erprobungsphase gestartet. Gefördert aus Mitteln des Europäischen Sozialfonds und der Bundesanstalt für Arbeit, erfährt es eine große Unterstützung durch das Sozialministerium unseres Bundeslandes. Es gliedert sich in zwei Etappen: 1. eine sechsmonatige Qualifizierung von künftigen Pflegepersonen, 2. die Vermittlung eines Kindes oder Jugendlichen als Beginn der Anstellungsphase, fachlich begleitet durch regelmäßige Fortbildungen und Supervision sowie durch bedarfsgerechte Beratungsangebote.

Folgende Voraussetzungen muss ein derartiges Beschäftigungsverhältnis erfüllen:

- Vor Anstellung der Pflegeperson hat sie eine pädagogisch-psychologische Grundqualifikation nachzuweisen, sowie eine zielgerichtete Vorbereitung auf ihre Arbeit mit psychisch/physisch mehr oder weniger beeinträchtigten Kindern und Jugendlichen im eigenen Haushalt durch einen zertifizierten Lehrgang zu absolvieren.

- Sie ist durch das Jugendamt als Pflegeperson anerkannt.

- Die Anstellung erfolgt nach Auswahlgesprächen beim Anstellungsträger bei Vermittlung eines Kindes durch das Jugendamt. Das Anstellungsverhältnis ist an das jeweils vermittelte Kind gebunden.

- Inhalte der Arbeitsvereinbarung zwischen Arbeitgeber und Pflegeperson sind dabei nicht die Betreuung und Versorgung des Kindes im privaten Haushalt oder das enge Bindungsangebot von der Pflegefamilie an das Kind, die Sicherung einer Atmosphäre der emotionalen Nähe und Geborgenheit. Diese Angebote der Familie an das Pflegekind bilden die Voraussetzungen für jede Art von Pflegeverhältnissen. Gegenstand des Anstellungsverhältnisses sind die „professionellen Elemente“ der Anforderungen an Pflegefamilien:

    - Fachliche Einschätzung der Entwicklungsvollzüge des Kindes und Planung weiterer Schritte in der Erziehung des Kindes;

- Aufarbeiten der kindlichen Entwicklungsgeschichte und Verstehen kindlicher Verhaltensweisen aus dessen Geschichte;
- Akzeptanz und (direkte oder indirekte) Einbeziehung der Herkunftsfamilie in die erweiterte Pflegefamilie;
- Reflexion über die eigene Wirksamkeit im Pflegeverhältnis sowie Rechenschaftspflicht über die Entwicklung des Pflegekindes gegenüber allen beteiligten Institutionen (Herkunftseltern, Jugendamt, Arbeitgeber);
- Kontakt zum Pflegekinderdienst, zu Ärzten, Therapeuten, Lehrern ... unter Wahrung der Interessen und Bedürfnisse des Pflegekindes;
- Verstehen, Unterstützung und bei Bedarf Weiterführung von Therapie- und Übungsprogrammen;
- monatliche Teilnahme an obligatorischen Fortbildungsveranstaltungen und Supervisionen (jeweils 3 Stunden Fortbildung; 2 Stunden Supervision);
- wöchentlicher Kontakt zum betreuenden Sozialarbeiter/zur betreuenden Sozialarbeiterin des Anstellungsträgers.

Der zeitliche Rahmen des Arbeitsvertrages richtet sich **nach dem im Hilfeplanverfahren des Jugendamtes festgestellten Bedarfes des Kindes:**

Als Orientierungshilfe könnte gelten:

- ***Stufe 1*** (10 Wochenstunden): „durchschnittliches Pflegekind", d.h. Kind mit z.B. Schwangerschaftskomplikationen, mangelnder gesundheitlichen Vorsorge, Eltern mit psychischen Auffälligkeiten oder Erkrankung der Eltern; leichte Entwicklungsverzögerungen ...
- ***Stufe 2*** (20 Wochenstunden): Kinder mit leichten körperlichen oder psychischen Behinderungen, größere Entwicklungsverzögerungen, Verhaltensauffälligkeiten, Hospitalismuserscheinungen; verstärktem Therapie- und Betreuungsaufwand oder besonders schwieriger Gestaltung der Besuchskontakte bzw. Geschwistervermittlung
- ***Stufe 3*** (30 Wochenstunden): Kinder mit aufwendigem Therapieerfordernis, aus schweren Verwahrlosungs- oder Misshandlungssituationen, starken Retardierungen, mit heil- oder sonderpädagogischem Bedarf.

Die Qualifizierungsmaßnahme, an der 23 Frauen und 2 Männer teilnehmen, hat im April dieses Jahres begonnen und wird Ende September mit einem Zertifikat ihren Abschluss finden. Neben dem Bildungsangebot für die potenziellen angestellten Pflegepersonen sind Wochenendveranstaltungen **für die ganze Familie** obligatorischer Bestandteil der Qualifizierungsmaßnahme, greift doch die Aufnahme eines Pflegekindes in das gesamte Familiensystem ein.
Die Ernst-Moritz-Arndt-Universität Greifswald wird das Modellprojekt wissenschaftlich begleiten. Im Rahmen dieser Evaluierung wird es sowohl um die Überprüfung

und Fortschreibung des Curriculums gehen als auch um die Begleitung der sich in den Familien nach Aufnahme eines Pflegekindes vollziehenden Prozesse und ihrer Auswirkungen auf die Anforderungen an ein begleitendes Netzwerk. Diese Erkenntnisse werden dann im internationalen Rahmen zusammengeführt, um so einen Beitrag zur Schaffung eines neuen Berufsbildes im Bereich der personenbezogenen Dienstleistungen im familiennahen Raum zu schaffen, das sich als Bindeglied zwischen herkömmlicher ehrenamtlicher Betreuung von Pflegekindern und an Heimen angelagerten Erziehungsstellen versteht.

Literatur

BLANDOW, J./ WIDEMANN, P.: „12 Jahre danach. Was ist erreicht - was bleibt zu tun ?". In: Güthoff/ Jordan/ Steege (Hg.): Hamburger Pflegekinderkongreß „Mut zur Vielfalt". Münster 1990, S. 68-89

DAMERIUS, M.: Und plötzlich war alles ganz anders ... Von „neuen Eltern" im Sinne des DDR-Kinder- und Jugendhilferechts zu „Ergänzungs-" oder „Ersatzeltern" im Sinne des KJHG der BRD. In: Stiftung „Zum Wohl des Pflegekindes" (Hg.): 5 Jahre KJHG aus der Sicht des Pflegekinderwesens. Idstein 1996, S. 73-103

SCHUNKE, R.: Die Entwicklung des Pflegekinderwesens im Land Sachsen-Anhalt. In: Stiftung „Zum Wohl des Pflegekindes" (Hg.): 5 Jahre KJHG aus der Sicht des Pflegekinderwesens. Idstein 1996, S. 58-72

STATISTISCHES BUNDESAMT: Statistisches Jahrbuch 1993 für die Bundesrepublik Deutschland. Wiesbaden 1993

STATISTISCHES BUNDESAMT: Statistisches Jahrbuch 1994 für die Bundesrepublik Deutschland. Wiesbaden 1994

STATISTISCHES BUNDESAMT: Statistisches Jahrbuch 1995 für die Bundesrepublik Deutschland. Wiesbaden 1995

STATISTISCHES BUNDESAMT: Statistisches Jahrbuch 1996 für die Bundesrepublik Deutschland. Wiesbaden 1996

STATISTISCHES LANDESAMT MECKLENBURG/VORPOMMERN: Statistisches Jahrbuch 1993. Schwerin 1993

STATISTISCHES LANDESAMT MECKLENBURG/VORPOMMERN: Statistisches Jahrbuch 1994. Schwerin 1994

STATISTISCHES LANDESAMT MECKLENBURG/VORPOMMERN: Statistisches Jahrbuch 1995. Schwerin 1995

STATISTISCHES LANDESAMT MECKLENBURG/VORPOMMERN: Statistisches Jahrbuch 1996. Schwerin 1996

STATISTISCHES LANDESAMT MECKLENBURG/VORPOMMERN: Statistisches Jahrbuch 1997. Schwerin 1997

Barbara Heinemann-Milde

Gedanken zur Tendenz der Auflösung von Pflegekinderdiensten und deren Zuordnung zum Allgemeinen Sozialen Dienst

Seitdem in den 70ern bis in die 80er-Jahre hinein in den Jugendämtern der Spezialdienst „Pflegekinderdienst“ eingerichtet wurde, gab es punktuell immer wieder Diskussionen darüber, ob Spezialdienste, die ursprünglich aus fachlichen Gründen etabliert wurden, wirklich erforderlich sind. Hier ist außer den Pflegekinderdiensten, die in verschiedenen örtlichen Bereichen mit der Adoptionsvermittlung und/oder der Tagespflegebetreuung verknüpft sind, insbesondere die Jugendgerichtshilfe und die Behindertenhilfe zu nennen.
Diese Diskussion wurde in den letzten Jahren, gekoppelt an Um- und Neustrukturierungsideen der sozialen Dienste, durch die erheblichen Einsparungszwänge der Kommunen geführt.

Rückblick:
Ende der 60er-, Anfang der 70er-Jahre wurde im Rahmen der sogenannten „Heimkampagne“ heftige Kritik an der Qualität und dem Erfolg der Heimerziehung geübt. Die unhaltbaren Zustände in den Heimen wurden öffentlich kritisiert und die Pflegefamilie als „bessere“ pädagogische Alternative der Fremdunterbringung von Kindern und Jugendlichen wurde mehr in den Mittelpunkt sozialpädagogischen Handelns gerückt. Da die nachfolgenden Verbesserungen im Heimbereich zwangsläufig zu einer Kostensteigerung führten, wurde der Blick verstärkt auf die günstiger zu unterhaltenden Pflegefamilien gerichtet. Die Jugendämter gerieten zunehmend unter Druck, neue Pflegefamilien zu gewinnen und mehr Kinder unterzubringen. Nicht systematisch durchgeführte Untersuchungen brachten als Ergebnis eine erhebliche Zahl von Pflegestellenabbrüchen hervor.
Anhand der Praxiserfahrungen (und solcher Untersuchungsergebnisse) wurden Ansprüche an eine bessere Vorbereitung und Auswahl von PflegeelternbewerberInnen, eine qualifiziertere Vermittlungspraxis und fachliche Beratung und Begleitung der Pflegefamilie laut. Das Stadtjugendamt Dortmund richtete als Folge 1970 einen Pflegekinderdienst ein. Die Pflegekinderarbeit war bisher in den Jugendämtern integraler Bestandteil des Aufgabenspektrums der Familienfürsorge und ein Kritikpunkt unter vielen an der allgemeinen internen und externen Unzufriedenheit mit der inhaltlichen Arbeit der Jugendämter und deren Struktur.
Durch die Einrichtung des Spezialdienstes stieg die Zahl der Pflegekinder in Dortmund im Verhältnis zur Heimunterbringung stark an und „bescherte“ der Stadt eine erhebliche Etatentlastung.
1977 wurde das „Manifest zum Pflegekinderwesen“ (Jürgen Blandow, Helga Danzig, Gerhard Haag, Hermann Schreib, Wolf Rainer Wendt, Peter Widemann in „Materi-

alien zur Heimerziehung“, Frankfurt/M., Dez. 1977) veröffentlicht, das neben einer fachlichen Orientierung für Fremdunterbringungen von Kindern auch Aussagen zur Organisation von Pflegekinderdiensten machte: „Die Konzentration in einem Dienst ist erforderlich, um die Pflegepersonen nicht mit verschiedenen Kontakten zu verschiedenen Ämtern bzw. zu verschiedenen Personen des gleichen Dienstes zu belasten. Sie ist ferner geboten, um die aufeinander bezogenen Aufgaben koordiniert und ohne Reibungsverluste wahrnehmen zu können; schließlich um den MitarbeiterInnen des Spezialdienstes einen Erfahrungshintergrund zu sichern, der ihnen eine spezielle Qualifizierung ermöglicht und abverlangt. Jeder spezialisierte Sozialdienst ist der Gefahr ausgesetzt, den Zusammenhang zu anderen Sozialdiensten zu verlieren und damit zu einer den Problemlagen unangemessenen Überbewertung eigener Aufgaben und Denkschemata zu kommen. Die Zusammenarbeit mit ergänzenden und teilweise konkurrierenden Sozialdiensten (besonders zu den allgemeinen Sozial- und Beratungsdiensten und zu der Heimabteilung) darf darum nicht der Initiative der einzelnen MitarbeiterInnen überlassen bleiben, sondern muß institutionalisiert und organisatorisch abgesichert sein.“

Im Fünften Jugendbericht „Bericht über Bestrebungen und Leistungen der Jugendhilfe“ des Deutschen Bundestages vom 20.02.1980 finden sich ebenfalls Äußerungen zum Pflegestellenbereich: „Entsprechend den allgemeinen Intentionen eines reformierten Pflegekinderwesens tendiert die Entwicklung freilich zu Spezialdiensten, zu professionalisierter Beratungsarbeit, die zunehmend als Gruppenarbeit durchgeführt wird, zu einer Verfeinerung des diagnostischen Instrumentariums für die Auswahl von Pflegekindern und Pflegeeltern.“

Neben verschiedenen wichtigen Fachpublikationen, z.B. M. Bonhoeffer, P. Widemann (Hg.): Kinder in Ersatzfamilien, Stuttgart 1974, R. Junker, u.a.: Pflegekinder in der Bundesrepublik Deutschland, Frankfurt/M. 1978 und dem ersten deutschen Kongress zum Pflegekinderwesen „Kinder in Ersatzfamilien“ in Berlin 1975 setzte sich durch die fachlichen Auseinandersetzungen zu Fremdunterbringungen von Kindern in Pflegestellen immer mehr das Erfordernis der Umsetzung des Aufgabenbereiches „Pflegekinder“ in einem Spezialdienst durch. Es wurde konstatiert, dass der Pflegekinderbereich als „eine Aufgabe der Jugendhilfe, die in spezifischer Weise Fachlichkeit verlangt, in weitem Umfang als Nebensache erledigt wird....“ (Junker u.a. a.a.O.).
In den meisten Jugendämtern wurden dann in den 70er- und 80er-Jahren Pflegekinderdienste eingerichtet, die je nach Größe des Jugendamtes auf nur eine spezialisierte Fachkraft beschränkt sein konnten.

In den 80er-Jahren führte auf Veranlassung des Bundesministeriums für Jugend, Familie und Gesundheit das Deutsche Jugendinstitut das Modellprojekt „Beratung im Pflegekinderbereich“ durch. Die Ergebnisse wurden 1987 im „Handbuch – Beratung im Pflegekinderbereich“ veröffentlicht. Anspruch des Modellprojektes war die quantitative Ausweitung und qualitative Verbesserung des Pflegestellenwesens. Die

Angebote zur Beratung, Unterstützung und Weiterbildung von Pflegeeltern sowie der Herkunftsfamilien der Pflegekinder sollten erweitert und wirksamer umgesetzt werden. Dieses Modellprojekt führte zu einer erbittert geführten Diskussion zwischen Vertretern der durch das Deutsche Jugendinstitut und den Fachleuten Nienstedt/Westermann polarisierenden Positionen unter der Überschrift „Pflegefamilie - Ersatz- oder Ergänzungsfamilie", die in Verbindung mit Kontroversen um psychoanalytische und systemische Sichtweisen standen.
Zur Vervollständigung der inhaltlichen Diskussionen um Inhalte des Pflegekinderwesens sei auf den Hamburger Pflegekinderkongress 1990 „Mut zur Vielfalt" und die IFCO-Konferenz „Pflegekinder in einer veränderten Welt" in Berlin 1994 hingewiesen, deren Dokumentationen die fachlichen Weiterentwicklungen veranschaulichen.
Nach der „Wende" wurde für den Aufbau der Pflegekinderdienste und die Qualifizierung der Fachkräfte vom „Arbeitskreis zur Förderung von Pflegekindern" ein Modellprojekt des Bundesministeriums für Frauen und Jugend „Förderung des Pflegekinderwesens in den neuen Bundesländern" durchgeführt (1991 – 1994), was dazu führte, dass sich in den Jugendämtern mehrheitlich ein Spezialdienst (bzw. eine Spezialfachkraft) etablierte.

Rechtliche Grundlagen:
Nach Inkrafttreten des Kinder- und Jugendhilfegesetzes 1990 / 1991 wurde zum Thema Vollzeitpflege geregelt, dass diese Hilfe zur Erziehung dem Kind oder Jugendlichen entsprechend dem Alter und Entwicklungsstand in einer anderen Familie eine zeitlich befristete **oder** eine auf Dauer angelegte Lebensform bieten soll. Die persönlichen Bindungen, sowie die Möglichkeiten der Verbesserung der Erziehungsbedingungen in der Herkunftsfamilie sind zu berücksichtigen. Diese Regelung enthält keine generelle Rückkehroption des Kindes in die Herkunftsfamilie, sondern verpflichtet das Jugendamt zu einer möglichst schnellen Aussage zur Prognose der weiteren Perspektive für das untergebrachte Kind.
Neben der Festlegung des Zusammenwirkens mehrerer Fachkräfte ist für den Pflegestellenbereich der Anspruch auf Beratung und Unterstützung der Pflegepersonen als Rechtsanspruch formuliert.
Das Kindschaftsrechtsreformgesetz (KindRG), das ab 01.07.1998 in Kraft tritt, hat einige Regelungen bei Pflegeverhältnissen formuliert. So haben Pflegepersonen, bei denen ein Kind längere Zeit lebt, ein Entscheidungsrecht in Angelegenheiten des alltäglichen Lebens (auch wenn es sich nicht um eine Hilfe zur Erziehung nach § 27 in Verbindung mit § 33 KJHG handelt). Ferner bekommen erstmals Pflegepersonen, bei denen ein Kind längere Zeit in Familienpflege gelebt hat, ein Umgangsrecht eingeräumt.

Schwerpunktaufgaben der Pflegekinderdienste:
Der Pflegekinderdienst ist darauf angewiesen, Vorarbeiten zu erbringen, bevor es zu einer einzelfallbezogenen Aufgabenübernahme, bzw. um die Sprache der Verwaltungsreformbestrebungen zu benutzen, bevor es zu einer konkreten produktbezogenen Tätigkeit (die Vermittlung des Kindes in eine Pflegefamilie und die damit verbundene

Jugendhilfeleistung) kommt. Diese Arbeit ist vergleichbar mit dem „Vorhalten einer Einrichtung", deren Planung, Organisation und Ausstattung vor Aufnahme eines Kindes bereitstehen muss. Hierzu gehören:

- kontinuierliche Öffentlichkeitsarbeit und Werbung
- Vorbereitung und Auswahl der Pflegepersonen
- Beratung und Förderung von Pflegeelterngruppen und -organisationen durch Gruppenarbeit und Fortbildungen
- Entwicklung von Sonderformen für entwicklungsbeeinträchtigte Kinder und Jugendliche
- Schaffung ausreichender, bedarfsorientierter Platzkapazitäten
- Fortbildung für Pflegepersonen
- Bildung von Gruppen für Pflegekinder und ev. leibliche Kinder der Pflegeeltern
- Qualifizierungsangebote für Pflegepersonen
- Vertretung der Pflegekinderarbeit in Ausschüssen, Arbeitskreisen, etc.
- Planung der Fort- und Weiterbildung und Supervision für die Fachkräfte verbunden mit methodischer Weiterentwicklung der Pflegekinderarbeit

Die sich auf den Einzelfall beziehenden Tätigkeiten umfassen insbesondere:

- Vorbereitung der Entscheidung über die Vollzeitpflege als Hilfeart
- Beratung der Herkunftsfamilie über Inhalte und Probleme von Pflegeverhältnissen, insbesondere auf die Entwicklung des Kindes bezogen
- qualifizierter Vermittlungsprozess mit ausführlicher Information und Vorbereitung aller Beteiligten, Kooperation zwischen Allgemeinem Sozialen Dienst (ASD) und Pflegekinderdienst (PKD)
- laufende Beratung, Begleitung und Unterstützung der Pflegefamilie
- Unterstützung und ggf. Begleitung der Kontakte des Pflegekindes zu seiner Herkunftsfamilie
- regelmäßige Überprüfung des Hilfeplanungsprozesses mit dem Ziel einer schnellen Perspektiventscheidung für das Kind (möglichst mit Festlegung einer Höchstdauer für die Entscheidungsfindung), intensive Kooperation zwischen ASD und PKD
- bei Beendigung des Pflegeverhältnisses: Nachbetreuung (je nach Anlass der Beendigung, z.B. Rückkehr des Kindes in die Herkunftsfamilie, Wechsel zu einer anderen Hilfe zur Erziehung (insbesondere bei Kurz-, Bereitschaftspflege und Pflegestelle auf Zeit), Abbruch des Pflegeverhältnisses aus anderen Gründen)

Um diese Aufgaben, d.h. die Fremdunterbringung von Kindern und Jugendlichen im privaten Rahmen der Pflegefamilie, fachlich qualifiziert durchführen zu können, bedarf es größter Sorgfalt und Erfahrung aufseiten der vermittelnden Personen in den Ämtern. Die Entwicklungsbedürfnisse der Kinder und Jugendlichen, sowie deren Belastbarkeit, müssen dem pädagogischen Potenzial der Pflegefamilie gegenübergestellt und differenziert eingeschätzt werden. Nur unter diesen Voraussetzungen kann es zu einer adäquaten Vermittlung für beide Seiten kommen. Dies ist nur durch qualifiziertes Personal im Rahmen eines Spezialdienstes, also eines „Pflegekinderdienstes" zu gewährleisten.

Organisatorische Veränderungen:
Die derzeitige Diskussion im Rahmen von Perspektiventwicklung sozialpädagogischen Handelns innerhalb der Jugendhilfe, die mit Begriffen wie Ganzheitlichkeit, Lebensweltorientierung, Dezentralisierung, Regionalisierung und Sozialraumorientierung geführt wird, verbietet jedoch (wie auch im Achten Jugendbericht des Bundesministeriums für Jugend, Familie, Frauen und Gesundheit, 1990 ausgesagt wird) eine rigorose Handhabung bei der Auflösung von Spezialdiensten.
Eine Integration der Pflegekinderarbeit in den ASD kann die Ansprüche nach Ganzheitlichkeit in der sozialpädagogischen Arbeit nicht erfüllen. Pflegefamilien und Herkunftsfamilien leben selten direkt in einer Zuständigkeitsregion. Die fachspezifischen Kenntnisse der Sozialpädagogen „schleifen" sich im Laufe der Zeit ab, wie Erfahrungen aus Jugendämtern belegen, die eine Integration des Pflegekinderdienstes in den ASD vollzogen haben. Im Alltag sozialpädagogischen Handelns müssen akute Krisen von (Multi-) Problemfamilien vorrangig behandelt werden, bevor der Beratungsbedarf von Pflegefamilien regelmäßig erfüllt werden kann. Die Pflegefamilien kommen dann zwangsläufig zu kurz.

Insbesondere die Grundsatzaufgaben wie Öffentlichkeitsarbeit, Werbung, Gruppenarbeit und die Weiterentwicklung der Pflegekinderarbeit bleiben auf der Strecke (z.B. war die Entwicklung neuer Pflegestellenformen, wie die „Bereitschaftspflegestelle" und die „Pflegestelle auf Zeit", nur durch lange Diskussionsprozesse im Vorlauf im Rahmen der Spezialdienste möglich).

Neben der fachlichen Begründung der Integration der Pflegestellenarbeit in den ASD
- ganzheitliche sozialpädagogische Arbeit in einer Region,
- Stärkung der zeitlich befristeten neben der auf Dauer angelegten Pflegestelle,

rücken jedoch stellenpolitische Einsparabsichten in den Vordergrund. Die seit Jahrzehnten geführte Diskussion um Fallzahlen im Pflegekinderdienst (empfohlen von unterschiedlichen Organisationen und Gruppierungen: 25 bis 40) erledigt sich durch die Verlagerung der Pflegekinderdienstarbeit in den ASD von selbst.
Erziehungshilfepolitische Ziele, wie z.B. die Reduzierung der Heimunterbringung im Verhältnis zu Pflegestellenunterbringungen, scheinen ins Abseits zu geraten. Ein Kind lässt sich schneller im Heim unterbringen als in einer den Bedürfnissen des Kindes und der Eltern entsprechenden Pflegestelle, Hauptsache es lässt sich Fachpersonal einsparen.

Zurzeit gibt es verschiedene Modelle, die Pflegestellenarbeit in den Jugendämtern anzusiedeln:
- Pflegekinderdienst als zentral zuständiger Spezialdienst (möglichst mit AnsprechpartnerInnen für die Regionaldienste / Außenstellen)
- Zuordnung der Fachkräfte zu den Regionaldiensten / Außenstellen mit der Schwerpunktaufgabe Pflegestellenarbeit
- Integration der Pflegestellenarbeit in den ASD (jede/r SozialarbeiterIn ist für den Zuständigkeitsbereich auch für Pflegestellen verantwortlich)

- Arbeitsgruppe „Hilfen zur Erziehung“, die als übergeordnete Koordinationsstelle für ambulante und stationäre Hilfen (Heim- und Pflegestellenunterbringung) zentral im Jugendamtsbereich zur Beratung und Vermittlung von Fachkräften, bzw. von Heim- und Pflegestellenplätzen zur Verfügung stehen. Angemerkt sei, dass sich bei dieser Organisationsform der Aufgabenbereich „ambulante Hilfen“ und „Stationäre Hilfen/Heim“ sehr von der Arbeit des Pflegekinderdienstes unterscheidet – hier: Beratung und Vermittlung (ohne verantwortliche Einzelfallzuständigkeit), da: Vorbereitung, Auswahl, Vermittlung und kontinuierliche Begleitung der Pflegefamilie (verantwortliche Fallzuständigkeit)

Ausblick:
Für eine qualifizierte Pflegekinderarbeit müssen wichtige Grundbedingungen erfüllt sein:

➤ Kontinuierliche, konzeptionelle, aussagekräftige Öffentlichkeitsarbeit und Werbung, um ausreichend geeignete Pflegefamilien / -personen zu finden
➤ Auswahl der PflegestelleninteressentInnen hinsichtlich ihrer Eignung durch spezielle auf den Arbeitsbereich bezogene Fachkenntnisse und methodisches Wissen bei den Fachkräften
➤ Erweiterung des Potenzials an Pflegestellen durch Akzeptanz von anderen Elternsystemen, z.B. Alleinstehende / Alleinerziehende, nichtverheiratete Paare, Wohngemeinschaften, gleichgeschlechtliche Partnerschaften
➤ Gute Vorbereitung der Pflegepersonen auf ihre sozialpädagogische Aufgabe (Vorbereitungsseminare, Pflegeelternschule) unabhängig von evtl. fachlicher Ausbildung
➤ Regelmäßige Beratung der Pflegefamilie; Berücksichtigung des Beziehungsdreiecks: Herkunftsfamilie - Pflegekind – Pflegefamilie
➤ Einbeziehung systemischer Sichtweisen (bei mehreren Pflegekindern in einer Familie. Berücksichtigung des Gesamtsystems)
➤ Fortbildung und Supervision
➤ Vertrauensvolle Zusammenarbeit zwischen Pflegekinderdienst und Pflegepersonen; Anerkennung und Unterstützung der pädagogischen Arbeit der Pflegefamilien
➤ Kontinuität innerhalb des gesamten Prozesses (Werbung, Vorbereitung und Auswahl, Vermittlung, Beratung und Begleitung, Qualifizierung, Beendigung)
➤ Pflegepersonen sind PartnerInnen (MitarbeiterInnen) der Jugendhilfe; sie leisten öffentliche Erziehungshilfe im privaten Rahmen. Ihre Arbeit ist ebenso zu bewerten wie die Arbeit von ErzieherInnen im Heim.
➤ Ausreichende Finanzierung des Pflege- und besonders des Erziehungsgeldes, einschließlich der Nebenkosten, Altersversorgungszuschuss; Zuverlässigkeit der Rahmenbedingungen bei Ortswechsel
➤ Aufgabe des Pflegekinderdienstes: Organisation und Koordination der Zusammenarbeit der verschiedenen Beteiligten
➤ Entwicklung von Qualitätsstandards für die einzelnen Aufgabenbereiche der Pflegekinderdienste

Diese umfassenden Aufgaben können nur in einem organisatorisch klar festgelegten Spezialdienst mit ausreichender Personalausstattung ausgeführt werden. Eine enge Kooperation mit dem ASD (bei Regionalisierung durch feste AnsprechpartnerInnen) und zu den evtl. vorhandenen Spezialbereichen für die anderen Hilfen zur Erziehung muss gegeben sein.
Eine intensive Zusammenarbeit mit freien Trägern, die häufig im Adoptions- und Pflegestellenbereich tätig sind, ist erforderlich, besonders um Doppelarbeiten zu vermeiden.

Auf der politischen Ebene scheint es einen Klärungsbedarf in Bezug auf die Ziele der Arbeit zu geben. Es gibt zwar den erklärten Willen zum Ausbau des Pflegekinderwesens, es fehlen jedoch klare Vorgaben und Handlungsanweisungen. Die Entfaltungschancen des Pflegestellenbereichs sind immer im Zusammenhang mit dem Bereich der umfangreichen und mächtigen Heimerziehung und deren Trägern zu sehen, welcher im Gegensatz zu den Pflegekinderdiensten massive Unterstützung erhält, auch wenn Heimplätze abgebaut werden müssen (Vorrang der ambulanten vor den stationären Hilfen).

Für den Pflegestellenbereich sollten sogenannte „multidisziplinäre Teams“, in denen neben SozialarbeiterInnen/SozialpädagogInnen, mind. ein Psychologe/eine Psychologin und ein Kinderarzt/eine Kinderärztin tätig sind, angestrebt werden. Bei Jugendämtern, die nur eine Fachkraft im Pflegestellenbereich beschäftigen, wäre mindestens zu überlegen, ob überregionale Arbeitsgruppen für eine direkte Zusammenarbeit, fachlichen Austausch und Unterstützung gebildet werden sollten.

Da in der heutigen Zeit der Verteilung knapper werdender Mittel nicht mit einem Ausbau von Stellen, die fachlich wünschenswert wären, zu rechnen ist, sollte man wenigstens versuchen, über Kooperationsebenen zu vorhandenen Fachdiensten, Stellen und Trägern, im Interesse der Kinder, die befristet oder langfristig nicht bei ihren Eltern leben können, eine kontinuierliche Zusammenarbeit aufzubauen.

Eine wichtige Frage besonders an die leitenden Fachkräfte im Jugendhilfebereich: Quo vadis Pflegestellenarbeit?

Heide Küpper
aktualisiert von Ines Kurek-Bender

PFAD Bundesverband der Pflege- und Adoptivfamilien e.V.

Die Mitgliederversammlung des Bundesverbandes hatte sich im Mai 1998 mehrheitlich für den neuen Namen „PFAD Bundesverband der Pflege- und Adoptivfamilien" entschieden. Die Abkürzung „PFAD" führte der Landesverband Bayern schon seit einigen Jahren in seinem Namen. Sie wurde daraufhin von der Mehrheit der Landesverbände übernommen.

Der neue Name beinhaltet jedoch keine Veränderung der Ziele und Aufgaben. Seit seiner Gründung 1976 verfolgt der Bundesverband das Ziel, die Lebensbedingungen von Pflege- und Adoptivkindern nachhaltig zu verbessern. Es hat Diskussionen und Auseinandersetzungen darüber gegeben, welche Wege zu diesem Ziel führen und welche Forderungen zu stellen sind. Die Voraussetzung für jede Weiterentwicklung war, dass sich Pflege- und Adoptiveltern solidarisieren, dass sie sich ihrer Gefühle und Bedürfnisse bewusst werden, dass sie Mängel erkennen und benennen können, dass sie lernen, ihre Ansprüche zu formulieren. Dieser Prozess war notwendig; denn nur wer Schwierigkeiten zugeben kann, wird Hilfe annehmen können, wird Forderungen nach Beratung und Weiterbildung stellen.

In den vergangenen Jahren fanden Pflege- und Adoptiveltern zunehmend aus ihrer Isolation heraus und schlossen sich auf Orts-, Landes- und Bundesebene zusammen. Es entstand der Wunsch und die Notwendigkeit nach einem starken Dachverband. Aus der Vielfalt sehr unterschiedlicher Gruppen und Vereinigungen von Pflege- und Adoptivfamilien sollte eine Verbandsstruktur mit klaren Zielen und Aufgaben entstehen.

Die Strukturreform war bis zum Jahr 2000 abgeschlossen. Bis dahin hatten sich viele regionale Vereinigungen von Pflege- und Adoptivfamilien, aber leider noch viel zu wenige, angeschlossen und auch einen Umlagebeitrag für den Landesverband und den Bundesverband entrichtet. Die Landesverbände bilden das Ländergremium. Dieses hat als Organ des Bundesverbandes Mitwirkungsrechte.

Im Bundesverband werden seither Einzelmitglieder, deren Landesverbände Mitglieder im Bundesverband sind, nur noch als Fördermitglieder ohne Stimmrecht aufgenommen.

Bedauerlicherweise sind zum Jahresende 2004 etliche Landesverbände aus dem Gesamtverband ausgetreten, da sie mit den Personalentscheidungen im Vorstand nicht einverstanden waren.

Dadurch ist die Aufgabe des Bundesverbandes noch schwieriger geworden, die notwendige Vertretung für Pflege- und Adoptivfamilien auf allen politischen Ebenen deutlich zu machen und auf eine möglichst einheitliche Satzungs-, Mitglieds- und Beitragsstruktur hinzuwirken, ohne das gewachsene, individuelle Vereinsleben der Ortsvereine und Landesverbände zu verletzen. Die Konsequenz der Strukturreform ist eine Aufgabenteilung zwischen den Verbandsebenen.

Der Bundesverband nimmt folgende Aufgaben wahr:
- Herausgabe der Fachzeitschrift „PFAD“
- Informationsweitergabe an die Landesverbände
- Unterstützung bei Neugründungen von Landesverbänden – Stärkung der Landesverbände
- Qualifizierung für die ehrenamtliche Tätigkeit auf allen Ebenen – Schulung für die Leitung von Vorbereitungskursen
- Stellungnahmen zu rechtlichen und sozialpolitischen Fragen und Veränderungen im Adoptions- und Pflegekinderwesen
- Soziale Absicherung von Pflegepersonen
- Öffentlichkeitsarbeit
- Zusammenarbeit mit den Selbsthilfeorganisationen von Herkunftseltern sowie jugendlichen und erwachsenen Adoptierten und ehemaligen Pflegekindern
- Zusammenarbeit mit Verbänden der Familien- und Erziehungshilfe
- Zusammenarbeit mit europäischen Pflege- und Adoptivelternverbänden
- Wahrnehmung internationaler Konferenzen von Pflege- und Adoptivfamilien

Die Landesverbände nehmen folgende Aufgaben wahr:
- Mitwirkung im Ländergremium
- Öffentlichkeitsarbeit
- Informationsweitergabe an die örtlichen Zusammenschlüsse
- Beiträge für die Fachzeitschrift „PFAD“
- Durchsetzung finanzieller Unterstützung durch die Landesregierungen
- Koordinierung und Durchführung von Weiterbildungsangeboten
- Unterstützung bei Neugründungen von Gruppen und Vereinen
- Zusammenarbeit mit den Landesjugendämtern
- Zusammenarbeit mit Verbänden der Familien- und Erziehungshilfe auf Landesebene

Einige Landesverbände beschäftigen hauptamtliche Mitarbeiter und erfüllen besondere Aufgaben der Jugendhilfe wie
- Psychologische Beratungsstelle, Landesverband Hamburg,
- Sonderpflegestellen, Landesverband Bayern.

Die Ortsvereine nehmen folgende Aufgaben wahr:

- Informationen in erzieherischen, rechtlichen und finanziellen Fragen
- Interessenvertretung
- Hilfe in Krisensituationen
- Förderung der Selbsthilfe
- Aufbau von Gruppen
- Zusammenarbeit mit Ämtern und Behörden
- Vorbereitungskurse für zukünftige Pflege- und Adoptiveltern
- Weiterbildungsangebote

Die Fachzeitschrift „PFAD" ist das offizielle Organ, durch das sich der Bundesverband seinen Mitgliedern und der Öffentlichkeit präsentiert. Es erscheint viermal jährlich. In der „PfAD" können auch die Landesverbände ihre Arbeit darstellen und ihre Mitglieder informieren.

Der Bundesverband kann seit 1998 eine Fachreferentin einstellen, deren Gehalt aus dem Bundesjugendplan finanziert wird.

Die Geschäftsstelle des Bundesverbandes ist in
10777 Berlin, Geisbergstr. 16
Tel. 030-94 87 94 23, Fax 0 12 12-5 08 57 76 26
E-Mail: info@pfad-bv.de
Internet: www.pfad-bv.de

PFAD BUNDESVERBAND DER PFLEGE- UND ADOPTIVFAMILIEN E.V.
Geisbergstr. 16
10777 Berlin
Tel. 030-94 87 94 23, Fax 030-47 98 50 31
E-Mail: info@pfad-bv.de
Internet: www.pfad-bv.de

Landesverbände, Landesgruppen im PFAD Bundesverband (18.01.2005)

PFAD für Kinder, LV Baden-Württemberg e.V.
Ludwig-Marum-Str.4
76185 Karlsruhe
Tel./Fax: 07 21-83 07 099
E-Mail: geschaeftsstelle@pfad-bw.de
Homepage: www.pfad-bw.de
Vorsitzende: Jasmin Heier (April 2008)

PFAD FÜR KINDER, LV Bayern e.V.
Steubstr. 6, 86551 Aichach
Tel: 0 82 51-10 50, Fax 0 82 51-87 24 08, E-Mail: info@pfad-bayern.de
Internet: www.pfad-bayern.de
Ansprechpartnerin: Ursula Rüdiger, Vorsitzende: Dagmar Trautner

PFAD für Kinder, LV Berlin-Brandenburg e.V.
Lessingstr. 11, 15230 Frankfurt (Oder)
Tel. 03 35-6 80 13 89, E-Mail: marquis@t-online.de
Internet: www.pfad-lv-bb.de
Vorsitzende: Carmen Marquis

Freunde der Kinder, LV Hamburg e.V.
Fuhlsbüttler Str. 769, 22337 Hamburg
Tel: 040-59 49 00, Fax: 040-59 82 87
E-Mail: Info@Freunde-der-Kinder.de
Internet: www.freunde-der-kinder.de
AnsprechpartnerInnen: Kay-Uwe Fock, Lenore Wittig, Vorsitzende: Edda Jacobs

PFAD für Kinder, LV Hessen e.V.
Heinrich-Hoffmann-Str. 3, 60528 Frankfurt/M
Tel. 069-67 06 285, Fax 069-67 06 288, E-Mail: info@pfad-hessen.de
Internet: www.pfad-hessen.de
Vorsitzende: Ines Kurek-Bender

Mecklenburg-Vorpommern, „Mittenmang“
Hauptstr. 8, 19230 Alt Zachun
(PFAD-Gruppe)
Tel. 03 88-5 86 67 03
E-Mail: ruedigerstreich@gmx.de
Vorsitzende: Ingrid Streich

PFAD für Kinder, LV Rheinland-Pfalz e.V.
Siedlerstr. 21, 76865 Rohrbach
Tel./Fax: 0 63 49 / 10 20, E-Mail: johannes.rupp@t-online.de
Internet: www.pfad-rlp.de
Vorsitzender: Johannes Rupp

PFAD, LV Saarland e.V.
Schlauchstal 1, 66352 Großrosseln
Tel. 0 68 98 / 4 28 53, E-Mail: schuler-wibu@t-online.de
Vorsitzender: Michael Schuler

PFAD-Nordfriesland, Schleswig-Holstein
Karin Ahrens, Beethovenstr. 50, 25813 Husum
(PFAD-Gruppe)
Tel. 0 48 41 / 87 14 04, E-Mail: pfad.nf@gmx.de

Gertrude Lercher

Familienbegleitende Pflegeplatzunterbringung (fPU) Konzept und Erfahrungen aus der praktischen Arbeit

Seit einem Jahr arbeitet der Pfl^geelternverein *Steiermark – Gesellschaft für Elternbildung und Erziehungshilfe* mit seinem neuen Modell der Herkunftselternarbeit, der „Familienbegleitenden Pflegeplatzunterbringung" (im Folgenden „fPU" genannt). Als anerkannter freier Träger der Jugendwohlfahrt ist der Verein u.a. mit Schulung und Fortbildung von Pflegeeltern, Aus- und Fortbildung von Sozialpädagogischen Pflegefamilien sowie mit Pflegefamilienberatung und der Hilfe zur Vermittlung betraut. Darüber hinaus stellt der Verein ein familiennahes Angebot zur passageren Unterbringung von Kindern bereit, welches mit Bereitschaftspflegestellen in der Bundesrepublik vergleichbar ist.

Zur Entstehungsgeschichte von „fPU"

Literatur und Fachtagungen vermitteln den Eindruck, dass grundsätzliche Entwicklungen und Probleme im Pflegekinderbereich in Österreich mit jenen in der Bundesrepublik durchaus vergleichbar sind.
Das Pflegekinderwesen ist noch mehr als jeder andere Bereich sozialer Arbeit von einem hohen Ausmaß an Ungewissheit geprägt. Ungewissheit, die es vonseiten der Fachkräfte zu minimieren gilt, soll gute soziale Arbeit geleistet werden. Dies drückt sich im Bemühen um eine Erarbeitung klarer Perspektiven für Kinder und deren Eltern aus. Um diese Perspektivenklärung besser zu ermöglichen, wurden die passageren Pflegeplätze geschaffen. Dies hat sicherlich einen Beitrag zu mehr Qualität in der Vermittlung von Kindern auf Pflegeplätze geleistet. In der mit acht Wochen begrenzten Zeit der passageren Unterbringung können zwar weitere Lebensperspektiven für Kinder entworfen werden, vielfach ist aber der Zeitrahmen für eine klare Entscheidungsfällung zu knapp. Aus diesem Grund hat der Pflegeelternverein Steiermark das Projekt „Familienbegleitende Pflegeplatzunterbringung" initiiert. Es ist für jene Fälle gedacht, in denen weder eine passagere Unterbringung zielführend ist, da die notwendigen Veränderungen im Herkunftssystem im vorgesehenen Zeitrahmen nicht durchführbar sind, noch eine Dauerunterbringung als angebracht erscheint. Diese unterschiedlichen Angebote des Pflegeelternvereins sind in ihrer Konzeption und ihrem Auftrag klar voneinander abgegrenzt. Die Pflegeeltern haben daher entsprechend des jeweiligen Angebots und ihrer vorangegangenen Ausbildung verschiedene Aufgaben zu leisten. Kriterien, Konzeption und Auftrag von „fPU" sind klar formuliert.
Für SozialarbeiterInnen ermöglicht die „fPU" eine gewissenhafte Überprüfung der Ressourcen der leiblichen Eltern. Für die Kindeseltern stellt „fPU" eine große Chance

dar, mit unterstützenden Angeboten ihre volle Erziehungsfähigkeit zurückzuerlangen. Entscheidend ist, dass „fPU“ zu keiner Verlegenheitslösung degenerieren darf, weil SozialarbeiterInnen sich vor der schweren Entscheidung einer Abnahme des Kindes fürchten.
Entscheidend ist weiterhin, dass „fPU“ nur aufgrund einer vorangegangenen positiv erstellten Prognose initiiert wird, die die nachhaltige Verbesserung der Erziehungsbedingungen in der Herkunftsfamilie als realisierbar darstellt. Auf alle Fälle hat „fPU“ aber immer die zeitliche Perspektive für das Kind mitzubedenken.

Rechtliche Rahmenbedingungen

- Gesetzliche Grundlage für die Unterbringung auf einem Pflegeplatz in der Steiermark ist das Steiermärkische Jugendwohlfahrtsgesetz 1991.
- Pflegeplatzunterbringungen erfolgen im Rahmen der Vollen Erziehung (lt. § 37 StJWG 1991).
- Grundsätzlich sind Pflegeplatzunterbringungen als freiwillige Erziehungshilfe (§ 38 StJWG 1991) oder gegen den Willen der Erziehungsberechtigten (§ 39 StJWG 1991) möglich.
- Für passagere Unterbringung besteht eine zeitliche Begrenzung von 8 Wochen (in Ausnahmefällen 12 Wochen).

Zielgruppe

Die Unterbringung auf einem familienbegleitenden Pflegeplatz erfolgt, wenn ambulante Hilfen zur Sicherung der Erziehung in der Herkunftsfamilie nicht ausreichen und Kinder vorübergehend fremdunterbracht werden müssen.

Als wesentliches Kriterium für diese Form der Pflegeplatzunterbringung gilt, dass nach Einschätzung des Jugendamtes die Rückführung der Kinder realistisch und gewünscht ist. Natürlich muss auch die Bereitschaft zur Kooperation und die Fähigkeit der leiblichen Eltern, an einer Veränderung zu arbeiten, vorausgesetzt werden, und es muss eine qualitätvolle Bindung zwischen Kind und Eltern (Elternteil) gegeben sein.

Beispiele hierfür sind:

- Bei Herkunftsfamilien besteht eine Sucht- bzw. Alkoholproblematik. Die Eltern sind bereit, die nötigen Schritte (Entzug) zu setzen, danach sollen sie ihre Erziehungskompetenz wieder erfüllen können, d.h. das Kind kehrt wieder in den elterlichen Haushalt zurück. Wichtig ist hier ein zeitlich flexibles, familienergänzendes Angebot.
  Herkunftseltern sollen diese Unterbringung als Unterstützung erleben, regelmäßige Besuchskontakte werden gefördert.

- Im Falle einer psychischen Erkrankung des zu betreuenden Elternteiles ist es im Hinblick auf die angepeilte Genesung kontraproduktiv, ein zeitliches Limit zu setzen, und damit Druck auszuüben. Eine passagere Pflegeplatzunterbringung mit enger Zeitbefristung kommt daher nicht in Frage. Konkurrenzsituationen sind den Zielen in dieser sozialpädagogischen Arbeit nicht dienlich, daher ist die Akzeptanz der Pflegeeltern vonseiten der leiblichen Eltern besonders wichtig.

- Die (oft sehr junge) Mutter ist nach der Geburt ihres Kindes nicht in der Lage, dessen Versorgung sofort selbst zu übernehmen. Auch eine Unterbringung in einem Mutter-Kind-Heim kommt für sie nicht in Frage. Hier müssen die elementaren Bedürfnisse des Kindes befriedigt werden, und gleichzeitig soll die Mutter die Möglichkeit erhalten, den Umgang mit ihrem Säugling zu erlernen und schrittweise selbst zu übernehmen.

Nicht aufgenommen werden sollen

- Kinder, für die eine Rückführung in das Herkunftssystem nicht realistisch bzw. nicht vorgesehen ist.

Ziele der Unterbringung

- Beruhigung und Stabilisierung des Kindes/der Kinder nach krisenhaften Erlebnissen.
- Förderung aller Voraussetzungen, die eine Rückführung des Kindes/der Kinder in die Herkunftsfamilie ermöglichen sollen. Dazu gehören:
  a) Beratung und Unterstützung der Pflegefamilie
  b) Die therapeutisch orientierte Unterstützung des Kindes
  c) Herkunftselternarbeit, aber nur soweit sie sich aus den Kooperationserfordernissen zwischen Pflege- und Herkunftsfamilie ergibt.
- Durch ein „Lernen am Modell“ soll den Herkunftseltern ermöglicht werden, auf adäquate Weise auf die Bedürfnisse ihrer Kinder einzugehen bzw. neue Verhaltensmuster im Umgang mit ihren Kindern zu erlernen.

Ablauf einer Unterbringung

- Grundsätzlich hat eine gründliche Abklärung zu erfolgen, ob eine familienbegleitende Unterbringung indiziert ist.
- Die speziellen Erfordernisse des zu betreuenden Systems machen eine sorgfältige Auswahl der Pflegefamilie notwendig.
- Vor der Unterbringung finden zwischen Herkunftseltern, der/dem zuständigen SozialarbeiterIn, sozialpädagogischen Pflegeeltern und MitarbeiterInnen des Pflegeelternvereins mehrere intensive Gespräche statt. Die darin ausgehandelten Vereinbarungen und Ziele werden schriftlich formuliert und in monatlichen Besprechungen überprüft und an neue Anforderungen adaptiert.

Was kennzeichnet Pflegeeltern mit professioneller Haltung?

- Von diesen Pflegeeltern, die eine qualifizierte Arbeit mit Herkunftseltern leisten, wird ein Rollenverständnis als Sozialpädagogen erwartet. Dies verpflichtet sie zu Aus- und Fortbildung, laufenden Fallbesprechungen und monatlichen Gruppenberatungen. Eine Dokumentation des Verlaufs der Unterbringung sowie die Teilnahme an HelferInnenkonferenzen werden ebenso eingefordert.
- Die Förderung eines professionellen Selbstverständnisses setzt natürlich auch entsprechende Gegenleistungen seitens des „Dienstgebers" voraus. Die Pflegepersonen erhalten nicht nur ein Dienstverhältnis mit vollem Sozialversicherungsschutz (Kranken-, Unfall-, Arbeitslosen- und Pensionsversicherung), sondern auch Beratungs- und Stützungsangebote.

Ein Fallbeispiel

Vorgeschichte: Das Ehepaar W., Eltern von 4 Kindern, kämpfte seit längerem mit gravierenden Beziehungsschwierigkeiten. Die beiden älteren der vier Kinder waren auf Dauerpflegeplätzen untergebracht, die beiden jüngeren Mädchen (1,5 und 3 Jahre alt) lebten im gemeinsamen Haushalt der Eltern. Die Mutter war durch eine Suchtkrankheit geschwächt und mit der Erziehung der Kinder massiv überfordert. Sie war nicht in der Lage, die elementarsten Bedürfnisse ihrer Kinder sicherzustellen, was zu häufigen Krankenhausaufenthalten der Mädchen führte. Die Mutter wählte für sich einen Ausweg, indem sie sich immer mehr aus der Ehe und dem Familienleben zurückzog und die Versorgung der Kinder ihrem Ehemann überließ. Dieser war gezwungen, nach der in Anspruch genommenen Karenzzeit wieder einer Erwerbsarbeit nachzugehen, um die Existenz der Familie zu sichern.

An diesem Punkt sah sich das Jugendamt veranlasst, die Kinder zu schützen und eine Fremdunterbringung vorzubereiten. Im Verwandtenkreis der Familie bestanden keine entsprechenden Ressourcen.

Familienbegleitende Pflegeplatzunterbringung: Die zuständige Sozialarbeiterin fasste eine „fPU" ins Auge, da die Bindung zwischen den Kindern und ihrem Vater eine sehr gute war, und der Vater eindeutig die Bereitschaft und den Willen signalisierte, für seine Kinder verantwortungsvoll sorgen zu wollen. Eine sozialpädagogische Pflegefamilie wurde gesucht, welche der Vater schon nach kurzer Zeit voll akzeptieren konnte. Eine Erklärung dafür mag wohl auch darin liegen, dass solche Pflegeeltern vorwiegend als Privatpersonen erlebt werden, deren berufliches Wirken durch die familiäre Umgebung in seiner Eindeutigkeit nicht so vehement erlebt wird. Der Vater war während dieses Jahres der Zusammenarbeit mit den Pflegeeltern sehr gefordert, mehr Stabilität und Verlässlichkeit in sein Leben zu bringen. Die Pflegeeltern taten ihrerseits alles, um die Zielsetzung einer Rückführung der Kinder in die Herkunftsfamilie zu unterstützen. Die Pflegeeltern trafen mit den leiblichen Eltern viele Arrangements, damit hauptsächlich die Vater-Kind-Kontakte während der Zeit der Trennung intensiv wahrgenommen werden konnten. Beispielsweise besuchte der Vater seine Kinder dreimal wöchentlich abends nach der Arbeit in der Pflegefamilie und brachte sie zu Bett; am Wochenende nahm er die Kinder regelmäßig zu sich. Er war auch offen für Gespräche und Anregungen der Pflegeeltern, die den Erziehungsstil betrafen. Die Mutter besuchte die Mädchen im Abstand von drei Wochen. Nach der Scheidung fand der Vater für sich und die Kinder eine neue Wohnung. Eine Tagesmutter, die flexibel auf die Arbeitszeiten des Vaters eingeht, unterstützt seitdem dieses Familiensystem.

Bisherige Erfahrungen und Ausblick

Die bisherigen Erfahrungen haben bereits gezeigt, dass die Zusammenarbeit zwischen leiblichen Eltern und Pflegeeltern – zum Wohle „ihrer Kinder“ – sehr gut funktioniert. 80 % der betreuten Kinder werden wieder bei ihren Eltern leben können.

Folgende Überlegungen beschäftigen uns, wenn wir die Ergebnisse der ersten Phase auswerten:

1. Ursprünglich war im Konzept die Möglichkeit berücksichtigt, dass die Kinder in der Pflegefamilie eventuell verbleiben könnten, wenn die Herkunftseltern innerhalb der vorgesehenen Zeitspanne doch nicht die nötigen Veränderungen herbeiführen könnten. Ein neuerlicher Bindungsabbruch und Wechsel sollte ihnen dadurch erspart bleiben. Diese Variante birgt aber problematisches Potenzial:
   - Nämlich dann, wenn die Möglichkeit des Verbleibens des Kindes von Anfang an von den Pflegeeltern mitgedacht wird. Das Ziel der Rückführung als auch das Bemühen der Pflegeeltern büßen dadurch an Eindeutigkeit ein. Sie werden in ihrer Haltung und in ihren Gefühlen ambivalent.
   - Auch SozialarbeiterInnen können der Versuchung erliegen, den „leichteren Weg“ zu wählen und für eine Dauerunterbringung zu plädieren, wenn die Arbeit mit den Herkunftseltern als zu mühsam erlebt wird.

2. Mitleid mit den Eltern ist ein schlechter Ratgeber; zu fällende Entscheidungen in Richtung Dauerpflegeplatz müssen ohne Verzögerung getroffen werden.

3. Vorsicht vor zu hohen Ansprüchen an die Herkunftseltern, die diese nicht erfüllen können, ist angebracht. In den Besprechungen mit den leiblichen Eltern soll auch die Unterbringung auf einem Dauerpflegeplatz als sozial akzeptierte Lösung mitgedacht werden.

4. Ein zusätzliches, niederschwelliges Angebot für Herkunftseltern erscheint sinnvoll, das rein praktische Unterstützung im Umgang mit Kindern und Haushaltsführung gewährt. Darüber hinaus wird die Installierung von „Herkunftselterngruppen“ überlegt, die einen Austausch von Eltern mit gleichem Anliegen ermöglichen.

5. Zukünftig wird die Betreuung der PartnerInnen und Kinder der angestellten Pflegemütter/Pflegeväter verstärkt zu gewichten sein. Sie sind bezüglich ihrer Wünsche ernst zu nehmen, um ihre Belastbarkeit nicht über Gebühr zu strapazieren. Qualifizierte Pflegeelternarbeit ist nur in einem funktionierenden Familiensystem möglich.

Eine eindeutige Bestätigung, dass „fPU“ eine zufrieden stellende Variante in der sozialen Arbeit darstellt, signalisiert folgender Ausspruch einer fallführenden Sozialarbeiterin nach Abschluss des „fPU-Projekts“: *„Irgendwie hat man, wenn man in die Wohnung von Frau B. (lbl. Mutter) kommt, das Gefühl, die Pflegemutter ist anwesend.“* Kennt man die Vorgeschichte dieser Mutter, die nicht in der Lage war, ambulante Hilfsangebote für sich zu nutzen, wird man die Bedeutung des Erfolgs, der in dieser bildhaften Formulierung zum Ausdruck kommt, verstehen.

Arnim Westermann

Entwurf eines Kinderschutzgesetzes

Die meisten Menschen, denen wir von unserer Arbeit mit Pflege-, Adoptiv- und Heimkindern[1] erzählen, sind überrascht, dass sie kaum etwas von dem Elend von Kindern wissen, die manchmal jahrelang von den Eltern vernachlässigt, misshandelt oder sexuell missbraucht wurden. Wir haben in unserer psychologischen Praxis fast jeden Tag als Berater, Gutachter oder Therapeuten mit einem misshandelten Kind zu tun. Wir haben seit mehr als 20 Jahren über 1000 Kinder untersucht und in vielen Fällen gesehen, dass die Jugendhilfe oft mehr um die Eltern als um die Zukunft der Kinder besorgt ist, sodass oft viel zu spät vom Jugendamt eingegriffen wird. Wenn man mit Menschen spricht, die mit der Kinder- und Jugendhilfe beruflich oder privat nichts zu tun haben, begegnet man einem befremdenden Erstaunen, wenn man sie mit der Tatsache bekannt macht, dass es kein Kinderschutzgesetz gibt, das den Staat in die Lage versetzt, sein Wächteramt wahrzunehmen. Jeder weiß etwas von Verbraucherschutz, von Mieterschutz oder Tierschutz und Umweltschutz. Und wenn Embryonen durch ein Embryonenschutzgesetz und die Jugend durch ein Jugendschutzgesetz vor Gefahren bewahrt werden sollen, ist es umso erstaunlicher, dass es kein Kinderschutzgesetz gibt, als seien Kinder durch die Eltern, durch ihre Rechte und Pflichten hinreichend vor Gefahren geschützt. Für die allermeisten Kinder in der Abhängigkeit von Eltern trifft dies ja auch zu: Dass es die Eltern sind, die ihre Kinder vor Gefahren bewahren und ihnen bei Verletzungen zu helfen versuchen oder professionelle Helfer herbeirufen. Für diese Kinder braucht man kein Kinderschutzgesetz. Aber viele Gesetze, wie z.B. die Strafgesetze sind nicht für die Mehrheit, sondern für eine Minderheit gemacht. Mit dieser Minderheit hat es die Kinder- und Jugendhilfe zu tun. Und um diese Minderheit sollten wir nicht nur besorgt sein, sondern Verantwortung übernehmen, wenn wir nicht wollen, dass die gescheiterte Sozialisation sich immer wieder und weiter von Generation zu Generation fortsetzt und schließlich im Elend auf der Straße, im Gefängnis oder der Psychiatrie endet.
Diese Erfahrungen begründen zwei Aspekte dieses Entwurfs: 1. die Unterscheidung zwischen Gefährdung und Verletzung des Kindeswohls und 2. die Auffassung, dass die Sozialisation eines Kindes in einer Pflegefamilie eine Maßnahme des Kinderschutzes ist.

Die Unterscheidung zwischen Gefährdung und Verletzung sollte dem staatlichen Wächter, damit er nicht gegenüber dem Elend von Kindern völlig blind wird, die Augen dafür öffnen, dass bei einer ganzen Reihe offenkundiger Gefährdungen abgewartet wird, bis aus einer Gefährdung eine offenkundige Verletzung geworden ist. Und in

---

1 Nienstedt, M., Westermann, A.: Pflegekinder. Psychologische Beiträge zur Sozialisation von Kindern in Ersatzfamilien. Votum, Münster 1989, 4. Aufl. 1995.

vielen Fällen sehen wir, dass eine Verletzung des Kindeswohls verleugnet und als Gefährdung aufgefasst wird, die man durch Hilfen für die Eltern abwenden will.

Wenn nach dem KJHG die dauerhafte Sozialisation eines Kindes in einer Pflegefamilie als Hilfe für die Eltern definiert ist, verleugnet man, wie einschneidend diese Maßnahme in einen menschlichen Lebenslauf ist. Es ist eine Maßnahme, die das Leben der Eltern und das Leben des Kindes völlig neu organisiert. In kaum einem anderen Lebensbereich gibt es derartig weitreichende Eingriffe, die das Leben eines Menschen verändern. Vergleichbar ist diese Veränderung am ehesten mit einem schrecklichen Unglück oder einem unermesslichen Glück. Wenn ein Kind in einer Ersatzfamilie neue Eltern-Kind-Beziehungen entwickelt, ist dies nicht nur eine radikale Umstrukturierung seines bisherigen Lebenslaufes, sondern schafft neue Grundlagen seiner Beziehungen und seines Selbstverständnisses. Zu rechtfertigen und zu verantworten ist dies alles nur durch die Verantwortung des Staates für die nachfolgende Generation, d.h. aufgrund des Wächteramtes des Staates. Und um dieses Wächteramt wahrzunehmen, braucht er als Werkzeug ein Kinderschutzgesetz, sonst wird er oder bleibt er ein blinder Wächter.

Kinderschutzgesetz (KSG)
(Ein erster Entwurf)

Einleitung

Da das Kinder- und Jugendhilfegesetz (KJHG) als ein Eltern- oder Familienhilfegesetz zu verstehen ist (vgl. Wiesner 1996)[2], erscheint es notwendig, diesem Elternhilfegesetz ein Kinderschutzgesetz zur Seite zu stellen, da die berechtigten Interessen der Kinder, deren Eltern die neben den Elternrechten bestehenden Elternpflichten nicht wahrnehmen können, im KJHG keine hinreichende Berücksichtigung finden.

Die Begründung für ein solches Gesetz leitet sich unmittelbar aus dem Artikel 6 Grundgesetz (GG) ab. Nach Artikel 6 Absatz 2 sind Pflege und Erziehung der Kinder das natürliche Recht der Eltern und die ihnen zuvörderst obliegende Pflicht. Wieweit Eltern dieses Recht und die mit diesem Recht verbundene Pflicht wahrnehmen, das ist nicht eine Privatsache der Eltern, sondern auch eine Sache der staatlichen Gemeinschaft. Aus der Verantwortung für die nachfolgende Generation resultiert das Wächteramt des Staates. Denn der Staat kann kein Interesse haben, dass dadurch, dass die Eltern dieses Erziehungsrecht (Sorgerecht) und ihre Pflicht, für ihre Kinder zu sorgen, nicht wahrnehmen, die Sozialisation scheitert. Denn die Schäden einer defizitären Sozialisation betreffen nicht nur den einzelnen, sondern die Gesellschaft als Ganzes. Darum muss der Gesetzgeber damit rechnen, dass die Erziehungsberechtigten versagen und die Kinder aus diesen oder anderen Gründen zu verwahrlosen drohen[3] (Art. 6 GG, Satz 3) und ist verpflichtet, die Verwahrlosung der Kinder zu verhindern.

Dieser Gefahr, dass Kinder aufgrund elterlichen Versagens zu verwahrlosen drohen, kann der Gesetzgeber mit einem Elternhilfegesetz begegnen. Damit verspricht er eine Hilfe, die nicht unmittelbar das Kind, sondern das Versagen der Eltern betrifft. Er setzt auf die Erziehung der Eltern. Dieser Ansatz schützt nicht das Kind, sondern nur die elterlichen Rechte. Man muss sich aber vergegenwärtigen, dass elterliches Versagen bei der Wahrnehmung ihrer Rechte und Pflichten nicht einfach dadurch beseitigt werden kann, dass man das elterliche Versagen als eine Hilfsbedürftigkeit (vgl. 7. Jugendbericht)[4] interpretiert und daraus einen Anspruch auf Hilfe durch den Staat ableitet. Und man muss berücksichtigen, dass die Kindheit, in der die wesentlichen Bildungsprozesse stattfinden, zeitlich sehr begrenzt ist.

---

2 Wiesner, R.: Zwischen familienorientierter Hilfe und Kinderschutz - Interventionen im Rahmen des KJHG: Ein unlösbares Dilemma? Praxis der Kinderpsychologie und Kinderpsychiatrie, 45, S.286-289, 1996.

3 Artikel 6 GG (3) „Gegen den Willen der Erziehungsberechtigten dürfen Kinder nur aufgrund eines Gesetzes von der Familie getrennt werden, wenn die Erziehungsberechtigten versagen oder wenn die Kinder aus anderen Gründen zu verwahrlosen drohen".

4 Bundesministerium für Jugend und Familie: Siebenter Jugendbericht. Jugendhilfe und Familie. Hg. vom Bundesminister für Jugend, Familie, Frauen und Gesundheit. Bonn, 1986, S. 52.

Die Gründe für elterliches Versagen sind vielfältig. Aber es ist ein Irrtum, wenn man meint, dass elterliches Versagen in relativ leicht veränderbaren Lebens- und Erziehungsbedingungen begründet ist. Die Erfahrung lehrt vielmehr, dass es sich bei dem zu Vernachlässigung oder Kindesmisshandlung führenden elterlichen Versagen um das Fehlen oder weitreichende Einschränkungen der Erziehungskompetenz handelt, die selbst bei optimaler Hilfe nicht in so kurzer Zeit verändert werden könnte, dass das Kind darauf warten könnte, dass es nicht seine Kindheit durch die Anpassung an erziehungsunfähige Eltern verliert.

Darum wird auch durch ein Elternhilfegesetz der Staat nicht aus seinem Wächteramt entlassen, sondern hat selbst die Verantwortung dafür zu übernehmen, dass Kinder nicht verwahrlosen.

Die Antwort des Gesetzgebers auf die Forderungen des Grundgesetzes i. S. des KJHG macht ein Kinderschutzgesetz erforderlich, das vor allen berechtigten Hilfebemühungen, das Versagen der Eltern zu beheben, den Schutz des Kindes gewährleisten muss.

§ 1 (Gefährdung des Kindeswohls)

(1) Ziel des Kinder-Schutz-Gesetzes (KSG) ist es, das Kind vor Gefahren und Verletzungen zu schützen, die seine körperliche und seelische Entwicklung soweit beeinträchtigen, daß eine gesunde Persönlichkeitsentwicklung weitreichend in Frage gestellt ist.

(2) Das Kindeswohl ist insbesondere dann gefährdet, wenn die Erziehungsfähigkeit der Eltern beeinträchtigt ist:
(a) bei bestehender Alkohol- und Drogenabhängigkeit,
(b) bei schweren Persönlichkeitsstörungen oder psychotischen Erkrankungen,
(c) bei Eltern, die in ihrer geistig seelischen Entwicklung soweit behindert sind, daß sie nicht in der Lage sind, für sich selbst zu sorgen,
(d) bei Eltern, die mit Suizid drohen, einander mit Mord und Totschlag drohen oder entsprechend diesen Drohungen handeln.

(3) Beim Vorliegen des begründeten Verdachts der Vernachlässigung, Mißhandlung oder sexuellem Mißbrauch aufgrund körperlicher Symptome (wie Hämatome, Knochenbrüche) oder seelischer Symptome (wie ausgeprägter Retardierung der psychischen Entwicklung, Einschränkungen der Ich-Entwicklung oder schwerwiegenden Beziehungs- und Verhaltensstörungen) sind die familialen Sozialisationsbedingungen durch das Jugendamt zu untersuchen, u.U. durch Einschaltung von Experten (Kinderarzt, Gerichtsmedizinern, Kinderpsychologen).

(4) Wenn das Kindeswohl gefährdet erscheint, ist das Jugendamt zur Hilfe für die Eltern nach dem KJHG verpflichtet, und das Wächteramt des Staates gebietet, zum Schutz des Kindes tätig zu werden.

Begründung:

Der Begriff Kindeswohl ist ein unbestimmter Rechtsbegriff. Gleichwohl ist es ein sinnvoller Begriff, mit dem aus unterschiedlicher Perspektive beschrieben wird, wie Kindheit verstanden wird und welche Bedeutung und welchen Wert die Kindheit hat, welche Sozialisations- und Erziehungsziele eine Gesellschaft verfolgt. Wenn das KJHG in seinem § 1 (1) feststellt: „Jeder junge Mensch hat ein Recht auf Förderung seiner Entwicklung und auf Erziehung zu einer eigenverantwortlichen und gemeinschaftsfähigen Persönlichkeit", werden Sozialisationsziele genannt, ohne zu sagen, wie diese Ziele erreicht werden können. Festgestellt wird nur, dass dies eine Aufgabe der Eltern ist, die von der Gesellschaft zu fördern und zu unterstützen ist.

Wollte man sagen, wie diese Ziele zu erreichen sind, müsste man sagen, was Eltern tun oder unterlassen müssen, um dieses Ziel zu erreichen. Aus der Psychologie und der Sozialisationsforschung könnte man lernen, welche Bedeutung die Kindheit für die Entwicklung des Menschen hat und welche Bedingungen erfüllt sein müssen, dass die genannten Sozialisationsziele erreicht werden können.

Wenn die Kenntnisse und Erfahrungen berücksichtigt werden, die man aus einer gescheiterten Sozialisation gewinnt, kann man eher sagen, was ein Kind braucht, damit es sich zu einem gesunden erwachsenen Menschen entwickeln kann, der über die in § 1 KJHG genannten Fähigkeiten verfügt. Um ein gesunder erwachsener Mensch werden zu können, der liebesfähig, arbeitsfähig und schließlich als Mutter oder Vater erziehungsfähig ist, ist ein Kind, insbesondere in seinen ersten Lebensjahren, auf die Entwicklung sicherer und befriedigender Eltern-Kind-Beziehungen angewiesen. Dies ist nach allen Kenntnissen eine Grundvoraussetzung für eine gesunde Persönlichkeitsentwicklung.[5] Und folglich kann man sagen, dass in den Fällen, wo diese Voraussetzung in Frage gestellt ist oder gar nicht gegeben ist, das Kindeswohl gefährdet ist: Das heißt, es besteht die Gefahr, dass die Kindheit nicht für die Entwicklung einer gesunden Persönlichkeit genutzt werden kann.

Wenn Eltern aufgrund eigener Entwicklungs-, Sozialisations- und Persönlichkeitsstörungen gar nicht wahrnehmen können, welche Bedürfnisse ein Kind hat oder darauf keine Rücksicht nehmen können, weil ihre eigenen Bedürfnisse, Interessen und Probleme vollständig im Vordergrund stehen, ist eine gesunde Entwicklung des Kindes und damit das Kindeswohl gefährdet.

Dieser Gefahr muss begegnet werden, wenn die Gesellschaft nicht zulassen will, dass ein Mensch sich gar nicht für sich selbst verantwortlich fühlen und auf die Ge-

---

5 Zenz, G.: Soziale und psychologische Aspekte der Familienpflege und Konsequenzen für die Jugendhilfe. In: Schwab, D. und Zenz, G.: Gutachten A zum 54. Deutschen Juristentag. Beck, München, 1982.

meinschaft überhaupt keine Rücksicht nehmen kann: durch Hilfe für die Eltern und Verantwortung für die Kinder.

Wenn zum Beispiel eine jugendliche, ledige Mutter, die drogenabhängig oder aus anderen Gründen nicht in der Lage ist, in befriedigender Weise auf die Bedürfnisse des Kindes einzugehen (bei der also die Ziele des §1(1) KJHG nicht erreicht wurden), das Kind in einem Kinderheim zur Betreuung und Versorgung abgibt, wird das Kindeswohl gefährdet, obwohl es nicht einen unmittelbaren Schaden erleidet. Vor dieser Gefahr muss das Kind durch Übernahme der Verantwortung für das Kind geschützt werden.

§ 2 (Verletzung des Kindeswohls)

(1) Von einer Verletzung des Kindeswohls ist dann auszugehen, wenn das Kind bei den Eltern vernachlässigt, mißhandelt oder sexuell mißbraucht wird.

(2) Um eine Vernachlässigung des Kindes handelt es sich, wenn das Kind in Abhängigkeit von seinem Alter und seiner Entwicklung von den Eltern
(a) längere Zeit allein gelassen und dadurch panischen Ängsten ausgesetzt wird,
(b) ohne Nahrung und Schutz vor Gefahren allein in einem Raum oder einer Wohnung eingesperrt wird,
(c) vor schwerwiegenden Gefahren für seine Gesundheit nicht von den Eltern geschützt wird.

(3) Um eine Kindesmißhandlung handelt es sich, wenn das Kind von den Eltern
(a) durch Schläge, Hinwerfen oder Schütteln,
(b) durch grobe, verletzende Strafen,
(c) durch Drohungen, es aus dem Fenster zu werfen oder es umzubringen, einer existentiellen Gefährdung ausgeliefert wird, der es aufgrund seiner Abhängigkeit von den Eltern nicht entkommen kann.

(4) Um sexuellen Mißbrauch durch die Eltern handelt es sich, wenn das Kind zu oral-sexuellen oder genitalen Kontakten gezwungen oder zu manipulativen sexuellen Handlungen genötigt oder ihnen ausgesetzt wird. Eine Verletzung sexueller Selbstbestimmung liegt auch dann vor, wenn das Kind zu pornographischen Zwecken fotografiert oder gefilmt wird.

Begründung:

Das Kindeswohl ist nicht nur gefährdet, sondern verletzt, wenn das Kind durch die Eltern traumatischen (verletzenden) Erfahrungen ausgesetzt wird, die das Kind nicht realistisch bewältigen kann, weil es gezwungen ist, die damit verbundenen Ängste und Ohnmachtsgefühle durch verschiedene, eine gesunde Persönlichkeitsentwicklung verhindernde Angstabwehrmechanismen der Verdrängung, Verleugnung, der Identifikation mit dem Aggressor abzuwehren, um sich diesen bedrohlichen Sozialisationsbedingungen anzupassen. Wenn ein Kind von den Eltern vernachlässigt, misshandelt oder sexuell missbraucht wird, handelt es sich um Formen von Kindesmisshandlung, denen gemeinsam ist, dass das Kind sie als eine existenzielle Bedrohung wahrnehmen muss. Kindesmisshandlung kann man definieren als „eine Bedrohung mit Vernichtung"[6].

Wenn ein Kind im 1. Lebensjahr, das noch nicht über eine Zeitperspektive verfügt, eigene Bedürfnisse nicht regulieren kann und auf die unmittelbare Regulation seiner Bedürfnisse durch einen anderen Menschen angewiesen ist, mehrere Stunden allein in der Wohnung gelassen wird, wird das Kind panischen Ängsten ausgeliefert. Es ist einer existenziell bedrohlichen Situation ausgesetzt. Wenn ein Kind von einer wütenden Mutter, die das Schreien des Kindes nicht ertragen kann, geschlagen, geschüttelt oder ihm gedroht wird, es aus dem Fenster zu werfen, nimmt das Kind die Mutter als eine tödliche Gefahr wahr, der es ohnmächtig ausgeliefert ist. Wenn ein Kind vom Vater sexuell missbraucht und mit furchtbaren Strafen bedroht wird, wenn es nicht schweigt, wird es in gleicher Weise einer existenziellen Bedrohung ausgeliefert.

§ 3 (Entzug des Sorgerechts)

(1) Wenn ein Kind von den Eltern vernachlässigt, mißhandelt oder sexuell mißbraucht wurde, ist nach § 1666 BGB den Eltern aufgrund dieser erwiesenen Erziehungsunfähigkeit oder weitreichenden Einschränkung ihrer Erziehungskompetenz das Sorgerecht zu entziehen.

(2) Wenn den Eltern das Sorgerecht entzogen wurde, hat der Vormund zu entscheiden, ob das Kindeswohl durch Unterbringung außerhalb der Familie oder auf andere Weise gewährleistet werden kann.

Begründung:

Der Schutz eines Kindes ist nicht allein dadurch zu gewährleisten, dass das Kind von den Eltern getrennt wird, wenn die Eltern weiter das Sorgerecht behalten. Es muss klargestellt werden, dass das elterliche Versagen nicht mit der Aufrechterhaltung der elterlichen Rechte vereinbar ist, weil das Kind selbst (nach Art. 1 und 2 GG) ein Recht darauf hat, nicht vernachlässigt oder misshandelt zu werden, wodurch seine gesunde Persönlichkeitsentwicklung in gravierender Weise beeinträchtigt oder vollkommen

6 vgl. Nienstedt, Westermann 1995, S. 104.

zerstört wird (vgl. § 1 (1) KJHG). Ein Kind wird nicht allein dadurch vor schweren traumatischen Erfahrungen durch die Eltern bewahrt, dass man es an einem anderen Ort unterbringt. Das Kind muss auch vor dem aus dem Erziehungsrecht resultierenden Anspruch und Einfluss der Eltern bewahrt werden.

Ob Eltern bereit und in der Lage sind, ihre durch die Vernachlässigung oder Misshandlung des Kindes erwiesene Einschränkung ihrer Erziehungskompetenz durch sozialpädagogische und andere nach dem KJHG sich ergebende Erziehungshilfen zu beheben, ist nicht einfach eine Frage elterlicher Wünsche und Absichten, sondern eine Frage sozialpädagogischer und therapeutischer Hilfen und deren Realisierung.

§ 4 (Trennung von den Eltern)

(1) Bei der Unterbringung eines Kindes in einem Kinderheim mit oder ohne Zustimmung der Eltern ist der Entzug des Sorgerechts (gem. § 1666) oder das Ruhen des elterlichen Sorgerechts festzustellen, das von einem Pfleger oder Vormund übernommen wird.

(2) Der Schutz des Kindes wird durch den Ausschluß von Kontakten der Eltern zum Kind verwirklicht. Besuchskontakte sind nur dann zuzulassen, wenn ihr Ausschluß dem Kind schadet.

(3) Wird beabsichtigt, den Ausschluß von Kontakten aufzuheben und das Kind wieder zu den Eltern zurückzuführen, muß der Nachweis erbracht werden, daß die Eltern ihre Erziehungskompetenz wiedererlangt haben.

Begründung:

Für ein vernachlässigtes oder misshandeltes Kind bedeutet die Trennung von den Eltern nur, dass es unmittelbar vor weiteren traumatischen Erfahrungen durch die Eltern bewahrt wird. Aber es kann dieser Rettung nicht trauen, wenn die Eltern weiter diejenigen sind, die für das Kindeswohl verantwortlich sind. Wenn Eltern nicht in der Lage sind, das Kind vor schwer wiegenden traumatischen Erfahrungen zu bewahren, auch wenn sie es freiwillig in einer Klinik oder einem Kinderheim abgeben, muss ein anderer diese Verantwortung übernehmen.

Die Trennung des Kindes von den Eltern darf, wenn den Eltern das Sorgerecht entzogen wurde, nicht durch die Herstellung von Besuchskontakten aufgehoben werden, es sei denn, diese lassen sich mit dem Kindeswohl begründen. Denn misshandelte Kinder sind durch die Identifikation mit den misshandelnden Eltern zu außergewöhnlichen Anpassungsleistungen fähig. Gerade beim Besuchskontakt kann sich das abhängige Kind nicht von den Eltern abgrenzen, sondern wehrt die mit den Eltern verbundenen Ängste und Ohnmachtserfahrungen durch die Identifikation mit dem Aggressor ab. Nur in solchen Fällen, in denen die Vernachlässigung oder Misshandlung auf aktuellen, kurzfristig behebbaren Krisen beruht oder in solchen Fällen, in denen bei den Eltern durch eine Therapie die Einschränkung der Erziehungskompetenz behoben werden konnte, sind Kontakte zu erwägen. In jedem Fall aber sollten die Sozialisationsbedingungen bei den Eltern genau untersucht werden. Erst eine Diagnose der Sozialisationsbedingungen des Kindes und der Erziehungskompetenz der Eltern ermöglicht eine langfristige Prognose. Eine solche Prognose lässt sich aber nicht auf pädagogische Absichten und Zielsetzungen durch eine sozialpädagogische Familienhilfe stützen. Es dient nicht dem Kinderschutz, wenn für den Ausschluss von Kontakten der Nachweis erbracht werden muss, dass durch Kontakte dem Kind geschadet wird. Es muss vielmehr umgekehrt der Nachweis erbracht werden, dass Kontakte für das Wohl des Kindes unerlässlich sind, sodass Forderungen nach Besuchskontakten oder Rückführungsforderungen nicht allein durch den Wunsch der Eltern begründet werden können.

§ 5 (Psychotherapeutische Hilfe)

(1) Ein schwerwiegend vernachlässigtes oder mißhandeltes Kind hat Anspruch auf psychotherapeutische und pädagogische Hilfe bei der Bewältigung der posttraumatischen Entwicklungs- und Persönlichkeitsstörungen.

(2) Diese psychotherapeutische Hilfe ist durch die Jugendämter (Jugendhilfe) zu gewährleisten. Sie dient nicht der Absicht, das Kind möglichst bald wieder zu den Eltern zurückzuführen, sondern der Absicherung der kindlichen Sozialisation, der Wiederherstellung einer gesunden Persönlichkeitsentwicklung.

Begründung:

Ein kleines vernachlässigtes oder misshandeltes Kind entwickelt aufgrund der erlittenen traumatischen Erfahrungen mehr oder minder schwer wiegende und weitreichende Persönlichkeits- und Entwicklungsstörungen, die als posttraumatische Befindlichkeitsstörungen beschrieben werden (Herman 1994)[7]. Diese sind in aller Regel nicht allein dadurch vom Kind zu bewältigen, dass es nicht mehr misshandelnden Eltern ausgeliefert ist. Nur wenn das Kind nicht mehr traumatischen Sozialisationserfahrungen ausgeliefert ist, im Schutz einer therapeutischen Beziehung, auf den die Eltern keinen Einfluss haben, kann ein Kind die ungeheuren Angst- und Ohnmachtsgefühle ohne den Einsatz der seine Entwicklung schädigenden Angstabwehrmechanismen bewältigen. Solche therapeutischen Bemühungen setzen voraus, dass das Kind vor den misshandelnden Eltern geschützt ist.

---

7 Herman, J. L.: Die Narben der Gewalt. Traumatische Erfahrungen verstehen und überwinden (1992), Kindler, München, 1994.

Die Psychotherapie bei allen Formen von Misshandlung ist eine Aufgabe, die die Gesellschaft zu erfüllen hat, die aber nicht von der Gemeinschaft der Krankenversicherten zu leisten ist. Deswegen darf die Psychotherapie posttraumatischer Entwicklungs- und Persönlichkeitsstörungen bei Kindern (nach den Grundsätzen der Reichsversicherungsordnung (RVO)) nicht von den Krankenkassen, sondern muss als eine gesellschaftliche Aufgabe von allen Steuerzahlern finanziert werden, also durch die Kinder- und Jugendhilfe.

Solche therapeutischen Bemühungen können oft nicht unmittelbar nach der Herausnahme des Kindes, sondern aufgrund seines Alters erst sehr viel später erfolgen. Dann aber besteht die Gefahr, dass die beim Kind vorherrschenden Symptome oft gar nicht mehr im Zusammenhang mit den erlittenen traumatischen Erfahrungen gesehen werden.

§ 6 (Pflegefamilie)

(1) Ein Kind, das aufgrund der Einschränkungen der elterlichen Erziehungsfähigkeit auf Dauer nicht zu den Eltern zurückgeführt werden kann, soll möglichst bei Pflegeeltern untergebracht werden.

(2) Wenn ein Kind auf Dauer bei Pflegeeltern untergebracht wird und nicht das Sorgerecht nach § 1666 entzogen wurde, muß das Ruhen des elterlichen Sorgerechts festgestellt und einem Pfleger übertragen werden.

(3) Die dauerhafte Unterbringung (Integration) eines Kindes in einer Pflegefamilie erfolgt mit dem Ziel, daß ein Kind zu den Ersatzeltern neue Eltern-Kind-Beziehungen entwickeln kann.

(4) Kontakte zwischen Pflegeeltern und Herkunftseltern und Kontakte des Kindes zur Herkunftsfamilie sind nur möglich, wenn das Ziel der Inpflegegabe nicht gefährdet wird und sie dem Kindeswohl dienen.

Begründung:

Zur Absicherung der Lern- und Entwicklungsmöglichkeiten reicht es nicht aus, dass ein Kind vor der Macht und dem Einfluss erziehungsunfähiger bzw. misshandelnder Eltern geschützt wird und zur Bewältigung der posttraumatischen Entwicklungs- und Persönlichkeitsstörungen eine Therapie braucht. Ein Kind ist aufgrund seiner Abhängigkeit von Erwachsenen langfristig auf die Betreuung durch eine Mutter und einen Vater angewiesen. Es braucht nicht eine Familie, um familiäres Leben kennen zu lernen, sondern wie jedes Kind eine Mutter und einen Vater, weil sich die Persönlichkeitsstrukturen aufgrund von Beziehungen entwickeln und differenzieren, die die Grundlage für die Entwicklung von Selbstwertgefühl, Selbständigkeit, Mitgefühl und Verantwortung bilden.

Bei aufrechterhaltenen Ansprüchen der leiblichen Eltern an das Kind wird das Kind daran gehindert, dass es aufgrund seiner eigenen kindlichen Wünsche und Bedürfnisse die Pflegeeltern zu seinen psychologischen Eltern macht und eine kritische Distanz zu den leiblichen Eltern entwickeln kann.

§ 7 (Vermittlung zu Pflegeeltern)

(1) Die Vermittlung eines Kindes zu Pflegeeltern erfolgt durch den Pflegekinderdienst des Jugendamtes oder den eines freien Trägers, der auf diese Aufgabe spezialisiert ist.

(2) Zukünftige Pflegeeltern sind auf die besonderen Sozialisationsaufgaben, die mit der Aufnahme eines Pflegekindes und der Entwicklung neuer Eltern-Kind-Beziehungen verbunden sind, vorzubereiten, insbesondere auf die psychologischen Prozesse bei der Bewältigung traumatischer Erfahrungen und auf die psychologischen Prozesse der Entwicklung neuer Eltern-Kind-Beziehungen.

(3) Ein Kind, das in eine Pflegefamilie vermittelt werden soll, muß, wenn nicht bereits hinreichende Kenntnisse über das Kind vorliegen, zuvor medizinisch und psychologisch untersucht werden, um die Chancen und Risiken beurteilen und die Pflegeeltern beraten zu können.

(4) Zur Vorbereitung der Aufnahme eines Pflegekindes gehört, daß Pflegeeltern umfassend über die Eltern und ihre Sozialisationsgeschichte, über die Sozialisationsbedingungen des Kindes in der Herkunftsfamilie und die traumatischen Erfahrungen und Persönlichkeitsstörungen unterrichtet werden.

(5) Das Pflegekind soll die Möglichkeit haben, als jüngstes Kind ohne geschwisterliche Konkurrenz in einer Pflegefamilie neue Eltern-Kind-Beziehungen zu entwickeln.

Begründung:

Bei der Vermittlung von Kindern, die auf Dauer in einer Pflegefamilie untergebracht werden, ist in der Regel davon auszugehen, dass es sich um Kinder handelt, die aufgrund der Erziehungsunfähigkeit der Eltern und der bei den Eltern erlittenen traumatischen Erfahrungen Störungen ihrer Persönlichkeitsentwicklung erlitten haben. Die Bewältigung dieser defizitären oder traumatischen Sozialisationserfahrungen und die Entwicklung neuer Eltern-Kind-Beziehungen ist nicht einfach mit gutem Willen, sondern mit einer geschulten Einfühlung in die Ängste und Ohnmachtserfahrungen des Kindes und einem genaueren Verständnis für die aus diesen Ängsten resultierenden Verhaltensprobleme des Kindes möglich. Ebenso erforderlich ist, dass Erfahrungen über die Integrationschancen berücksichtigt werden können, wie z.B. die, dass die

Chancen vermindert werden, wenn Geschwisterkinder gemeinsam vermittelt werden, oder der Altersabstand zu einem Geschwisterkind viel zu gering ist. Darum ist es erforderlich, dass die Vermittlung durch einen auf diese Probleme spezialisierten Pflegekinderdienst erfolgt.

Die erfolgreiche Vermittlung eines Pflegekindes setzt auch auf diese Probleme vorbereitete Pflegeeltern voraus. Kenntnisse über die Bedeutung der frühen Eltern-Kind-Beziehungen, über die Anpassung des Kindes an defizitäre und traumatische Sozialisationserfahrungen, über Ursachen und Wirkungen von Kindesmisshandlung und über die bei der Entwicklung neuer Eltern-Kind-Beziehungen feststellbaren psychologischen Prozesse (Anpassung, Übertragungsbeziehungen, Regression), können bei Pflegeeltern auch dann nicht vorausgesetzt werden, wenn sie über eine pädagogische Ausbildung verfügen oder in einem pädagogischen Beruf tätig sind. Darum müssen zukünftige Pflegeeltern auf diese besonderen Aufgaben in Vorbereitungskursen (Pflegeelternschule) vorbereitet werden.

Neben der allgemeinen Vorbereitung auf die Aufgabe als Pflegeeltern ist es notwendig, dass Pflegeeltern durch den Pflegekinderdienst auf die Aufnahme eines bestimmten Kindes vorbereitet werden, um Verständnis für das Kind und seine Geschichte entwickeln zu können. Dazu reicht es nicht aus, wenn Pflegeeltern lediglich mitgeteilt wird, dass das ein-, drei- oder sechsjährige Kind aus „schwierigen sozialen Verhältnissen“ stamme, deren Eltern „dem Alkohol zugesprochen haben“. Wenn keine hinreichenden Erkenntnisse über die Sozialisationsgeschichte, über Erkrankungen und psychische Störungen des Kindes vorliegen, erscheint es notwendig, dass diese Fragen durch medizinische und psychologische Untersuchungen geklärt werden. Pflegeeltern müssen ebenso wie der Pflegekinderdienst über die leiblichen Eltern und ihre Sozialisationsgeschichte, über die konkreten Erziehungserfahrungen des Kindes bei seinen Eltern und über die erlittenen Entwicklungs- und Persönlichkeitsstörungen umfassend informiert sein.

§ 8 (Betreuung von Pflegeverhältnissen)

(1) Pflegeeltern haben durch die Übernahme einer gesellschaftlichen Aufgabe den Anspruch auf sachkompetente Beratung und Unterstützung durch einen Pflegekinderdienst.

(2) Bei posttraumatischen Störungen des Kindes oder Krisen bei der Integration ist die quasi therapeutische Arbeit der Pflegeeltern durch psychologische Supervision zu unterstützen.

(3) Wenn Pflegeeltern aufgrund der zu erwartenden oder bereits erfolgten Entwicklung eines neuen Eltern-Kind-Verhältnisses das Pflegekind adoptieren, ändern sich nicht die Betreuungspflichten des Pflegekinderdienstes.

Begründung:

Da die Bewältigung früher defizitärer und posttraumatischer Entwicklungsstörungen nicht nur für jeden Psychotherapeuten ein schwieriges und langfristiges Unternehmen ist, ist es erst recht für Pflegeeltern im Alltag eine außerordentlich schwierige Aufgabe. Pflegeeltern, die diese Aufgabe mit Einfühlungsvermögen und Sinn für die Realität bewältigen, leisten eine hervorragende therapeutische Arbeit, die keine hinreichende gesellschaftliche Anerkennung erfährt. Um aber für diese bedeutende gesellschaftliche Aufgabe Menschen zu gewinnen, die als Pflegeeltern bereit und in der Lage sind, sich von einem Kind mit Angst und Misstrauen, Wut und Aggression gegen elterliche Abhängigkeit zu seinen Eltern machen zu lassen, brauchen Pflegeeltern angemessene Unterstützung. Ihre Aufgabe kann nicht gelingen, wenn Pflegeeltern hierbei keine ausreichende Unterstützung durch einen mit Sachkompetenz ausgestatteten Pflegekinderdienst erhalten. Die besonderen bei der Integration zu erwartenden Schwierigkeiten, die durch die Überanpassungsbemühungen des Kindes, durch Übertragungsbeziehungen und durch regressive Verhaltensformen gekennzeichnet sind, und die zu verzerrten schwierigen Eltern-Kind-Beziehungen führen, erfordern besonders am Anfang, in den ersten Jahren, dass Pflegeeltern im Gespräch mit dem Pflegekinderdienst diese Schwierigkeiten erkennen und verstehen lernen.

Um schließlich ein Scheitern der Integration zu verhindern und die kindlichen Entwicklungsmöglichkeiten zu nutzen, ist es auch oft erforderlich, dass Pflegeeltern durch einen mit dieser Aufgabe vertrauten Experten durch psychologische Diagnostik, Beratung, Supervision oder Fallbesprechungen unterstützt werden.

Grundsätzlich unterscheiden sich diese Aufgaben bei der Integration eines Kindes in eine Pflegefamilie nicht von Aufgaben bei der Adoption, insbesondere bei älteren Kindern. Von der Ausnahme abgesehen, dass ein Kind unmittelbar nach der Geburt zu Adoptiveltern kommt, sodass angenommen werden kann, dass es keine defizitären und traumatischen Erfahrungen gemacht hat - wiederum mit der Ausnahme einer vorgeburtlichen Schädigung z.B. durch Drogen (wie Alkoholembryopathie, Aids, Nikotinschädigungen) - haben viele zur Adoption freigegebene Kinder, selbst wenn sie als Säuglinge oder Kleinkinder abgegeben werden, im 1. und 2. Lebensjahr bereits erhebliche traumatische Erfahrungen gemacht, die zu schwer wiegenden Ängsten und Entwicklungsstörungen führen. Um die erfolgreiche Integration in die Adoptivfamilie zu sichern und die frühen traumatischen Erfahrungen zu bewältigen, brauchen Adoptiveltern die gleiche Unterstützung wie Pflegeeltern.

AutorInnen

Behr, Wolfgang, Dipl.-Sozialarbeiter, seit 1978 Mitarbeiter beim Pflegekinderdienst der Stadt Herten.

Blandow, Jürgen, Prof. Dr., Hochschullehrer für Sozialpädagogik an der Universität Bremen, Verfasser des Buches „Rollendiskrepanzen in der Pflegefamilie“ und diverser weiterer Arbeiten zum Thema Pflegekinderwesen.

Damerius, Marion, Dr. päd., Verein zur Förderung des Pflegekinderwesens in Mecklenburg-Vorpommern e.V., Greifswald.

Ertmer, Heinzjürgen, Dipl.-Sozialarbeiter, Bereichsleiter der Hilfen zur Erziehung der Stadt Herten, von 1978 bis 1995 Mitarbeiter des Pflegekinderdienstes der Stadt Herten.

Fegert, Jörg M., Prof. Dr. med. habil., Universität Rostock, Medizinische Fakultät, Zentrum für Nervenheilkunde, Direktor der Klinik und Poliklinik für Kinder- und Jugendneuropsychiatrie/Psychotherapie.

Garbe-Lehmann, Elisabeth, Adoptiv- und Pflegemutter, ehrenamtliche Mitarbeiterin im Deutschen Kinderschutzbund e.V., Ortsverband Hannover, im Fachbereich Pflege und Adoption, Sarstedt.

Heilmann, Stefan, Dr. jur., Dissertation zum Thema „Kindliches Zeitempfinden und Verfahrensrecht“, veröffentlicht im Luchterhand-Verlag 1998.

Heinemann-Milde, Barbara, Dipl.-Sozialpädagogin, Psychodramaleiterin, langjährige Mitarbeit im Allgemeinen Sozialpädagogischen Dienst und Pflegekinderdienst, freiberufliche Tätigkeit: Fort- und Weiterbildung, Beratung, Supervision, Berlin.

Janus, Ludwig, Dr. med., Psychotherapeut, Psychoanalytiker, Dozent und Lehranalytiker in der psychoanalytischen Weiterbildung, Lehrauftrag für pränatale Psychologie an der Universität Frankfurt, Veröffentlichungen zur Psychoanalyse, zur pränatalen Psychologie und zur Psychohistorie, Präsident der Internationalen Studiengemeinschaft für pränatale und perinatale Psychologie und Medizin, Heidelberg.

Küpper, Heide, Pflegemutter, 9 Jahre hauptamtliche Mitarbeiterin bei WIR, Pflege- und Adoptivfamilien Bremen e.V., Vorstandsmitglied des PFAD – Bundesverband der Pflege- und Adoptivfamilien e.V.

Lehmann, Anne, Jurastudentin, erwachsene Pflegetochter, 21 Jahre, Sarstedt.

Lercher, Gertrude, Dipl.-Sozialarbeiterin, Pflegeelternverein Steiermark, Gesellschaft für Elternbildung und Erziehungshilfe, Graz/Österreich.

Löser, Hermann, Prof. Dr. med., Kinderarzt und Kardiologe an der Universitäts-Kinderklinik Münster, arbeitet seit 1974 wissenschaftlich über Folgeschäden bei Kindern (Alkoholeffekte und Alkoholembryopathie) infolge Alkoholkonsum in der Schwangerschaft. Diagnostik und Probleme der AE, der Alkoholwirkung und Langzeituntersuchungen wurden 1995 in einem Buch (s. Literatur) zusammengefasst. Mitbegründer einer Elterninitiative alkoholgeschädigter Kinder e.V. 1994, mit Sitz in Duisburg. Beteiligung an mehreren bundesweiten Vorsorgeaktionen gegen Alkoholmissbrauch in der Schwangerschaft. Adresse: Universitäts-Kinderklinik Münster, Albert-Schweitzer-Straße 33, 48149 Münster.

Michelbrink, Maria, Dipl.-Sozialarbeiterin, Mitarbeiterin des Pflegekinderdienstes des Sozialdienstes kath. Frauen e.V., Münster.

Nienstedt, Monika, Dr. phil., Dipl.-Psychologin, Klinische Psychologin (BDP), beschäftigt sich seit 1973 praktisch und theoretisch mit Fragen der Sozialisation von Kindern in Ersatzfamilien. Seit 1982 Psychologische Praxis der Gesellschaft für soziale Arbeit e.V. für Kinder in Familien, Ersatzfamilien und Heimen, Mitautorin des Buches „Pflegekinder“ (Nienstedt/Westermann, Münster 1989). Adresse: Wolbecker Windmühle 25, 48167 Münster.

Raack, Wolfgang, Dr. jur., Direktor des Amtsgerichts Kerpen.

Salgo, Ludwig, Prof. Dr., Lehrtätigkeiten an der Fachhochschule Frankfurt und an der Johann Wolfgang Goethe-Universität Frankfurt, Autor der Bücher „Pflegekindschaft und Staatsintervention“ und „Der Anwalt des Kindes“.

Scheuerer-Englisch, Hermann, Dr. phil., Dipl.-Psychologe, Klinischer Psychotherapeut (BDP), Familientherapeut (DFS), von 1984 bis 1989 wissenschaftlicher Mitarbeiter am Lehrstuhl für Entwicklungspsychologie der Universität Regensburg (Prof. Dr. K.E. Grossmann), von 1986 bis 1990 in freier Praxis als Sachverständiger in familienrechtlichen Angelegenheiten und als Familientherapeut tätig, seit 1989 Leiter der Erziehungsberatungsstelle Deggendorf/Nb., Lehrauftrag an der Universität Regensburg, Veröffentlichungen zu Entwicklungspsychologie, Scheidung, Familientherapie und Erziehungsberatung. Adresse: Beratungsstelle für Eltern, Kinder und Jugendliche, Detterstraße 35, 94469 Deggendorf.

Tenhumberg, Annette, Dipl.-Sozialarbeiterin, Amt für Kinder, Jugendliche und Familien – Pflegekinderdienst – Münster.

Westermann, Arnim, Dr. phil., Dipl.-Psychologe, Klinischer Psychologe (BDP), beschäftigt sich seit 1973 praktisch und theoretisch mit Fragen der Sozialisation von Kindern in Ersatzfamilien. Seit 1982 Psychologische Praxis der Gesellschaft für soziale Arbeit e.V. für Kinder in Familien, Ersatzfamilien und Heimen, Mitautor des Buches „Pflegekinder" (Nienstedt/Westermann 1989). Adresse: Wolbecker Windmühle 25, 48167 Münster.

Fachpublikationen
Arbeitsmaterialien
Fachzeitschriften

Wie Pflegekindschaft gelingt
6. Jahrbuch des Pflegekinderwesens

Die Lebensperspektive von Kindern, die nicht in ihre Ursprungsfamilie zurückkehren können, ist nicht selbstverständlich gesichert und bedarf einer gesonderten Hilfe und Unterstützung: Sie können einen Neuanfang in Pflegefamilien finden. Wie kann eine solche Pflegekindschaft gelingen?
Die Beiträge aus Theorie und Praxis des Familienrechts, der Psychologie, der Sozialarbeit und der Erziehungswissenschaft in diesem Titel zeigen, dass sich eine gezielte Vermittlung, eine qualifizierte Begleitung und Unterstützung der Pflegefamilie sowie eine am Kind orientierte Haltung und Vorgehensweise aller Beteiligten immer wieder erkennbar bewährt.
Das Buch dokumentiert, wie wichtig die Mitwirkung und das Engagement von Pflegeeltern und allen anderen Beteiligten sind, um die Integration von Kindern in neue Familienbeziehungen erfolgreich zu gestalten.

Mit Beiträgen von Mériem Diouani-Streek, Heinzjürgen Ertmer, Michael Greiwe, Stefan Heilmann, Peter Hoffmann, August Huber, Christine Köckeritz, Katrin Lack, Christoph Malter, Ludwig Salgo, Annette Tenhumberg, Barbara Veit, Arnim Westermann, Gisela Zenz.

Stiftung zum Wohl des Pflegekindes
1. Auflage 2014,
kartoniert: ISBN 978-3-8248-1175-5, 274 Seiten,
E-Book: ISBN 978-3-8248-0958-5,
19,99 EUR [D]

Leseprobe/Inhaltsverzeichnis:

http://www.schulz-kirchner.de/filespp/stiftung_6_jahrbuch.pdf

www.schulz-kirchner.de/shop
bestellung@schulz-kirchner.de
Tel. +49 (0) 6126 9320-0

Schulz-Kirchner Verlag